服役钢筋混凝土桥梁时变可靠性评估与剩余寿命预测

张建仁 王 磊 彭建新 蒋友宝 著

科学出版社

北京

内 容 简 介

本书是国家自然科学基金委员会和交通运输部等单位资助的研究成果。本书共 10 章,内容包括:桥梁结构性能退化机理和影响因素,材料概率退化模型,锈蚀钢筋混凝土构件承载力,既有桥梁承载力估算方法,既有桥梁破坏性试验,服役桥梁车辆荷载效应随机过程模型,服役桥梁承载能力可靠性评估及寿命预测,服役桥梁正常使用可靠性评估及寿命预测,以及维修加固策略决策优化。

本书可作为高等学校土建类本科生和研究生的教材,也可供从事桥梁工程耐久性管理的科研人员参考。

图书在版编目(CIP)数据

服役钢筋混凝土桥梁时变可靠性评估与剩余寿命预测/张建仁等著. —北京:科学出版社,2017.1
ISBN 978-7-03-050047-2

Ⅰ.①服… Ⅱ.①张… Ⅲ.①钢筋混凝土桥-可靠性-评估 ②钢筋混凝土桥-预期寿命 Ⅳ.①U448.34

中国版本图书馆 CIP 数据核字(2016)第 232851 号

责任编辑:杨向萍 周 炜 / 责任校对:赵桂芬
责任印制:赵 博 / 封面设计:左 讯

科 学 出 版 社出版
北京东黄城根北街 16 号
邮政编码:100717
http://www.sciencep.com

三河市骏杰印刷有限公司印刷
科学出版社发行 各地新华书店经销
*
2017 年 1 月第 一 版 开本:720×1000 1/16
2025 年 1 月第三次印刷 印张:19 1/2
字数:390 000
定价:168.00 元
(如有印装质量问题,我社负责调换)

前　言

　　桥梁作为交通线路的咽喉要道,对于保证公路交通的安全营运起着重要的作用,是关系社会和经济协调发展的生命线工程。随着桥梁建设的快速发展、巨大的资金投入,以及桥梁在经济社会中显赫作用的显现,人们越来越重视桥梁的健康状况。截至2012年,我国有公路桥梁71万余座,并以每年2万余座的速度递增,其中混凝土桥梁占90%以上。在71万余座桥梁中约有13%的桥梁存在严重问题(技术状况评定为四类桥、五类桥),如结构设计先天不足、设计期已到、结构损伤和自然劣化严重等。近年来,混凝土桥梁服役过程中的事故时有发生,给人民生命财产安全带来严重危害。

　　混凝土桥梁服役期间的可靠性与寿命评估面临诸多问题,使桥梁结构的经济性和安全性的矛盾更为突出。如何在经济性和安全性之间取得最佳平衡是一个非常棘手的问题,怎样确保我国服役桥梁的可靠性,最大限度地延长其使用寿命,进而取得最好的经济社会效益,是摆在专家学者和工程师面前的紧迫任务。合理的办法是在对现有桥梁的运营状况、损伤程度、承载潜力及剩余寿命等问题有一个正确评价与评估的基础上,再采取相应的加固、维修对策,努力挖掘现有桥梁的承载潜力,对不安全的桥梁进行维修加固。

　　随着一大批20世纪八九十年代建造的桥梁面临寿命到期问题,揭示这些桥梁的承载力退化机理,建立基于时变可靠度理论的寿命预测方法,提出合理维修加固时机的判断方法和维修加固决策优化方法,将为确保桥梁服役安全提供科学依据和技术支撑。在国家自然科学基金项目、交通运输部西部交通建设科技项目、湖南省科技厅和交通厅等多个项目支持下,经过10余年的长期研究,长沙理工大学在混凝土桥梁服役性能评价、剩余寿命评估、维修加固决策方法等方面取得了一些成果,本书是作者对这些工作的总结。

　　全书共10章:第1章介绍了服役混凝土桥梁退化机理和影响因素,论述了可靠性评估和维修加固决策的发展动态。第2章通过大量试验,建立了锈蚀钢筋强度退化模型,分析了锈蚀对钢筋与混凝土间黏结性能的主要影响。第3章考虑参数的不确定性,建立了材料力学指标的概率模型。第4章通过自制快速腐蚀钢筋混凝土构件,研究了腐蚀后钢筋混凝土构件的力学性能,测试腐蚀后构件的承载力,建立了腐蚀钢筋混凝土梁承载力计算方法。第5章通过实桥构件的承载力试验,提出了信息缺失条件下既有桥梁承载力的估算方法。第6章主要介绍了既有桥梁的全桥破坏性试验研究,测试了服役桥梁的抗超载能力。第7章利用贝叶斯更新方法和随机过程理论,建立了适用于服役桥梁可靠性评估的汽车荷载模型。第8章建立了服役桥梁抗力退化概率模型,提出了服役桥梁时变可靠性评估方法和承载能力寿命预测方法。第9章通过改进既有的腐蚀开始时间模型,建立了一般大气环境下和氯盐环境下服役钢筋混凝土桥梁基于时变可靠度的正常使用寿命预测方法。第10章通过定义描述服役桥梁安全承载和耐久使用的指标模型,结合预防性维护策略,考虑维护直接成本和间接成本,建立了服役钢筋混凝土桥梁维修加固策略决策优化方法。

　　本书撰写分工如下:第1章由张建仁撰写;第2章由王磊和马亚飞撰写;第3章由张建仁、马亚飞和王磊撰写;第4章由张建仁和马亚飞撰写;第5章由王磊和蒋友宝撰写;第6章由张建仁撰写;第7章由王磊和张建仁撰写;第8章由张建仁、王磊和蒋友宝撰写;第9章由彭建新和马亚飞撰写;第10章由彭建新撰写。全书由张建仁和马亚飞统稿。在本书撰写的过程中,长沙理工大学的张克波、彭晖、钟惠萍等协助完成了相关章节的编排,在此向他们表示感谢。

　　感谢国家自然科学基金委员会等单位对本书研究工作的资助。

　　限于作者水平,书中难免存在疏漏和不妥之处,敬请读者批评指正。

目　　录

第1章 绪 论

1.1 公路桥梁现状

桥梁作为交通线路的咽喉要道,对于保证公路交通的安全运营起着重要的作用,是关系社会和经济协调发展的生命线工程。随着桥梁建设的快速发展、巨大的资金投入,以及桥梁在经济社会中显赫作用的显现,人们越来越重视桥梁的健康状况。同任何其他事物一样,桥梁结构也有一个生、老、病、死的过程。桥梁建成投入使用一段时间后,由于结构材料的自然老化、车辆荷载的不断增加、日益恶化的环境影响及养护维修的资金短缺,相当一部分桥梁不可避免地出现各种结构损伤和缺陷(图 1-1),从而导致结构承载能力和耐久性降低,使其运营状况不能满足社会的需求。

图 1-1 部分既有桥梁的典型损伤和缺陷

发达国家在经过了大规模的桥梁修建期后,目前已将重点转向对既有桥梁结构的评定、维护和改造上。据统计,美国的 60 多万座桥梁中,有 42% 是在 1960 年以前建成的,采用较低的荷载标准[1];约 8 万座桥梁具有结构缺陷,其中部分限于通行轻型车辆,部分关闭或需要立即修复才能开放;还有超过 8 万座桥梁丧失功能。美国每年仅因对公路桥梁钢筋锈蚀进行维护所产生的直接花费就达 83 亿美元,其中,大约 38 亿美元用于替代有缺陷的桥梁,20 亿美元用于维修桥面板,20 亿美元用于维修除桥面板以外的上部结构,其余 5 亿美元用于钢桥粉刷维护。用寿命周期方法分析评价由其带来的交通延迟和生产效率的损失等间接费用将超过用于桥梁锈蚀的养护、维修和加固等费用的 10 倍[2]。

　　德国通过对一个州内主要受力梁是钢筋混凝土梁(RC)的桥梁和主要受力梁是预应力混凝土梁(PC)的桥梁进行全面调查,发现桥龄在 50~60 年的 RC 桥梁中,27% 的桥梁上部结构至少有一处严重损伤,64% 至少有一处重要损伤;30~35 年桥龄的 RC 桥梁中,13% 至少有一处严重损伤,53% 至少有一处重要损伤[3]。英国约有 9.2 万座桥梁是在 1922 年以前建造的,当时尚未引入荷载标准,导致约有 1/4 的桥梁不能满足现代规范要求;如果采用重建、维修使之满足要求,则所需费用达 8 亿 3000 万英镑。在澳大利亚,仅就加固或更换新南威尔士州的有损伤缺陷的桥梁就需要至少 3.5 亿美元[4]。

　　随着我国经济的飞速发展,国家将巨额资金投入基础设施建设,使交通事业得到了蓬勃发展,公路里程不断增加,大量低等级公路被改建和扩建,公路等级也不断提高。截至 2015 年底,在我国通车公路中,公路桥梁 77.92 万座,4592.77 万延米,其中,特大桥梁 3894 座,长度 690.42 万延米,大桥 79512 座,2060.85 万延米,已建成一大批结构新颖、技术复杂、设计和施工难度大、现代化品位和科技含量高的大跨径桥梁。其中混凝土桥梁占 90% 以上。虽然我国桥梁数量、类型、跨径已经跃居世界前列,但桥梁设计水平和世界先进水平还有差距,特别是桥梁使用管理水平、监控检测技术和修复养护手段还远远落后于一些发达国家。不少刚刚投入使用的桥梁也存在不同程度的缺陷。

　　在我国的公路桥梁中,60% 以上分布在技术标准低、通行能力差的公路上。其荷载标准大多为汽-13 级、拖-60 级或汽-15 级、挂-80 级,还有相当一部分桥梁的荷载标准仅为汽-10 级、履带-50 级,甚至低于汽-10 级。我国公路桥梁桥龄一般在 40 年左右,病害问题正在暴露,发生老化、损伤的桥梁数目巨大,危桥数目增长很快。除按交通部 1972 年和 1985 年版设计标准的荷载建造的桥梁尚能基本满足近期交通要求外,在此之前特别是 20 世纪 50 年代后期和 60 年代建造的一批桥梁大都承载力不足,已出现老化、破损、裂缝等现象。

　　服役桥梁面临诸多问题,使桥梁结构的经济性和安全性矛盾更为突出。如何在经济性和安全性之间取得最佳平衡是一个非常棘手的问题,怎样确保我国服役桥梁可靠性,最大限度地延长使用寿命,进而取得最好的经济社会效益,是摆在专家学者和工程师面前的紧迫任务,合理的办法是在对现有桥梁的运营状况、损伤程度、承载潜力以及剩余寿命等问题有一个正确评价与评估的基础上,再采取相应的加固、维修对策,努力挖掘现有桥梁的承载潜力,对不安全的桥梁进行维修加固。另外,我国的国情也决定了不能一味追求新建项目,应当重视既有桥梁结构在检测和可靠性评定、寿命预测基础上的维修和改建。

1.2 桥梁材料性能退化机理

桥梁结构在长期服役过程中,在环境等不良因素作用下,容易产生材质腐蚀和性能退化等问题,进而影响桥梁的可靠性和服役寿命。

1.2.1 混凝土劣化

1. 混凝土碳化

混凝土碳化是指大气中的 CO_2 或某些酸性气体与暴露在空气中的混凝土表面接触并且不断向混凝土内部扩散,与其中碱性水化物起反应的一个很复杂的多相物理化学过程。影响碳化的最主要因素是混凝土本身的密实性和碱性程度,如水灰比、水泥品种和用量、掺和料种类和掺量,以及混凝土养护等,此外还有一些环境因素。一般认为,混凝土碳化对混凝土本身没有太多的危害,相反会使混凝土强度提高。但是碳化会加剧混凝土的收缩,使混凝土表面产生拉应力而出现微裂纹,降低混凝土抗拉强度、抗折强度及抗渗能力。更严重的是,碳化作用会降低混凝土的碱度,当混凝土中 pH 降低到一定程度后,就会破坏混凝土中的钢筋钝化膜,造成钢筋锈蚀,而钢筋锈蚀又将导致混凝土保护层开裂、钢筋与混凝土之间黏结力破坏、结构耐久性降低等不良后果。另外,碳化使混凝土变脆,构件延性降低。

近年来,对混凝土碳化的研究主要集中在混凝土碳化的影响因素及控制措施、混凝土碳化深度计算等。目前,对于混凝土碳化机理及其影响因素的认识已相对成熟,各国学者已基本达成共识。关于碳化深度与碳化时间关系的表达式所采用的形式已基本得到了公认。多数学者针对不同影响因素下公式中的各参数进行了研究,通过试验研究了水灰比、水泥品种对混凝土碳化深度的影响[5],探究了不同混凝土碳化指数分布及其影响因素,提出了碳化指数的不确定性模型,建立了更符合工程实际的碳化公式[6]。在试验基础上,很多学者通过碳化机理建立碳化深度的计算模型[7]。除此之外,一些学者还进行了多因素下的试验与理论研究,建立了考虑多因素共同作用的多系数的混凝土碳化方程[8]。

目前对混凝土碳化的机理、影响因素、控制措施、深度预测模型等材料性质层次上的研究已经比较统一,但无论基于碳化机理还是基于试验研究的平均碳化深度预测模型,还与各种环境下实际工程中碳化深度模型存在偏差,只有在各种环境下的长期暴露性试验研究结果才更接近工程实际。另外,对碳化后混凝土力学性能的研究不多,如碳化混凝土本构关系、碳化混凝土构件和结构力学性能等,还有待进一步研究。

2. 混凝土硫酸盐劣化

硫酸盐也是破坏混凝土耐久性的一个重要因素,近年来在青海、甘肃等地的铁路、矿山、水电工程中的混凝土构筑物都出现了遭受硫酸盐不同程度腐蚀破坏的问题。混凝土硫酸盐侵蚀是指水泥水化产物与来自外界的硫酸盐以及混凝土内部硫酸盐之间发生反应,生成物吸水而体积膨胀,当膨胀应力达到一定程度时就会造成混凝土结构的破坏。在硫酸盐侵蚀过程中既有化学反应也伴随着物理变化,另外,自然环境的复杂性和混凝土骨料的多样性,使外界硫酸盐来源不确定;同时水泥水化产物也非常复杂,使混凝土受硫酸盐侵蚀成为一个非常复杂的过程。

尽管对混凝土硫酸盐侵蚀相关研究的历史已经超过 100 年,但对于其侵蚀破坏却没有统一的观点,如今对混凝土硫酸盐侵蚀的研究还没有取得一致的认识[9]。Haynes[10]指出造成混凝土硫酸盐侵蚀研究混乱的根本原因是实验室研究和实际破坏工程实例之间的差异,如实验室研究中采用试件的尺寸、硫酸盐的侵蚀环境程度、单一离子侵蚀和多种离子侵蚀之间的差别等。然而,有学者[11]认为造成这种混乱的根本原因是没有对实际工程破坏实例做深度的分析和研究,对实际工程中混凝土硫酸盐侵蚀发生的条件没有清晰的认识,如环境中硫酸盐溶液的浓度和 pH 等,因为不同侵蚀条件对应于不同的生成产物。而实验室研究所采用的侵蚀环境和试验方法并不是在对实际破坏工程的分析的基础上而设置的,随意性和主观性强,从而产生了许多混乱的、脱离实际的、相互矛盾的试验结果和理论分析。另外人们往往根据这些脱离实际的研究结果,制定了一些相应的指导性标准和方法来指导位于硫酸盐环境中混凝土结构的耐久性设计。因此,不管是出于实际工程的迫切需要还是对理论研究的创新,都有必要对混凝土的硫酸盐侵蚀进行研究。

1.2.2　钢筋锈蚀

通常情况下,混凝土孔隙中充满着 $Ca(OH)_2$ 的过饱和溶液,混凝土具有很强的碱性,pH 一般在 12 以上。在这样的强碱环境中,混凝土和钢筋之间会形成一层钝化膜,对钢筋起到保护作用。但是由于混凝土的碳化,硫酸盐、氯离子等的侵蚀等作用,使钝化膜受到破坏,引起钢筋锈蚀。

锈蚀产物体积膨胀,对周围混凝土产生压应力,使混凝土产生顺筋裂缝,引起混凝土保护层剥落,而保护层剥落和裂缝又会进一步引起钢筋锈蚀。钢筋锈蚀后,除了有效截面面积减小、屈服强度下降等变化外,其与混凝土的黏结性能也会发生变化。随着钢筋锈蚀量的增加,变形钢筋与混凝土的黏结强度比先期略有增加,而后期则有较大幅度的衰退。钢筋与混凝土之间黏结强度的衰退使钢筋的强度不能被全部利用,从而与其他因素一起影响混凝土构件的使用性能和抗力,构件刚度有所减小,变形增大;横向裂缝表现为间距增大,裂缝变宽,从而使构件的适用性降低,甚至可能导致混凝土结构破坏。对钢筋锈蚀的研究,国外起步较早,大多成果已被国内引用,国内以此为基础进行了修正和补充。

混凝土中的钢筋锈蚀一般为电化学锈蚀。二氧化碳和氯离子对混凝土本身都没有严重的破坏作用,但是这两种环境物质都是混凝土中钢筋钝化膜破坏的最重要又最常遇到的环境介质。当二氧化碳、氯离子等腐蚀介质侵入时,混凝土的碱性降低或者混凝土保护层受拉开裂等都将造成钢筋表面的钝化状态全部或局部破坏,钢筋表面的不同部位会出现较大的电位差,形成阳极和阴极,在一定的环境条件下(如氧和水)钢筋开始锈蚀。

钢筋在混凝土结构中的锈蚀是在有水分子参与的条件下发生的,钢筋锈蚀的电极反应式如图 1-2 所示[12]。在氧气和水汽的共同作用下,由图中电化学反应式可知钢筋表面的铁不断失去电子而溶于水,从而逐渐被腐蚀,在钢筋表面生成红铁锈。

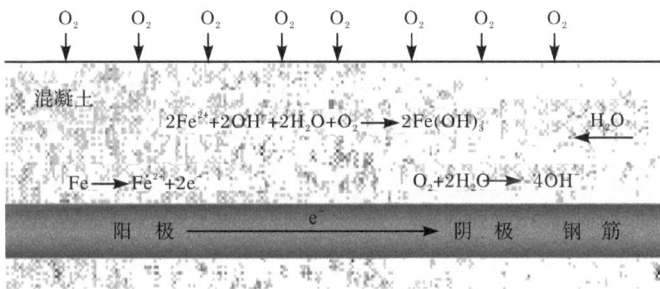

图 1-2 钢筋在混凝土中的锈蚀过程

混凝土中钢筋的腐蚀受很多因素的影响,周围环境中对结构有不良作用的介质(气体、液体、固体)、温度、湿度、冰冻等是影响钢筋锈蚀的外因;钢筋位置、钢筋直径、混凝土的种类、渗透性、裂缝情况、碱度、外加剂的使用、保护层厚度、混凝土的强度等级和质量等是影响钢筋锈蚀的内因[6,13]。概括起来影响钢筋的锈蚀因素如下。

1. 混凝土液相 pH

对于混凝土中的钢筋,在周围环境 pH 大于 11.5 时,处于完全钝化状态,锈蚀不会发生,pH 在 9～10 时,钢筋完全脱钝,锈蚀速率不受 pH 影响;当 pH 由 11.5 逐渐下降至 9 时,钢筋钝化膜逐渐被破坏,锈蚀速率逐渐增大;而当 pH 小于 4 时,钢筋锈蚀速率急剧增加。

2. 混凝土中 Cl^- 浓度

混凝土中 Cl^- 的来源有内掺和外渗两种。内掺的 Cl^- 主要来源于混凝土拌制过程中掺加的 $CaCl_2$ 等防冻剂,一般情况下,钢筋混凝土结构中的氯盐掺量应少于水泥质量的 1%(按无水状态计算),而且掺氯盐的混凝土结构必须振捣密实,也不宜用蒸汽养护。这种氯离子大部分被水泥浆吸附,以结合氯离子的形式存在,对钢筋锈蚀的影响不大;海水环境中的混凝土及路面撒除冰盐的公路混凝土,环境中的 Cl^- 通过混凝土孔隙逐步向内渗透,为外渗型 Cl^- 的来源,外界环境中的 Cl^- 通过混凝土保护层到达混凝土-钢筋界面并逐渐聚积,使钢筋表面溶液中的 Cl^- 浓度逐渐增大,最终达到临界浓度,钢筋开始腐蚀。钢筋位置溶液中 Cl^- 游离浓度越大,则其对钝化膜的破坏作用越大,钢筋的活性越大,锈蚀速率也越大;混凝土中 Cl^- 含量对钢筋锈蚀的影响极大。

3. 环境条件

环境条件如温度、湿度及干燥交替作用、海水飞溅、海盐渗透等是引起钢筋锈蚀的外在因素,都对混凝土结构中的钢筋锈蚀有明显影响。特别是混凝土自身保护能力不符合要求或混凝土保护层有裂缝等缺陷时,外界环境因素的影响会更突出。实际调查结果表明,混凝土结构在干燥无腐蚀介质情况下,其使用寿命要比潮湿及腐蚀介质中的使用寿命长 2~3 倍。

4. 保护层厚度、完好程度及混凝土的密实度

混凝土保护层对外界腐蚀介质、氧气及水分等渗入结构内部有阻止作用,钢筋保护层厚度越大,氧气的浓度梯度越小,锈蚀速率越慢,但混凝土的保护层厚度过大不仅会降低混凝土构件的极限抗弯能力,而且会改变冲切破坏的斜截面角度,略微降低混凝土构件的极限抗冲切能力。混凝土保护层的完好程度对钢筋锈蚀有明显的影响,特别是对处于潮湿环境或腐蚀介质中的钢筋混凝土结构影响更大。调查表明,在潮湿环境中使用的钢筋混凝土结构,横向裂缝宽度达 0.2mm 即可引起钢筋锈蚀。混凝土的密实度影响混凝土的渗透性,渗透性高的混凝土中的钢筋更容易发生锈蚀。

5. 水泥品种和掺和料

粉煤灰等矿物掺和料能降低混凝土的碱性,从而影响钢筋的锈蚀。国内外的许多研究表明,掺用优质的粉煤灰等掺和料,能在降低混凝土碱性的同时,提高混凝土的密实度,改变混凝土的内部孔结构,从而能阻止外界腐蚀介质及氧气与水分的渗入,这无疑对防止钢筋锈蚀是十分有利的。近年来我国的研究工作还表

明,掺入粉煤灰可以增强混凝土抵抗杂散电流对钢筋的腐蚀作用。

6. 混凝土的碳化程度

大气中的二氧化碳时刻向混凝土内部扩散,与混凝土在硬化过程中产生的氢氧化钙发生反应,使水泥原有的强碱性减低,pH 降到 8.5 左右,即发生混凝土的碳化现象,这给钢筋脱钝提供了可能;另外,钢筋的质量损失率与混凝土的碳化深度一般呈线性关系,由此可知混凝土的碳化程度对钢筋锈蚀有重大影响。

7. 其他因素

除了上述各种因素外,钢筋的应力状态对其锈蚀也有很大影响。这种应力腐蚀比一般腐蚀更危险,应力腐蚀不同于钢筋的坑蚀及均匀锈蚀,而是以裂缝的形式出现,并不断发展直到破坏,这种破坏又常常是毫无预兆的突然脆断。一般来讲,钢筋的应力腐蚀分为两个阶段:局部电化学腐蚀阶段和裂缝发展阶段。对此必须充分估计,以免钢筋发生事故性断裂。水灰比也对钢筋锈蚀有很大影响,当水灰比增大时,将导致混凝土的孔隙率增大、密实度降低,从而使混凝土中腐蚀离子的含量增加,加速钢筋的腐蚀。

1.3　桥梁结构服役期性能退化

1.3.1　钢筋锈蚀对黏结性能的影响

钢筋与混凝土两种材料共同作用的基础在于,它们之间具有足够的黏结强度使钢筋与混凝土两者之间可以传递应力并协调变形。锈蚀后钢筋与混凝土的黏结锚固性能下降会导致 RC 构件承载力的下降,因此锈蚀后的黏结退化是关系到钢筋与混凝土两者之间能否保持原有共同作用的重要问题。

钢筋锈蚀后与混凝土黏结力的退化主要体现在以下几个方面:

(1) 钢筋锈蚀后产生的铁锈在混凝土和钢筋之间形成一层结构疏松的隔离层,降低了钢筋与混凝土之间的胶结作用。

(2) 对于变形钢筋,锈蚀之后其变形肋将逐渐消退,从而降低了混凝土和变形肋之间的机械咬合力。

(3) 钢筋锈蚀发生体积膨胀,从而对周围的混凝土产生径向膨胀力,当锈蚀量达到某一限值时,混凝土保护层就会开裂,产生顺筋裂缝,从而导致混凝土与钢筋之间的约束减弱。

锈蚀钢筋与混凝土黏结性能的研究在国外开展较早,而国内在这方面的研究则始于 20 世纪 90 年代。由于问题的特殊性,对锈蚀钢筋黏结性能的研究需要解决两个问题——钢筋锈蚀状态的模拟和黏结试验方法的确定。其中,对钢筋锈蚀状态的模拟存在自然暴露法、通电加速锈蚀法、人工气候加速法等多种选择;而黏结性能的试验方法则有拉拔试验、压出试验、梁式(半梁式)试验、柱式试验以及板式试验等多种方式。

早期的研究主要以钢筋的自然锈蚀为主。例如,1941 年,Johnston 等[14]对锈蚀变形钢筋黏结强度的研究便是通过室外自然锈蚀和室内潮湿环境锈蚀两种方法进行的,虽然自然锈蚀效果与实际情况接近,但耗时太长。自 1990 年沙特阿拉伯的 Al-Sulaimani 等[15]利用电化学方法首次实现混凝土中钢筋锈蚀全过程的模拟以来,国内外研究者大多选择恒电流通电法模拟钢筋的锈蚀,从而研究锈蚀率与混凝土结构性能退化之间的关系。可以说,电化学方法的实现为从定性角度认识锈蚀对钢筋混凝土结构性能退化的影响起到了很大的推动作用,但通电锈蚀与自然锈蚀之间的相关性仍有待进一步商榷。近年来人工气候加速锈蚀技术的发展为弥补上述不足提供了更好的选择。浙江大学、中国矿业大学、长沙理工大学等高校已经建立了人工气候环境实验室,可以实现温度、湿度控制,实现降水、日照、刮风过程模拟,实现酸性气体和氯盐侵蚀环境以及结构构件的加载环境,为混凝土研究的进一步发展奠定了基础。

1.3.2　承载力退化

混凝土性能劣化、钢筋锈蚀等因素影响下构件抗力(承载力)的变化研究,是将研究成果应用于实际工程最为关键和重要的一步。目前国内外的研究大多集中在快速锈蚀后的 RC 构件的力学性能研究,并进行了大量的试验。主要以结构中主要受力构件(梁、板、柱)为研究对象,考虑的影响因素有钢筋直径、保护层厚度、养护方式、钢筋腐蚀程度和速度等。试验内容包括锈蚀后构件各项力学性能的研究,构件腐蚀前后破坏形态的对比以及腐蚀构件裂缝和变形的特征等,进而研究考虑耐久性下降的承载力计算方法。

锈蚀构件的承载力研究中,多是通过破坏试验来认识锈蚀构件的破坏过程和结构性能退化机理,这些试验研究主要包括实验室加速腐蚀试验、天然暴露试验以及实际工程构件试验。快速腐蚀试验可以在短时间内考虑不同因素和不同腐蚀程度的影响,是目前研究构件力学性能试验的主要途径;天然暴露试验将 RC 构件置于自然侵蚀环境下,如大气环境、海洋环境、工业环境中,获取的试验数据真实可信,长期观测后形成试验成果可以弥补许多室内试验的不足,从而会更具说服力及实际应用价值,但其试验周期长,环境条件变化不定;实际工程构件试验是将长期处于各种环境尤其是恶劣环境下的实际工程中的构件从工作现场拆下来,进行各种力学性能试验。此方法最接近于实际构件劣化情况,能够真实反映实际环境中锈蚀构件的力学性能,其缺点是对于某一替换构件只能局限于反映特定的劣化环境和受力情况,且构件的原始设计资料往往不全,无法考证完好构件的力学性能用于同锈蚀构件进行对比。

影响劣化构件承载能力的因素很多,如钢筋锈蚀、混凝土劣化、黏结退化、几何损伤等,这使对其承载能力的计算十分复杂。基于劣化构件承载能力试验,一些学者针对钢筋锈蚀后构件承载力计算做了大量研究工作。有学者以无锈蚀构件承载力计算公式为基础,考虑钢筋截面损失和屈服强度的降低,以及由于黏结力损失引起的强度降低,基于裂缝宽度和直径引入的强度降低系数,建立锈蚀后构件承载力计算公式[16]。也有学者提出采用钢筋锈蚀率综合折减系数来计算锈蚀的影响[17]。王小惠[18]考虑梁的各截面间相互作用,锈后材料几何尺寸和黏结强度的变化,基于梁整体的受力平衡和变形协调条件,建立了锈蚀梁弯矩计算模型。

目前,混凝土构件锈蚀后承载能力研究多是在试验基础上提出的半理论半经验公式,难以形成统一的计算理论。工程实际中的混凝土结构构件总是在荷载与环境因素的共同作用下工作的,多因素共同作用对混凝土构件的破坏作用并非单一因素作用的简单叠加,各因素产生的交互作用使在役构件破坏过程复杂化,也使目前所得结论和经验公式具有一定的局限性。

服役多年的既有桥梁的极限承载性能一直是研究人员与工程师所关心的问题,实桥破坏试验是这方面研究最直接有效的方法,对于真实了解桥梁在塑性阶段的力学行为、损伤发展过程、刚度退化规律、塑性铰、内力重分布以及破坏形态等方面具有仿真分析和缩尺模型试验所不可替代的作用。美国、挪威及中国等国家的个别研究机构针对退役的桥梁开展破坏性试验,研究了服役多年桥梁由弹性、弹塑性直至破坏全过程中的受力机理、破坏过程、破坏形态以及刚度退化规律。但限于试验机会少、成本高、组织工作难度大等原因,这种试验开展得很少,对损伤程度、结构类型、服役时间对桥梁性能退化的影响尚难以全面掌握。

1.4　服役桥梁时变可靠性

桥梁结构生命的全过程包括:施工期、使用期和超龄期三个阶段。服役桥梁即为使用期中的结构实体,而设计中抽象的结构为拟建结构。对于服役桥梁,需要关心的问题是:第一,在既定的工作条件下,服役若干年后的桥梁可靠度水平如何? 第二,通过已经服役时期考验,在今后某一服役期内的可靠度水平如何? 根据这一要求,服役结构的可靠度必然与服役时间有关,因此,称其为时变结构可靠度。当前桥梁可靠度研究的重点正由为设计用的时不变结构可靠性向生命全过程的时变可靠性研究转变[19]。

服役桥梁的可靠度与桥梁设计时的可靠度有一定区别。设计规范的目标可靠度假定在正常设计、正常施工和正常使用、维修条件下结构抗力不随时间变化，规范中的设计基准期只是统计外部作用最大值的时间区间，并非桥梁的使用寿命。桥梁时变可靠度与时不变结构可靠度有以下四点不同。

（1）必须考虑环境等因素所引起的结构性能劣化和抗力衰减，也就是考虑结构抗力随时间而变化。

（2）必须考虑外部作用随时间的变化，也就是用随机过程表示，设计基准期不再是控制参数。

（3）需要研究结构的剩余使用寿命，这个问题现行规范当做另行研究的结构耐久性问题。

（4）需要考虑人工干预（检查、维修）对抗力的影响。

十多年来，尽管国内外研究人员对服役桥梁结构检测和基于可靠度评估进行了大量研究工作，并已取得了一系列丰富的成果。由于桥梁时变可靠度求解涉及多重积分问题，尤其对于复杂系统所采用的简化模式及理论基础的不同，计算时变可靠度的方法种类也各有优缺点，难以被普通工程技术人员理解掌握，能否找到一种既能适应大多数结构又便于掌握的，简单、实用、有效的时变可靠度分析方法有待进一步研究。另外，对于服役的既有 RC 桥梁进行时变可靠性分析时，钢筋锈蚀后引起混凝土开裂、黏结力退化等导致抗力退化对结构时变可靠性的影响仍需深入研究。

1.5　桥梁寿命预测和维修加固策略

1.5.1　寿命预测

桥梁结构使用寿命是在服役桥梁耐久性的衡量指标，可以分为物理寿命（也称作技术寿命）、功能寿命和经济寿命。物理寿命是指在正常使用、正常维护、不采取维修加固措施的条件下，结构材料因受自然环境中各种因素的侵蚀而逐渐发生老化后，结构不能满足承载能力或正常使用要求时的使用寿命。功能寿命是指桥梁的功能不能满足现时的要求或其他需要而人为地中断其存在时的使用寿命。经济寿命则是综合考虑桥梁的造价、维护费用、破坏后造成的损失以及使用时带来的收益等经济因素，经过费用效益分析后得出的最优使用寿命[20]。三种寿命之间既有联系又有区别，通常研究的结构使用寿命是指物理寿命。

桥梁结构使用寿命预测方法有经验法、类比法、快速试验法、数学模型法和概率分析法等多种。

经验法。指专家根据自己或他人积累的经验进行估计的方法，显然其结果具有人为主观性，且结果的可靠性与专家具有的知识水平和积累经验的丰富程度直接有关。遇到新的使用环境、新型混凝土材料以及使用寿命较长时就容易产生差错。

类比法。根据在相似环境中已安全使用 T_0 年的相似结构的实际情况来近似推断结构的使用寿命。类比法只能定性判断结构使用寿命,且由于建筑材料、结构形式、施工质量、使用荷载、使用环境的变异性,实际上很难找到这种相似环境中的相似结构,类比法往往只作为专家评估的辅助手段。

快速试验法。在材料性能快速劣化试验的基础上,根据混凝土碳化、钢筋锈蚀、冻融破坏等耐久性劣化快速试验与长期试验的比例关系推测结构使用寿命。快速试验的条件与真实环境的差异、快速试验的破坏机制与实际情况的区别及快速试验的劣化规律与实际劣化规律之间数学关系的固有误差,造成预测结果与实际出入较大。

数学模型法。指在深刻认识材料劣化规律、结构或构件性能劣化机理和影响因素的基础上,建立结构性能劣化规律的计算模式并根据该模式进行结构使用寿命预测。近年来,随着国内外学者对混凝土碳化、氯离子侵蚀、钢筋锈蚀、硫酸盐腐蚀、冻融破坏等劣化规律的深入研究及其相应数学模型的建立,数学模型法已成为结构使用寿命预测研究的重要手段,同时数学模型也是可靠度法的基础,Yang 等[21]采用寿命函数法对桥梁网络的使用期进行了预测。

概率分析法。又分为数理统计法和可靠度法。数理统计法根据大量实测数据确定结构使用寿命的分布特征,或者通过对材料性能劣化的确定性数学模型中各参数的统计分析,建立材料性能劣化规律的概率模型,然后用于构件使用寿命的预测。这种方法的精度直接取决于样本空间的大小,结果具有普遍性,但无法针对某个具体结构。混凝土结构耐久性劣化是一个渐进过程,考虑钢筋锈蚀、硫酸盐侵蚀、混凝土冻融等因素对结构抗力的影响,则其可靠度是个动态值。可靠度法在建立可靠度-时间关系的基础上,认为结构可靠度衰减到可接受的最小值或者失效概率增大到可接受的最大值的时间为使用寿命。

可靠度法是一种评估结构使用寿命的理想方法,在国内外得到了飞速的发展。20 世纪 90 年代初,我国王光远院士和赵国藩院士提出并建立了结构服役期间的动态可靠分析方法以及在役结构在剩余寿命内荷载及荷载效应的统计分析方法[22];刘扬等[23]针对既有混凝土桥梁基于结构时变可靠度理论,结合实际工程,分别研究了整体锈蚀和局部锈蚀两种锈蚀模型下钢筋混凝土桥梁的可靠性,这些研究为桥梁使用寿命预测评估提供了理论依据。

1.5.2　维修加固策略

桥梁在使用过程中,不仅内在性能在无形的变化,其外观等也在逐渐演变,因此研究桥梁的状态也非常重要。我国《公路桥涵养护规范》(JTG H11—2004)将桥梁状态分为完好、较好、较差、差和危险五种状态,每种状态对应不同损伤。由于其影响因素的复杂性,实施维护后,其劣化的不确定性给我们带来了很大的麻烦,为了对桥梁寿命周期进行更有效、更全面的维护,需要建立桥梁的可靠度与状态的劣化模型。另外,对现有结构的维护方案优化,以期获得劣化桥梁结构的最优成本效益比是合理安排维修加固策略的一项重要的课题。有学者提出了一些方法,主要基于主观判断和试验模型预测将来状态,主观等级状态需要专家经验判断。由于寿命周期性能的评估过程需要定量分析而不是定性分析,所以桥梁维修加固管理方法的发展不能依靠主观经验,需要引入可靠度的概念[24]。

维修加固可以保证桥梁在整个服务期内都处于安全状态,可以提高可靠度水平,或延缓可靠度的劣化,或降低可靠度劣化率。维修加固策略通常分为两大类:预防性维修策略与重大维修策略。预防性维修策略是指能够防止由于桥梁的安全状况向更坏方向发展而致使后续维修成本增加的维修工作,换言之,若不进行这种维修,那么在后续阶段欲保持桥梁安全就将支出更多。预防性维修还可以细分为积极预防维修与消极预防维修,前者是指在明显的劣化迹象出现之前实施的预防维修,后者是指在明显的劣化出现之后实施的预防维修。重大维修策略是指为保持桥梁结构安全所必需的维修工作,倘不进行这种维修,桥梁就会处于不安全状态。要得到最佳桥梁维修决策,桥梁工程师既需要把握国内外现有桥梁维修实践的经验与规律性,又需要掌握能够合理安排与科学规划维修活动的优化管理方法。

近20年里,基于寿命周期成本的公路桥梁设计和分析取得了明显的进步,目前国内有学者通过对劣化桥梁碳化环境下的劣化机理研究,改进了碳化腐蚀开始时间模型,并提出了基于寿命周期成本的桥梁设计框架以及用户成本的计算公式;通过建立动态可靠度分析模型,结合成本计算公式,对桥梁加固的经济性进行评估,优化了桥梁构件的检测/维护方案;并提出了一种基于折中规划的多目标优化方法对桥面板进行维护方案优化[25~34]。

同时,国外学者对钢筋混凝土桥梁构件和桥梁体系的成本优化进行研究,并综述了钢筋混凝土构件的寿命周期成本分析方法和发展过程;通过考虑成本最小、承载力和耐久性最大,研究现有的最优化维护方案,用寿命周期维护成本和维持桥面板性能的措施的加权进行最优方案决策;得出了一个方便使用且行之有效的方法来评估土木结构性能和决策最优维护方案,并指出管理系统中数据的准确性是非常关键的[35~38]。另外,美国 Frangopol 教授及其课题组成员 Kong[39] 利用寿命周期成本分析方法发展了 Monte Carlo 计算程序 LCADS,这个程序的基本原理为维护活动的叠加,而不是复杂的计算公式,该程序考虑了基于可靠指标的维护策略和维护成本,并进行维护策略的择优。在该程序的基础上,2006 年 Petcherdchoo[40] 发展了 NLCADS 程序,该程序考虑了维护策略下的状态指标和可靠指标以及相应的年度维护成本和累计维护成本。2004 年 van Noortwijk 又提出了概率劣化模型进行维护策略优化[41]。

近年来,研究人员开始关注劣化结构维修加固决策目标的多样性要求,通过建立考虑服役期成本、安全、耐久等性能的多目标函数,利用优化技术,安排劣化结构服役期的经济合理维修加固策略[42]。

在桥梁维修加固决策过程中涉及的模型是多方面的,如桥梁结构劣化模型、结构状态描述模型、寿命成本模型、维修加固方法、维修加固优化模型、优化技术等。

参 考 文 献

[1] Park C H. Time Dependent Reliability Models for Steel Girder Bridges. Detroit: PhD Dissertation of University of Michigan, 1999.

[2] Wang H. Steel-free Hybrid Reinforcement System for Reinforced Concrete Flexural Members. Missouri: PhD Dissertation of University of Missouri-Rolla, 2005.

[3] Nowak A S, Tharmabala T. Bridge reliability evaluation using load tests. Journal of Structural Engineering, ASCE, 1988, 114(10): 2268~2279.

[4] Stewart M G, Val D V. Role of load history in reliability-based decision analysis of aging bridge. Journal of Structural Engineering, ASCE, 1999, 125(7): 776~783.

[5] Ho D W S, Lewis R K. Carbonation of concrete and its prediction. Cement and Concrete Research, 1987, 17(3): 489~504.

[6] 金伟良,赵羽习. 混凝土结构耐久性. 北京:科学出版社, 2002.

[7] 蒋利学,张誉. 基于碳化机理的混凝土碳化深度实用数学模型. 工业建筑, 1999, 29(1): 16~19.

[8] 朱安民. 混凝土碳化与钢筋混凝土耐久性. 混凝土, 1992, (6): 18~22.

[9] Adam N. The confused world of sulfate attack on concrete. Cement and Concrete Research, 2004, 34(8): 1275~1296.

[10] Haynes H. Sulfate attack on concrete: Laboratory versus field experience. Concrete International, 2002, 24(7): 65~70.

[11] 刘赞群. 混凝土硫酸盐侵蚀基本机理研究. 长沙:中南大学博士学位论文, 2010.

[12] Hansson C M. Comments on electrochemical measurements of the rate of corrosion of steel in concrete. Cement and Concrete Research, 1984, 14(4): 574~584.

[13] 张克波. 锈蚀 RC 构件力学性能与整桥破坏性试验研究. 长沙:长沙理工大学博士学位论文, 2009.

[14] Johnston B, Cox K C. The bond strength of rusted deformed bars. ACI Structural Journal, 1940, 37: 57~72.

[15] Al-Sulaimani G J, Kaleemullan N, Basunbul I A. Influence of corrosion and cracking on bond

behavior and strength of reinforced concrete members. ACI Structural Journal,1990,87(2): 220~231.

[16] 惠云玲,李容,林志伸,等. 混凝土基本构件钢筋锈蚀前后性能试验研究. 工业建筑,1997, 27(5):14~19.

[17] 金伟良,赵羽习. 锈蚀钢筋混凝土梁抗弯强度的试验研究. 工业建筑,2001,31(5):9~11.

[18] 王小惠. 锈蚀钢筋混凝土梁正截面抗弯承载力的研究. 混凝土与水泥制品,2006,3: 39~42.

[19] 张建仁. 现有混凝土桥梁结构基于时变可靠度的评估研究. 北京:清华大学博士学位论 文,2002.

[20] 牛荻涛. 混凝土结构耐久性与寿命预测. 北京:科学出版社,2003.

[21] Yang S I,Frangopol D M,Neves L C. Service life prediction of structural systems using life-time functions with emphasis on bridges. Reliability Engineering and System Safety,2004, 86(1):39~51.

[22] 赵尚传,赵国藩,贡金鑫. 混凝土结构基于可靠性和优化理论剩余寿命分析. 工业建筑, 2002,32(4):37~48.

[23] 刘扬,张建仁. 钢筋混凝土桥梁服役期间的可靠性评价. 中国公路学报,2001,14(2): 61~65.

[24] Aktan A E,Farhey D N,Brown D L,et al. Condition assessment for bridge management. Journal of Infrastructure Systems,1996,2(3):108~117.

[25] 彭建新,邵旭东. CO_2 排放、气候变化及其对混凝土结构开始腐蚀时间和时变可靠度评估 的影响. 公路交通科技,2009,36(10):48~53.

[26] 邵旭东,彭建新,晏班夫. 桥梁全寿命设计方法框架性研究. 公路,2006,26(1):44~49.

[27] 魏洪昌,张劲泉. 公路桥梁维修加固技术经济评价方法研究. 公路交通科技,2005,22(3): 62~65.

[28] 徐家云,邓志勇. 基于时变可靠度的桥梁加固经济性评估. 自然灾害学报,2005,14(5): 162~165.

[29] 孙晓燕,黄承逵,赵国藩,等. 基于动态可靠度和经济优化相结合的服役桥梁维修加固风险 决策. 工程力学,2004,21(5):5~10.

[30] 张宇贻,秦权. 基于可靠度的混凝土桥梁构件最优检测/维修规划. 清华大学学报(自然科 学版),2001,41(12):68~71.

[31] 熊辉,史其信. 混凝土桥梁面板维修的折衷规划优化. 清华大学学报(自然科学版),2004, 44(6):789~792.

[32] 杨伟军,张建仁,梁兴文. 基于动态可靠度的服役桥梁维修加固策略. 中国公路学报,2002, 15(3):49~52.

[33] 刘小虎,龚金鑫. 桥梁加固方案选择及资金分配策略. 大连:大连理工大学硕士学位论 文,2005.

[34] 邵旭东,彭建新,晏班夫. 基于结构可靠度的桥梁维护策略优化研究. 工程力学,2008, 25(9):149~155.

[35] Hassanain M A, Loov R E. Cost optimization of concrete bridge infrastructure. Canadian Journal of Civil Engineering, 2003, 30(5): 841~849.

[36] Liu C, Hammad A, Itoh Y. Multiobjective optimization of bridge deck rehabilitation using a genetic algorithm. Computer-Aided Civil and Infrastructure Engineering, 1997, 12(6): 431~443.

[37] Miyamoto A, Kawamura K, Nakamura H. Bridge management system and maintenance optimization foe existing bridge. Computer-Aided Civil and Infrastructure Engineering, 2000, 15(1): 45~55.

[38] Lee Y J, Chang L M. Rehabilitation decision analysis and life-cycle costing of the infrastructure system. Construction Research Congress, 2003, 2: 1~6.

[39] Kong J S, Frangopol D M. Cost-reliability interaction in life-cycle cost optimization of deteriorating structures. Journal of Structural Engineering, 2004, 130(11): 1704~1712.

[40] Pecherdchoo A. Maintaining condition and safety of deteriorating bridges by probabilistic models and optimization. Boulder: PhD Dissertation of University of Colorado, 2006, 34~109.

[41] van Noortwijk J M. Two probabilistic life-cycle maintenance models for deteriorating civil infrastructures. Probabilistic Engineering Mechanics, 2004, (19): 345~359.

[42] 彭建新. 基于寿命周期成本的桥梁全寿命设计方法. 长沙: 湖南大学博士学位论文, 2009.

第 2 章　材料性能退化研究

2.1　锈蚀钢筋力学性能

钢筋锈蚀不但引起本身物理力学性能的改变,而且也会影响其周围混凝土材料的物理力学性能,最终影响桥梁结构的力学性能。对锈蚀钢筋力学性能的研究主要以试验为主,通过对不同锈蚀程度钢筋的拉伸试验,统计分析其力学性能变化规律。对锈蚀对钢筋力学性能的影响主要存在两种观点:一种认为锈蚀对钢筋的实际屈服强度和极限强度无明显影响,极限伸长率随锈蚀率增加而下降[1,2];另一种认为当锈蚀率较小时(通常截面锈蚀率在 5% 以内),钢筋锈蚀较均匀,锈蚀对钢筋力学性能影响不大,当锈蚀率较大时,钢筋发生不均匀锈蚀,局部坑蚀导致钢筋在拉伸过程中,锈坑部位会发生应力集中现象[3,4],锈后钢筋实际屈服强度和抗拉强度下降,极限伸长率也下降[5~9]。

另外,锈蚀导致钢筋本构关系发生变化。在过去的研究中发现[1,9,10],随锈蚀率的增加,屈服台阶缩短,应力-应变曲线变得平缓,屈强比增大;当锈蚀率较大时,屈服平台消失,钢筋为脆性破坏。目前,虽已对锈蚀钢筋力学性能开展了系列研究,但受时间空间等各种条件的限制,锈蚀钢筋拉伸试验中样本数量较小,这使得建立的锈蚀率与屈服强度和抗拉强度的关系结果离散性较大,锈蚀率与锈蚀钢筋性能下降的定量关系难以达成共识。尤其专门针对公路桥梁中锈蚀钢筋性能的研究还较少见。为此,本节通过开展多年的实验室自制快速锈蚀构件和服役多年的实桥构件的试验研究,积累了大量锈蚀钢筋样本抗拉试验,考虑不同钢筋种类和钢筋直径,对锈蚀率与屈服荷载和极限抗拉荷载、锈蚀率与屈服强度和极限强度以及快速锈蚀和自然锈蚀的差异性等方面进行系统研究。

2.1.1　锈蚀钢筋拉伸试验概况

锈蚀钢筋样本通过两种途径获得,即分别为从自制快速腐蚀构件和实桥构件中取出的钢筋样本,如图 2-1 所示。

为减小钢材出厂误差对锈蚀后钢筋拉伸试验结果的影响,对自制快速腐蚀钢筋混凝土梁、柱以及小构件中使用的钢筋进行了称重和拉伸试验。试验分别选取光圆钢筋和变形钢筋两种类型、三组不同直径、长 40cm 的钢筋母材各 3 根,其平均单位质量、屈服强度和极限强度见表 2-1。

(a) 自制梁快速腐蚀　　　　　(b) 自制柱快速腐蚀　　　　　(c) 实桥构件

图 2-1　锈蚀钢筋样本的母构件

表 2-1　钢筋母材性能试验结果

钢筋种类	钢筋直径/mm	单位质量/(g/mm)	屈服强度/MPa	极限强度/MPa
光圆钢筋 (HPB235)	18	1.914	247.39	399.37
	20	2.397	258.25	393.39
	22	2.986	274.38	426.17
变形钢筋 (HRB335)	18	1.957	366.70	551.96
	20	2.470	373.71	578.28
	22	2.980	380.15	569.56

对图 2-1 中两种方式获得的锈蚀钢筋样本做下列工序处理:端部整平→12%稀盐酸清洗→清水冲洗→石灰水中和→清水冲洗→排水法测体积→擦干→烘干。锈后钢筋样本制备完成后,由于不同锈蚀率钢筋样本是从不同构件破坏性试验中得出,因此,受锈蚀率以及静载破坏性试验影响,部分锈蚀钢筋样本没有屈服台阶,共得到有效的钢筋样本 361 个,锈蚀钢筋样本具体来源情况见表 2-2。

表 2-2　锈蚀钢筋样本的构成

样本类型 构件类型	光圆 钢筋	螺纹 钢筋	屈服 强度	极限 强度	光圆钢筋直径			螺纹钢筋直径		
					18mm	20mm	22mm	18mm	20mm	22mm
自制梁(A)	84	72	147	156	24	40	20	20	32	20
自制小构件(B)	45	45	76	90	15	15	15	15	15	15
自制柱(C)	26	62	76	88	2	19	5	5	44	13
实桥构件(D)	27	—	25	27	—	5	22	—	—	—
合计	182	179	324	361	41	79	62	40	91	48

以上锈蚀钢筋样本中,针对目前耐久性研究中常用的加速锈蚀方法获取 334根,334 根锈蚀钢筋样本是由三部分组成:A 组快速锈蚀钢筋混凝土梁中 156 个;

B组单筋构件通电快速腐蚀试验 90 个;C组快速锈蚀钢筋混凝土柱中 88 个。另外,D组实桥构件中获得 27 个。

对加工好的锈后钢筋样本进行天平称重,并测量样本的直径,用万能试验机对样本进行拉伸试验,如图 2-2 所示。

(a) 钢筋试件　　　　　　　　　　　　　(b) 试验装置

图 2-2　锈蚀钢筋样本试验

2.1.2　拉伸试验结果分析

1. 锈蚀对钢筋屈服荷载和极限荷载的影响

1) 质量锈蚀率与屈服荷载和极限荷载

在工程实际中,准确的测量钢筋截面锈蚀率较为困难,质量锈蚀率测量相对容易。因此,建立质量锈蚀率同屈服荷载和极限荷载的关系,可更准确、方便地预测钢筋屈服荷载和极限荷载,进而直接应用于实际钢筋混凝土桥梁构件承载力计算中。

钢筋屈服荷载和极限荷载分别为实际屈服强度和极限强度与锈后钢筋截面面积的乘积。为直接反映锈蚀率对二者的影响,这里引入分别与屈服荷载和极限荷载相对应的名义屈服强度和名义极限强度,分别为屈服荷载和极限荷载与初始截面面积的比[11]。

两种类型 HPB235 和 HRB335 钢筋三种不同直径的质量锈蚀率与名义屈服及名义极限强度之间关系如图 2-3 所示。

图 2-3 表明,锈蚀将同时引起屈服荷载和极限荷载的下降;对于同种类型的钢筋,锈蚀对极限荷载的影响大于屈服荷载,随质量锈蚀率的增大,极限荷载下降速度较屈服荷载快;锈蚀对 HRB335 变形钢筋的屈服荷载和极限荷载的影响比 HPB235 光圆钢筋大,随质量锈蚀率的增大,HPB235 光圆钢筋的屈服荷载和极限荷载下降速度比 HRB335 变形钢筋慢。

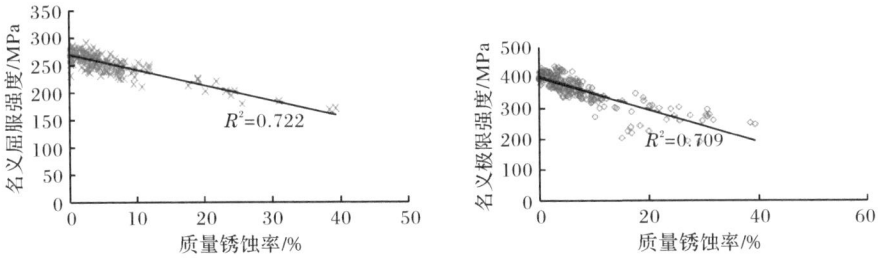

（a）HPB235 名义屈服强度和名义极限强度

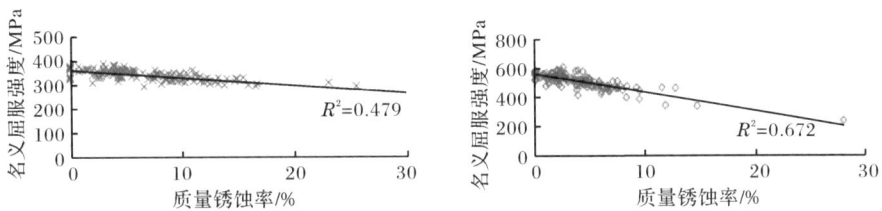

（b）钢筋 HRB335 名义屈服强度和名义极限强度

图 2-3　钢筋质量锈蚀率与名义屈服强度和极限强度

条件不同的样本,如钢筋品种规格,不属于同一母体。为把不同规格钢筋转换为同条件下的样本,取两种钢筋类型的锈后名义屈服强度与初始屈服强度比 η_{ny} 以及名义极限强度与初始极限强度比 η_{nu} 作为统计对象,其与质量锈蚀率的关系如图 2-4 所示。

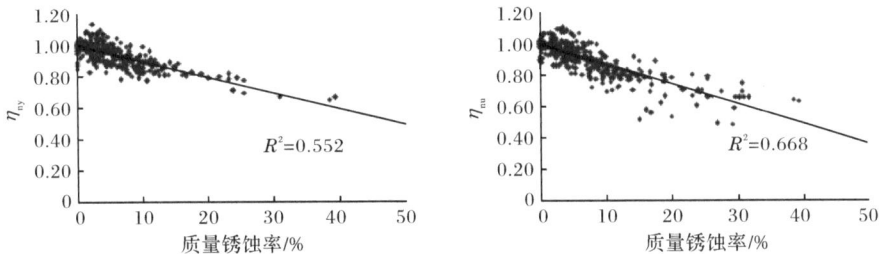

（a）质量锈蚀率与 η_{ny}　　　　　　　　　　（b）质量锈蚀率与 η_{nu}

图 2-4　质量锈蚀率对名义屈服强度和名义极限强度的影响

对图 2-4 中各结果进行分析后,以质量锈蚀影响系数来反映其对名义屈服强度和名义极限强度的影响,得钢筋名义屈服强度与初始屈服强度比、名义极限强度与初始极限强度比和质量锈蚀率的关系如下:

$$\eta_{ny}=\frac{f_{ny}}{f_{y0}}=\frac{1-\alpha_q\rho_q}{1-\rho_q}=\frac{1-1.62\rho_q}{1-\rho_q} \tag{2-1}$$

$$\eta_{nu}=\frac{f_{nu}}{f_{u0}}=\frac{1-\beta_{q}\rho_{q}}{1-\rho_{q}}=\frac{1-1.75\rho_{q}}{1-\rho_{q}} \tag{2-2}$$

式中，α_{q} 和 β_{q} 分别为质量锈蚀对名义屈服强度和名义极限强度的影响系数；f_{y0} 和 f_{u0} 分别为钢筋锈蚀前屈服强度和极限强度。

图 2-4 表明，锈蚀引起不同类型钢筋屈服荷载和极限荷载的下降；钢筋屈服荷载随质量锈蚀率的增加而下降的速度小于极限荷载下降速度。

2）截面锈蚀率与屈服荷载和极限荷载

锈蚀引起钢筋截面积减小，进而导致钢筋抗拉屈服荷载和极限荷载下降。锈蚀引起钢筋物理力学性能发生改变，导致钢筋屈服强度和极限强度发生变化。因此，钢筋屈服荷载和极限荷载的损失率与截面面积损失率不成常量关系。同样，引入可以直接反映屈服荷载和极限荷载的名义屈服强度和名义极限强度，其与钢筋截面锈蚀率的关系如图 2-5 所示。

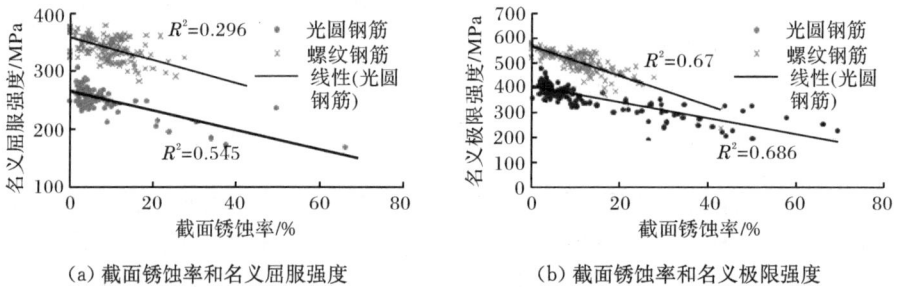

（a）截面锈蚀率和名义屈服强度　　　　　（b）截面锈蚀率和名义极限强度

图 2-5　截面锈蚀率与名义屈服强度和名义极限强度

图 2-5 表明，对于不同类型的钢筋，随截面锈蚀率的增大，HPB235 光圆钢筋的屈服荷载和极限荷载下降速度比 HRB335 变形钢筋慢，锈蚀对变形钢筋的影响比光圆钢筋大；对于同种类型的钢筋，随截面锈蚀率的增大，极限荷载下降速度较屈服荷载快，锈蚀对钢筋极限荷载影响程度大于屈服荷载。

同理，把不同规格钢筋转换为同条件下的样本，取两种钢筋类型的锈后名义屈服强度与初始屈服强度比 η_{ny} 以及名义极限强度与初始极限强度比 η_{nu} 作为统计对象，其与截面锈蚀率的关系如图 2-6 所示。

对图 2-6 中各结果进行分析，以截面锈蚀影响系数来反映其对名义屈服强度和名义极限强度的影响，得钢筋名义屈服强度与初始屈服强度比、名义极限强度与初始极限强度比和截面锈蚀率的关系如下：

$$\eta_{ny}=\frac{f_{ny}}{f_{y0}}=\frac{1-\alpha_{A}\rho_{A}}{1-\rho_{A}}=\frac{1-1.48\rho_{A}}{1-\rho_{A}} \tag{2-3}$$

$$\eta_{nu}=\frac{f_{nu}}{f_{u0}}=\frac{1-\beta_{A}\rho_{A}}{1-\rho_{A}}=\frac{1-1.51\rho_{A}}{1-\rho_{A}} \tag{2-4}$$

（a）截面锈蚀率与 η_{ny}

（b）截面锈蚀率与 η_{nu}

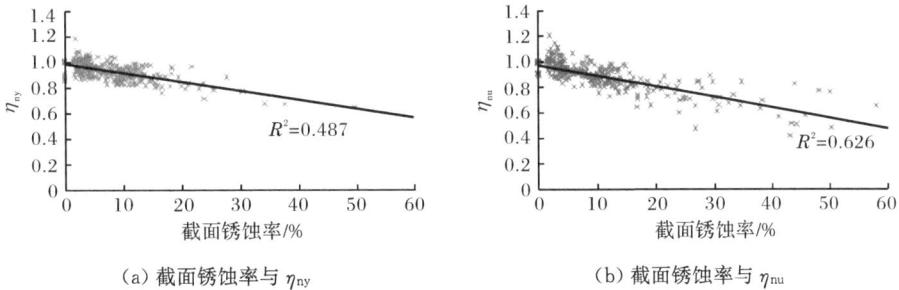

图 2-6　截面锈蚀率对名义屈服强度和名义极限强度的影响

式中，α_A 和 β_A 分别为截面锈蚀对名义屈服强度和名义极限强度的影响系数。

图 2-6 表明，钢筋屈服荷载和极限荷载都随截面锈蚀率增大而下降；截面锈蚀率对屈服荷载的影响稍小于对极限荷载的影响。

2. 锈蚀对屈服强度和极限强度的影响

本节涉及的屈服强度与极限强度为锈蚀钢筋实际的屈服强度与极限强度，即锈蚀钢筋样本的实际屈服荷载和极限荷载与锈后实际截面面积的比。

1）质量锈蚀率与屈服强度和极限强度

锈蚀不但引起钢筋质量和截面损失，同时也影响钢筋的物理力学性能，进而改变钢筋初始/锈前屈服强度和极限强度。两种不同类型钢筋质量锈蚀率与屈服强度和极限强度的关系如图 2-7 所示。

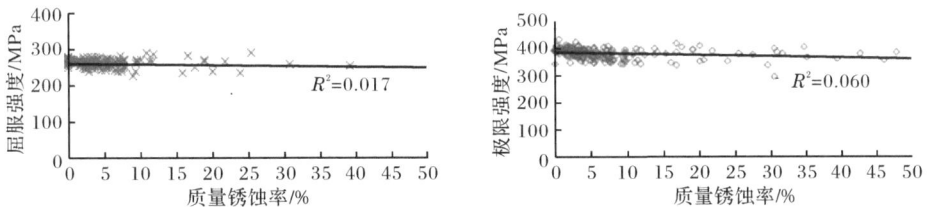

（a）锈蚀钢筋 HPB235 屈服强度和极限强度

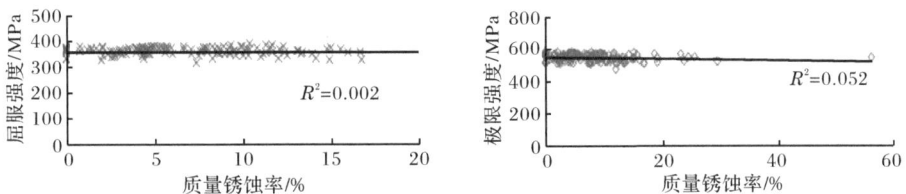

（b）锈蚀钢筋 HRB335 屈服强度和极限强度

图 2-7　质量锈蚀率与屈服强度和极限强度的关系

图 2-7 表明,锈蚀使屈服强度和极限强度稍有下降,但下降并不显著;对于同种类型的钢筋,锈蚀对极限强度的影响稍大于对屈服强度的影响,随质量锈蚀率的增大,极限荷载下降速度较屈服荷载快;锈蚀对 HRB335 变形钢筋的屈服强度和极限强度的影响比对 HPB235 光圆钢筋的大,随质量锈蚀率的增大,HPB235 光圆钢筋的屈服强度和极限强度下降速度比 HRB335 变形钢筋慢。

同样,把不同规格钢筋转换为同条件下的样本,取两种钢筋类型的锈后屈服强度与初始屈服强度比 η_y 以及锈后极限强度与初始极限强度比 η_u 作为统计对象,其与质量锈蚀率的关系如图 2-8 所示。

对图 2-8 中各结果进行分析,以质量锈蚀影响系数来反映其对屈服强度和极限强度的影响,得钢筋屈服强度与初始屈服强度比、极限强度与初始极限强度比和质量锈蚀的关系如下:

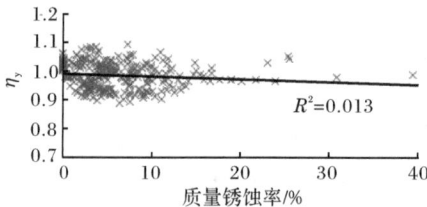

（a）质量锈蚀率与屈服强度　　　　　（b）质量锈蚀率与极限强度

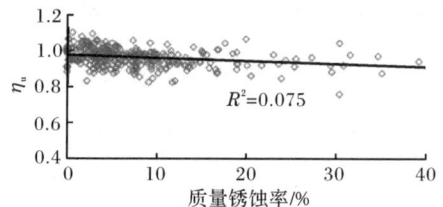

图 2-8　质量锈蚀率对屈服强度和极限强度的影响

$$\eta_y = \frac{f_y}{f_{y0}} = \frac{1-\gamma_q \rho_q}{1-\rho_q} = \frac{1-1.07\rho_q}{1-\rho_q} \tag{2-5}$$

$$\eta_u = \frac{f_u}{f_{u0}} = \frac{1-\lambda_q \rho_q}{1-\rho_q} = \frac{1-1.12\rho_q}{1-\rho_q} \tag{2-6}$$

式中,γ_q 和 λ_q 分别为质量锈蚀对屈服强度和极限强度影响系数。

图 2-8 表明,钢筋屈服强度和极限强度随质量锈蚀率增大而略有下降;质量锈蚀率对屈服强度的影响稍小于对极限强度的影响。

2）截面锈蚀率与屈服强度和极限强度

图 2-9(a)、(b)分别为锈蚀梁、锈蚀小构件、锈蚀柱及旧梁的锈蚀钢筋实际屈服强度和极限强度与最薄弱截面锈蚀率的关系图。

图 2-9 表明,锈蚀引起的屈服强度和极限强度下降并不显著;同种类型的钢筋,随截面锈蚀率的增大,极限荷载下降速度较屈服荷载快;随截面锈蚀率的增大,HPB235 光圆钢筋的屈服强度和极限强度下降速度比 HRB335 变形钢筋慢。

取两种钢筋类型的锈后屈服强度与初始屈服强度比 η_y 以及锈后极限强度与初始极限强度比 η_u 作为统计对象,其与截面锈蚀率的关系如图 2-10 所示。

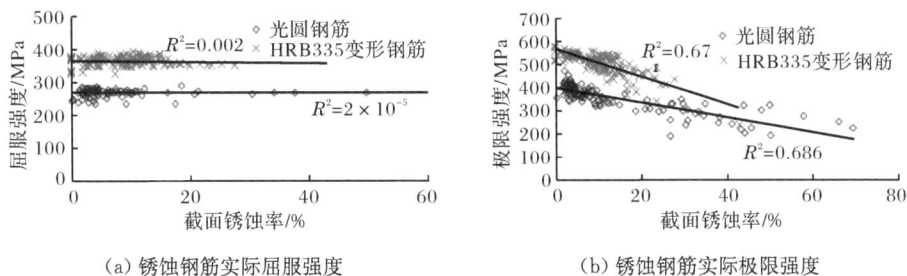

(a) 锈蚀钢筋实际屈服强度　　　　　　　(b) 锈蚀钢筋实际极限强度

图 2-9　截面锈蚀率与屈服强度和极限强度的关系

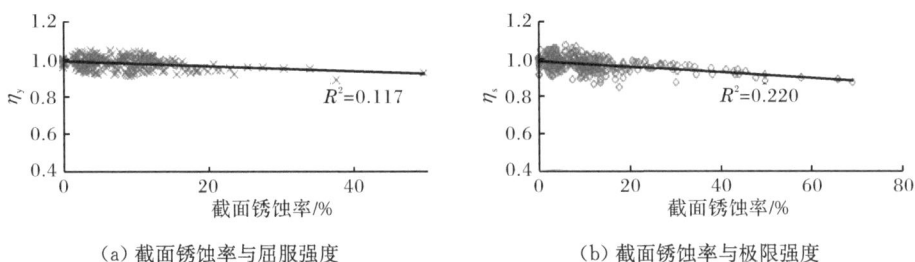

(a) 截面锈蚀率与屈服强度　　　　　　　(b) 截面锈蚀率与极限强度

图 2-10　截面锈蚀率对屈服强度和极限强度的影响

对图 2-10 分析后,以截面锈蚀影响系数来反映其对屈服强度和极限强度的影响,钢筋屈服强度与初始屈服强度比、极限强度与初始极限强度比和截面锈蚀的关系如下。

$$\eta_y = \frac{f_y}{f_{y0}} = \frac{1-\gamma_A \rho_A}{1-\rho_A} = \frac{1-1.10\rho_A}{1-\rho_A} \tag{2-7}$$

$$\eta_u = \frac{f_u}{f_{u0}} = \frac{1-\lambda_A \rho_A}{1-\rho_A} = \frac{1-1.12\rho_A}{1-\rho_A} \tag{2-8}$$

式中,γ_A 和 λ_A 分别为截面锈蚀对屈服强度和极限强度的影响系数。

图 2-10 表明,钢筋屈服强度和极限强度随截面锈蚀率增大而略有下降;截面锈蚀率对屈服强度的影响稍小于对极限强度的影响。

2.1.3　自然锈蚀和快速锈蚀差异性

混凝土内钢筋自然环境中腐蚀和外加电流加速腐蚀后的表面都呈现大量的凸起凹陷,形状很不规则,大小分布不匀,难以用经典的几何方法进行描述。两者腐蚀都会在钢筋表面形成坑蚀,但差异也很明显,自然环境中的蚀坑相对较小,且褶皱有棱角。出现以上差异的主要原因是前者钢筋上有许多微电池和宏电池,阴、阳极相间,钢筋腐蚀速率相对较慢;而快速锈蚀是强制型的宏电池主导,整体上都是阳极,腐蚀速率很快,导致原本会出现的棱角被快速腐蚀。这种差异使其对钢筋物理力学性能的影响程度不同,进而将可能影响钢筋锈蚀率与屈服荷载和极限荷载的关系。

腐蚀引起钢筋强度退化的本质为钢筋内部晶体结构发生改变以及截面面积减小后有应力集中现象等,至于哪个因素影响更大还需日后进一步研究。由于本试验中从实桥现场运回的旧梁中的钢筋样本全部为 HPB235 光圆钢筋,本分析对象为快速锈蚀和实桥中 HPB235 光圆钢筋。取可以直接反映钢筋屈服荷载和极限的名义屈服强度和名义极限强度为研究对象,各自与质量锈蚀率的关系如图 2-11 和图 2-12 所示。

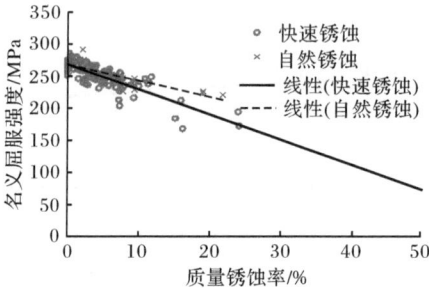

图 2-11　快速锈蚀和自然锈蚀下
的名义屈服强度

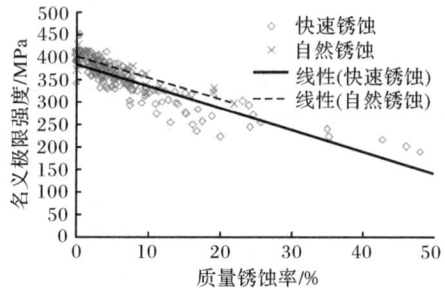

图 2-12　快速锈蚀和自然锈蚀下
的名义极限强度

图 2-11 和图 2-12 表明,快速锈蚀的钢筋屈服荷载和极限荷载下降速度要分别略高于自然条件锈蚀的钢筋屈服荷载和极限荷载;钢筋混凝土桥梁中钢筋腐蚀环境对屈服荷载的影响稍大于对极限荷载的影响;但两种不同环境下锈蚀引起屈服荷载和极限荷载变化的差异不大,故可采用实验室快速锈蚀条件下获得锈蚀钢筋样本的方式来开展锈后钢筋物理力学性能试验研究。

2.2　混凝土强度退化

2.2.1　劣化混凝土本构关系模型

1. 混凝土轴心抗压强度试验研究

在现场按照行业标准《回弹法检测混凝土抗压强度技术规程》(JGJ/T 23—2011)规定,在构件(锈蚀梁和旧梁)上选择及布置测区进行测试,采用回弹仪进行回弹试验。每一测区测量 16 个回弹值,从 16 个回弹值中剔除 3 个最大值和 3 个最小值,取余下 10 个回弹值的平均值作为该区取得的平均回弹值,精确到0.1MPa;测过回弹值后,在测区进行钻芯,取芯位置选在具有代表性的非破损测区内。

取芯前先采用钢筋保护层测厚仪测定钢筋位置,避免切断钢筋和由于芯样中存在钢筋影响混凝土抗压强度。采用 HILTI DD200 钻芯机在对构件混凝土影响小处取芯样,经加工处理,获得直径为 100mm、高为 150mm 的芯样 115 个。对加工好的芯样编号,按《钻芯法检测混凝土强度技术规程》(CECS 03:2007)的规定测定抗压强度,如图 2-13 所示。对采用的非标准尺寸试件实际测得的轴心抗压强度值应乘以尺寸换算系数来进行修正,具体修正系数参见混凝土芯样抗压规范,测得混凝土的抗压强度值精确到 0.01MPa。

(a) 试验过程　　　　　　(b) 钻芯取得的样本　　　　　(c) 芯样加工

图 2-13　混凝土芯样强度试验

2. 老化混凝土单轴受压本构关系

结构的变形行为根本上取决于材料的本构关系,材料的本构关系产生变化无疑将对结构的受力性能产生很大的影响。混凝土的本构关系可以分为线弹性、非线性弹性、弹塑性及其他力学理论等四类。目前在混凝土有限元分析中应用较多的是非线性弹性理论和弹塑性理论本构关系模型,非线性弹性理论本构关系模型在单调递增荷载作用下可反映混凝土的主要特征,与试验结果符合良好,但它不能很好地反映混凝土在非比例单调加载及卸载时的性能。

服役多年的钢筋混凝土结构,由于不良环境的作用,混凝土受腐蚀后,其组成成分和微观结构都发生变化,因而材料的本构行为也将发生变化。为研究服役多年实桥混凝土的本构关系,选取其中 30 个混凝土芯样,经过加工处理为直径 10cm、高 15cm 的试件,开展实验室试验研究。其中一条典型试验应力-应变曲线如图 2-14 所示。

通过对服役多年的老化混凝土单轴受压应力-应变曲线的分析,发现老化混凝土应力-应变曲线与新混凝土应力-应变曲线既存在相同点,又有许多不同之处。

(1) 受腐蚀混凝土在初始受压时,就表现出较大的非线性特征,在较小的应力作用下就产生较大的变形,曲线向下凸,斜率不断增加,当曲线到达某值时,应变随应力近似按比例增长,应力-应变表现出近似线性特征。出现这种现象的主要原

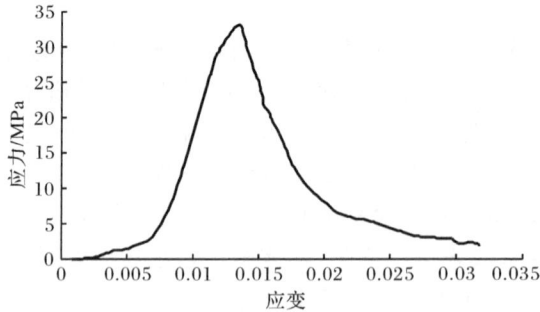

图 2-14　试件混凝土应力-应变曲线

因如下：①试验加载之初压力机与混凝土试块间存在一定间隙；②混凝土受腐蚀后结构变松散，孔隙增多，在混凝土试块开始受压时，垂直于压应力方向的微裂纹和孔洞受压闭合，同时混凝土基体部分弹性压缩。而前者占主要方面，导致在很小的应力下，就产生很大的变形。混凝土腐蚀越严重，这种情况就越明显。

（2）随着应力进一步增大，曲线的斜率开始减小，混凝土的塑性变形开始增加。混凝土腐蚀越严重，其塑性变形越小。此阶段称为微裂纹的稳态扩展阶段，试件内微裂缝有较大开展，但各条微裂纹独立扩展，试件表面无可见宏观裂缝。

（3）随后，混凝土中的裂纹扩展到一定尺度，并发生分叉、绕行和贯通现象，逐步形成较大的裂纹，进入非稳态扩展阶段。这时应力水平降低，表现为峰值后的软化效应。混凝土腐蚀越严重，软化效应的初始阶段应力下降越快。最终，材料由于宏观裂纹的出现而破坏。

（4）总体看来，老化腐蚀的混凝土表现为峰值强度降低，弹性模量降低，整个曲线形状变尖，一般的峰值应力对应的峰值应变会较新混凝土有所增加。而且，对于腐蚀十分严重的混凝土试件的极限应变比未腐蚀混凝土也有所增大。

对受腐蚀的混凝土孔隙增多，在加载初阶段应力很小情况下的变形过程十分明显，可以认为此阶段变形属于虚假变形，故在本构关系中忽略此阶段。图 2-15 中给出了三条有代表性的实测应力-应变关系曲线，其他芯样应力-应变曲线位于此三条曲线包裹之中，其变化规律类似。当荷载约在极限荷载的 70% 以前时，压应力和应变近似呈线性关系，超过这个值则非线性明显。考虑各曲线变化规律，经过拟合发现采用四折线模型来模拟服役多年的混凝土本构关系较为合理，其具体结果如图 2-15 所示。

图 2-15 所示老化腐蚀混凝土本构模型已在多个服役多年混凝土桥梁构件极限承载力计算中得到应用，理论分析和承载力试验结果验证表明此模型较为贴合实际情况。

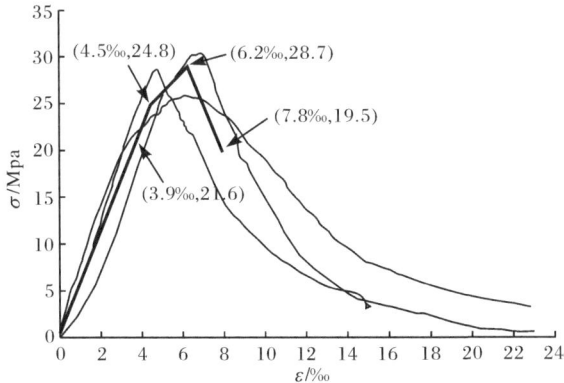

图 2-15　单轴受压应力-应变关系

3. 混凝土强度无损和破损试验相关性研究

既有钢筋混凝土桥梁中混凝土强度主要通过无损检测和钻芯法两种方法来评定。目前,无损测强方法都具有简便、易行、测试效率高、成本低等优点,但是无损测强是以混凝土抗压强度与某些物理量的相关性为基础的,这些相关性又往往受众多因素的影响。因此,无损测强结果的精度往往受到质疑。而钻芯法测强是以混凝土的局部破坏为基础,其测值较为直观可靠,已得到国际上的普遍认可。但由于钻芯法会造成结构或构件的局部破坏,其测点的数量受到严格的限制,不可能在整个结构上普遍使用,且成本相对较高。

如果把回弹法和钻芯法结合起来,利用芯样试验值的可靠性和准确性来校正无损检测的推定值,建立无损强度与芯样实测强度之间的关系来推定整个工程混凝土强度是十分必要的。本节针对自制钢筋混凝土梁和实桥旧梁的回弹测强试验及钻芯取样测强试验,来研究混凝土强度无损检测和钻芯取样试验的相关性。

混凝土抗压强度 f_{cu} 与回弹值 R 之间存在着正相关关系。国内外习惯采用绘制等强曲线的方式来表示强度-回弹的相关曲线方程。两种不同形式构件,按相应规范修正后的芯样混凝土强度及相应测区回弹强度散点图分别如图 2-16 和图 2-17所示。

考虑到工程测量精度、计算简化的要求,对以上两图进行拟合,拟合曲线选择直线形式,函数关系分别如下:

$$f'_{cu} = 1.120R' + 1.120 \tag{2-9}$$

$$f''_{cu} = 1.083R'' + 4.012 \tag{2-10}$$

式中,f'_{cu} 为快速锈蚀钢筋混凝土梁混凝土芯样抗压强度值,MPa;R' 为快速锈蚀钢筋混凝土梁相应测区混凝土强度回弹值,MPa;f''_{cu} 为实桥旧梁混凝土芯样抗压强

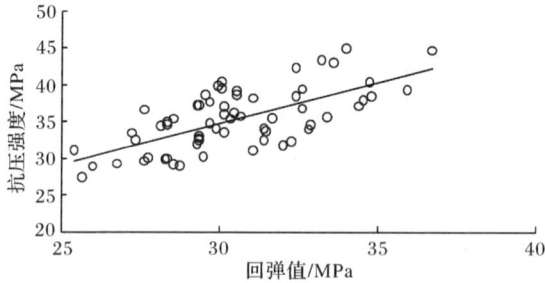

图 2-16　快速锈蚀梁回弹值和抗压强度的关系

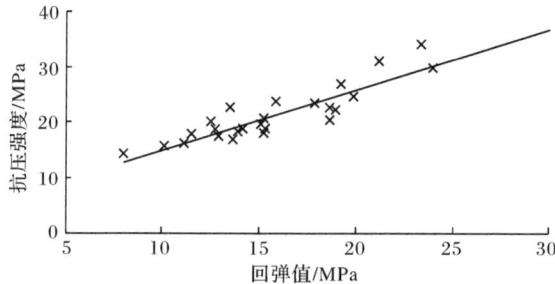

图 2-17　实桥旧梁回弹值和抗压强度的关系

度值,MPa;R'' 为实桥旧梁相应测区混凝土强度回弹值,MPa。

图 2-16 和图 2-17 及回归结果表明,利用回弹法测得的混凝土强度与钻芯取样测得的混凝土强度存在正相关性;利用回弹法测得的混凝土强度稍小于钻芯取样测得的实际混凝土强度;在新建结构或构件和服役若干年的既有混凝土桥梁结构中,利用回弹法测得的新建结构的混凝土强度值更接近于钻芯取样测得的强度,但两者差异并不大。

鉴于利用回弹法对新建快速腐蚀构件和服役若干年实桥构件进行混凝土强度测试时所得的值差异不大,为扩大样本数量,减小误差,使上述结果更接近工程实际,综合图 2-16 和图 2-17 结果,其散点图如图 2-18 所示。

对图 2-18 线性回归得钻芯取样混凝土强度实际值与回弹法测得的混凝土强度值的关系如下:

$$f_{cu} = 0.985R + 5.316 \qquad (2\text{-}11)$$

式中,f_{cu} 为修正后芯样混凝土抗压强度;R 为回弹值。

实际对混凝土桥梁采用回弹法检测混凝土强度时,若混凝土内外质量基本一致,尚可使用本章结论对回弹值进行修正。若混凝土内外质量不一致,测试将产生较大的误差,应综合采用回弹法、钻芯法进行测试,取这两种方法的长处,尽量消除不利因素的影响,使强度测试结果可以与工程质量提高有机地结合起来,及

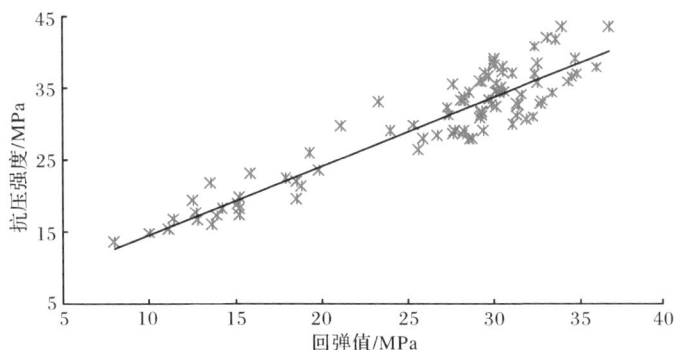

图 2-18　回弹值和抗压强度的关系

时准确地发现问题,消除工程质量隐患[12]。

2.2.2　混凝土强度时变模型

　　一般来说,混凝土强度在初期随时间增大,之后增大速度逐渐减慢,在后期则随时间下降。国内外在一般环境下混凝土长期暴露试验和经年建筑物实测方面做了大量的研究[13]。Washa 和 Wendt 对放置于屋内屋外 50 年的混凝土进行了强度试验;秋元等分别进行了材龄 10 年的强度试验;塚山对铺装混凝土,纯中对膨胀混凝土,横山对轻骨料混凝土分别进行了试验研究;藤井、大场、难波和铃木等调查了不同年代建筑物的混凝土强度;在国内,原西安冶金建筑学院、冶金部建筑研究总院等对实际经年建筑物的混凝土强度进行了大量检测;安徽省水利科学研究所研究了掺粉煤灰混凝土 20 年龄期的强度。

　　一般大气环境下混凝土强度平均值和标准差可分别表示为

$$\mu_{c}(t) = \eta(t)\mu_{c0} \tag{2-12}$$

$$\sigma_{c}(t) = \xi(t)\sigma_{c0} \tag{2-13}$$

式中,μ_{c0} 和 σ_{c0} 分别为混凝土 28 天强度的平均值和标准差;$\eta(t)$ 和 $\xi(t)$ 分别为随时间变化的函数。

　　研究人员在总结国内外暴露试验和实测结果的基础上,分析了一般大气环境下混凝土强度的历时变化规律,用非平稳正态随机过程描述现有结构的混凝土强度,利用统计回归方法提出了混凝土强度平均值和标准差的时变模型,如图 2-19和图 2-20所示。

　　长沙交通学院在完成交通部“九五”重点科技项目的过程中,在南方地区数十座现有桥梁上采用回弹仪法、超声波法和钻芯取样法进行了混凝土强度测试,获得了一批混凝土强度数据,经过剔除异常数据等统计过程,共获得 703 个可用数据,

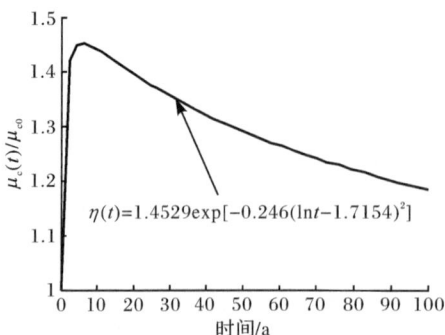

图 2-19　混凝土强度/28 天强度的平均值　　图 2-20　混凝土强度/28 天强度的标准差

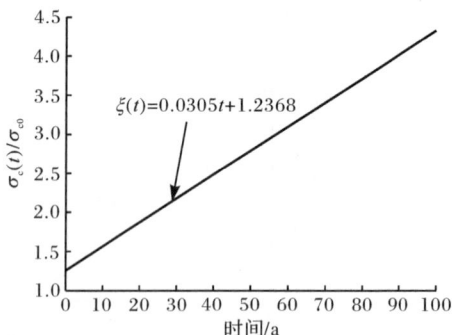

其中回弹仪法数据 233 个,超声波法数据 437 个,钻芯取样法数据 33 个,而且部分测点同时采用两种或三种方法测取了可相互验证的数据结果。从而可以分别求出各桥在其目前使用年数的混凝土强度平均值 μ_c 及标准差 σ_c,考虑到小样本量的影响,采用式(2-14)对标准差 σ_c 进行修正,得到修正值 σ_c'。

$$\sigma_c' = \sigma_c \sqrt{\frac{2n^2 - 3n - 5}{2n(n-3)}} \qquad (2\text{-}14)$$

由上述实桥的混凝土强度的统计参数对混凝土强度平均值和标准差的时变模型进行回归拟合,可以发现采用图 2-19 和图 2-20 中的函数形式拟合仍具有较高的相关性,但系数需要修正。基于最小二乘原理修正混凝土强度平均值和标准差的时变模型,即修正式为

$$\eta(t) = q_3 \cdot 1.3781 \exp\left[-0.0246\left(\ln t - 1.7145\right)^2\right] \qquad (2\text{-}15)$$

$$\xi(t) = q_3'(0.0347t + 0.9772) \qquad (2\text{-}16)$$

式中,q_3 和 q_3' 为不定性变量,其平均值和标准差分别为 1.156、0.163 和 0.981、0.137;t 为时间,a。

2.3　钢筋与混凝土间黏结力退化

2.3.1　锈蚀钢筋黏结性能对比试验研究

锈蚀钢筋与混凝土间黏结性能的退化将导致钢筋混凝土构件受力性能以及破坏模式变化,承载能力下降,影响构件及整个结构的安全性和耐久性。因此,锈后钢筋与混凝土间黏结性能的研究是钢筋混凝土桥梁结构承载力分析的前提和基础。国内外学者就锈后钢筋与混凝土间的黏结性能做了一些研究[14~26]。目前,对锈后钢筋与混凝土间黏结性能的研究采用拔出试验的方法是合理的,但很

多是建立在不同锈蚀率下的黏结强度-滑移关系,还缺少对锈蚀率接近情况下,钢筋类型以及钢筋直径等对黏结-滑移的影响。本节在已有研究结果的基础上,通过对锈蚀变形钢筋和光圆钢筋混凝土试件的拔出试验,分析了两种试件的破坏模式;得到不同直径钢筋在锈蚀率不同和接近情况下试件拔出试验的黏结应力-滑移曲线,并讨论钢筋类型、直径对黏结应力和滑移的影响。

1. 黏结拔出试验概况

1) 试件设计

试件尺寸为 150mm×150mm×150mm,保护层厚度为 30mm。材料为 425 号硅酸盐水泥,中沙和最大粒径小于 4cm 的碎石。按 C25 要求的混凝土配合比为水泥∶沙∶石∶水=1∶1.73∶3.5∶0.38,混凝土浇筑时加入重量为水泥重量 3% 的 NaCl。测得 28 天后混凝土的立方体强度为 24.81MPa。采用变形钢筋和光圆钢筋进行试验,每种钢筋均有 18mm、20mm 和 22mm 三种直径,测得光圆钢筋初始屈服强度分别为 244.36MPa、258.21MPa 和 273.47MPa,变形钢筋初始屈服强度分别为 366.66MPa、374.09MPa 和 380.18MPa。

光圆钢筋试件的黏结长度为 100mm,钢筋加载端有一无黏结段,长度为 50mm;变形钢筋试件的黏结长度为 50mm,加载端和自由端各有一无黏结段,长度均为 50mm,分别如图 2-21 和图 2-22 所示。

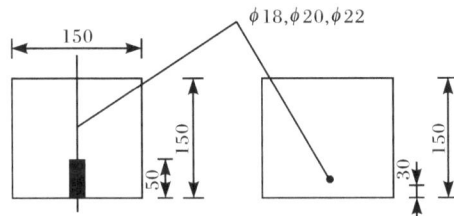

图 2-21 光圆钢筋拔出试件(单位:mm)

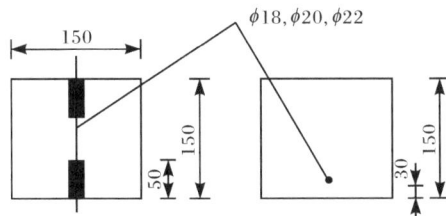

图 2-22 变形钢筋拔出试件(单位:mm)

为了防止两端发生局部破坏,同时缩短钢筋埋长,使黏结应力分布更均匀,无黏结段采用塑料套筒处理,如图 2-21 和图 2-22 中加黑部分所示。

2) 钢筋加速锈蚀及拉拔试验

试件制作完以后,为防止外露钢筋锈蚀,在自由端钢筋外涂一层环氧树脂,待其干燥后再涂一层沥青,然后包裹绝缘胶带。对制作好的黏结试件基于电化学原理开展快速锈蚀试验,共获得变形、光圆钢筋混凝土试件 34 个,钢筋直径分别为 18mm、20mm 和 22mm。变形钢筋锈蚀率为 0～3％的有 6 个,3％～6％的有 6 个,6％以上的有 5 个。光圆钢筋锈蚀率为 0～3％的有 6 个,3％～6％的有 6 个,6％以上的有 5 个。

试验根据《水运工程混凝土试验规程》(JTJ 270—1998)关于混凝土与钢筋握裹力试验的规定,自制了黏结拔出试验装置,采用最大量程为 30t 的万能实验机进行拔出试验。电化学快速锈蚀及拉拔试验装置如图 2-23 所示。

图 2-23　快速腐蚀后拉拔试验

2. 锈蚀变形钢筋试件试验

1) 锈蚀变形钢筋与混凝土的黏结滑移关系

钢筋锈蚀会影响变形钢筋与混凝土的黏结:一方面是由于钢筋与混凝土之间摩擦力的变化(锈蚀量较小时黏结强度会有所提高);另一方面是由于钢筋变形肋与混凝土咬合面积的变化[9]。钢筋直径不同,锈蚀率对钢筋与混凝土间黏结强度的影响也不一样。

以试件中的平均黏结力代表试件黏结力,不同锈蚀率下直径分别为 18mm、20mm 和 22mm 的变形钢筋混凝土试件的黏结应力-滑移曲线分别如图 2-24～图 2-26所示。其中滑移为自由端实测滑移值。

由图 2-24～图 2-26 可知,锈蚀率不同试件的黏结应力-滑移曲线差别较大,主要表现如下[27]:

(1) 当锈蚀率较小,试件未出现锈胀裂缝情况下,黏结应力-滑移曲线有如下特征:①除劈裂破坏外,其他的试件黏结应力-滑移曲线有明显的五个阶段:微滑移阶段、滑移段、劈裂段、下降段和残余段;②在加载初期,未锈蚀试件的滑移要比锈

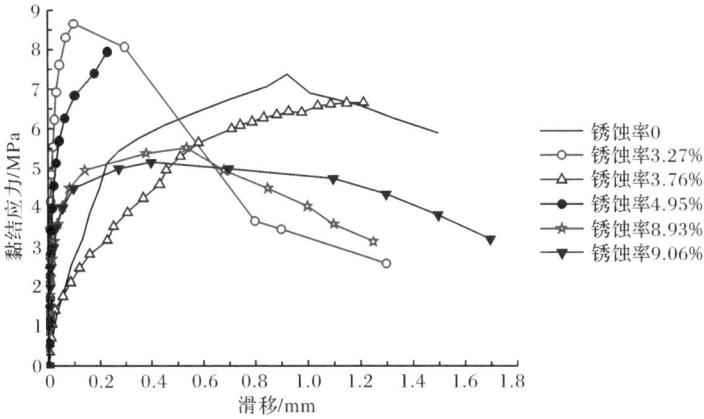

图 2-24 锈后变形钢筋黏结应力-滑移曲线($d=18$mm)

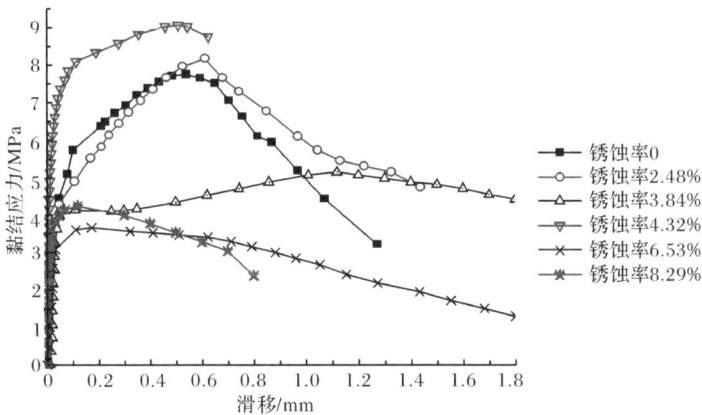

图 2-25 锈后变形钢筋黏结应力-滑移曲线($d=20$mm)

蚀试件的大,这是因为锈蚀使钢筋的粗糙度增加,增加了钢筋和周围混凝土的摩擦;③与未锈蚀试件相比,钢筋与混凝土间的最大黏结应力值有所增大。

(2)当锈蚀率较大,试件出现锈胀裂缝时,黏结应力-滑移曲线表现如下特征:①前述五个阶段不明显,下降阶段曲线较为平缓,无典型的劈裂段;②加载初期,虽然钢筋锈蚀使试件出现裂缝,但钢筋肋与混凝土的咬合仍然有效,与锈蚀率较小的试件一样,加载初期的滑移较小;③锈蚀率在7%左右时,与未锈蚀钢筋试件相比,黏结应力的峰值降低,且其对应的滑移减小,如锈蚀率8.29%钢筋的滑移量仅为未锈蚀的22.2%。这说明锈蚀较大时,钢筋与混凝土间黏结力降低,此时较小滑移下试件即可达到破坏状态。

2)锈后变形钢筋黏结试件破坏性形式

锈蚀变形钢筋黏结试件的破坏特征主要表现为三种形态:

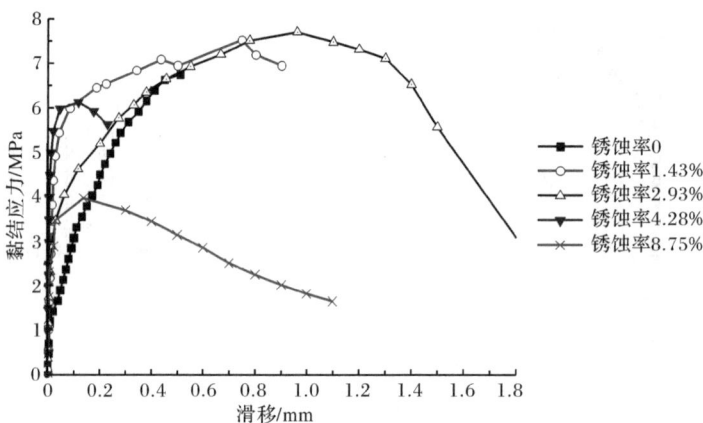

图 2-26　锈后变形钢筋黏结应力-滑移曲线($d=22$mm)

（1）劈裂破坏（图 2-27）。试件在荷载达到最大值后随即劈裂而破坏。对于锈蚀率较低的试件,由于未出现锈胀裂缝,荷载到达最大值后会有明显的劈裂阶段,随即劈裂发生破坏。

（2）无锈蚀裂缝时的拔出破坏（图 2-28）。试件在荷载的下降阶段产生微裂缝,滑移增大,达到最大荷载时,裂缝变大,滑移突然增大,减小了周围混凝土对钢筋的约束,直至黏结失效,钢筋被慢慢拔出。

（3）沿锈胀裂缝的拔出破坏（图 2-29）。对锈蚀较大的试件,变形肋受严重锈蚀,在荷载下降阶段,锈胀裂缝逐渐增大,钢筋被慢慢拔出。

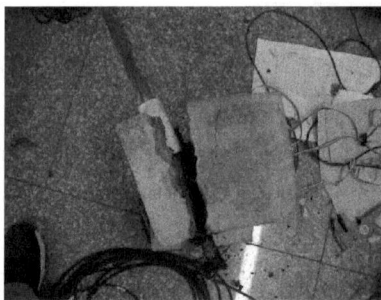

图 2-27　劈裂破坏

图 2-28　无锈胀裂缝的拔出破坏

3. 锈蚀光圆钢筋试件试验

1）锈蚀光圆钢筋与混凝土的黏结滑移关系

锈蚀在钢筋表面形成锈坑,从而改变钢筋的表面状况,增大光圆钢筋与混凝土间摩擦力。研究表明,锈蚀将可能提高摩擦系数至初始值的 2～3 倍[9]。随锈

图 2-29　沿锈胀裂缝的拔出破坏

蚀量的增加,钢筋与混凝土间的黏结强度会有所增加;但这种增加的趋势在周围混凝土出现胀裂时发生变化,这时钢筋锈蚀量的增加导致锈胀裂缝扩大,钢筋与混凝土间的黏结强度减小。

图 2-30~图 2-32 分别为直径为 18mm、20mm 和 22mm 光圆钢筋混凝土试件的黏结应力-滑移曲线。其中黏结应力为试件平均黏结应力,滑移为自由端实测滑移值。

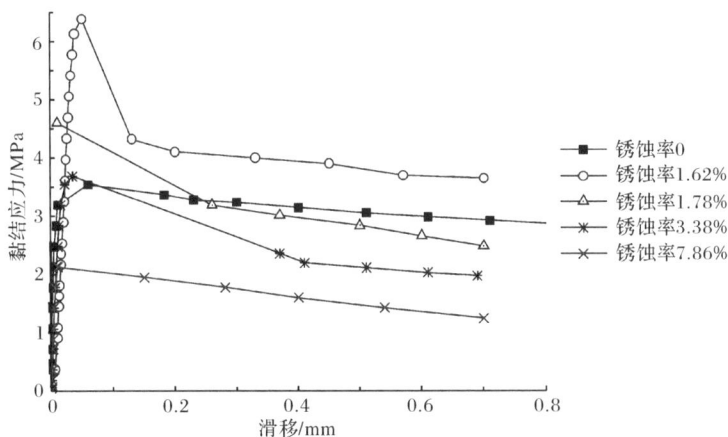

图 2-30　锈后光圆钢筋黏结应力-滑移曲线($d=18$mm)

从图中可以看出,随着锈蚀率的增加,钢筋拔出试件的黏结应力-滑移曲线也有一定的变化,其特征如下:

(1)开始加载后,光圆钢筋与混凝土间的黏结应力比变形钢筋增长更快,迅速达到最大值,且其对应的滑移值要小于未锈蚀钢筋试件。

(2)当锈蚀率较小,试件未出现锈胀裂缝时,由于锈蚀产生较大的锈胀力,黏结应力峰值有较大提高,而当试件开裂以后,黏结应力迅速降低。

(3)对于未锈蚀及锈蚀率较大的试件,其黏结应力-滑移曲线的下降阶段较为

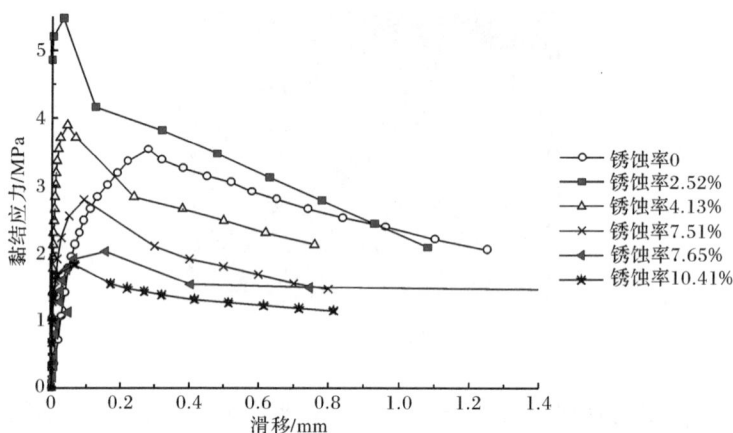

图 2-31　锈后光圆钢筋黏结应力-滑移曲线($d=20$mm)

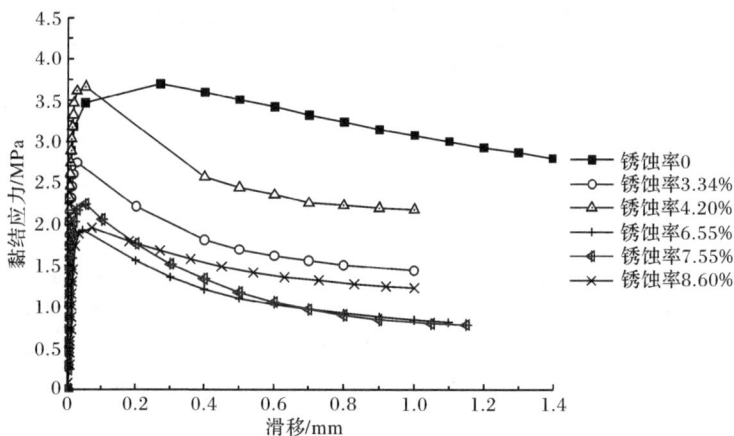

图 2-32　锈后光圆钢筋黏结应力-滑移曲线($d=22$mm)

平缓;而对于锈蚀率较小的试件,曲线在到达峰值后会有一个劈裂段,此阶段黏结应力下降快且滑移大。

光圆钢筋和变形钢筋与混凝土间的黏结力随锈蚀变化有一定的相似性,但光圆钢筋锈蚀黏结力变化幅度更大,如锈蚀率为 1.62% 试件的最大黏结应力是未锈蚀试件的 1.942 倍;锈蚀率为 7.55% 试件的最大黏结应力为未锈蚀试件的 0.6倍。光圆钢筋发生锈蚀后,即使在锈蚀率较低的情况下,试件在最大黏结力对应的滑移量明显减小,如锈蚀率为 3.34% 的滑移量仅为未锈蚀试件滑移量的 9.26%。以上说明光圆钢筋与混凝土间黏结性能对锈蚀更敏感。

2) 光圆钢筋混凝土试件破坏模式

光圆钢筋混凝土拔出试件主要表现为如下两种破坏模式:①未锈蚀和锈蚀率

较大的钢筋混凝土试件一般为拔出破坏,钢筋被慢慢拔出(图 2-33)。②对于锈蚀率较小的试件,钢筋锈蚀产生的锈层增加了钢筋与混凝土之间的摩擦力,使其黏结类似于变形钢筋试件,在荷载达到最大值以后有明显的劈裂阶段,荷载急剧下降,滑移迅速增加,而后,荷载下降速度减缓,钢筋被慢慢拔出;甚至有些试件在最大荷载前,钢筋的自由端与混凝土基本没有滑移,但到达最大荷载后,荷载急速下降,滑移也迅速增加,然后钢筋被缓慢拔出,如图 2-34 所示。

　　3) 钢筋直径对黏结退化的影响

　　目前研究大都只分析不同锈蚀率对黏结-滑移强度关系影响,而对钢筋在锈蚀率接近的情况下,钢筋直径和类型对黏结力和滑移影响的对比研究很少。为了弥补这方面的不足,图 2-35 和图 2-36 分别给出了相同类型不同直径的钢筋在锈蚀率接近情况下黏结应力-滑移曲线。

图 2-33　拔出破坏　　　　　　　图 2-34　有劈裂拔出破坏

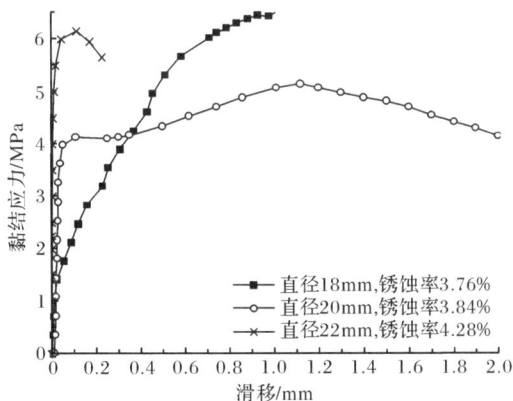

图 2-35　锈蚀率接近情况下变形钢筋黏结应力-滑移曲线

　　由图 2-35 可知,在锈蚀率接近情况下,变形钢筋直径为 22mm 试件的黏结强度比直径为 20mm、18mm 试件的增长快,迅速达到峰值,直径不同,锈蚀变形钢筋与混凝土间黏结应力-滑移曲线的差异较大。而图 2-24～图 2-26 中未锈蚀的三种

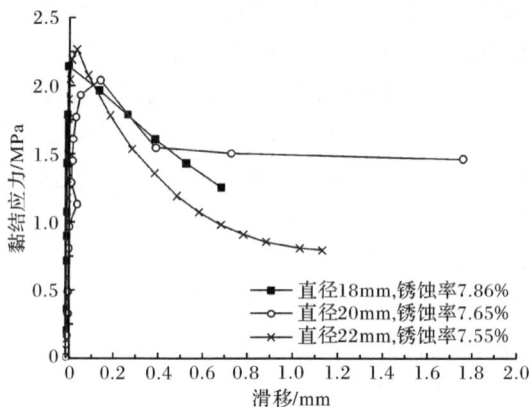

图 2-36　锈蚀率接近情况下光圆钢筋黏结应力-滑移曲线

直径变形钢筋与混凝土间黏结应力-滑移曲线差异并不明显。与变形钢筋与混凝土间的黏结应力-滑移曲线不同,图 2-36 中,直径不同,光圆钢筋与混凝土间的黏结应力-滑移曲线差异并不明显。同样,图 2-30～图 2-32 中锈蚀率在 4％左右三种直径光圆钢筋与混凝土间黏结应力-滑移曲线差异也不大。以上说明钢筋直径对锈蚀变形钢筋混凝土间黏结性能影响更显著。

2.3.2　锈胀开裂对黏结退化影响

本节在已有研究结果的基础上,结合开展拉拔试验,分析了锈胀裂缝宽度不同的钢筋混凝土试件在不同位置处的钢筋应变,进而推导了不同位置的钢筋与混凝土黏结应力,得出了随不同位置变化的黏结应力曲线,讨论了锈胀裂缝对钢筋混凝土不同位置黏结应力的影响。

1. 锈蚀钢筋内贴片拔出试验

黏结试件尺寸为 150mm×150mm×150mm,一侧保护层厚度为 30mm,采用425 号硅酸盐水泥,中沙,最大粒径小于 4cm 的碎石,C25 混凝土。混凝土配合比采用水泥:沙:石:水＝1:1.73:3.5:0.38。为开展快速腐蚀,混凝土浇筑时加入重量为水泥重量 3％的 NaCl。28 天混凝土立方体强度的试验值为24.81MPa。为防止加载端发生局部破坏,使黏结应力分布更均匀,钢筋加载端采用塑料套筒处理的无黏段,长度为 50mm,如图 2-37 所示。

试验中钢筋采用直径为 20mm 的变形钢筋,且在混凝土中锚固长度为100mm。为布置内贴应变片,将钢筋沿轴向对半切割开,并用铣床在每半钢筋内侧加工尺寸为 2mm×4mm 的凹槽(合拢后为 4mm×4mm)。槽内布置尺寸为2mm×1mm 箔式电阻应变片,其中每半钢筋中间隔 40mm 布置一应变片,两半钢筋

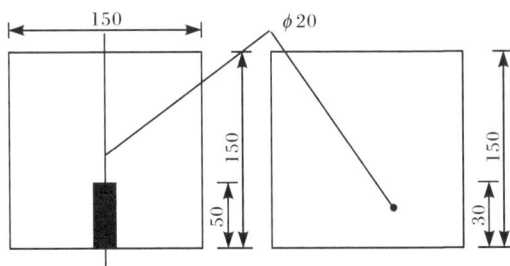

图 2-37 黏结试件尺寸(单位:mm)

中应变片交错布置,则合拢后相近应变片间距为 20mm,共布置 6 个应变片。图 2-38 为内贴应变片的钢筋混凝土试件的纵剖图。

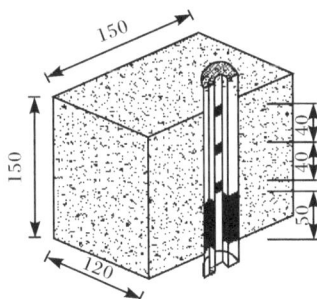

图 2-38 应变片布置(单位:mm)

应变片用细直径的多股导线从钢筋内部引出,为确定其位置,在导线末端进行编号。用环氧树脂灌满整个凹槽,并将两半钢筋黏结起来,然后用钢丝将整根钢筋箍紧,以确保两半钢筋黏结可靠,如图 2-39 所示。试件浇注前用丙酮洗去钢筋表面的环氧树脂,使其不影响钢筋与混凝土的黏结滑移性。试验中,采用 7V14 数据采集器来测量各级荷载下钢筋的应变。

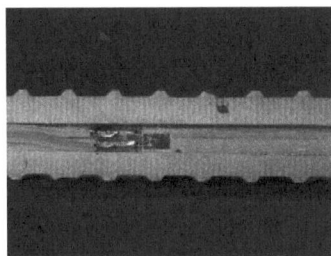

(a)贴好的应变片   (b)钢筋箍紧

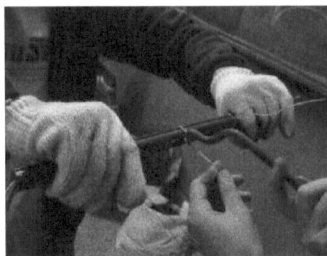

图 2-39 内贴应变片钢筋制作

　　试件共有 5 个,其中 1 个为未锈蚀试件,其余均进行通电使其快速锈蚀,锈胀裂缝宽度分别为 0.06mm、0.12mm、0.25mm 和 0.28mm。试验根据《水运工程混凝土试验规程》(JTJ 270—1998)[11]关于混凝土与钢筋握裹力试验规定,自制了黏结拔出试验装置,如图 2-40 所示,采用最大量程为 30t 的万能实验机进行拉拔试验。

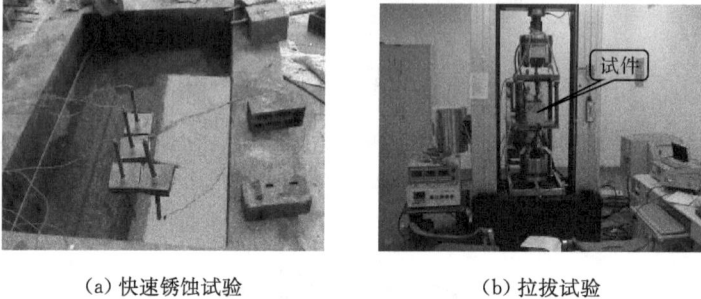

<table>
<tr><td>(a) 快速锈蚀试验</td><td>(b) 拉拔试验</td></tr>
</table>

图 2-40　快速锈蚀后的拉拔试验

2. 不同位置锈蚀钢筋应变

1) 不同锈胀裂缝宽度下钢筋各位置应变

　　为清楚描述各位置钢筋应变,规定 0 为自由端处,10cm 为加载端处,在 0～10cm 范围内,有间隔 2cm 应变片共 6 个。基于拉拔试验,不同试件变形钢筋各位置应变如图 2-41～图 2-45 所示。从图 2-41～图 2-45 中可以看出,荷载较小时(4kN),不同位置的钢筋应变近似呈线性增长;随荷载的增大,自由端(0～4cm)的应变增长较小,曲线平缓,垂直作用力引起钢筋与混凝土间抵抗滑动力的提高,产生较小的峰值应变;中间段(4～6cm)的应变增长速度突然变大,由于套管约束引起附近锚固作用的增强,未锈蚀钢筋试件曲线逐渐又显现出峰值应变,荷载越大,峰值越明显,且较靠近加载端,在加载端附近(距其约 2cm 处)应变又快速增大,应变曲线随荷载增大在不同位置的上下波动较大[28]。

　　对于锈胀开裂试件,随锈蚀的加重,变形钢筋横肋受损,降低了钢筋与混凝土之间的咬合力,从而削弱了二者间的黏结作用,对钢筋应变产生影响。靠近自由端时,开裂对应变影响不大;靠近加载端时,钢筋应变曲线存在较大变异,不同荷载下各位置应变上下波动较小,未出现明显峰值应变,裂缝越宽,应变增长越慢。图 2-42～图 2-45 表明,随锈胀裂缝的增大,荷载对钢筋应变的影响逐渐减小,不同荷载下的曲线之间间距减小。由于样本数量的有限性,难免有些误差,裂缝宽度达到 0.25mm 时,双峰又较明显,但从整体趋势来看,应变双峰随锈胀裂缝的增大逐渐退化,关于对此的影响日后还需进一步研究。

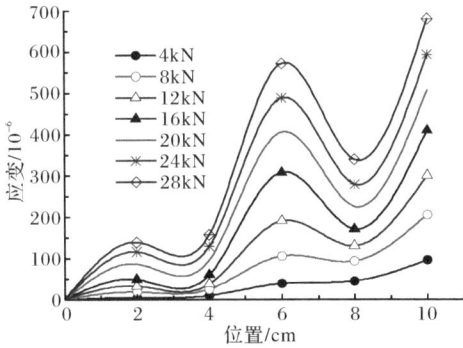

图 2-41　未锈蚀试件中钢筋应变

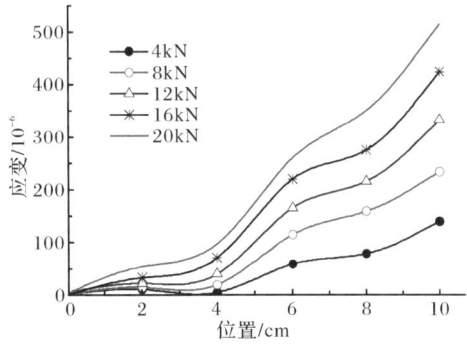

图 2-42　锈胀裂缝宽 0.06mm 试件中钢筋应变

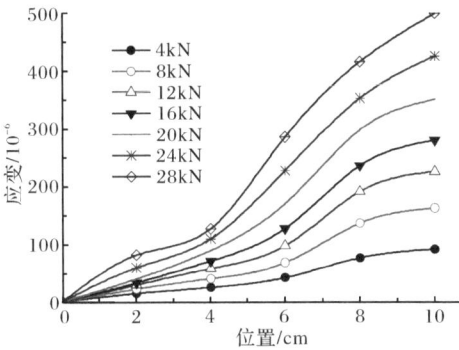

图 2-43　锈胀裂缝宽 0.12mm 试件中
钢筋应变

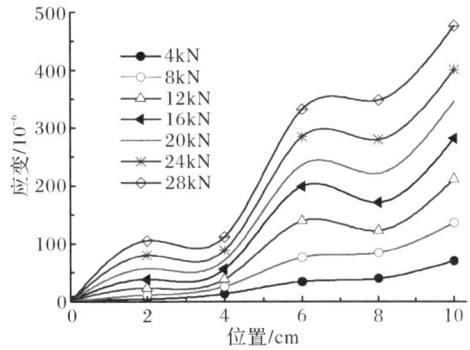

图 2-44　锈胀裂缝宽 0.25mm 试件中
钢筋应变

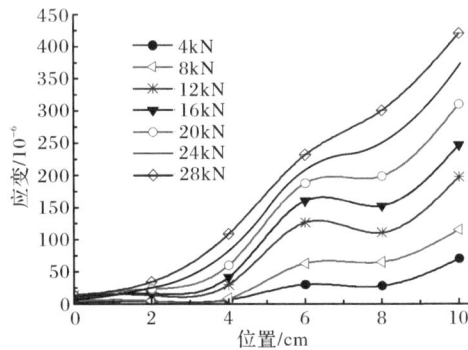

图 2-45　锈胀裂缝宽 0.28mm 试件中钢筋应变

2) 不同荷载下钢筋各位置应变

为研究加载大小与钢筋应变的关系,由试验结果得到了各荷载下的应变曲线,如图 2-46～图 2-49 所示。从图中可以看出,不同试件在相同荷载下的钢筋应变曲线也不相同。在较小荷载(<8kN)时,应变曲线随位置变化平缓,距自由端很小范围内,锈胀试件的钢筋应变比未锈蚀的稍大;靠近自由端(0～4cm)时,试件裂缝宽度不超过 0.06mm 的钢筋应变比未锈蚀的试件中钢筋应变大。随荷载的增大,中间段(4～6cm)应变迅速增大,无锈胀裂缝试件的钢筋应变较大、增长较快,且在靠近加载端的过程中,其钢筋应变有较大波动并出现明显的峰值。

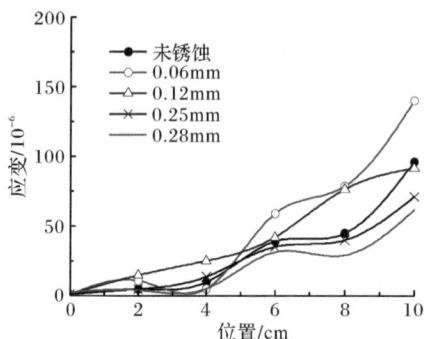

图 2-46　4kN 下各位置的应变

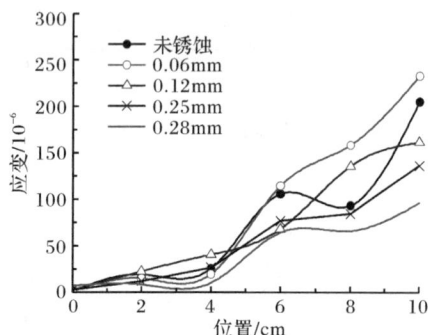

图 2-47　8kN 下各位置的应变

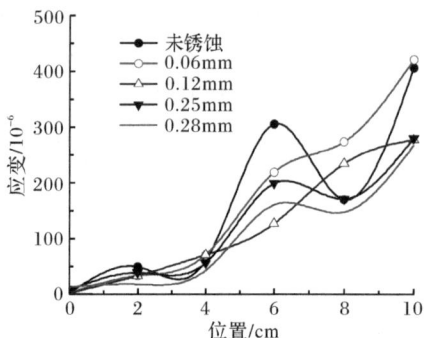

图 2-48　16kN 下各位置的应变

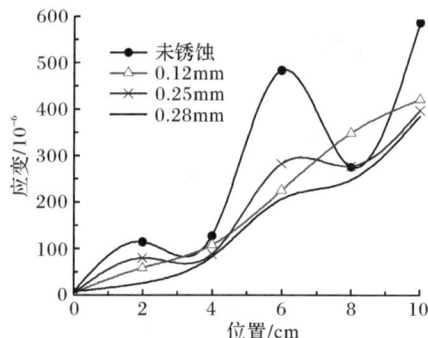

图 2-49　24kN 下各位置的应变

综上所述,荷载较小时,锈胀裂缝大小对应变的影响不明显,随荷载的逐渐增大,未锈蚀试件的应变曲线比存在锈胀裂缝的试件变化较大,即锈胀裂缝越大,锈蚀钢筋的应变传递越慢,这也证实了前文中的结论。

3. 锈胀裂缝对黏结应力的影响

1) 黏结应力的计算

拉拔试验直接测得的并非黏结应力,而是各测点的钢筋应变。在钢筋应力-应变关系已知的情况下,钢筋与混凝土间黏结应力可进一步由钢筋应力变化率求得

$$\tau = \frac{A_s}{\pi d}\frac{\mathrm{d}\sigma_s}{\mathrm{d}x} = \frac{d}{4}\frac{\mathrm{d}\sigma_s}{\mathrm{d}x} \tag{2-17}$$

式中，τ 为黏结应力；$\mathrm{d}\sigma_s$ 为钢筋在 $\mathrm{d}x$ 长度内应力的变化；d 和 A_s 分别为钢筋直径和截面面积。

计算黏结力时，最简便的方法是把式(2-17)视为一个非求导公式，进而可直接根据相邻两测点的应变差求得一个 τ 值，认为 τ 即为该段中点处的黏结应力。同理，对各个隔离段进行分析，可得沿钢筋长度方向各点的黏结应力。虽然这种方法直接，但不太符合实际情况，精度并不高。

一些学者假设在锚固区域中的钢筋应变分布足够光滑[29]，锚固区域由 $n+1$ 个应变测点分成 n 个区间，且每个区间的间距为 h，则第 i 个测点 x_i+h 和 x_i-h 处钢筋应变函数的泰勒展开为

$$\varepsilon(x_i+h) = \varepsilon(x_i) + h\varepsilon'(x_i) + \frac{h^2}{2!}\varepsilon''(x_i) + \frac{h^3}{3!}\varepsilon'''(x_i) + 0(h^4) \tag{2-18}$$

$$\varepsilon(x_i-h) = \varepsilon(x_i) - h\varepsilon'(x_i) + \frac{h^2}{2!}\varepsilon''(x_i) - \frac{h^3}{3!}\varepsilon'''(x_i) + 0(h^4) \tag{2-19}$$

式(2-18)和式(2-19)分别相加减得

$$\varepsilon'(x_i) = \frac{\varepsilon(x_i+h) - \varepsilon(x_i-h)}{2h} - \frac{h^2}{6}\varepsilon'''(x_i) + 0(h^3) \tag{2-20}$$

$$\varepsilon''(x_i) = \frac{\varepsilon(x_i+h) + \varepsilon(x_i-h) - 2\varepsilon(x_i)}{h^2} + 0(h^2) \tag{2-21}$$

将式(2-21)进行求导，代入式(2-20)右端的第二项，并忽略误差项得

$$\varepsilon'_{i-1} + 4\varepsilon'_i + \varepsilon'_{i+1} = \frac{3}{h}(\varepsilon_{i+1} - \varepsilon_{i-1}) \tag{2-22}$$

式中，$\varepsilon(x_i+h)$ 为 x_i+h 处应变；$\varepsilon(x_i)$ 为 x_i 处应变。

由边界条件 $\varepsilon'_0 = \tau_0 = \varepsilon'_n = 0$，令 $\delta\varepsilon_i = \varepsilon_{i+1} - \varepsilon_{i-1}$，则有方程组

$$\begin{bmatrix} 1 & 4 & 1 & & & & \\ & 1 & 4 & 1 & & & \\ & & \ddots & \ddots & \ddots & & \\ & & & 1 & 4 & 1 & \\ & & & & 1 & 4 & 1 \end{bmatrix} \begin{bmatrix} \tau_1 \\ \tau_2 \\ \tau_3 \\ \vdots \\ \tau_i \\ \vdots \\ \tau_{n-2} \\ \tau_{n-1} \end{bmatrix} = \frac{3E_s}{h}\frac{d}{4} \begin{bmatrix} \delta\varepsilon_1 \\ \delta\varepsilon_2 \\ \delta\varepsilon_3 \\ \vdots \\ \delta\varepsilon_i \\ \vdots \\ \delta\varepsilon_{n-2} \\ \delta\varepsilon_{n-1} \end{bmatrix} \tag{2-23}$$

式(2-23)是严格主对角线占优的，方程为三对角阵方程，适合用追赶法求解。解此方程将得到各个应变测点处的黏结应力。

2) 锈胀裂缝对黏结应力的影响

将试验中得到的钢筋应变数据代入式(2-23),然后绘制出试件在各级荷载下的 τ-x 曲线。如图 2-50~图 2-54 所示。

从图中可以看出,在两端附近各有一峰值。靠近自由端的峰值是由于垂直力作用引起钢筋与混凝土间抵抗滑动的摩擦阻力增大而产生的;加载端附近因套管端混凝土未胀裂的作用、荷载挤压作用引起局部刚度的提高,从而在其附近产生一个黏结锚固刚度的峰值。这两种作用随裂缝的加大逐渐减弱,由图 2-51 和图 2-52 可知,在锈胀裂缝小于 0.12mm 时,峰值的变化不大,裂缝超过 0.25mm 后,峰值迅速变小。

随着荷载的增加,黏结应力的峰值有向自由端移动的趋势。在锈蚀较小时,钢筋锈蚀加大了钢筋和混凝土间的摩擦力,对于未锈蚀和锈胀裂缝较小的试件,荷载挤压作用引起的局部刚度提高明显,其黏结应力峰值靠近加载端,存在 0.06mm 和 0.12mm 裂缝的试件比未锈蚀试件的黏结应力值略有增大,如图 2-50~图 2-52 所示。

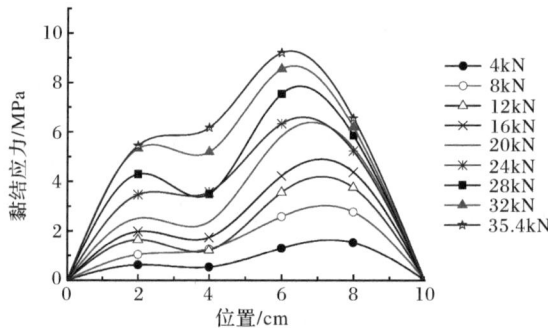

图 2-50　未锈蚀试件的黏结应力

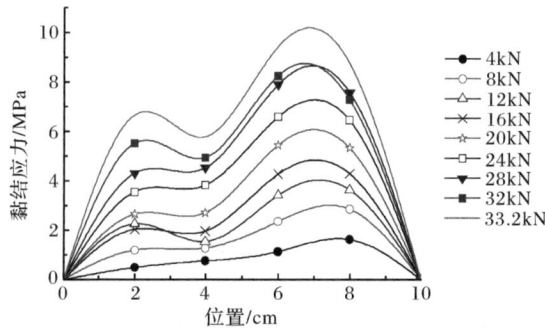

图 2-51　锈胀裂缝宽 0.06mm 试件的黏结应力

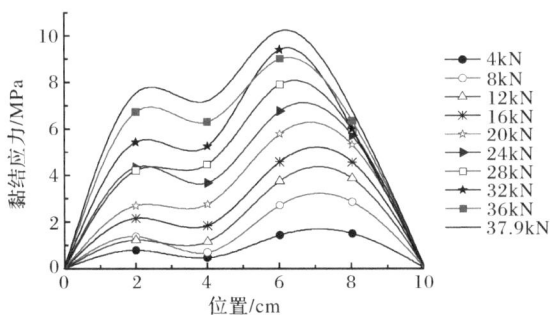

图 2-52 锈胀裂缝宽 0.12mm 试件的黏结应力

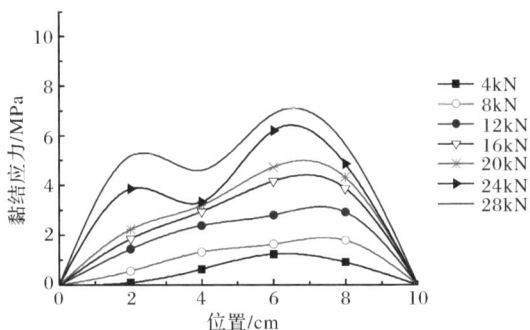

图 2-53 锈胀裂缝宽 0.25mm 试件的黏结应力

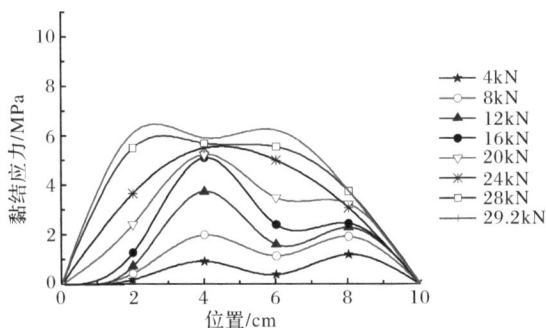

图 2-54 锈胀裂缝宽 0.28mm 试件的黏结应力

随着锈胀裂缝的逐渐增大,混凝土对钢筋的握裹作用力降低;再者,钢筋与混凝土之间的胶着力也因锈蚀加深而遭到破坏,最终导致锈蚀钢筋与混凝土间的黏结作用退化,在拉拔力接近情况下,要完成钢筋与混凝土之间的应力传递需要的黏结长度增加。因此,对于锈胀裂缝较大的试件,加载附近套管端混凝土对钢筋的约束作用迅速降低,其黏结应力分布越趋均匀,黏结应力峰值更靠近自由端,而且越靠近自由端,其黏结应力增长的幅度越大。如图 2-54 所示,甚至有的试件黏结应力峰值在 4cm 处。

参 考 文 献

[1] 孙维章,梁宋湘,罗建群. 锈蚀钢筋剩余承载能力的研究. 水利水运科学研究,1993,(2): 169~179.

[2] Almusallam A A. Effect of corrosion on the properties of reinforcing steel bars. Construction and Building Materials,2001,15(8):361~368.

[3] 袁迎曙,贾福萍,蔡跃. 锈蚀钢筋的力学性能退化研究. 工业建筑,2000,30(1):43~46.

[4] 范颖芳,周晶. 考虑蚀坑影响的锈蚀钢筋力学性能研究. 建筑材料学报,2003,6(3): 248~252.

[5] Maslehuddin M,Allam I M,Al-Sulaimani G J. Effect of rusting of reinforcing steel on its mechanical properties and bond with concrete. ACI Materials Journal,1990,87(5):496~502.

[6] Maslehuddin M,Ibrahim I,Saricimen H. Influence of atmospheric corrosion on the mechanical properties of reinforcing steel. Construction and Building Materials,1993,8(1):35~41.

[7] 惠云玲. 锈蚀钢筋力学性能变化初探. 工业建筑,1992,(10):33~36.

[8] 惠云玲,林志伸,李荣. 锈蚀钢筋性能试验研究分析. 工业建筑,1997,27(6):10~13,33.

[9] 张平生,卢梅,李晓燕. 锈损钢筋的力学性能. 工业建筑,1995,25(9):41~44.

[10] 张伟平,商登峰,顾祥林. 锈蚀钢筋应力-应变关系研究. 同济大学学报(自然科学版),2006, 34(5):586~592.

[11] 张克波,张建仁,王磊. 锈蚀对钢筋强度影响试验研究. 公路交通科技,2010,27(12): 59~66.

[12] 王磊,张建仁,张克波. 回弹法和钻芯法检测劣化桥梁混凝土强度相关性研究. 中外公路, 2010,30(2):101~104.

[13] 牛荻涛,王庆霖. 一般大气环境下混凝土强度经时变化模型. 工业建筑,1995,25(6): 36~38

[14] Lee H S,Noguchi T,Tomosawa F. Evaluation of the bond properties between concrete and reinforcement as a function of the degree of reinforcement corrosion. Cement and Concrete Research,2002,32(8):1313~1318.

[15] Ballim Y,Reid J C,Kemp A R. Deflection of RC beams under simultaneous load and steel corrosion. Magazine of Concrete Research,2001,53(3):171~181.

[16] Mangat P S,Elgarf M S. Bond characteristics of corroding reinforcement in concrete beams. Materials and Structures/Materiaux et Constructions,1999,32:89~97.

[17] Fang C Q,Lundgren K,Chen L G,et al. Corrosion influence on bond in reinforced concrete. Cement and Concrete Research,2004,34(11):2159~2167.

[18] Wang X H,Liu X L. A strain-softening model for steel-concrete bond. Cement and Concrete Research,2003,33(10):1669~1773.

[19] 袁迎曙,贾福萍,蔡跃. 锈蚀钢筋混凝土梁的结构性能退化模型. 土木工程学报,2001,
    34(3):47~52.

[20] 赵羽习,金伟良. 钢筋与混凝土黏结本构关系的试验研究. 建筑结构学报,2002,23(1):
    32~37.

[21] 金伟良,赵羽习. 随不同位置变化的钢筋与混凝土的黏结本构关系. 浙江大学学报(工学
    版),2002,36(1):1~6.

[22] 张伟平,张誉. 锈胀开裂后钢筋混凝土黏结滑移本构关系研究. 土木工程学报,2001,
    34(5):40~44.

[23] 范颖芳,黄振国,李健美,等. 受腐蚀钢筋混凝土试件中钢筋与混凝土黏结性能研究. 工业
    建筑,1999,29(8):49~51.

[24] Bhargava K, Ghosh A K, Mori Y, et al. Corrosion-induced bond strength degradation in
    reinforced concrete-analytical and empirical models. Nuclear Engineering and Design,2007,
    237(11):1140~1157.

[25] 洪小健,赵鸣. 加载速率对锈蚀钢筋与混凝土黏结性能的影响. 同济大学学报,2002,
    30(7):792~796.

[26] 金伟良,袁迎曙,卫军,等. 氯盐环境下混凝土结构耐久性理论与设计方法. 北京:科学出版
    社,2011.

[27] 王磊,马亚飞,张建仁,等. 锈蚀钢筋黏结性能对比试验研究. 公路交通科技,2010,27(6):
    91~96.

[28] 王磊,马亚飞,张建仁,等. 锈胀开裂后变形钢筋与混凝土黏结性能实验研究. 实验力学,
    2010,25(2):151~158.

[29] 洪小健,张誉. 黏结滑移试验中的黏结应力的拟合方法. 结构工程师,2000,(3):44~48.

第3章 不完备信息下钢筋锈蚀率
预测概率分析方法

3.1 钢筋锈蚀模型

钢筋锈蚀会造成截面积减少、性能改变,严重时将导致混凝土顺筋开裂,是导致混凝土桥梁可靠性下降和耐久性退化的主要原因之一。钢筋锈蚀量预测是既有钢筋混凝土桥梁性能评估的前提,已成为服役混凝土桥梁耐久性研究的关键问题之一。混凝土桥梁中的钢筋锈蚀是一个电化学过程,锈蚀时间与速率决定锈蚀量的大小。以往的研究中[1~5],一些学者对腐蚀速率的时变规律及预测模型进行了相关研究。目前,引起钢筋锈蚀的自然环境和材料内部等因素尚未完全被认知,一些学者基于半经验、半理论的方法,以锈蚀钢筋的质量或截面积损失率表征其锈蚀程度,提出了钢筋锈蚀率的预测模型[6~9]。这些模型很难考虑主观不确定性的影响,各公式也存在很大的局限性。宋志刚等[10]通过锈蚀路径概率模型,模拟了不同时刻锈蚀率概率分布函数动态演进过程。采用概率分析方法在一定程度上弥补了检测手段难以获得完备锈蚀信息的缺陷。本章正是从概率角度出发,针对不同类型的不确定性,分析了钢筋锈蚀率的演化过程。

钢筋锈蚀引起质量损失对应钢筋质量锈蚀率。质量损失率反映锈蚀对钢筋界面的平均削弱。对于锈蚀率较小的均匀锈蚀,可以近似认为质量锈蚀率与截面锈蚀率相当。但随着锈蚀量的增大,锈蚀的不均匀性和离散性会增大,质量锈蚀率与界面锈蚀率间关系离散性也会增大。

钢筋样本的质量锈蚀率由式(3-1)求得

$$\rho_q = \left| \frac{m_0 - m_c}{m_0} \right| \times 100\% \tag{3-1}$$

式中,ρ_q 为质量损失率;m_0 为单位长钢筋锈蚀前质量;m_c 为单位长钢筋锈蚀后质量。

锈后钢筋最薄弱截面积是截面积最小值。截面锈蚀率反映锈蚀对截面积损害的最大程度,更能真实地体现钢筋锈蚀程度,通常大于质量锈蚀率。截面锈蚀率为

$$\rho_A = \left| \frac{A_0 - A_{min}}{A_0} \right| \times 100\% \tag{3-2}$$

式中,ρ_A 为最薄弱截面损失率;A_0 为未锈蚀钢筋截面积,mm^2;A_{min} 为锈蚀后钢筋

最薄弱截面面积,mm^2。

3.1.1　钢筋锈蚀开始时间

氯离子环境下,钢筋锈蚀过程分为两个阶段:锈蚀初始阶段和锈蚀发展阶段。氯离子通过保护层扩散到钢筋表面并积聚到临界浓度所需的时间,即锈蚀初始时间,由临界氯离子浓度、保护层厚度、混凝土表面氯离子浓度以及氯离子扩散速度等决定。氯离子导致钢筋锈蚀是一个非常复杂的过程。大量研究表明,混凝土中氯离子扩散是基于 Fick 第二扩散定律的。在时刻 t,距混凝土结构表面 x 的内部一点氯离子浓度为[4]

$$C(x,t)=C_0\left[1-\mathrm{erf}\left(\frac{x}{2\sqrt{tD_c}}\right)\right] \tag{3-3}$$

式中,C_0 为混凝土表面氯离子平衡浓度(占混凝土的质量分数);D_c 为氯离子扩散系数,cm^2/a;erf 为误差函数:

$$\mathrm{erf}(z)=\frac{2}{\sqrt{\pi}}\int_0^z\exp(-u^2)\mathrm{d}u \tag{3-4}$$

Thoft-Christensen 研究得出氯离子引起的混凝土中钢筋锈蚀初始时间的表达式为[4]

$$T_I=\frac{C^2}{4D_c}\left[\mathrm{erf}^{-1}\left(\frac{C_0-C_{cr}}{C_0}\right)\right]^{-2} \tag{3-5}$$

式中,C 为混凝土保护层厚度,cm;C_{cr} 为锈蚀开始的临界氯离子浓度,为占混凝土的质量分数。

3.1.2　钢筋锈蚀电流密度

钢筋锈蚀速率可用锈蚀电流密度 i_{corr} 来衡量。通常情况下,锈蚀电流密度 $i_{corr}=1\mu A/cm^2$ 对应于钢筋直径减少 $11.6\mu m/a$。实际上,锈蚀电流密度 i_{corr} 取决于钢筋表面氧气和水分的可利用程度。对于亚洲、欧洲、美洲以及大洋洲等多数地区相对湿度在 70% 以上,锈蚀速率取决于钢筋表面氧气量,而氧气量依赖于混凝土质量(水灰比 w/c)、保护层厚度及环境条件(温度和相对湿度)。混凝土中氧气的扩散率可依照 Fick 第一扩散定律来计算,在典型环境下钢筋锈蚀发展阶段开始时锈蚀电流密度为[3]

$$i_{corr}(1)=\frac{37.8(1-w/c)^{-1.64}}{C} \tag{3-6}$$

式中,$i_{corr}(1)$ 为初始锈蚀电流密度,$\mu A/cm^2$;w/c 为水灰比,在混凝土抗压强度已知的情况下,由 Bolomey 公式可得出其计算式,$w/c=27/(f_c+13.5)$。

许多学者在对服役期混凝土桥梁结构可靠性分析过程中,假设锈蚀电流密度

i_{corr}为一常数。而在实际情况中,钢筋锈后表面生成的锈蚀产物将阻碍铁原子从钢筋表面向外扩散。这意味着锈蚀电流密度 i_{corr} 将随锈蚀时间增长而减小,钢筋开始锈蚀之后的 t 时刻锈蚀电流密度 $i_{corr}(t)$ 可表示为[3]

$$i_{corr}(t) = i_{corr}(1) \cdot 0.85 t_p^{-0.29} \tag{3-7}$$

式中,t_p 为钢筋开始锈蚀之后的某时刻,即初始锈蚀发生以后的时间。

3.1.3　锈蚀钢筋截面面积

根据锈蚀形态的不同,锈蚀可以分为均匀锈蚀和局部锈蚀。对于均匀锈蚀,使用 t 年后 RC 构件中锈蚀钢筋的直径 $D(t)$ 可按式(3-8)计算[11]:

$$D(t) = D_0 - 0.0232(t - T_I)i_{corr}(t) \tag{3-8}$$

式中,D_0 为初始直径,mm,T_I 为锈蚀开始时间,a。

联合式(3-5)~式(3-7),可得 t 年后钢筋直径为

$$D(t) = D_0 - 0.7454 \left(\frac{f_c + 13.5}{f_c - 13.5} \right)^{1.64} \frac{(t - T_I)^{0.71}}{C} \tag{3-9}$$

均匀锈蚀下,依据钢筋直径与截面面积间的关系,在钢筋直径退化模型的基础上不难推导截面面积退化模型。

局部锈蚀不同于均匀锈蚀,t 年后钢筋表面锈坑深度 $p(t)$ 可由式(3-10)计算[11]:

$$p(t) = 0.0116(t - T_I)i_{corr}(t)R \tag{3-10}$$

式中,R 为锈蚀不均匀系数,通常在 4~8 取值。

同理,联立前文可得局部锈蚀 $t(a)$ 后混凝土构件中锈坑深度为

$$p(t) = 0.3727R \left(\frac{f_c + 13.5}{f_c - 13.5} \right)^{1.64} \frac{(t - T_I)^{0.71}}{C} \tag{3-11}$$

若局部锈蚀锈坑呈半圆形,使用 $t(a)$ 后局部锈蚀钢筋的剩余面积 $A_p(t)$ 如图 3-1所示,截面面积可以通过将式(3-10)代入下列各式求得[12]

$$A_p(t) = \begin{cases} \dfrac{\pi D_0^2}{4} - A_1 - A_2, & p(t) \leqslant \dfrac{\sqrt{2}}{2} D_0 \\[3mm] A_1 - A_2, & \dfrac{\sqrt{2}}{2} D_0 < p(t) \leqslant D_0 \\[3mm] 0, & p(t) > D_0 \end{cases} \tag{3-12}$$

式中

$$A_1 = \frac{1}{2} \left[\theta_1 \left(\frac{D_0}{2} \right)^2 - a \left| \frac{D_0}{2} - \frac{p(t)^2}{D_0} \right| \right]$$

$$A_2 = \frac{1}{2} \left[\theta_2 p(t)^2 - a \frac{p(t)^2}{D_0} \right]$$

$$a = 2p(t)\sqrt{1 - \left(\frac{p(t)}{D_0}\right)^2}$$

$$\theta_1 = 2\arcsin\left(\frac{a}{D_0}\right)$$

$$\theta_2 = 2\arcsin\left[\frac{a}{2p(t)}\right]$$

式(3-8)～式(3-12)中,各参数如图 3-1 所示。

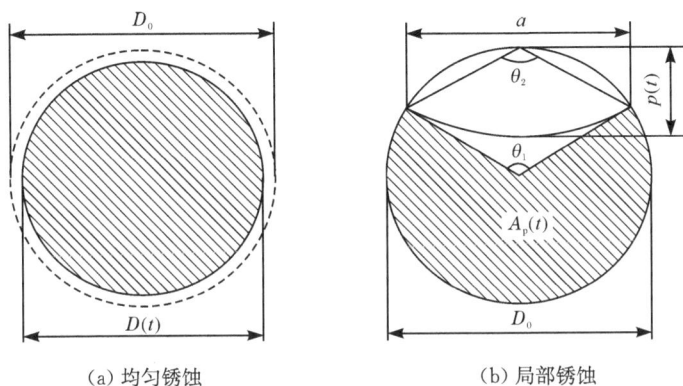

(a) 均匀锈蚀　　　　　　　　　(b) 局部锈蚀

图 3-1　锈蚀钢筋形态

3.2　基于信息更新的锈蚀率预测

实际工程中,均匀锈蚀和局部锈蚀可能同时或分别发生,这给预测模型的选择带来难度。为合理解决该问题,本节通过权重综合考虑两种锈蚀情况发生的可能性,将锈蚀率表达为[13]

$$\rho = P(M_1)\rho_1 + P(M_2)\rho_2 \tag{3-13}$$

式中,ρ_1 和 ρ_2 分别为局部锈蚀与均匀锈蚀下的锈蚀率;$P(M_1)$ 和 $P(M_2)$ 分别为局部锈蚀与均匀锈蚀发生的概率,即两种形态下模型权重。

锈蚀的不确定性有两层含义:锈蚀自身的随机性和认知不完善导致的不确定性。前者主要为模型参数的不确定性,环境的差异导致参数有时不能直接获得,需根据经验假定,存在一定的主观性。后者主要涉及模型的选择,锈蚀问题复杂且锈蚀形态也有不同特点,选择哪一种计算模型难以确定。Bayes 方法将实测数据和先验信息融入统计推断中,进而更新模型参数和模型选择,提高锈蚀预测精度。

3.2.1　Bayes 更新理论

对于桥梁中钢筋锈蚀某一影响因子 Θ，无实测值时该因子的先验分布为 $\pi(\theta)$，若该因子有实测值 x 样本，其似然函数（条件密度函数）为 $p(x\backslash\theta)$，则 Θ 的后验分布密度函数 $\pi(\theta\backslash x)$ 为

$$\pi(\theta\backslash x) = \frac{p(x\backslash\theta)\pi(\theta)}{\int p(x\backslash\theta)\pi(\theta)\mathrm{d}\theta} \tag{3-14}$$

若 θ 是离散随机变量时，先验分布可用先验分布列 $\pi(\theta_i)$，$i=1,2,3,\cdots$ 表示，这时后验分布也是离散形式，即

$$\pi(\theta_i\backslash x) = \frac{p(x\backslash\theta_i)\pi(\theta_i)}{\sum_j p(x\backslash\theta_j)\pi(\theta_j)}, \quad i = 1,2,3,\cdots \tag{3-15}$$

上述理论可对模型参数进行有效更新，而实际中往往存在多种模型可能适用的情况，这同样可以通过 Bayes 理论得到解决。

针对混凝土桥梁，假设描述锈蚀率 ρ 的模型为 M，模型 M 有 m 种选择：$\{M_1, M_2, M_3, \cdots, M_m\}$，每种选择模型 M_i 中参数的随机变量 $\theta_i = [\theta_1, \theta_2, \theta_3, \cdots, \theta_m]^{\mathrm{T}}$，则锈蚀率的边际分布为[14]

$$P(\rho) = \sum_{i=1}^{m} P(M_i)\int_{\theta_i} P(\rho\backslash\theta_i, M_i)\pi(\theta_i\backslash M_i)\mathrm{d}\theta_i \tag{3-16}$$

式中，$P(M_i)$ 为模型 M_i 的概率分布，即发生的权重；$\pi(\theta_i\backslash M_i)$ 为模型 M_i 参数的先验分布；$P(\rho\backslash\theta_i, M_i)$ 为在模型 M_i 下发生的条件概率。

若 $P(K_i)$ 为模型与参数 (M_i, θ_i) 组合的先验概率：

$$P(K_i) = P(M_i)\pi(\theta_i\backslash M_i) \tag{3-17}$$

某时刻锈蚀率的观测值为 x，模型与参数 (M_i, θ_i) 组合的后验概率：

$$P(K_i\backslash x) = P(M_i\backslash x)\pi(\theta_i\backslash M_i, x) = \frac{P(M_i)P(x\backslash K_i)\pi(\theta_i\backslash M_i)}{\sum\limits_{i=1}^{m} P(M_i)\int_{\theta_i} P(x\backslash\theta_i, M_i)\pi(\theta_i\backslash M_i)\mathrm{d}\theta_i} \tag{3-18}$$

通过对式(3-8)进行积分，可得到模型 M_i 的后验分布为

$$P(M_i\backslash x) = \frac{P(M_i)\int_{\theta} P(x\backslash K_i)\pi(\theta_i\backslash M_i)\mathrm{d}\theta_i}{\sum\limits_{i=1}^{m} P(M_i)\int_{\theta_i} P(x\backslash\theta_i, M_i)\pi(\theta_i\backslash M_i)\mathrm{d}\theta_i} \tag{3-19}$$

通过上述过程中式(3-14)、式(3-15)可实现对影响参数的更新，而依据式(3-16)～式(3-19)可得到模型的更新结果。

3.2.2 锈蚀率更新过程

为有效利用历史和当前检测数据,将后继服役期锈蚀率预测分为三个过程:首先,利用 Bayes 方法将参数检测数据对模型参数进行更新;其次,基于参数更新后的结果融入锈蚀率实测信息进一步更新锈蚀模型,得到锈蚀率的后验模型;最后,用后验模型对后继服役期锈蚀率进行预测。具体步骤如下:

(1) 视氯盐环境下影响钢筋锈蚀各随机参数为 $\theta_i(i=1,2,3,\cdots)$,根据参数的初始资料(如设计图纸等),确定 θ_i 的先验分布 $\pi(\theta_i)(i=1,2,3,\cdots)$。

(2) 根据钢筋锈蚀形态发生的可能性,选择采用式(3-8)或式(3-10),通过式(3-10)获得锈蚀初始时间的概率密度函数,同时由式(3-7)考虑不同时段的锈蚀电流密度,采用 Monte Carlo 数值模拟方法,结合式(3-13)建立钢筋锈蚀率先验概率模型。

(3) 结构在某一服役时刻,通过检测获得第 i 个参数(如混凝土强度、保护层厚度等)θ_i 的样本 $x(x_1,x_2,\cdots,x_n)$,根据最大似然函数法对参数样本进行估计,得到样本的平均值 $\bar{x}$ 和样本方差 σ_n^2。

(4) 根据锈蚀影响参数 θ_i 实测值 x,结合 θ_i 的先验分布类型,采用式(3-14)得到参数的后验分布形式 $\pi(\theta_i\backslash x_1,x_2,\cdots,x_n)$,即 $\pi(\theta_i\backslash x)$,重复步骤(2),进而可获得参数更新后的钢筋锈蚀率后验模型。

(5) 根据某时刻锈蚀率的实测数据 $y(y_1,y_2,\cdots,y_n)$,通过式(3-9)对模型选择进行更新,并将其代入由步骤(4)得到的结果,从而建立参数与模型均更新的钢筋锈蚀率预测模型。

(6) 采用更新得到的后验预测模型对后继服役期钢筋锈蚀率进行预测。Bayes 方法第一次利用实测信息对先验分布更新后的模型又成为下次更新前的先验分布,如果能多次得到实测样本,则重复上述步骤。如此反复下去,就能够充分利用有效信息,不断修正原有知识,可对钢筋锈蚀状况做出更好的估计。

基于 Bayes 方法的锈蚀率预测过程如图 3-2 所示。

3.2.3 工程实例分析

某桥建于 1967 年,为装配式 RC 简支梁桥。主梁为 Ⅱ 型,梁长 $L=8.0\text{m}$,宽 $b=1.05\text{m}$,高 $h=0.66\text{m}$,肋宽 $b_1=0.15\text{m}$;主筋配置在梁肋下缘,采用 6 根三排直径分别为 22mm(中排)和 24mm,箍筋 8mm,混凝土为 C30。此桥在服役 36 年时,拆除部分梁运回实验室进行研究,如图 3-3 所示。

依据设计图纸,并结合该地区临界氯离子浓度、扩散系数和混凝土表面氯离子浓度的统计,以及《公路工程结构可靠度设计统一标准》(GB/T 50283—1999)[15]对混凝土保护层厚度、混凝土强度、钢筋初始直径等参数的初始统计结

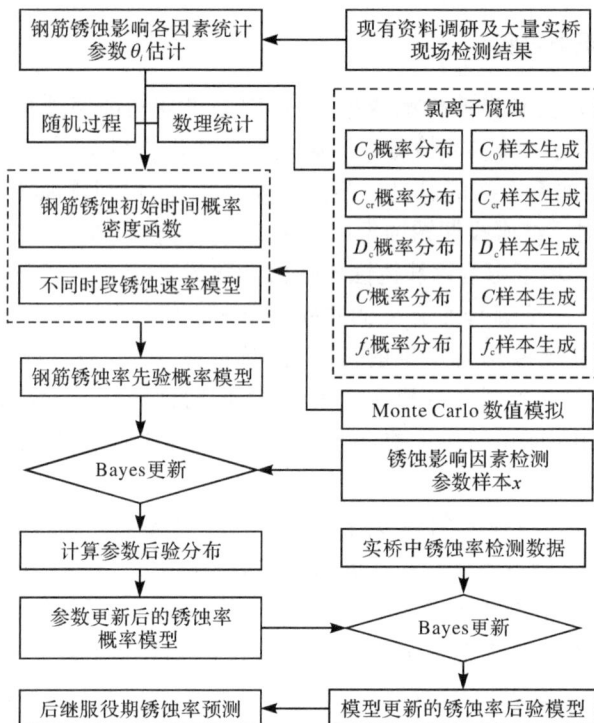

图 3-2　锈蚀率预测过程

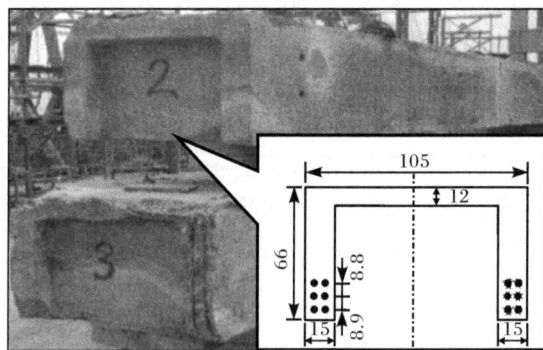

图 3-3　主梁横截面(单位:cm)

果,锈蚀影响参数的先验信息取值见表 3-1。

表 3-1　初始计算参数统计

参数	平均值	变异系数	单位	分布类型
C_0	0.12	0.1	%(占混凝土质量分数)	对数正态

参数	平均值	变异系数	单位	分布类型
D_c	0.5	0.1	cm^2/a	对数正态
C_{cr}	0.045	0.1	%（占混凝土质量分数）	对数正态
C	30.5	0.05	mm	正态
f_c	20.72	0.177	MPa	正态
D_0	公称直径	0.0247	mm	正态

该桥在服役 30 年和 36 年时,分别对其进行了两次检测,得到了保护层厚度和混凝土强度等检测信息。由于两次检测保护层厚度的结果较为接近,本章只给出了 30 年时主筋保护层厚度的 100 个样本值,其频率直方图如图 3-4 所示。

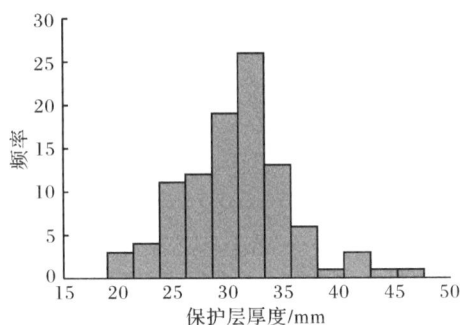

图 3-4　保护层样本频率直方图

服役 30 年时混凝土强度 10 个区域检测样本的 $f_c = \{28.7, 24.6, 25.1, 29.3, 22.5, 23.7, 26.8, 27.9, 32.2, 26.5\}$;36 年时混凝土强度 10 个区域检测样本的 $f_c = \{30.4, 25.2, 28.7, 31.5, 23.8, 26.7, 24.8, 33.4, 24.4, 29.5\}$。

为研究检测信息数量对更新结果的影响,限于篇幅,这里仅对混凝土强度后验分布的影响进行了分析,以混凝土强度 30 年时的检测结果为例,将该年的前 5 个、10 个混凝土强度数据分别作为样本的实测信息,结合已更新过程中的步骤(3)和步骤(4),得到了该服役时刻混凝土强度的后验概率密度,如图 3-5 所示。

从图 3-5 可知,融入实测信息的混凝土强度概率密度曲线更陡,说明更新后的结果离散性逐渐减小,分别用 5 个样本与 10 个样本更新的结果也不同,这说明样本数量对更新结果也有影响。在给定先验信息的情况下,决定后验信息符合实际情况程度的关键是实测信息的准确性和实测信息数量,因此,实际中获得较多的准确信息,有利于有效减少信息的不确定性。

当不能确定模型的权重时,可依据现有成果大致假定初值,文献[12]指出局部锈蚀发生的可能性更大,因此,分别令综合模型中 $P(M_1) = 0.60, P(M_2) =$

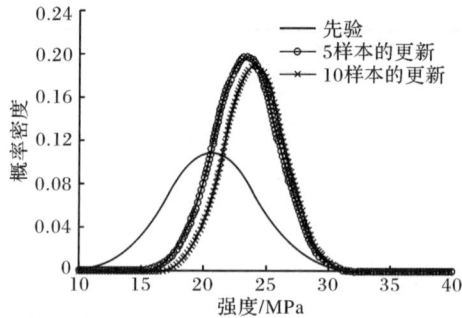

图 3-5　混凝土强度样本数量对更新的影响

0.40。将以上两次检测的混凝土强度和保护层厚度数据分别与先验信息相结合，可得到参数更新后的钢筋锈蚀率预测模型。以结构服役 36 年时为例，其概率密度如图 3-6 所示。

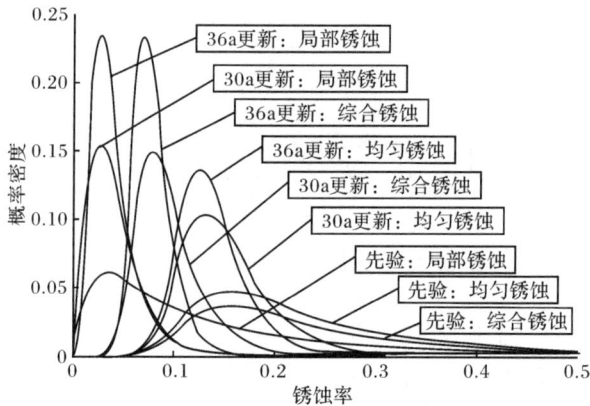

图 3-6　参数更新后锈蚀率概率密度(t＝36a)

由图 3-6 可知，分别选用两种模型得到的计算结果不同，更新前后的概率密度曲线也存在一定差异，更新后的结果离散性较小。服役 30 年与 36 年两次更新之间的变化逐渐减小，这说明更新次数越频繁，对减小信息的不确定性效果越显著。

为了测定实际锈蚀率结果，36 年时将梁破损取出钢筋，获得 45 个直径为 24mm 钢筋样本(图 3-7)，其频率直方图如图 3-8 所示，测得平均锈蚀率为 4.6%，变异系数为 0.3。

根据钢筋锈蚀率的实测数据，由更新可得到模型选择的后验结果见表 3-2，从中可以看出，更新后的模型发生了较大变化，模型的选择更偏向于局部锈蚀模型，说明该 RC 桥梁中钢筋锈蚀状况较接近于局部锈蚀。

图 3-7　锈蚀钢筋样本

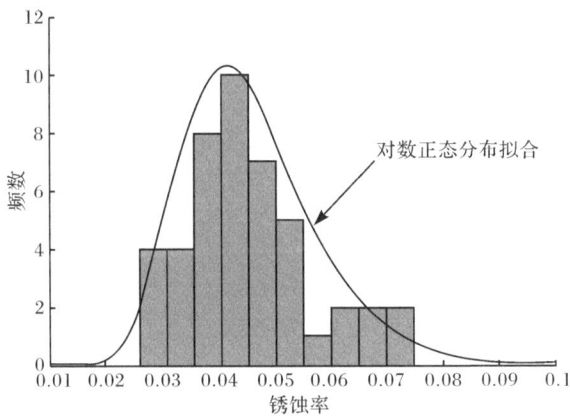

图 3-8　实测锈蚀率频率直方图

表 3-2　锈蚀模型更新

模型选择	先验	后验
$P(M_1)$	0.600	0.998
$P(M_2)$	0.400	0.002

　　为检验更新后锈蚀率的理论分布类型,以该桥梁服役 36 年时、直径 24mm 的钢筋为例,采用 Monte Carlo 法得到了该时刻锈蚀率的 500000 个随机样本,通过对其进行 Kolmogorov-Smirnov 检验,说明锈蚀率的对数不拒绝服从正态分布,即锈蚀率可用对数正态分布来描述,这与实测结果较为一致(图 3-9)。

　　由上述结果可得到锈蚀率概率分布,如图 3-10 所示。由图 3-10 可知,相对先验均匀锈蚀而言,采用先验局部锈蚀模型得到的预测结果较接近实测值,但其与

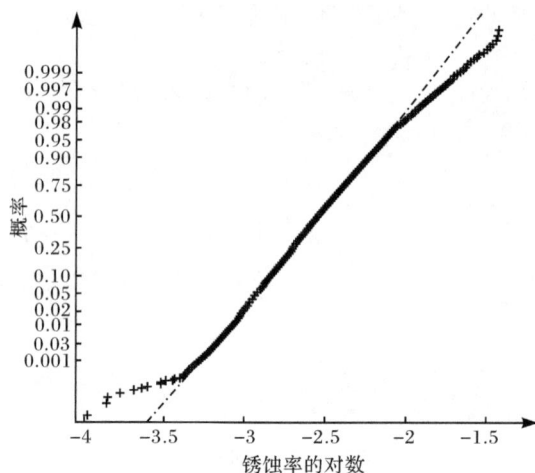

图 3-9 理论锈蚀率对数的正态概率图($t=36a$)

实测值差异仍较大。从图 3-9 中还可以看出,本章最终得到的锈蚀率后验预测概率模型在该时刻的预测结果更接近于实际,然而理论预测结果与实测值尚存在较小差异,这主要是由于影响锈蚀的因素较多,书中只对少量参数进行了更新,且更新的次数也不多。为此,相关部门应进一步完善桥梁管理系统,对既有桥梁进行长期监测,从而可获得更多不同服役年限的实测信息,在此基础上的实时动态更新将使预测结果更为准确。

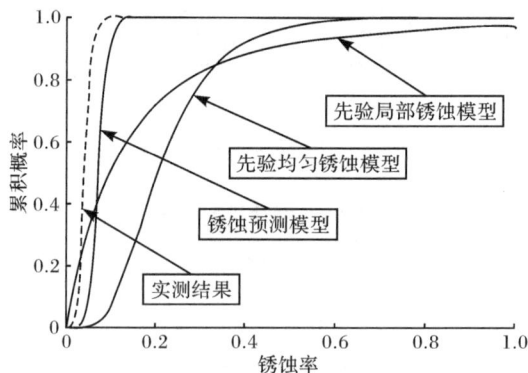

图 3-10 更新后锈蚀率概率分布图($t=36a$)

根据更新后的模型,可获得桥梁后继服役期钢筋锈蚀率均值和标准差的预测结果,如图 3-11、图 3-12 所示,更新后得到的锈蚀率预测值与先验结果相比明显变小,该研究可为既有 RC 桥梁的耐久性评估提供依据。

本节给出的更新方法是在现有锈蚀模型基础上进行的,预测结果对模型仍有依赖性,但该更新过程对其他模型同样适用。建立的钢筋锈蚀率预测模型适用于服役多年的既有 RC 桥梁的耐久性评估及可靠性分析。

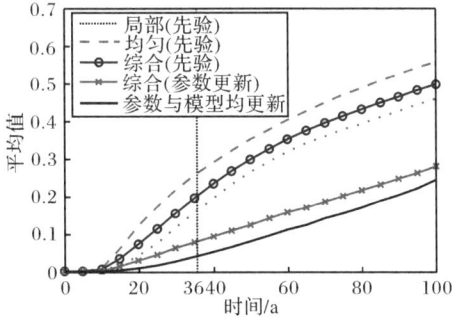

图 3-11　锈蚀率平均值预测　　　　　　图 3-12　锈蚀率标准差预测

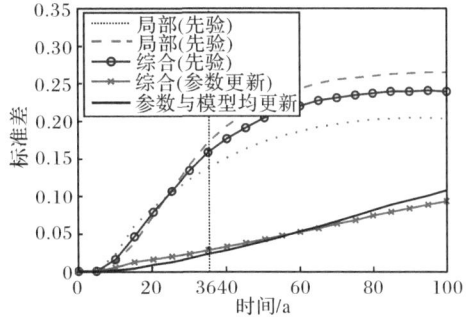

3.3　钢筋截面面积模糊随机时变概率模型

3.3.1　钢筋截面面积模糊随机性

当前或未来锈蚀影响因素统计结果不准确、模糊,给现有模型基础上锈蚀率实时模拟带来不确定性。这些不确定性主要包括:模糊性、随机性及知识不完善性或未知性。知识的不完善性是一种弱的不确定性,当其与前两者并存时,可并于前两者中考虑。为此,本节针对氯离子环境,同时考虑锈蚀影响因素的模糊性及随机性,建立混凝土桥梁中钢筋截面面积时变概率模型。

模糊随机变量的平均值和标准差可取为三角型有界闭模糊数(BCFN),其隶属函数的几何意义如图 3-13 所示[16]。

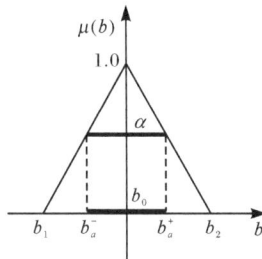

图 3-13　有界闭模糊数几何意义

图 3-13 表明 $\widetilde{b}_a$ 随阈值 α 的变化而变化,$\forall \alpha \in [0,1]$,当 $\alpha = 0^+$,$b_a = [b_1, b_2]$,为一个闭区间,表示 $\mu(b)$ 的取值是下限值和上限值;当 $\alpha = 1$ 时,$b_a = b_0$。其隶属函

数为

$$\mu(b) = \begin{cases} (x-b)/(b_0-b_1), & x \in [b_1,b] \\ (b_2-x)/(b_2-b_0), & x \in [b_0,b] \\ 0, & x \in R-[b_1,b] \end{cases} \tag{3-20}$$

于是

$$\widetilde{b} = \bigcup_{\alpha \in [0,1]} \alpha[b_\alpha^-, b_\alpha^+] = \bigcup_{\alpha \in [0,1]} \alpha[b_0-(1-\alpha)(b_0-b_1), b_0+(1-\alpha)(b_2-b_0)] \tag{3-21}$$

式中,x 为 $\widetilde{x}$ 的物理变量;对于 $\forall \alpha \in [0,1]$,$\widetilde{b}$ 的模糊性随阈值 α 变化,$\widetilde{b}$ 随阈值 α 的增大而减小,当 $\alpha = 1$ 时,为非模糊状态;有界闭模糊数也可写为 $\widetilde{b} = \langle b_1; b_0; b_2 \rangle$。

结合前文所述,锈蚀初始时间的四个影响参数具有模糊随机特性,锈蚀初始时间势必具有模糊随机性,则

$$\widetilde{T}_I = \bigcup_{\alpha \in (0,1]} \alpha[T_{I\alpha}^-, T_{I\alpha}^+] \tag{3-22}$$

式中,$T_{I\alpha}^-$ 和 $T_{I\alpha}^+$ 分别为锈蚀初始时间的下确界和上确界,有

$$T_{I\alpha}^- = \frac{X_\alpha^{-2}}{4D_{c\alpha}^+} \left[\mathrm{erf}^{-1}\left(1-\frac{C_{cr\alpha}^-}{C_{0\alpha}^+}\right) \right]^{-2} \tag{3-23}$$

$$T_{I\alpha}^+ = \frac{X_\alpha^{+2}}{4D_{c\alpha}^-} \left[\mathrm{erf}^{-1}\left(1-\frac{C_{cr\alpha}^+}{C_{0\alpha}^-}\right) \right]^{-2} \tag{3-24}$$

式中,X_α^- 和 X_α^+ 分别为保护层厚度下确界和上确界;$D_{c\alpha}^-$ 和 $D_{c\alpha}^+$ 分别为氯离子扩散系数的下确界和上确界;$C_{cr\alpha}^-$ 和 $C_{cr\alpha}^+$ 分别为临界氯离子浓度的下确界和上确界;$C_{0\alpha}^-$ 和 $C_{0\alpha}^+$ 分别为混凝土表面氯离子浓度的下确界和上确界。

对于临界氯离子浓度,现有研究多以对数正态分布描述,平均值和变异系数分别为 0.027%～0.045% 和 0.05～0.296。对于桥梁混凝土保护层厚度,受施工水平等影响,因桥而宜,差别较大,多以正态分布或对数正态分布描述其统计特征。对于混凝土表面氯离子浓度,同环境和人为因素有关,现有研究多以对数正态分布描述,其平均值和变异系数分别为 0.10%～0.40% 和 0.05～0.50。对于氯离子扩散系数,目前,多以对数正态分布来描述氯离子扩散系数,其平均值和变异系数分别在 0.32～2.58cm²/a 和 0.05～1.60 范围[17]。

3.3.2　均匀锈蚀下钢筋截面面积

对于服役钢筋混凝土桥梁,初始材料性能和钢筋几何尺寸只有设计值作为参考,统计参数只能依据规范或检测结果取值。目前,无损检测设备精度难以达到要求,用规范结果来代替单个工程统计结果势必产生不确定性。为此,本节考虑各因素的模糊性与随机性,结合式(3-9),t 年后混凝土构件中钢筋时变直径为

$$\widetilde{D}(t) = \widetilde{D}_0 - 0.7454 \left(1 + \frac{27}{\widetilde{f}_c - 13.5}\right)^{1.64} \frac{(t - \widetilde{T}_I)^{0.71}}{\widetilde{C}} \tag{3-25}$$

式中,$\widetilde{D}_0$ 为钢筋初始直径;$\widetilde{f}_c$ 为混凝土 28 天强度;$\widetilde{C}$ 为混凝土保护层厚度;$\widetilde{T}_I$ 为锈蚀初始时间。

均匀锈蚀下相应钢筋直径下确界和上确界为

$$D(t)_a^- = D_{0a}^- - 0.7454 \left(1 + \frac{27}{f_{ca}^- - 13.5}\right)^{1.64} \frac{(t - T_{Ia}^-)^{0.71}}{C_a^-} \tag{3-26}$$

$$D(t)_a^+ = D_{0a}^+ - 0.7454 \left(1 + \frac{27}{f_{ca}^+ - 13.5}\right)^{1.64} \frac{(t - T_{Ia}^+)^{0.71}}{C_a^+} \tag{3-27}$$

式中,D_{0a}^- 和 D_{0a}^+ 分别为钢筋初始直径的下确界和上确界,若时间 t 小于锈蚀初始时间则直径为初始值;f_{ca}^- 和 f_{ca}^+ 分别为混凝土 28 天强度的下确界和上确界;C_a^- 和 C_a^+ 分别为混凝土保护层厚度的下确界和上确界。

均匀锈蚀钢筋周围截面面积均匀减少,依据钢筋直径与截面面积间的关系,可直接推导截面面积退化时变模型。

3.3.3　局部锈蚀下钢筋截面面积

考虑各因素的模糊性及随机性得 t 年后锈坑深度为[17]

$$\widetilde{p}(t) = 0.3727R \left(1 + \frac{27}{\widetilde{f}_c - 13.5}\right)^{1.64} \frac{(t - \widetilde{T}_I)^{0.71}}{\widetilde{C}} \tag{3-28}$$

相应锈坑深度的下确界和上确界分别为

$$p(t)_a^- = 0.3727R \left(1 + \frac{27}{f_{ca}^+ - 13.5}\right)^{1.64} \frac{(t - T_{Ia}^+)^{0.71}}{C_a^+} \tag{3-29}$$

$$p(t)_a^+ = 0.3727R \left(1 + \frac{27}{f_{ca}^- - 13.5}\right)^{1.64} \frac{(t - T_{Ia}^-)^{0.71}}{C_a^-} \tag{3-30}$$

在锈坑呈半球形假设下,由已给出的剩余截面面积与锈坑深度的关系,将式(3-29)和式(3-30)分别代入此关系,分别得 t 年后钢筋剩余面积的上确界和下确界。

3.3.4　截面面积时变概率模型数值模拟

在我国 20 世纪建造的桥梁中,C30 混凝土占绝大多数,主钢筋以 ϕ32mm 居多,RC 简支梁桥占很大比例。为具代表性,本节选取 RC 简支 T 形梁桥为例,各项设计值如下:混凝土为 C30;受拉主钢筋 ϕ32mm,主筋保护层厚度设计值为 30mm。

1) 锈蚀影响参数统计特征

我国《公路工程结构可靠度设计统一标准》(GB/T 50283—1999)[15]给出了桥

梁保护层厚度、钢筋初始直径、混凝土 28 天抗压强度等参数的统计结果。本章进一步考虑模糊性,保护层厚度视为服从模糊正态分布,取其实际值与设计值比作为统计对象,平均值和标准差作为有界闭模糊数,分别为

$$\tilde{\mu}_c = \bigcup_{\alpha \in (0,1]} \alpha[\mu_{c\alpha}^-, \mu_{c\alpha}^+] = \bigcup_{\alpha \in (0,1]} \alpha[1.0178 - (1-\alpha)0.05, 1.0178 + (1-\alpha)0.05]$$
$$(3-31)$$

$$\tilde{\sigma}_c = \bigcup_{\alpha \in (0,1]} \alpha[\sigma_{c\alpha}^-, \sigma_{c\alpha}^+] = \bigcup_{\alpha \in (0,1]} \alpha[0.0505 - (1-\alpha)0.002, 0.0505 + (1-\alpha)0.002]$$
$$(3-32)$$

式中,$\tilde{\mu}_c$、$\mu_{c\alpha}^-$ 和 $\mu_{c\alpha}^+$ 分别为保护层厚度实际值与设计值比的平均值,以及其平均值下确界和上确界;$\tilde{\sigma}_c$、$\sigma_{c\alpha}^-$ 和 $\sigma_{c\alpha}^+$ 分别为保护层厚度实际值与设计值比的标准差,以及其标准差的下确界和上确界。

初始钢筋直径视为模糊正态分布,取其实际值与设计值比作为统计对象,平均值和标准差仍采用有界闭模糊数的形式,分别为

$$\tilde{\mu}_{gD_0} = \bigcup_{\alpha \in (0,1]} \alpha[\mu_{gD_0\alpha}^-, \mu_{gD_0\alpha}^+]$$
$$= \bigcup_{\alpha \in (0,1]} \alpha[1.00 - (1-\alpha)0.05, 1.00 + (1-\alpha)0.05] \quad (3-33)$$
$$\tilde{\sigma}_{gD_0} = \bigcup_{\alpha \in (0,1]} \alpha[\sigma_{gD_0\alpha}^-, \sigma_{gD_0\alpha}^+]$$
$$= \bigcup_{\alpha \in (0,1]} \alpha[0.0247 - (1-\alpha)0.001, 0.0247 + (1-\alpha)0.001] \quad (3-34)$$

式中,$\tilde{\mu}_{gD_0}$、$\mu_{gD_0\alpha}^-$ 和 $\mu_{gD_0\alpha}^+$ 分别为初始钢筋直径的实际值与设计值比的平均值,以及其平均值的下确界和上确界;$\tilde{\sigma}_{gD_0}$、$\sigma_{gD_0\alpha}^-$ 和 $\sigma_{gD_0\alpha}^+$ 分别为初始钢筋直径实际值与设计值比的标准差,以及其标准差的下确界和上确界。

混凝土 28 天抗压强度视为模糊正态分布,取其实际值与设计值比作为统计对象,平均值和标准差的有界闭模糊数分别为

$$\tilde{\mu}_{fc} = \bigcup_{\alpha \in (0,1]} \alpha[\mu_{fc\alpha}^-, \mu_{fc\alpha}^+] = \bigcup_{\alpha \in (0,1]} \alpha[1.5012 - (1-\alpha)0.075, 1.5012 + (1-\alpha)0.075]$$
$$(3-35)$$

$$\tilde{\sigma}_{fc} = \bigcup_{\alpha \in (0,1]} \alpha[\sigma_{fc\alpha}^-, \sigma_{fc\alpha}^+] = \bigcup_{\alpha \in (0,1]} \alpha[0.2662 - (1-\alpha)0.01, 0.2662 + (1-\alpha)0.01]$$
$$(3-36)$$

式中,$\tilde{\mu}_{fc}$、$\mu_{fc\alpha}^-$ 和 $\mu_{fc\alpha}^+$ 分别为混凝土 28 天抗压强度实际值与设计值比的平均值,以及其平均值的下确界和上确界;$\tilde{\sigma}_{fc}$、$\sigma_{fc\alpha}^-$ 和 $\sigma_{fc\alpha}^+$ 分别为混凝土 28 天抗压强度实际值与设计值比的标准差,以及其标准差的下确界和上确界。

参考文献[3]、[18]结果,考虑模糊性,混凝土表面氯离子浓度视为模糊对数正态分布,平均值和变异系数的有界闭模糊数分别为

$$\tilde{\mu}_{c_0} = \bigcup_{\alpha \in (0,1]} \alpha[\mu_{c_0\alpha}^-, \mu_{c_0\alpha}^+] = \bigcup_{\alpha \in (0,1]} \alpha[0.23 - (1-\alpha)0.07, 0.23 + (1-\alpha)0.07]$$
$$(3-37)$$

$$\tilde{\delta}_{c_0} = \bigcup_{\alpha \in (0,1]} \alpha[\delta_{c_0\alpha}^-, \delta_{c_0\alpha}^+] = \bigcup_{\alpha \in (0,1]} \alpha[0.2-(1-\alpha)0.1, 0.2+(1-\alpha)0.1]$$

$$(3-38)$$

式中，$\tilde{\mu}_{c_0}$、$\mu_{c_0\alpha}^-$ 和 $\mu_{c_0\alpha}^+$ 分别为混凝土表面氯离子浓度平均值，以及其平均值的下确界和上确界，单位为氯离子质量占混凝土质量分数；$\tilde{\delta}_{c_0}$、$\delta_{c_0\alpha}^-$ 和 $\delta_{c_0\alpha}^+$ 分别混凝土表面氯离子浓度变异系数，以及其变异系数的下确界和上确界。

考虑模糊性，临界氯离子浓度视为模糊对数正态分布，其平均值和变异系数的有界闭模糊数分别为

$$\tilde{\mu}_{cr} = \bigcup_{\alpha \in (0,1]} \alpha[\mu_{cr\alpha}^-, \mu_{cr\alpha}^+] = \bigcup_{\alpha \in (0,1]} \alpha[0.036-(1-\alpha)0.004, 0.036+(1-\alpha)0.004]$$

$$(3-39)$$

$$\tilde{\delta}_{cr} = \bigcup_{\alpha \in (0,1]} \alpha[\delta_{cr\alpha}^-, \delta_{cr\alpha}^+] = \bigcup_{\alpha \in (0,1]} \alpha[0.15-(1-\alpha)0.05, 0.15+(1-\alpha)0.05]$$

$$(3-40)$$

式中，$\tilde{\mu}_{cr}$、$\mu_{cr\alpha}^-$ 和 $\mu_{cr\alpha}^+$ 分别为临界氯离子浓度平均值，以及其平均值的下确界和上确界，单位为氯离子质量占混凝土质量分数（%）；$\tilde{\delta}_{cr}$、$\delta_{cr\alpha}^-$ 和 $\delta_{cr\alpha}^+$ 分别为临界氯离子浓度变异系数，以及其变异系数的下确界和上确界。

氯离子扩散系数视为服从模糊对数正态分布，其平均值和变异系数的有界闭模糊数分别为

$$\tilde{\mu}_{Dc} = \bigcup_{\alpha \in (0,1]} \alpha[\mu_{Dc\alpha}^-, \mu_{Dc\alpha}^+] = \bigcup_{\alpha \in (0,1]} \alpha[0.9-(1-\alpha)0.1, 0.9+(1-\alpha)0.1]$$

$$(3-41)$$

$$\tilde{\delta}_{Dc} = \bigcup_{\alpha \in (0,1]} \alpha[\delta_{Dc\alpha}^-, \delta_{Dc\alpha}^+] = \bigcup_{\alpha \in (0,1]} \alpha[0.55-(1-\alpha)0.05, 0.55+(1-\alpha)0.05]$$

$$(3-42)$$

式中，$\tilde{\mu}_{Dc}$、$\mu_{Dc\alpha}^-$ 和 $\mu_{Dc\alpha}^+$ 分别为扩散系数平均值，以及其平均值的下确界和上确界，cm^2/a；$\tilde{\delta}_{Dc}$、$\delta_{Dc\alpha}^-$ 和 $\delta_{Dc\alpha}^+$ 分别为扩散系数的变异系数，以及其变异系数的下确界和上确界。

2）锈蚀初始时间数值模拟

按锈蚀初始时间的四个影响参数的统计特征，分别对式（3-23）和式（3-24）中上确界和下确界 Monte Carlo 模拟抽样 50000 次，得该 RC 桥梁中筋锈蚀初始时间在阈值 α 为 0^+ 时下确界和上确界的频率直方图如图 3-14 和图 3-15 所示。

图 3-14 和图 3-15 中锈蚀初始时间下确界和上确界的平均值和变异系数分别为1.9772a，0.5932 和 7.9080a，0.6945，经 Kolmogorov-Smirnov 检验，均不拒绝对数正态分布。因此，锈蚀初始时间可视为服从模糊对数正态分布。

图 3-14 和图 3-15 表明，锈蚀初始时间四个影响参数的平均值和标准差在较小的模糊区域内波动，导致锈蚀初始时间的平均值为 1.9772～7.908a。这说明四

参数不确定性对锈蚀初始时间影响很大。在不同参数统计结果下,文献[18]得出锈蚀初始时间的平均值为 15.841 年,文献[19]得出其平均值仅为3.3 年,而文献[20]得出其平均值约 40 年,结果差异较大,标准差也各不相同。这也进一步验证了本节结论。

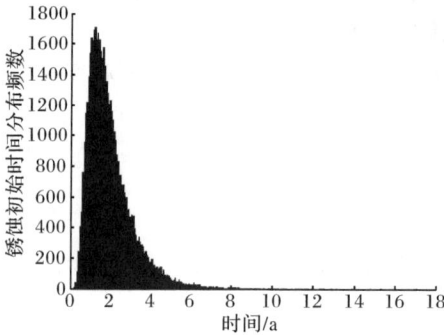

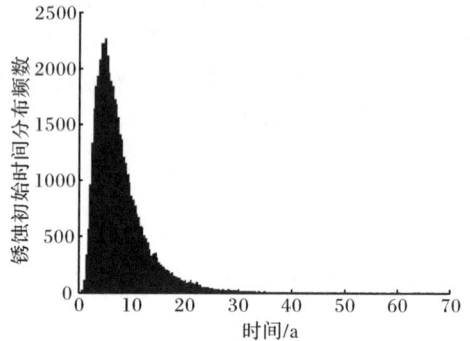

图 3-14　锈蚀初始时间下确界频率直方图　　图 3-15　锈蚀初始时间上确界频率直方图

3) 均匀锈蚀下时变截面面积数值模拟

条件不同的钢筋(如品种规格不同),不属于同一母体。为了把不同条件下钢筋截面面积转换为同条件下的样本,取钢筋时变截面面积与其设计初始截面面积比作为基本统计对象。

实际工程中,混凝土强度和保护层厚度等变量波动范围不可能无限大;另外若不限制随机数的产生区间,模拟过程中很容易产生复数,影响最终结果的统计分析。为此,引入 Monte Carlo 区间抽样技术[21],依据各变量统计参数,模拟其上确界、下确界分布,将直径转化为截面面积,得均匀锈蚀下纵向主钢筋时变截面面积与初始截面面积比的平均值和标准差分别如图 3-16 和图 3-17 所示。

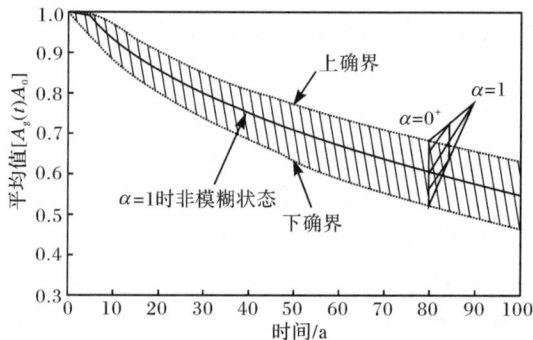

图 3-16　均匀锈蚀下时变截面面积与初始截面面积比的平均值

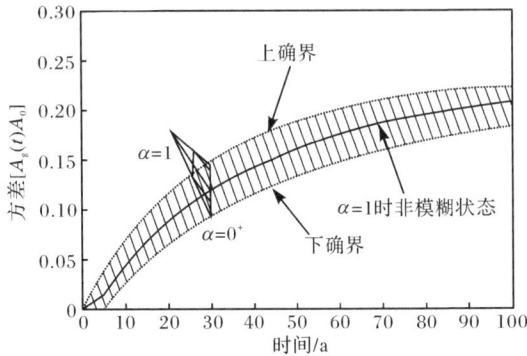

图 3-17　均匀锈蚀下时变截面面积与初始截面面积比的标准差

时变截面面积与初始截面面积比的平均值和标准差分别处于图 3-16 和图 3-17 中模糊阴影区域,随服役时间而变化。平均值和标准差的模糊程度受阈值 α 的控制,当 α 由 0 到 1 逐渐增大时,模糊程度逐渐缩小;当 $\alpha=1$ 时,时变的模糊阴影区域重合为一条时变曲线,此时即为不考虑模糊性影响的非模糊状态;当 $\alpha=0^+$ 时,此时模糊程度最强,即分别在两图中虚线上确界和下确界包裹阴影区域内。

时变截面面积与初始截面面积比的平均值和标准差,即图 3-16 和图 3-17 中阴影部分,分别表示为

$$\tilde{\mu}_{A_g}(t)=\bigcup_{\alpha\in(0,1]}\alpha\left[\mu_{A_g\alpha}^-(t),\mu_{A_g\alpha}^+(t)\right]$$
$$=\bigcup_{\alpha\in(0,1]}\alpha\{\mu_{A_g}(t)-(1-\alpha)\left[\mu_{A_g}(t)-\mu_{A_g0}^-(t)\right],$$
$$\mu_{A_g}(t)+(1-\alpha)\left[\mu_{A_g0}^+(t)-\mu_{A_g}(t)\right]\} \tag{3-43}$$
$$\tilde{\sigma}_{A_g}(t)=\bigcup_{\alpha\in(0,1]}\alpha\left[\sigma_{A_g\alpha}^-(t),\sigma_{A_g\alpha}^+(t)\right]$$
$$=\bigcup_{\alpha\in(0,1]}\alpha\{\sigma_{A_g}(t)-(1-\alpha)\left[\sigma_{A_g}(t)-\sigma_{A_g0}^-(t)\right],$$
$$\sigma_{A_g}(t)+(1-\alpha)\left[\sigma_{A_g0}^+(t)-\sigma_{A_g}(t)\right]\} \tag{3-44}$$

式中,$\tilde{\mu}_{A_g}(t)$、$\mu_{A_g\alpha}^-(t)$ 和 $\mu_{A_g\alpha}^+(t)$ 分别为均匀锈蚀下时变截面面积与初始截面面积比的平均值,以及其平均值的下确界和上确界;$\tilde{\sigma}_{A_g}(t)$、$\sigma_{A_g\alpha}^-(t)$ 和 $\sigma_{A_g\alpha}^+(t)$ 为时变截面面积与初始截面面积比的标准差,以及其标准差的下确界和上确界;$\mu_{A_g0}^-(t)$、$\mu_{A_g0}^+(t)$ 和 $\sigma_{A_g0}^-(t)$、$\sigma_{A_g0}^+(t)$ 分别为 $\alpha=0^+$ 时其平均值和标准差对应的下确界和上确界;$\mu_{A_g}(t)$ 和 $\sigma_{A_g}(t)$ 分别为 $\alpha=1$ 时变截面面积与初始截面面积比平均值和标准差。

本节采用 Levenberg-Marquardt 算法,在收敛指标为 1.0^{-10} 下,对式(3-37)和式(3-38)中各函数非线性拟合,得不同阈值 α 状态下平均值和标准差及其下确界、上确界的表达式如下:

$$\mu_{A_g0}^-(t)=\sum_{i=1}^{7}a_{1i}t^{\frac{i-1}{2}} \tag{3-45}$$

$$\mu_{A_g0}^+(t) = \sum_{i=1}^{7} a_{2i} t^{\frac{i-1}{2}} \tag{3-46}$$

$$\sigma_{A_g0}^-(t) = \sum_{i=1}^{7} b_{1i} t^{\frac{i-1}{2}} \tag{3-47}$$

$$\sigma_{A_g0}^+(t) = \sum_{i=1}^{7} b_{2i} t^{\frac{i-1}{2}} \tag{3-48}$$

$$\mu_{A_g}(t) = \sum_{i=1}^{7} a_i t^{\frac{i-1}{2}} \tag{3-49}$$

$$\sigma_{A_g}(t) = \sum_{i=1}^{7} b_i t^{\frac{i-1}{2}} \tag{3-50}$$

式中，t 为服役时间，a；其他各参数见表 3-3。

表3-3　均匀锈蚀下时变截面面积与初始截面面积比的平均值和标准差中的系数

参数	$i=1$	$i=2$	$i=3$	$i=4$	$i=5$	$i=6$	$i=7$
a_{1i}	1.00002 $\times 10^0$	2.52498 $\times 10^{-2}$	−3.74631 $\times 10^{-2}$	8.26195 $\times 10^{-3}$	−1.01604 $\times 10^{-3}$	6.55707 $\times 10^{-5}$	−1.70292 $\times 10^{-6}$
a_{2i}	9.99935 $\times 10^{-1}$	2.46843 $\times 10^{-2}$	−4.56898 $\times 10^{-3}$	−5.15463 $\times 10^{-3}$	1.34088 $\times 10^{-3}$	−1.26146 $\times 10^{-4}$	4.20055 $\times 10^{-6}$
a_i	1.00003 $\times 10^0$	1.11065 $\times 10^{-1}$	−9.09010 $\times 10^{-2}$	2.38062 $\times 10^{-2}$	−3.26996 $\times 10^{-3}$	2.26510 $\times 10^{-4}$	−6.22985 $\times 10^{-6}$
b_{1i}	−2.31316 $\times 10^{-6}$	−3.40651 $\times 10^{-2}$	2.23083 $\times 10^{-2}$	−3.67252 $\times 10^{-3}$	2.80293 $\times 10^{-4}$	−8.03542 $\times 10^{-6}$	−3.35571 $\times 10^{-8}$
b_{2i}	−4.84191 $\times 10^{-6}$	−1.54751 $\times 10^{-2}$	2.40244 $\times 10^{-2}$	−5.64023 $\times 10^{-3}$	7.04379 $\times 10^{-4}$	−4.69554 $\times 10^{-5}$	1.26630 $\times 10^{-6}$
b_i	−5.28335 $\times 10^{-6}$	−3.87819 $\times 10^{-2}$	3.24875 $\times 10^{-2}$	−7.17967 $\times 10^{-3}$	8.33828 $\times 10^{-4}$	−5.03481 $\times 10^{-5}$	1.22247 $\times 10^{-6}$

4）局部锈蚀主筋截面面积数值模拟

局部锈蚀下，基于 Monte Carlo 区间数值模拟技术，分别对式（3-29）和式（3-30）中各变量分布类型和统计参数抽样 50000 次，得局部锈蚀下钢筋锈坑深度平均值和标准差如图 3-18 和图 3-19 模糊阴影区域所示。平均值和标准差都随时间增长而增大；模糊程度受阈值 α 的控制；当 α 由 0 到 1 逐渐增大时，模糊程度逐渐减小；当 $\alpha=1$ 时，时变的模糊阴影区域缩小为时变曲线，此时即为不考虑模糊性影响的非模糊状态；当 $\alpha=0^+$ 时，此时模糊程度最强，即分别如图中两虚线上确界和下确界包裹阴影区域所示。

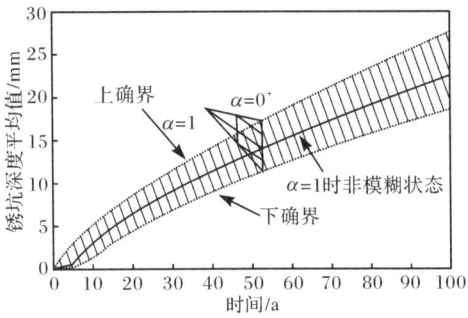

图 3-18　时变锈坑深度平均值

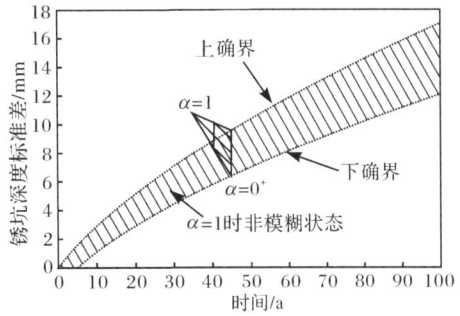

图 3-19　时变锈坑深度标准差

为研究不同时间下的锈坑深度分布类型,选取两个典型的服役时间 20 年和 50 年,对 $\alpha=0^{+}$ 时锈坑深度上确界、下确界概率特征进行分布检验,其频率直方图分别如图 3-20~图 3-23 所示。各频率直方图呈偏态,经 Kolmogorov-Smirnov 检验,锈坑深度截口分布上确界、下确界不拒绝对数正态分布。这样锈坑深度截口分布可视为服从模糊对数正态分布,在整个服役期间内可以用模糊对数正态随机过程来模拟。

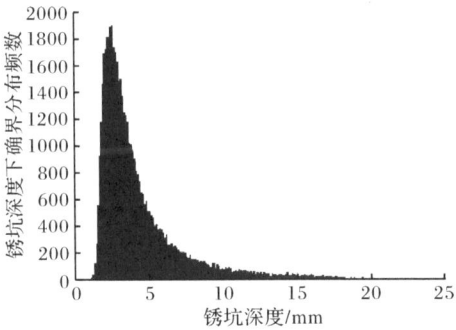

图 3-20　20 年时锈坑深度下确界频率直方图

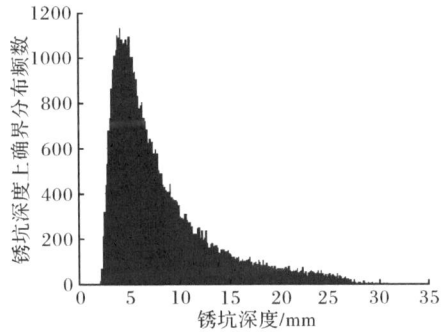

图 3-21　20 年时锈坑深度上确界频率直方图

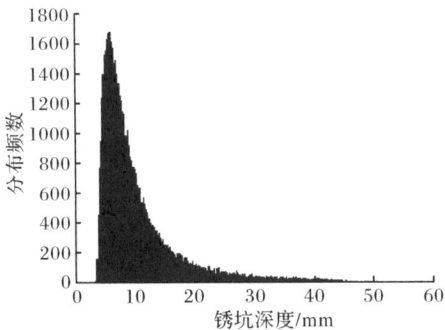

图 3-22　50 年时锈坑深度下确界频率直方图

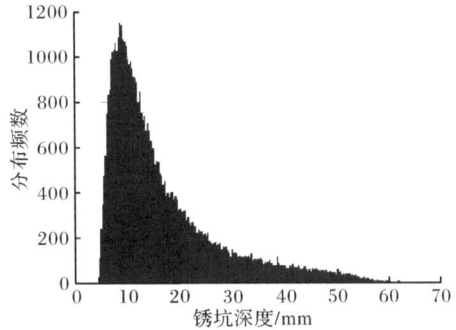

图 3-23　50 年时锈坑深度上确界频率直方图

　　同理,应用 Monte Carlo 区间数值模拟抽样技术,模拟锈坑深度各时间段上确界和下确界分布,抽样 50000 次代入锈坑深度与截面面积关系中。取时变截面面积与初始截面面积的比作为统计对象,得局部锈蚀下时变截面面积与初始截面面积比的平均值和标准差如图 3-24 和图 3-25 所示。

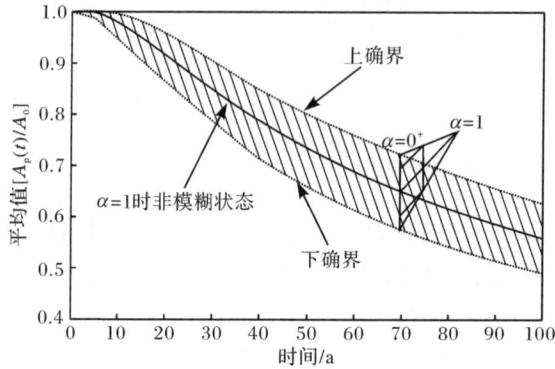

图 3-24　局部锈蚀下时变截面面积与初始截面面积比的平均值

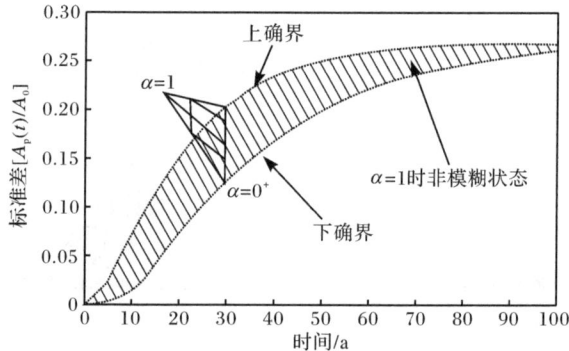

图 3-25　局部锈蚀下时变截面面积与初始截面面积比的标准差

　　图 3-24 和图 3-25 中,纵向主筋的时变截面面积与初始截面面积比的平均值随时间增长而下降,而标准差变化情况相反。阴影区模糊程度与 α 的关系同均匀锈蚀情况相同,在此不复赘述。

　　局部锈蚀下时变截面面积与初始截面面积比的平均值和标准差,即图 3-24 和图 3-25 中阴影部分,分别写为

$$
\begin{aligned}
\tilde{\mu}_{A_p}(t) &= \bigcup_{\alpha \in (0,1]} \alpha [\mu_{\bar{A}_{p\alpha}}^-(t), \mu_{A_{p\alpha}}^+(t)] \\
&= \bigcup_{\alpha \in (0,1]} \alpha \{ \mu_{A_p}(t) - (1-\alpha)[\mu_{A_p}(t) - \mu_{\bar{A}_{p0}}^-(t)], \\
&\quad u_{A_p}(t) + (1-\alpha)[\mu_{A_{p0}}^+(t) - u_{A_p}(t)] \}
\end{aligned}
\tag{3-51}
$$

$$\widetilde{\sigma}_{A_p}(t) = \bigcup_{\alpha \in (0,1]} \alpha \left[\sigma^-_{A_p\alpha}(t), \sigma^+_{A_p\alpha}(t) \right]$$

$$= \bigcup_{\alpha \in (0,1]} \alpha \{ \sigma_{A_p}(t) - (1-\alpha) [\sigma_{A_p}(t) - \sigma^-_{A_p0}(t)],$$

$$\sigma_{A_p}(t) + (1-\alpha) [\sigma^+_{A_p0}(t) - \sigma_{A_p}(t)] \} \tag{3-52}$$

式中，$\widetilde{\mu}_{A_p}(t)$、$\mu^-_{A_p\alpha}(t)$ 和 $\mu^+_{A_p\alpha}(t)$ 分别为坑锈钢筋时变截面面积与初始截面面积比的平均值，以及其平均值的下确界和上确界；$\widetilde{\sigma}_{A_p}(t)$、$\sigma^-_{A_p\alpha}(t)$ 和 $\sigma^+_{A_p\alpha}(t)$ 分别为坑锈钢筋时变截面面积与初始截面面积比的标准差，以及其标准差的下确界和上确界；$\mu^-_{A_p0}(t)$、$\mu^+_{A_p0}(t)$ 和 $\sigma^-_{A_p0}(t)$、$\sigma^+_{A_p0}(t)$ 分别为 $\alpha = 0^+$ 时其平均值和标准差的下确界和上确界；$\mu_{A_p}(t)$ 和 $\sigma_{A_p}(t)$ 分别为 $\alpha = 1$ 时非模糊状态下的平均值和标准差。

采用 Levenberg-Marquardt 算法，对图 3-22 和图 3-23 进行非线性拟合。在收敛指标设置为 1.0×10^{-10} 情况下，得不同阈值 α 状态下时变截面面积与初始截面面积比的平均值和标准差及其下确界、上确界如下：

$$\mu^-_{A_p0}(t) = \sum_{i=1}^{7} \varepsilon_{1i} t^{\frac{i-1}{2}} \tag{3-53}$$

$$\mu^+_{A_p0}(t) = \sum_{i=1}^{7} \varepsilon_{2i} t^{\frac{i-1}{2}} \tag{3-54}$$

$$\sigma^-_{A_p0}(t) = \sum_{i=1}^{7} \eta_{1i} t^{\frac{i-1}{2}} \tag{3-55}$$

$$\sigma^+_{A_p0}(t) = \sum_{i=1}^{7} \eta_{2i} t^{\frac{i-1}{2}} \tag{3-56}$$

$$\mu_{A_p}(t) = \sum_{i=1}^{7} \varepsilon_i t^{\frac{i-1}{2}} \tag{3-57}$$

$$\sigma_{A_p}(t) = \sum_{i=1}^{7} \eta_i t^{\frac{i-1}{2}} \tag{3-58}$$

式中，t 为服役时间，a；其他各参数见表 3-4。

表 3-4　局部锈蚀下时变截面面积与初始截面面积比的平均值和标准差的系数

参数	$i=1$	$i=2$	$i=3$	$i=4$	$i=5$	$i=6$	$i=7$
ε_{1i}	1.00003 $\times 10^0$	-1.43735 $\times 10^{-2}$	2.23548 $\times 10^{-2}$	-1.21039 $\times 10^{-2}$	1.92554 $\times 10^{-3}$	-1.29996 $\times 10^{-4}$	3.24639 $\times 10^{-6}$
ε_{2i}	9.99983 $\times 10^{-1}$	-3.35794 $\times 10^{-2}$	3.46050 $\times 10^{-2}$	-1.15602 $\times 10^{-2}$	1.43738 $\times 10^{-3}$	-7.92824 $\times 10^{-5}$	1.61369 $\times 10^{-6}$
ε_i	9.99985 $\times 10^{-1}$	-1.79157 $\times 10^{-2}$	2.55029 $\times 10^{-2}$	-1.08969 $\times 10^{-2}$	1.53005 $\times 10^{-3}$	-9.35507 $\times 10^{-5}$	2.14017 $\times 10^{-6}$
η_{1i}	1.99644 $\times 10^{-5}$	6.52500 $\times 10^{-2}$	-7.18716 $\times 10^{-2}$	2.73764 $\times 10^{-2}$	-4.30007 $\times 10^{-3}$	3.08592 $\times 10^{-4}$	-8.44177 $\times 10^{-6}$

续表

参数	$i=1$	$i=2$	$i=3$	$i=4$	$i=5$	$i=6$	$i=7$
η_{2i}	1.11238 $\times 10^{-5}$	-2.74500 $\times 10^{-2}$	1.45336 $\times 10^{-2}$	2.92433 $\times 10^{-3}$	-1.09591 $\times 10^{-3}$	1.02779 $\times 10^{-4}$	-3.15540 $\times 10^{-6}$
η_i	5.40520 $\times 10^{-5}$	5.95165 $\times 10^{-2}$	-6.78686 $\times 10^{-2}$	2.86485 $\times 10^{-2}$	-4.85864 $\times 10^{-3}$	3.70431 $\times 10^{-4}$	-1.06484 $\times 10^{-5}$

5）不同锈蚀形态截面面积退化对比

均匀锈蚀与局部锈蚀两种锈蚀形态下，主钢筋时变截面面积与初始截面面积比的平均值和标准差对比如图 3-26 和图 3-27 所示。

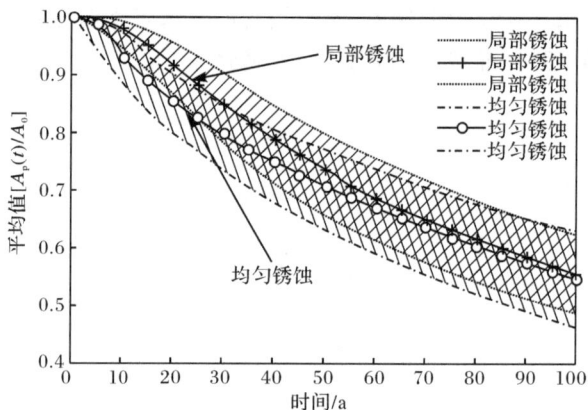

图 3-26　均匀锈蚀和局部锈蚀下时变截面面积平均值对比

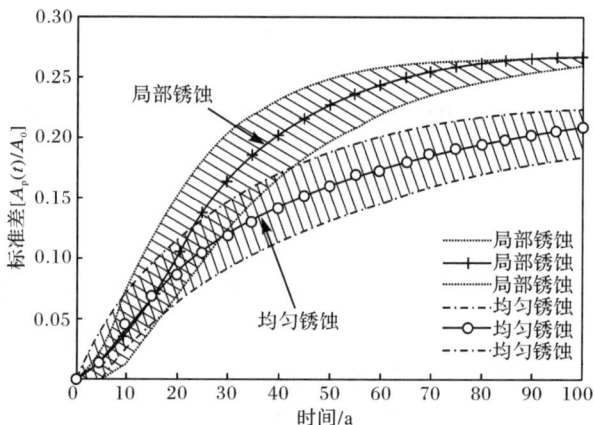

图 3-27　均匀锈蚀和局部锈蚀下时变截面面积标准差对比

图 3-26 和图 3-27 表明，钢筋时变截面面积与初始截面面积比的平均值在均匀锈蚀和局部锈蚀下差异不大；均匀锈蚀下其平均值的模糊区域在桥梁服役初始阶段稍小于局部锈蚀下平均值，随着服役时间的增长，两者最终非常接近；而均匀锈蚀下标准差随服役时间的增长慢于局部锈蚀条件下标准差的增长，且局部锈蚀情况下其标准差大于均匀锈蚀下的同时间标准差。这也说明在进行既有钢筋混凝土桥梁时变可靠性分析时，偏于安全考虑，采用局部锈蚀下钢筋截面面积时变概率模型更合理。

上述过程，均匀锈蚀与局部锈蚀状态下，钢筋截面面积平均值和标准差既是时间的函数，又受阈值 α 控制，即已经建立了同时考虑模糊性与随机性的钢筋截面面积退化概率模型。

参 考 文 献

[1] 姬永生，袁迎曙. 恒定气候混凝土内钢筋锈蚀速率的时变特征与机理. 中国矿业大学学报，2007,36(2):153~158.

[2] 俞海勇，张贺，王琼，等. 海工混凝土钢筋锈蚀速率预测模型研究. 建筑材料学报，2009，12(4):478~481.

[3] Vu K A T, Stewart M G. Structural reliability of concrete bridges including improved chloride-induced corrosion models. Structural Safety,2000,22:313~333.

[4] Thoft-Christensen P. Lifetime reliability assessment of concrete slab bridges//Proceeding of Optimal Performance of Civil Infrastructure Systems. Reston:ASCE,1998:181~193.

[5] Val D V, Trapper P A. Probabilistic evaluation of initiation time of chloride-induced corrosion. Reliability Engineering & System Safety,2008,93(3):364~372.

[6] 牛荻涛，王庆霖，王林科. 一般大气环境混凝土中钢筋锈蚀量的估计. 工程力学，1997，14(2):92~98.

[7] 金伟良，鄢飞，张亮. 考虑混凝土碳化规律的钢筋锈蚀率预测模型. 浙江大学学报(工学版)，2000,34(2):158~163.

[8] Liang M T, Jin W L, Yang R J. Predeterminate model of corrosion rate of steel in concrete. Cement and Concrete Research,2005,35:1827~1833.

[9] 袁迎曙，姬永生，牟艳君. 混凝土内钢筋锈蚀层发展和锈蚀量分布模型研究. 土木工程学报，2007,40(7):5~10.

[10] 宋志刚，金伟良，刘芳，等. 钢筋锈蚀率概率分布的动态演进模拟. 浙江大学学报(工学报)，2006,40(10):1749~1754.

[11] Ma Y F, Zhang J R, Wang L, et al. Probabilistic prediction with Bayesian updating for strength degradation of RC bridge beams. Structural Safety,2013,44:102~109.

[12] Stewart M G. Effect of construction and service loads on reliability of existing RC building. Journal of Structural Engineering,ASCE,2001,127(10):1232~1235.

[13] 张建仁,马亚飞,王磊. 模型及参数不确定下钢筋锈蚀率动态演进分析. 中南大学学报(自然科学版),2014,45(2):542~549.

[14] Zhang R X, Mahadevan S. Model uncertainty and Bayesian updating in reliability-based inspection. Structural Safety,2000,22(2):145~160.

[15] 国家质量技术监督局,中华人民共和国建设部. GB/T 50283—1999 公路工程结构可靠度设计统一标准. 北京:中国计划出版社,1999.

[16] 王磊,张建仁. 钢筋截面面积模糊随机时变概率模型. 工程力学,2011,28(3):94~102.

[17] Wang L,Ma Y F,Zhang J R,et al. Probabilistic analysis of corrosion of reinforcement in RC bridge considering fuzziness and randomness. Journal of Structural Engineering, ASCE, 2013,139(9):1529~1540.

[18] Enright M P. Time-variant reliability of reinforced concrete bridges under environmental attack. Denver:University of Colorado,1998.

[19] Marsh P S,Frangopol D M. Reinforced concrete bridge deck reliability model incorporating temporal and spatial variations of probabilistic corrosion rate sensor data. Reliability Engineering and System Safety,2008,93(3):1~16.

[20] 马亚丽,张爱林. 基于规定可靠指标的混凝土结构氯离子侵蚀耐久寿命预测. 土木工程学报,2006,39(2):36~41.

[21] 张建仁,许福友. 计算结构可靠指标的子域抽样法. 土木工程学报,2003,36(12):39~43.

第4章 锈蚀 RC 梁承载力试验与计算方法

4.1 锈蚀钢筋混凝土受弯构件试验研究

在众多耐久性因素中,钢筋锈蚀导致结构性能退化占主导地位,研究钢筋锈蚀对构件承载力的影响是研究混凝土结构耐久性的关键问题[1,2]。大量研究表明,钢筋锈蚀的影响主要表现在三个方面[3,4]:①钢筋截面面积的减少;②钢筋屈服强度的降低;③钢筋与混凝土之间黏结性能的退化。其中黏结性能退化为争议较大的研究点。如在对锈蚀钢筋混凝土受弯性能的研究中,常采用的方法为在无锈蚀构件计算承载力的基础上,根据试验或有限元分析,乘以协同工作降低系数来体现黏结性能退化的影响。笔者认为,现行规范中,正截面抗弯计算公式的前提是钢筋和混凝土的应变符合平截面假定,即钢筋的应变和钢筋位置处混凝土的应变保持一致,在此变形协调的几何关系下,计算公式才具备逻辑性和条理性以及明确的物理意义。而锈蚀钢筋混凝土构件由于黏结性能的退化,钢筋和钢筋处混凝土应变产生较大差异,即不再符合平截面假定[5,6],此时的钢筋和混凝土的应变差异较大,两者之间存在以锈蚀程度和外加荷载等因素为变量的函数关系。因此,在对锈蚀构件进行正截面抗弯分析时,应考虑到钢筋和混凝土的滑移导致的应变差异,建立锈蚀构件的正截面抗弯计算模型。

4.1.1 锈蚀光圆钢筋混凝土受弯构件试验研究

1. 试验方案

1) 试件设计

试验研究目的是分析不同光圆钢筋直径、不同锈蚀率的受弯构件性能退化规律。试件混凝土设计强度为 C30,所有试件一次浇筑,实测 28 天立方体抗压强度为 39.84MPa。试件采用同一尺寸,截面尺寸为 240mm×300mm,全长 2400mm,净跨 2100mm;采用两点对称加载,两个加载点位于净跨长度的三分点位置处,剪跨段与纯弯段长度均为 700mm;试件底部受拉区配有两根纵向主筋,主筋直径为试验参数,如图 4-1 及表 4-1 所示,箍筋为 ϕ8mm@100mm,架立筋为 2ϕ12mm 钢筋。

本节共进行了 24 根试件的试验研究,试验参数为钢筋锈蚀率、钢筋直径,以

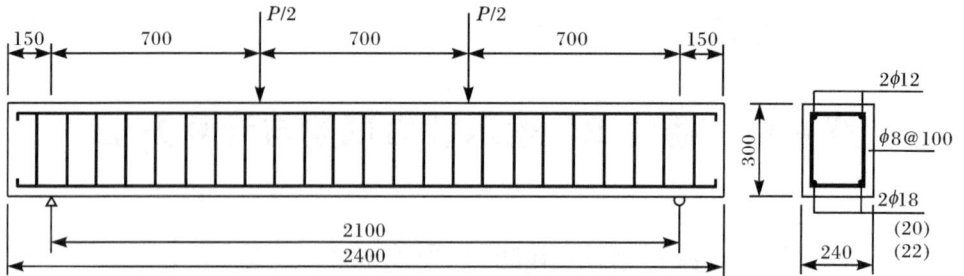

图 4-1 锈蚀光圆钢筋混凝土受弯试件尺寸及配筋(单位:mm)

考察不同锈蚀率、不同钢筋直径对试件受力性能的影响,其中钢筋锈蚀率考虑 6 个水平:0、1%、3%、6%、10%、15%;钢筋直径考虑 3 个水平:18mm、20mm、22mm。试件参数见表 4-1,钢筋母材性能试验结果见表 4-2。

表 4-1 锈蚀光圆钢筋混凝土试件参数

试件编号	设计钢筋锈蚀率/%	实测钢筋重量损失率/%	钢筋直径/mm	保护层厚度/mm	试件编号	设计钢筋锈蚀率/%	实测钢筋质量损失率/%	钢筋直径/mm	保护层厚度/mm
LB-1	0	0	18	35	LB-13	6	4.29	18	25
LB-2	0	0	20	25	LB-14	6	6.99	20	30
LB-3	0	0	22	30	LB-15	6	9.55	22	35
LB-4	0	0	20	30	LB-16	6	9.70	20	35
LB-5	1	0	18	30	LB-17	10	3.53	18	35
LB-6	1	1.19	20	35	LB-18	10	9.42	20	25
LB-7	1	1.11	22	25	LB-19	10	16.85	22	30
LB-8	1	0	20	30	LB-20	10	9.89	20	30
LB-9	3	3.32	18	25	LB-21	15	20.60	18	30
LB-10	3	3.92	20	30	LB-22	15	10.58	20	35
LB-11	3	4.41	22	35	LB-23	15	11.61	22	25
LB-12	3	2.60	20	25	LB-24	15	13.14	20	30

表 4-2 钢筋母材性能试验结果

钢筋种类	钢筋直径/mm	屈服强度/MPa	极限强度/MPa
光圆钢筋 (HPB235)	18	274.39	399.37
	20	258.25	393.39
	22	274.38	426.17

2) 试验测量

试验的变形测量为在试件两端支座处、两加载点处以及跨中处分别布置振弦式位移传感器,测量试件在荷载作用下的竖向变形。

试件混凝土应变测量布置为在试件纯弯段顶部受压区布置 5 个 100mm×3mm 规格电阻应变片,在试件跨中侧面沿截面高度间隔均匀粘贴 6 个 50mm×3mm 规格应变片,测量沿截面高度的应变分布,为避免裂缝对电阻应变片的影响,还在试件另外一侧沿截面高度均匀布置 4 个千分表,试件跨中底部受拉区粘贴 4 个 100mm×3mm 规格应变片。

钢筋应变测量布置为受拉钢筋上粘贴 4 个 5mm×3mm 规格应变片,位置全部在纯弯段内。具体应变测量布置如图 4-2 所示。试验加载及测量装置如图 4-3 所示。

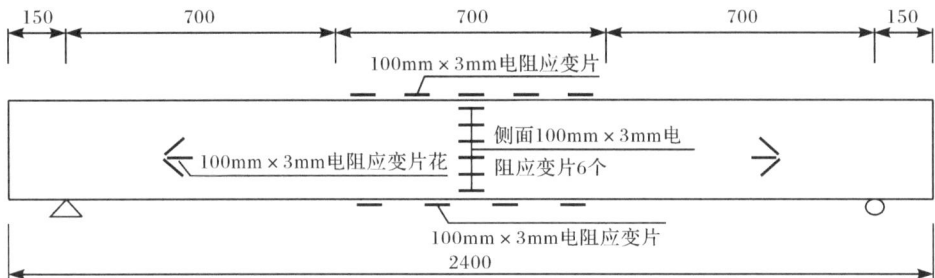

图 4-2　试验应变量测布置(单位:mm)

图 4-3　试验加载及测量装置

3) 快速锈蚀方法

本节试验采用电化学锈蚀方法对试件钢筋进行快速锈蚀(图 4-4、图 4-5),根据法拉第原理的计算结果对钢筋锈蚀率进行控制。使用环氧树脂密封钢筋与导线连接处以保证电流仅通过钢筋。采用电流计定期监测电流强度,根据铁元素锈蚀反应与通电量之间的关系,在锈蚀过程中调整电流强度、通电时间来控制本节试验试件的钢筋锈蚀率达到设计锈蚀率。

图 4-4　快速锈蚀试验过程　　　　图 4-5　经过快速锈蚀的锈蚀试件

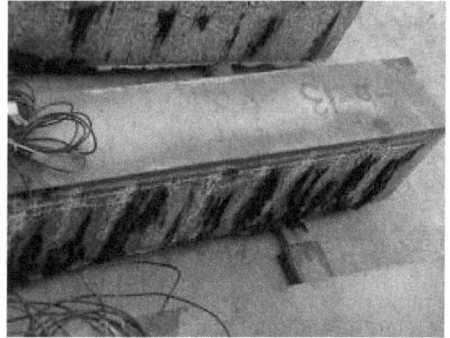

2. 试验结果分析

1) 主要试验结果

未锈蚀梁或轻微锈蚀的梁,初始加载时由于弯矩较小,截面尚未开裂,构件弹性变形特征表现较为明显;随着外荷载的增加,梁的挠度逐渐增大,在构件纯弯段内梁底面出现一条或多条竖向裂缝;裂缝刚刚出现时,一般间距较大,继续加载后,裂缝条数增多,裂缝宽度增大但增幅不大,裂缝逐渐沿梁高不断向上延伸,从而使裂缝截面处的中和轴的位置也将随之上移,并延伸至形心轴的位置,裂缝发展处于稳定时期。当外荷载增加到极限承载力的 50% 左右时,随着外荷载的增加,裂缝的数量不再增加,原有裂缝变宽,并穿过形心轴沿梁高向上延伸,裂缝间距基本稳定。当外荷载增加至极限承载力的 55%~70% 时,梁体塑性变形特征表现较为突出:裂缝宽度有较快增长,钢筋即将进入屈服阶段,在剪弯段梁腹部靠近形心轴的位置出现斜裂缝。外荷载进一步增加到钢筋屈服时,挠度能进一步增长。纯弯段内的裂缝渐渐变宽,当跨中附近某一条主要裂缝宽度为 1.5~2mm 时,顶面混凝土随即出现压碎现象,梁宣告破坏,破坏形态为典型的适筋梁弯曲破坏。

对于锈蚀率较大的梁,随着锈蚀率的增大,混凝土梁的刚度先增大,当超过某一临界值后降低,一些梁的混凝土甚至由于氯离子的渗入导致锈胀而剥落,致使锈蚀钢筋混凝土梁的开裂荷载降低,此时裂缝一出现就有一定高度。由于钢筋强度、黏结周长下降导致的钢筋和混凝土之间的黏结性能退化,梁承载能力降低的同时还减弱了钢筋与混凝土的应力传递,梁在加载过程中竖向裂缝变得稀少,且基本不出现斜裂缝,破坏时梁的挠度增长不大,破坏形态转变为无明显预兆的脆性破坏。相同荷载作用下,锈蚀梁的裂缝间距远大于未锈钢筋混凝土梁的裂缝间距,分布也不均匀;当荷载达到极限承载力的 90% 时,纯弯段内某条主裂缝宽度急剧发展,其他裂缝发展缓慢;且梁破坏时挠度小于轻微锈蚀或未锈蚀梁,脆性提高明显。主要试验结果见表 4-3。

表 4-3　锈蚀光圆钢筋混凝土梁主要试验结果

试件编号	钢筋锈蚀率/%	屈服荷载/kN	极限荷载/kN	屈服挠度/mm	破坏挠度/mm	破坏形式
LB-1	0	109	127	4.830	18.640	裂缝超过 1.5mm,141kN 时压碎
LB-2	0	180	200	5.900	15.970	裂缝超过 1.5mm
LB-3	0	170	185	5.290	11.370	裂缝超过 1.5mm
LB-4	0	150	185	5.250	14.230	裂缝超过 1.5mm,185kN 时压碎
LB-5	0	150	160	4.450	9.560	裂缝超过 1.5mm,173kN 时压碎
LB-6	1.19	150	164	4.890	11.625	裂缝超过 1.5mm,170kN 时压碎
LB-7	1.11	210	217	4.465	9.415	裂缝超过 1.5mm,220kN 时压碎
LB-8	0	150	167	4.675	15.460	裂缝超过 1.5mm,177kN 时压碎
LB-9	3.32	110	126	2.955	11.375	裂缝超过 1.5mm,137kN 时压碎
LB-10	3.92	130	139	4.565	9.590	裂缝超过 1.5mm
LB-11	4.41	160	186	3.855	14.845	裂缝超过 1.5mm,188kN 时压碎
LB-12	2.60	140	156	3.865	12.955	裂缝超过 1.5mm,166kN 时压碎
LB-13	4.29	110	127	3.485	11.475	裂缝超过 1.5mm,138kN 时压碎
LB-14	6.99	140	168	3.705	29.090	混凝土压碎
LB-15	9.55	160	195	4.570	21.330	混凝土压碎
LB-16	9.70	135	155	3.463	11.730	裂缝超过 1.5mm,165kN 时压碎
LB-17	3.53	130	145	3.450	8.615	裂缝超过 1.5mm,156kN 时压碎
LB-18	9.42	130	171	3.155	29.970	混凝土压碎
LB-19	16.85	140	177	4.240	16.585	裂缝超过 1.5mm,184kN 时压碎
LB-20	9.89	100	127	3.760	10.850	裂缝超过 1.5mm,140kN 时压碎
LB-21	20.60	50	54	3.585	9.570	裂缝超过 1.5mm,57.2kN 时压碎
LB-22	10.58	105	110	3.955	—	裂缝超过 1.5mm,116kN 时压碎
LB-23	11.61	130	154	3.610	8.440	裂缝超过 1.5mm,172kN 时压碎
LB-24	13.14	90	100	4.080	7.945	裂缝超过 1.5mm,111kN 时压碎

2) 承载性能分析

已有试验研究成果表明,钢筋锈蚀率较小时,对受弯构件承载能力影响很小,锈蚀率较大时,将显著削弱受弯构件的承载能力。由图 4-6 的荷载-挠度曲线可知,随着锈蚀率的增加,试件的承载能力明显降低,图 4-7 中钢筋锈蚀率-荷载关系也清晰反映了这一点。

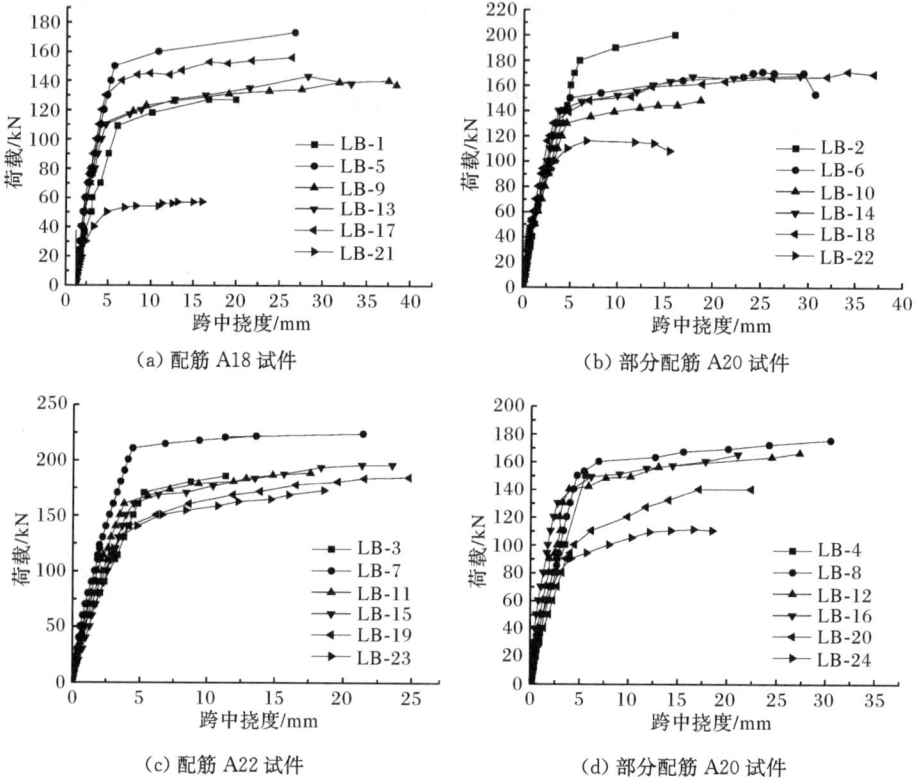

(a) 配筋 A18 试件

(b) 部分配筋 A20 试件

(c) 配筋 A22 试件

(d) 部分配筋 A20 试件

图 4-6　试验荷载-挠度曲线

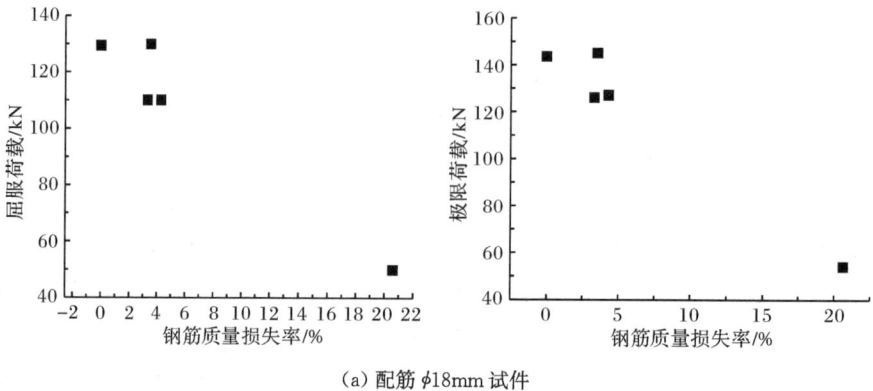

(a) 配筋 φ18mm 试件

(b) 配筋 ϕ20mm 试件

(c) 配筋 ϕ22mm 试件

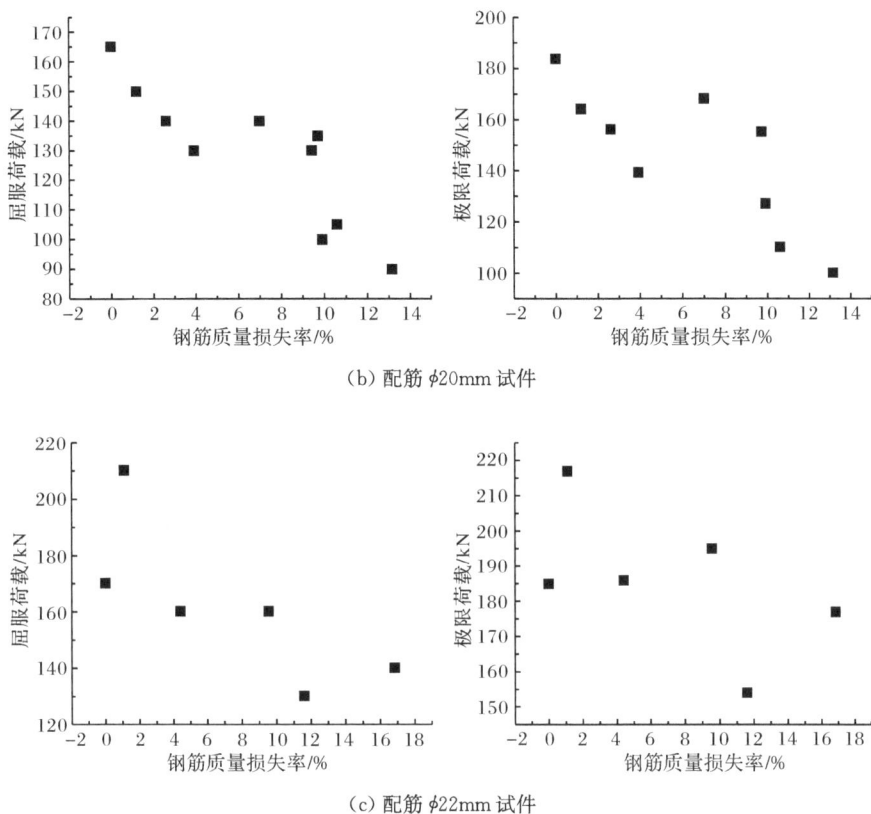

图 4-7　钢筋质量损失率-承载力对应关系

从图 4-7 中可以看出,当锈蚀率较小时,锈蚀试件与对比试件的承载能力相差较小,个别锈蚀试件承载力甚至高于未锈蚀的对比试件;随锈蚀率的增大,锈蚀试件屈服荷载明显下降,极限荷载也随之降低。仔细观察图形可以发现,相同的锈蚀率变化,试件屈服荷载的下降速度与极限荷载非常接近,锈蚀率与屈服荷载、极限荷载间的对应分布图形也较为一致。这说明在本节试验设置的锈蚀率水平下,未锈蚀试件与锈蚀试件、不同锈蚀率试件的屈服荷载与极限荷载间相关性差异不大。

本节试验设置了钢筋直径参数,以考察锈蚀率相同时不同钢筋直径对锈蚀试件受力性能退化的影响。表 4-4 给出了锈蚀率相近条件下配筋直径不同试件的承载力变化。从锈蚀试件屈服荷载、极限荷载与未锈蚀对比试件的比较来看,配有不同直径光圆钢筋的受弯构件在锈蚀率相同时,其承载能力退化相当接近。将试验结果与后面将描述的变形钢筋锈蚀试验研究相比较,锈蚀光圆钢筋表现出了与变形钢筋相一致的特性,即相同锈蚀率作用下小直径钢筋的承载力下降略大于较大直径钢筋。

3）变形协调性调查

任意选取 4 片不同锈蚀程度的试件，在屈服弯矩作用下，跨中截面处钢筋和钢筋处混凝土的应变如图 4-8～图 4-11 所示，其中部分试件在钢筋屈服时个别混凝土受拉应变片已经失效，未能得到相关位置的混凝土拉应变数据，因此图中沿截面高度的混凝土应变测点数量有所不同。

表 4-4　相近锈蚀率下不同配筋试件的承载力

锈蚀率 2.6%～4.41%						
试件编号	纵向配筋	锈蚀率/%	屈服荷载/kN	屈服荷载/对比试件屈服荷载	极限荷载/kN	极限荷载/对比试件极限荷载
LB-9	2A18	3.32	110	0.849	126	0.878
LB-10	2A20	3.92	130	0.788	139	0.757
LB-11	2A22	4.41	160	0.941	186	1.005
LB-12	2A20	2.60	140	0.848	156	0.850
LB-13	2A18	4.29	110	0.849	127	0.885
LB-17	2A18	3.53	130	1.004	145	1.010
锈蚀率 9.42%～11.61%						
试件编号	纵向配筋	锈蚀率/%	屈服荷载/kN	屈服荷载/对比试件屈服荷载	极限荷载/kN	极限荷载/对比试件极限荷载
LB-15	2A22	9.55	160	0.941	195	1.054
LB-16	2A20	9.70	135	0.818	155	0.845
LB-18	2A20	9.42	130	0.788	—	—
LB-20	2A20	9.89	100	0.606	127	0.692
LB-22	2A20	10.58	105	0.636	110	0.599
LB-23	2A22	11.61	130	0.765	154	0.832

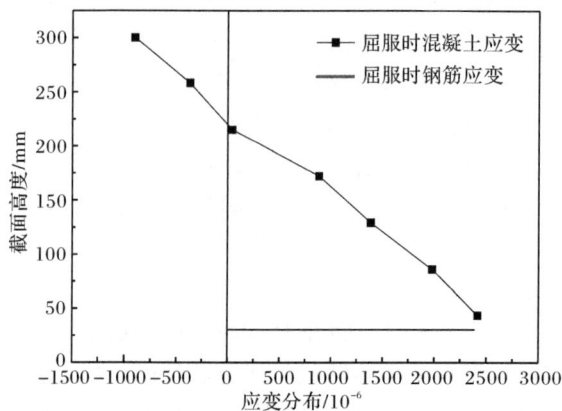

图 4-8　光圆钢筋梁 LB3($\rho_q = 0$)

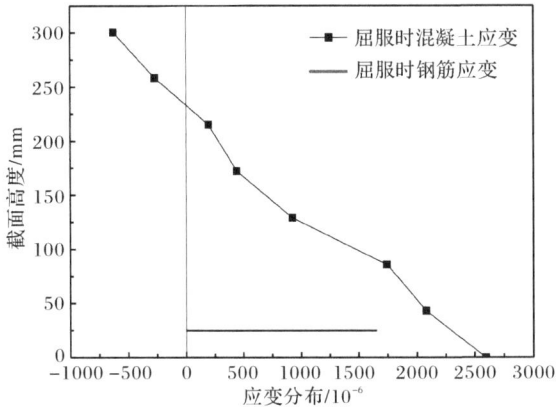

图 4-9　光圆钢筋梁 LB10(ρ_q＝3.92％)

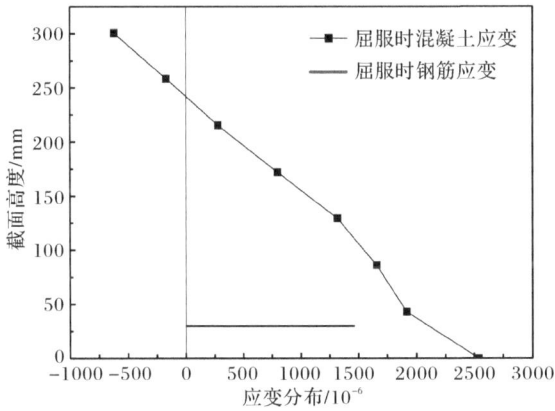

图 4-10　光圆钢筋梁 LB13(ρ_q＝4.29％)

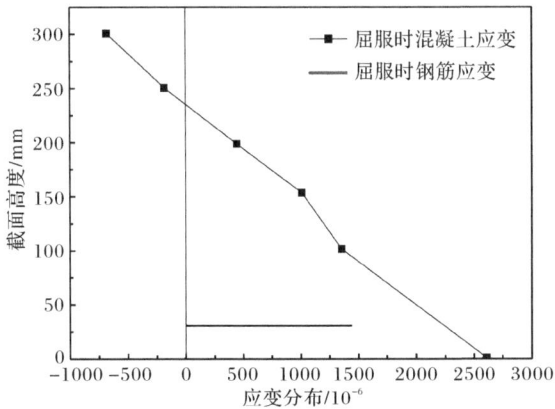

图 4-11　光圆钢筋梁 LB22(ρ_q＝10.58％)

结合图 4-8~图 4-11 可以发现,不同锈蚀率的梁在屈服弯矩下,混凝土的应变基本保持直线,大小与其距中性轴的距离成正比,即可视为混凝土的应变保持平截面假定;但钢筋和混凝土之间的变形协调随着锈蚀率的增大已不再成立,在锈蚀率较小时,钢筋应变与相同水平位置的混凝土应变较为接近;锈蚀率越大,钢筋和混凝土之间的应变不协调程度越大,混凝土和钢筋之间的变形协调不再成立;此时钢筋和混凝土之间的应变关系显然为锈蚀率和外加荷载的函数。但在对锈蚀钢筋混凝土进行极限承载力分析时,仅需要极限状态下混凝土和钢筋应变关系,因此,不同锈蚀率的构件在极限弯矩作用下,混凝土和钢筋的应变关系成为锈蚀构件抗弯承载力分析的前提和基础。

4) 截面性能分析

表 4-5 列出了各试件在混凝土开裂后、钢筋屈服之前这段变形范围的平均变形刚度(单位变形对应的荷载),以观察正常使用状态下不同锈蚀率对受弯构件刚度的影响。从表中数据可以看出,锈蚀率不太大时,锈蚀试件的变形刚度略大于未锈蚀的对比试件。这可以从以下两方面的机理进行分析,光圆钢筋与混凝土之间的黏结主要是通过界面的摩擦阻力,所以锈蚀率较小时,轻微锈蚀引起的膨胀将增大这一阻力,进而提高钢筋-混凝土的黏结性能,使锈蚀试件的变形刚度略大于未锈蚀试件。中等程度锈蚀时,钢筋与混凝土之间的黏结受到了一定削弱,开裂薄弱截面开始形成一定程度的变形集中,沿构件长度的曲率不均匀性增大,试验中混凝土截面的应变观测也反映了这一现象,因此反映构件平均变形水平的变形刚度基本与未锈蚀试件相当。

表 4-5　试件抗弯刚度比较

试件编号	钢筋锈蚀率/%	变形刚度/(kN/mm)	试件编号	钢筋锈蚀率/%	变形刚度/(kN/mm)
LB1	0	19.34	LB13	4.29	28.05
LB2	0	28.63	LB14	6.99	37.24
LB3	0	28.08	LB15	9.55	36.57
LB4	0	29.63	LB16	9.70	31.82
LB5	0	30.82	LB17	3.53	36.22
LB6	1.19	31.21	LB18	9.42	35.18
LB7	1.11	44.44	LB19	16.85	31.04
LB8	0	29.45	LB20	9.89	22.10
LB9	3.32	35.92	LB21	20.60	10.56
LB10	3.92	26.47	LB22	10.58	23.16
LB11	4.41	38.52	LB23	11.61	31.98
LB12	2.60	34.24	LB24	13.14	17.35

表 4-6 描述了试件屈服时纯弯段受压区边缘混凝土在钢筋屈服时的平均应变随锈蚀率增大而变化的情况。从表中结果可以看出,随着锈蚀率增大,受压混凝

土的平均屈服时应变略有降低。从截面分析可知,钢筋与混凝土黏结削弱将使中和轴上升,混凝土受压应变增大,而钢筋截面面积减小与屈服强度的降低将使屈服时所需要的混凝土受压面积减小,压应变降低,因此在本节试验设置的锈蚀率作用下,钢筋屈服时钢筋本身的削弱占主导地位,从而使混凝土压应变略有降低。另外试验结果还反映出,随着锈蚀率增大,混凝土平均应变与最大应变差距增加,沿构件长度的应变分布不均匀性增大。

表 4-6　受压混凝土屈服应变比较

试件编号	钢筋锈蚀率/%	屈服时混凝土应变/10^{-6}	试件编号	钢筋锈蚀率/%	屈服时混凝土应变/10^{-6}
LB1	0	—	LB13	4.29	621
LB2	0	794	LB14	6.99	576
LB3	0	850	LB15	9.55	845
LB4	0	697	LB16	9.70	652
LB5	0	—	LB17	3.53	683
LB6	1.19	704	LB18	9.42	600
LB7	1.11	770	LB19	16.85	772
LB8	0	639	LB20	9.89	603
LB9	3.32	576	LB21	20.60	497
LB10	3.92	702	LB22	10.58	688
LB11	4.41	835	LB23	11.61	573
LB12	2.60	692	LB24	13.14	557

　　许多文献指出,造成锈蚀结构承载力降低的主要原因为钢筋锈蚀造成钢筋的截面面积减小;钢筋的实际屈服强度与极限强度降低,以及钢筋与结构混凝土之间黏结退化从而造成共同工作性能下降。研究人员也提出了许多考虑钢筋-混凝土协同工作系数的承载力计算公式,以反映黏结退化对结构承载能力的影响。

　　从理论上分析,钢筋与混凝土之间黏结退化甚至丧失时,钢筋与混凝土之间的变形协调受到破坏,钢筋应变增长将滞后于相同位置的混凝土应变增长,造成中和轴向受压区移动,大部分的混凝土截面退出受压,最终混凝土边缘压应变达到极限而被压碎,此时混凝土受压面积小于黏结完好的构件,从而混凝土的强度利用不充分,因此黏结退化构件的承载能力低于黏结完好构件。但对于锈蚀构件,由于锈蚀造成了钢筋截面面积减小,屈服及极限强度降低,所需要的混凝土受压面积本就小于未锈蚀构件。从截面性能分析,如果钢筋在混凝土压碎之前达到屈服,即使中和轴上移造成受压面积减小,截面内力平衡仍然成立,钢筋强度仍然得到充分发挥,相较于相同截面面积、抗拉强度的未锈蚀构件,由于中和轴上移造成了截面内力臂增大,钢筋达到屈服的锈蚀构件的屈服荷载甚至应略高于未锈蚀构件。因此,在钢筋达到屈服的条件下,锈蚀构件即使锈蚀率较大,钢筋-混凝土间黏结受到严重削弱,这种黏结退化对构件承载能力下降所起的作用应该非常小,锈蚀钢筋混凝土构件承载力退化主要由钢筋截面面积减小及强度降低引起。本节试验中锈蚀试件的钢筋大多达到屈服。

已有研究成果指出,钢筋锈蚀率增大时,构件逐渐向无黏结构件转变,破坏形式逐渐转变为脆性破坏。从无黏结构件的受力性能可知,由于钢筋、混凝土间黏结退化的影响,结构受力至破坏全过程中,钢筋屈服的临界点与混凝土压碎临界点之间的差距逐渐缩小,结构屈服荷载与混凝土压碎荷载应逐渐接近。

表 4-7 给出了本节试验中各试件屈服荷载分别与极限荷载(裂缝宽度超过1.5mm)、混凝土压碎荷载的比值。观察表中数据可以发现,配筋为 2φ18mm 的试件表现了预期的变化趋势:随着锈蚀率的增大,屈服荷载与压碎荷载的比值也不断提高;但配筋为 2φ20mm 与 2φ22mm 的试件所表现出的变化规律则相反,随着锈蚀率的增大试件屈服荷载与压碎荷载的比值却逐渐降低。仔细比较试验结果,可以发现配筋 2φ18mm 试件的锈蚀率由于快速锈蚀控制的关系,除试件 LB21 锈蚀率较大外,大部分锈蚀率均较小,与配筋 2φ20mm、φ22mm 的试件相比锈蚀率分布较不均匀,且分布区间重叠较少。而锈蚀构件与无黏结构件不同的是锈蚀钢筋的截面面积减小、强度降低均将对构件性能造成影响,因此本节试验结果表明,不能简单认为随锈蚀率增大,锈蚀构件性能必然接近无黏结构件,锈蚀率的不同使构件性能变化趋势表现出一定程度的差异,对于随锈蚀率增大黏结退化对构件屈强比等承载性能的影响还有必要进行进一步的研究。

表 4-7　试件屈服强度、极限强度比较

试件编号	钢筋锈蚀率/%	屈服荷载/极限荷载	屈服荷载/压碎荷载	试件编号	钢筋锈蚀率/%	屈服荷载/极限荷载	屈服荷载/压碎荷载
LB1	0	0.86	0.77	LB12	2.60	0.90	0.84
LB2	0	0.90	—	LB13	4.29	0.87	0.80
LB3	0	0.92		LB15	9.55	0.82	0.82
LB4	0	—	—	LB16	9.70	0.87	0.82
LB5	0	0.94	0.87	LB17	3.53	0.90	0.83
LB6	1.19	0.92	0.88	LB18	9.42	0.76	0.76
LB7	1.11	0.97	0.96	LB19	16.85	0.79	0.76
LB8	0	0.90	0.85	LB20	9.89	0.79	0.71
LB9	3.32	0.87	0.80	LB21	20.60	0.93	0.87
LB10	3.92	0.935	—	LB22	10.58	0.96	0.91
LB11	4.41	0.86	0.85	LB24	13.14	0.90	0.81

4.1.2　锈蚀变形钢筋混凝土受弯构件试验研究

1. 试验方案

试件混凝土设计强度为 C30,所有试件一次浇筑,实测 28 天立方体抗压强度为 34.55MPa。所有试件采用同一尺寸,截面尺寸为 240mm × 300mm,全长 2400mm,净跨 2100mm。采用两点对称加载,两个加载点位于净跨长度的三分点位置处,剪跨段与纯弯段长度均为 700mm。试件底部受拉区配有两根纵向主筋,选用不同的钢筋直径,如图 4-12 及表 4-8 所示,箍筋为 $\phi8mm@100mm$,架立筋为 $2\phi12mm$ 钢筋。

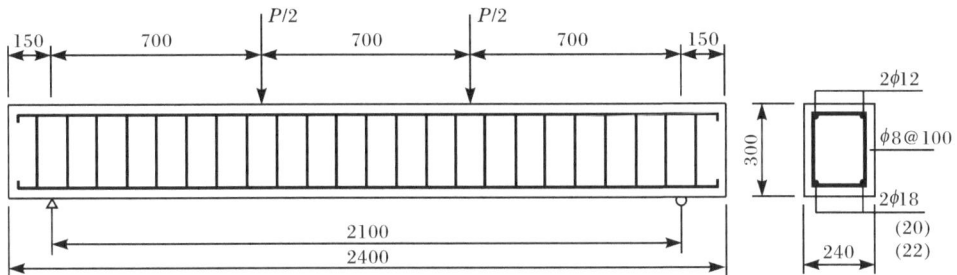

图 4-12　锈蚀变形钢筋混凝土受弯试件尺寸及配筋(单位:mm)

表 4-8　锈蚀变形钢筋混凝土试件参数

试件编号	设计钢筋锈蚀率/%	实测钢筋重量损失率/%	钢筋直径/mm	保护层厚度/mm	试件编号	设计钢筋锈蚀率/%	实测钢筋重量损失率/%	钢筋直径/mm	保护层厚度/mm
LA-1	0	0	18	35	LA-13	6	4.15	18	25
LA-2	0	0	20	25	LA-14	6	—	20	30
LA-3	0	0	22	30	LA-15	6	1.65	22	35
LA-4	0	0	20	30	LA-16	6	4.81	20	35
LA-5	1	0	18	30	LA-17	10	6.12	18	35
LA-6	1	0	20	35	LA-18	10	9.95	20	25
LA-7	1	0	22	25	LA-19	10	8.70	22	30
LA-8	1	0	20	30	LA-20	10	4.55	20	30
LA-9	3	2.43	18	25	LA-21	15	12.97	18	30
LA-10	3	4.90	20	30	LA-22	15	10.79	20	35
LA-11	3	—	22	35	LA-23	15	10.63	22	25
LA-12	3	4.21	20	25	LA-24	15	12.83	20	30

本节共进行了 24 根试件的试验研究,试验参数为不同程度的钢筋锈蚀率、不同钢筋直径以及不同保护层厚度。钢筋锈蚀率考虑 6 个水平:0、1%、3%、6%、10%、15%;钢筋直径考虑 3 个水平:18mm、20mm、22mm;保护层厚度考虑 3 个水平:25mm、30mm、35mm,试件编号及参数设置见表 4-8。试验量测方案与快速锈蚀方法同光圆钢筋受弯构件试验。

2. 试验结果分析

1) 主要试验结果

对于变形钢筋混凝土梁,随着锈蚀率的增大,斜裂缝的位置比未出现锈胀裂缝的梁更加靠近中间;而光面钢筋混凝土梁,当锈蚀率达到一定程度以后,甚至不出现斜裂缝,类似于少筋梁破坏;相同量级荷载作用以及相同锈蚀率条件下的光圆钢筋梁的裂缝间距大于变形钢筋混凝土梁。

本节试验试件的荷载-挠度曲线如图 4-13~图 4-16 所示,其破坏形态分为两种(表 4-9):受压区混凝土压碎,受拉区最大裂缝宽度超过 1.5mm,如图 4-17、图 4-18 所示。试件 LA-10~LA-12、LA-15~LA-18 的破坏形态为裂缝宽度超过 1.5mm,LA-19、LA-23 的破坏形态为混凝土压碎,其余试件的破坏形态均为裂缝宽度超过 1.5mm 后伴随着混凝土压碎,接近钢筋达到流限与混凝土压碎同时发生的界限破坏。

表 4-9　锈蚀变形钢筋混凝土梁主要试验结果

试件编号	开裂荷载/kN	屈服荷载/kN	极限荷载/kN	破坏挠度/mm	破坏形式
LA-2	38	280	303	12.80	裂缝宽度超过 1.5mm,然后混凝土压碎
LA-3	23	270	293	12.45	裂缝宽度超过 1.5mm,然后混凝土压碎
LA-4	18	230	250	12.53	裂缝宽度超过 1.5mm,然后混凝土压碎
LA-5	32	190	206	15.35	裂缝宽度超过 1.5mm,然后混凝土压碎
LA-6	44	240	248	9.12	裂缝宽度超过 1.5mm,然后混凝土压碎
LA-7	36	210	244	10.98	裂缝宽度超过 1.5mm,然后混凝土压碎
LA-8	32	275	297	9.21	裂缝宽度超过 1.5mm,然后混凝土压碎
LA-9	40	179	194	—	—
LA-10	40	190	210	12.66	裂缝宽度超过 1.5mm
LA-11	12	190	223	19.00	裂缝宽度超过 1.5mm
LA-12	32	220	235	10.92	裂缝宽度超过 1.5mm
LA-13	8	150	172	13.25	裂缝宽度超过 1.5mm,然后混凝土压碎
LA-14	24	210	239	12.38	裂缝宽度超过 1.5mm,然后混凝土压碎
LA-15	16	210	220	12.49	裂缝宽度超过 1.5mm

续表

试件编号	开裂荷载/kN	屈服荷载/kN	极限荷载/kN	破坏挠度/mm	破坏形式
LA-16	24	210	223	14.94	裂缝宽度超过 1.5mm,然后混凝土压碎
LA-17	36	129	147	16.54	裂缝宽度超过 1.5mm,然后混凝土压碎
LA-18	12	160	176	15.53	裂缝宽度超过 1.5mm
LA-19	24	180	192	15.97	混凝土压碎
LA-20	16	220	224	—	—
LA-21	8	120	142	15.36	裂缝宽度超过 1.5mm,然后混凝土压碎
LA-22	20	180	202	18.26	裂缝宽度超过 1.5mm,然后混凝土压碎
LA-23	42	190	200	11.00	混凝土压碎
LA-24	12	160	177	15.31	裂缝宽度超过 1.5mm,然后混凝土压碎

　　注:对于裂缝宽度先超过 1.5mm 然后混凝土被压碎的试件,表中所示破坏挠度为裂缝宽度超过 1.5mm 时的试件变形。由于设备故障,未得到 LA-1 有价值的试验结果,LA-9 和 LA-20 仅得到其对应的开裂、屈服和极限荷载。

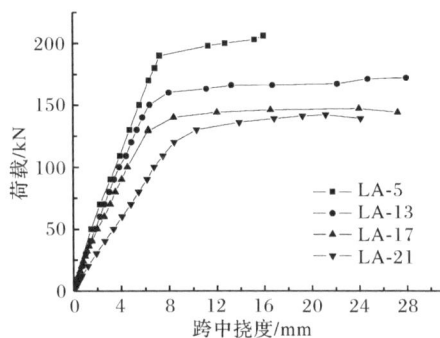

图 4-13　2φ18mm 试件荷载-挠度曲线

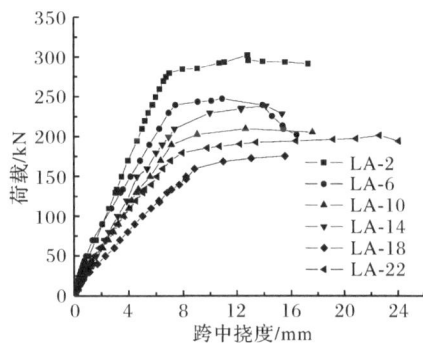

图 4-14　部分 2φ20mm 试件荷载-挠度曲线

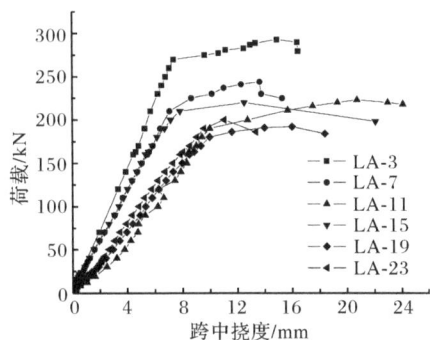

图 4-15　2φ22mm 试件荷载-挠度曲线

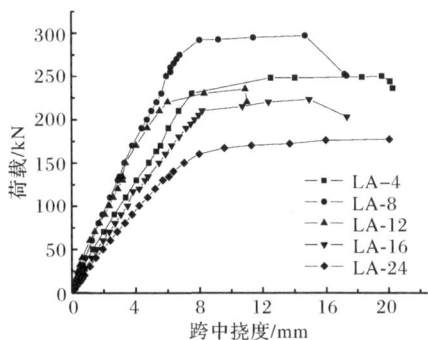

图 4-16　其他 2φ20mm 试件荷载-挠度曲线

图 4-17　破坏形态为混凝土压碎　　　　图 4-18　破坏形态为裂缝宽度超过 1.5mm

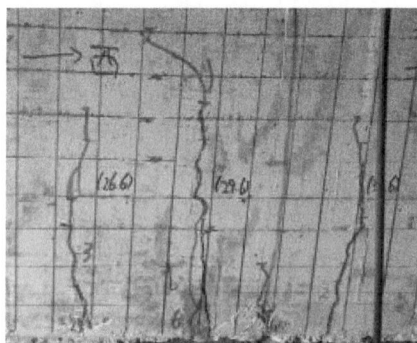

　　锈蚀率较小,未出现锈胀裂缝的试件的受力破坏过程与未锈蚀的受弯构件较为相似,表明钢筋锈蚀但未达到出现锈胀裂缝时,受弯构件带裂缝工作阶段的受力性能稳定。钢筋锈蚀率较大的试件,沿主筋的方向出现了纵向锈胀裂缝,受锈胀裂缝影响试件的受力特征与未出现锈胀裂缝的试件产生明显不同。锈胀裂缝的存在显著削弱了混凝土的整体性,氯离子也降低了混凝土的抗拉强度,因此试件的开裂荷载明显降低,并且裂缝一出现即有一定高度,部分甚至达到锈胀裂缝处;继续加载时,部分发展至锈胀裂缝高度的竖向裂缝,并未越过锈胀裂缝继续向上发展,而是在错开原裂缝位置 4～8cm 处再向受压区发展。随着锈蚀率的增大,斜裂缝位置呈现出比未锈胀开裂的试件更加靠近跨中的趋势;锈裂试件的钢筋截面、强度以及与混凝土的黏结均有较大损失,在相同荷载作用下,试件的裂缝宽度大于未锈裂试件的裂缝宽度,破坏荷载也显著低于未锈裂试件。

　　2) 承载性能分析

　　已有的研究成果表明,钢筋锈蚀使钢筋截面面积减小,削弱钢筋与混凝土间的黏结,锈胀裂缝的出现和发展还将破坏结构截面的整体性,从而对结构的承载能力产生显著影响。本节试验针对 3 种较为常用直径的钢筋进行了不同程度的锈蚀,以考察钢筋锈蚀率对试件承载能力的影响。

　　图 4-19～图 4-21 描述了相同配筋的试件随锈蚀率的不同屈服荷载和极限荷载的分布情况,结合这些图形以及图 4-13～图 4-16 的荷载-挠度曲线可以看出,钢筋锈蚀对受弯构件的承载能力产生了显著影响。虽然由于钢筋锈蚀程度、分布等因素自身的随机性以及对承载力影响的离散性,对应锈蚀率的承载力分布未表现出完全的规律性,但随着锈蚀率的增大,试件的屈服荷载、极限荷载仍然呈现较为明显的下降趋势。钢筋直径相同的条件下,未锈蚀的对比试件的承载能力显著高于经过快速锈蚀的试件,而随着锈蚀率的增大,锈蚀试件的屈服荷载与极限荷载明显减小,表现为试件的荷载-挠度曲线随着锈蚀率的增大而呈现出较为规律的从高到低的排列。

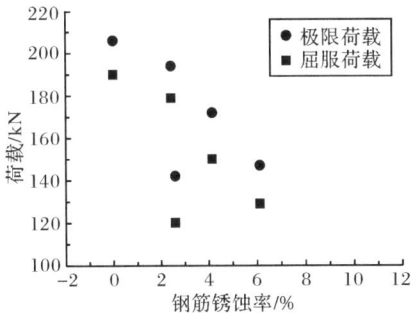

图 4-19　2ϕ18mm 配筋试件荷载锈蚀率分布

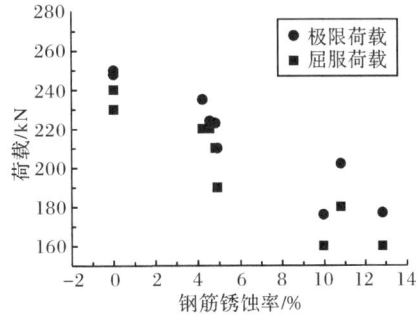

图 4-20　2ϕ20mm 配筋试件荷载锈蚀率分布

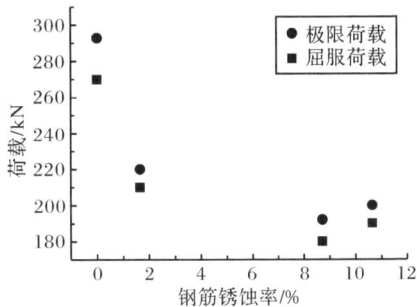

图 4-21　2ϕ22mm 配筋试件荷载锈蚀率分布

　　本节试验同时希望考察锈蚀率相近的条件下不同直径配筋的受弯构件受力性能的影响,但锈蚀过程中干扰因素影响较大,因此锈蚀率相近的不同配筋试件数量较少,表 4-10 列出了锈蚀率分布于 4.15%～4.90%,配筋分别为 2ϕ18mm、2ϕ20mm 的 5 根试件的承载能力数据。从试验结果来看,锈蚀率相近时不同配筋的受弯构件承载能力的下降幅度较为接近,5 根试件的屈服荷载下降幅度分布于14.1%～25.9%,极限荷载下降幅度分布于 14.4%～23.5%,并且承载力降低表现出了与锈蚀率较为吻合的趋势。但直径较小钢筋的锈蚀似乎对受弯构件的承载能力影响更大,配筋 2ϕ18mm 的试件锈蚀率较所有配筋 2ϕ20mm 的试件为小,但屈服荷载与极限荷载的下降幅度却最大。

　　3) 变形协调性调查

　　钢筋锈蚀后在表面形成一层锈蚀物,已有的研究表明,锈蚀率较大时结构松散的锈蚀物削弱了钢筋与结构混凝土之间的黏结,破坏了截面的整体工作性能,从而减小了结构的承载能力与刚度。图 4-22～图 4-25 描绘了本节试验中部分试件的截面混凝土应变与钢筋应变的分布,以调查钢筋锈蚀对钢筋与混凝土之间变形协调性的影响,图中 P_y 代表试件钢筋屈服时的荷载。

表 4-10　锈蚀率相近的不同配筋试件承载能力降低

试件编号	纵向钢筋/mm	锈蚀率/%	屈服荷载/kN	屈服荷载/对比试件屈服荷载/%	极限荷载/kN	极限荷载/对比试件极限荷载/%
LA-13	2φ18	4.15	150	78.9	172	83.5
LA-10	2φ20	4.90	190	74.1	210	76.5
LA-12	2φ20	4.21	220	85.9	235	85.6
LA-16	2φ20	4.81	210	82.0	223	81.2
LA-20	2φ20	4.55	220	85.9	224	81.6

　　注:本节试验中存在多根配筋 2φ20mm 的未锈蚀对比试件,因此该种配筋的对比试件荷载为多根试件的相应荷载平均值。由于保护层厚度最大相差为 10mm,而对比试件中有多种保护层厚度,因此该表中未考虑保护层厚度对承载力的影响。

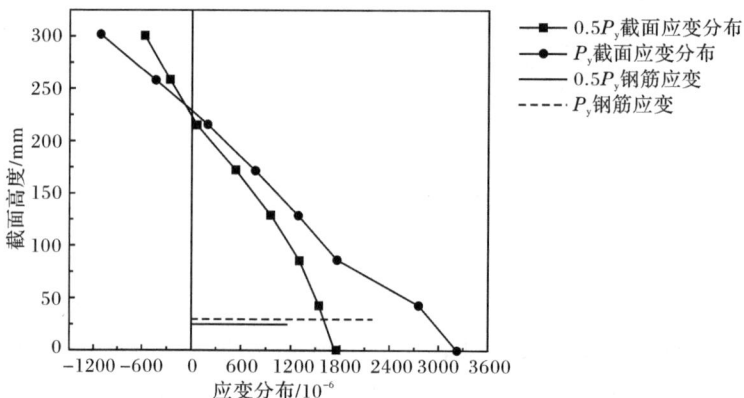

图 4-22　螺纹钢筋试件 LA-12(ρ_q=4.21%)

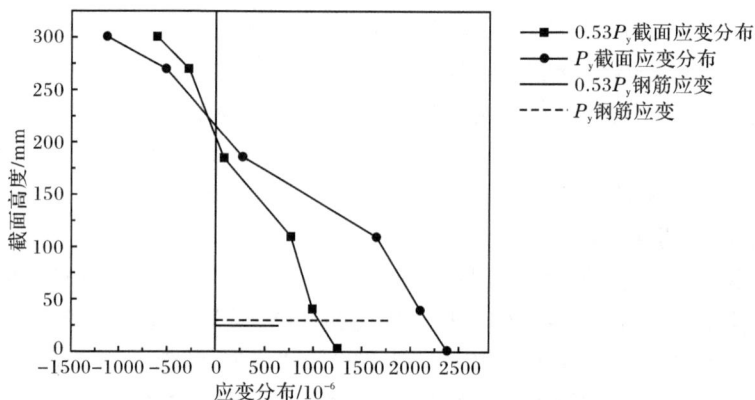

图 4-23　螺纹钢筋试件 LA-13(ρ_q=4.15%)

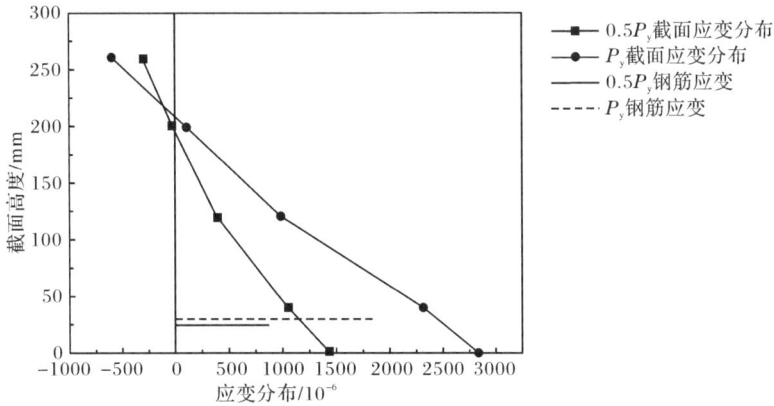

图 4-24　螺纹钢筋试件 LA-18(ρ_q＝9.95％)

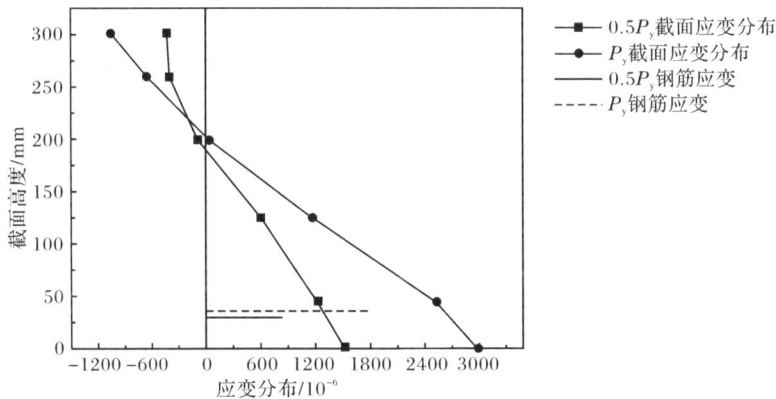

图 4-25　螺纹钢筋试件 LA-22(ρ_q＝10.79％)

　　从这些图形可以看出,钢筋锈蚀达到一定程度时的确对钢筋与混凝土之间的黏结产生了显著影响。钢筋锈蚀后随着荷载的增加,截面的混凝土平均应变基本符合平截面假定,但钢筋应变明显小于相同位置处的混凝土应变,并且这一差距随着应变的发展逐渐增大,钢筋屈服时的应变差距大于 0.5 倍屈服荷载时的差值。结果表明,钢筋锈蚀率达到一定程度时钢筋与混凝土之间的变形协调不成立,锈蚀受弯构件的受力性能由完整黏结构件逐渐向局部黏结甚至无黏结构件转变,受此影响构件的截面性能包括弯曲刚度、混凝土压应变等都将产生变化,传统的平截面假定将不能应用于建立构件截面的几何变形协调等式。

　　4）截面性能分析

　　本节定义荷载与挠度的比值为试件的变形刚度,表 4-11 列出了所有锈蚀试件与部分对比试件的开裂至钢筋屈服阶段的变形刚度。从试验结果可以看到,相同配筋试件的抗弯刚度基本随锈蚀率增大而降低,考虑到不同试件保护层厚度的差别对试件刚度的影响,这一趋势吻合得更加明显。前述试验结果已经表明锈蚀后钢筋与混凝土的变形协调丧失,产生相同的变形时钢筋的应变增长低于未锈蚀构件,提供的拉应力相应降低,则对应的外荷载显著小于未锈蚀构件。

表 4-11　试件变形刚度分析

2φ18mm 配筋试件			2φ20mm 配筋试件			2φ22mm 配筋试件		
试件编号	锈蚀率/%	屈服前刚度/(kN/mm)	试件编号	锈蚀率/%	屈服前刚度/(kN/mm)	试件编号	锈蚀率/%	屈服前刚度/(kN/mm)
LA-5	0	25.85	LA-4	0	30.30	LA-3	0	36.2
LA-13	4.15	23.91	LA-10	4.90	26.63	LA-7	0	29.25
LA-17	6.12	19.10	LA-14	0	29.08	LA-15	1.65	28.06
LA-21	12.97	9.89	LA-16	4.81	25.75	LA-19	8.70	19.10
			LA-18	9.95	17.23	LA-23	10.63	20.95
			LA-22	10.79	22.62			
			LA-24	12.83	22.06			

从锈蚀试件承载能力的讨论可知,锈蚀率增大时试件的屈服荷载随之减小。从理论上分析,钢筋因为锈蚀而截面面积减小,则相同配筋的试件钢筋屈服时对应混凝土压应变将随之降低,也即截面的屈服曲率将减小,钢筋屈服时的试件变形降低。但从表 4-12 列出的试件屈服挠度与锈蚀率的对应关系以及荷载-挠度曲线中可以较为清晰地看到,锈蚀试件在屈服荷载降低的同时,屈服时的挠度却在逐渐增大。这一现象表明钢筋与试件混凝土之间的相对滑移对试件变形产生了显著的影响,也从另一方面证明随着锈蚀率增大试件的弯曲变形不再符合平截面假定。

表 4-12　试件屈服挠度分析

2φ18mm 配筋试件			2φ20mm 配筋试件			2φ22mm 配筋试件		
试件编号	锈蚀率/%	屈服挠度/mm	试件编号	锈蚀率/%	屈服挠度/mm	试件编号	锈蚀率/%	屈服挠度/mm
对比试件	0	7.230	对比试件	0	7.348	对比试件	0	7.190
LA-13	4.15	7.180	LA-10	4.90	7.170	LA-15	1.65	7.795
LA-17	6.12	7.335	LA-14	0	7.390	LA-19	8.70	9.935
LA-21	12.97	9.373	LA-16	4.81	8.180	LA-23	10.63	9.535
			LA-18	9.95	8.870			
			LA-22	10.79	7.960			
			LA-24	12.83	7.985			

注:表中所列的对比试件挠度为所有未锈蚀试件屈服挠度的平均值。

表 4-13 列出了试件钢筋屈服时的受压区边缘混凝土的平均应变,由前述分析可知,钢筋锈蚀引起的截面面积减小将使屈服时的混凝土应变降低,但钢筋与混凝土黏结的削弱将使截面的中和轴上升,受压区面积减小,从而使混凝土的边缘压应变增大。从试验结果来看,两方面因素共同作用的结果是锈蚀试件的屈服混凝土压应变与未锈蚀试件相差很小,但总体趋势为锈蚀试件的混凝土压应变略小一点,考虑到锈蚀试件黏结的削弱致使混凝土压应变的分布呈现更显著的不均匀性,实际破坏截面的压应变应显著大于平均压应变,因此可以认为屈服荷载作用下锈蚀试件的混凝土压应变与未锈蚀试件基本相等,钢筋锈蚀对混凝土压应变的两方面作用所产生的影响基本相当。

表 4-13　钢筋屈服时混凝土应变调查

2ϕ18mm 配筋试件			2ϕ20mm 配筋试件			2ϕ22mm 配筋试件		
试件编号	锈蚀率/%	ε_{cy}/10^{-6}	试件编号	锈蚀率/%	ε_{cy}/10^{-6}	试件编号	锈蚀率/%	ε_{cy}/10^{-6}
对比试件	0	1095	对比试件	0	1260	对比试件	0	1249
LA-13	4.15	1129	LA-10	4.90	1180	LA-15	1.65	1434
LA-17	6.12	1022	LA-12	4.21	1200	LA-19	8.70	1084
LA-21	12.97	1086	LA-16	4.81	1345			
			LA-18	9.95	1019			
			LA-22	10.79	1031			
			LA-24	12.83	1055			

注:ε_{cy}为受拉钢筋屈服时的混凝土受压区边缘压应变。

表 4-14 列出了部分锈蚀率相近的试件截面各性能的比较,表中试件的锈蚀率分布于 4.15%～4.90%。可以看到,相近锈蚀率作用下,配筋 2ϕ18mm 的试件变形刚度小于配筋 2ϕ20mm 试件,与未锈蚀构件的相应性能相吻合,但配筋较小试件的变形刚度下降值小于配筋较大试件,表明配筋较大试件的黏结退化或锈蚀不均匀程度大于配筋较小试件。配筋 2ϕ20mm 试件中 LA-20 的屈服挠度与配筋 2ϕ18mm 的 LA-13 非常接近,而 LA-16 则显著大于其他两根试件,考虑到 LA-16 的承载能力显著大于配筋相同的 LA-12,可以认为 LA-12 的黏结退化小于 LA-16,与 LA-13 相当,但钢筋名义抗拉强度的削弱则大于 LA-16,从屈服时的混凝土压应变可以看到 LA-12 明显小于 LA-16,从侧面证实了这一点。

表 4-14　锈蚀率相近的不同配筋试件承载能力降低

试件编号	纵向钢筋/mm	锈蚀率/%	变形刚度/(kN/mm)	与对比试件比值/%	屈服挠度/mm	与对比试件比值/%	屈服时混凝土应变	与对比试件比值/%
LA-13	2φ18	4.15	23.91	92.5	7.18	99.3	1129	103.1
LA-10	2φ20	4.90	26.63	87.9	7.17	97.6	1180	93.7
LA-16	2φ20	4.81	25.75	85.0	8.18	111.3	1345	106.7

4.2　RC梁桥承载力计算

4.2.1　不同锈蚀程度梁的抗弯承载力变化规律

定义抗弯承载力比值函数：

$$W = \frac{M_u}{M_t} \tag{4-1}$$

式中，M_u 为极限抗弯承载力试验值；M_t 为未锈蚀构件极限抗弯承载力计算值。

结合试验数据，图 4-26、图 4-27 分别给出了直径 $D=20\text{mm}$ 和直径 $D=22\text{mm}$ 的螺纹钢筋和光圆钢筋的比值 W 和锈蚀率 η 的关系图。

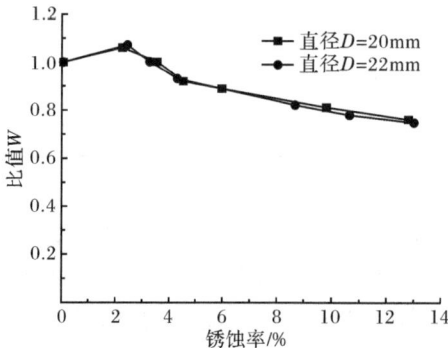

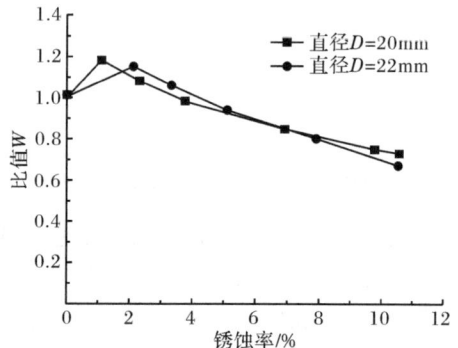

图 4-26　螺纹钢筋梁　　　　　图 4-27　光圆钢筋梁

对图 4-26、图 4-27 的分析可得：当锈蚀率小于 2%～3.5% 时，钢筋锈胀使钢筋与混凝土之间的黏结强度增大，W 有所增大，即抗弯承载力略有提高；光圆钢筋梁承载力提高幅度比螺纹钢筋梁大（光圆钢筋梁最大提高 15%～20%，螺纹钢筋最大提高 5%～10%），原因在于黏结机理的不同，光圆钢筋梁黏结力主要来源于钢筋与混凝土之间的摩阻力，钢筋的轻微锈蚀使体积增大，对混凝土产生挤压作用，从而增大了钢筋和混凝土之间的黏结力，因此承载力的提高较为明显，而螺纹钢筋梁黏结力主要来源于肋与混凝土之间的机械咬合力,钢筋与混凝土之间的摩阻力只占次要地位,因此,黏结强度提高幅度要小于光圆钢筋梁;随着锈蚀率的增大,光圆钢筋梁和螺纹钢筋梁承载力下降的速度也有所不同,光圆钢筋梁的下降较为均匀,而对于螺纹钢筋梁,从图 4-26 和图 4-27 可以看出,锈蚀率在 3.5% ～ 4.5% 这个阶段,承载力下降速率较大,原因在于此阶段螺纹钢筋的肋纹慢慢锈平,因此对黏结强度影响较大,从而导致承载力急剧下降;对于螺纹钢筋梁和光圆钢筋梁,直径 $D=22\text{mm}$ 的梁比直径 $D=20\text{mm}$ 的梁承载力下降速率大,即随着锈蚀的发生,钢筋直径越大,对抗弯承载力的影响越大。

4.2.2　正截面抗弯承载力计算方法分析

1. 钢筋和混凝土应变关系

为了表示钢筋和混凝土的应变关系,定义应变协调函数:

$$\phi(\eta)=\varepsilon_{cs}/\varepsilon_s \tag{4-2}$$

式中,ε_{cs} 为钢筋处混凝土的应变;ε_s 为钢筋应变;η 为钢筋锈蚀率。

分别将试验得到的不同锈蚀率的螺纹和光圆钢筋梁在极限弯矩作用下跨中截面处的 $\phi(\eta)$ 值绘制成散点图(图 4-28、图 4-29)。分别采用线形回归、抛物线拟合和一阶指数拟合对散点进行回归分析,通过回归曲线与散点的相关系数的比较最终确定采用一阶指数增长模式。螺纹钢筋拟合曲线如下:

$$\begin{cases} \text{线形回归,} & \phi(\eta)=1.073+0.209\eta, & \text{相关系数 } R=0.9118 \\ \text{抛物线拟合,} & \phi(\eta)=1.319+0.11\eta+0.007\eta^2, & \text{相关系数 } R=0.9183 \\ \text{一阶指数拟合,} & \phi(\eta)=0.474+0.924e^{\frac{\eta}{9.679}}, & \text{相关系数 } R=0.9312 \end{cases}$$

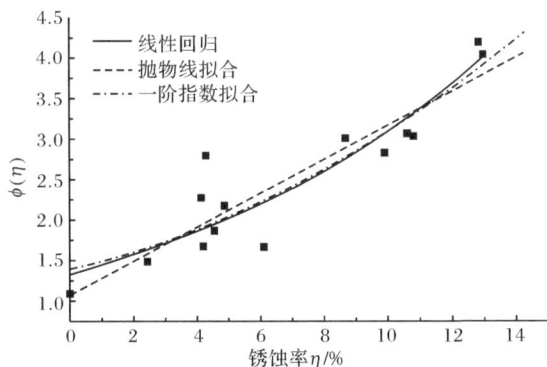

图 4-28　螺纹钢筋梁 $\phi(\eta)$-η 曲线

光圆钢筋拟合曲线如下:

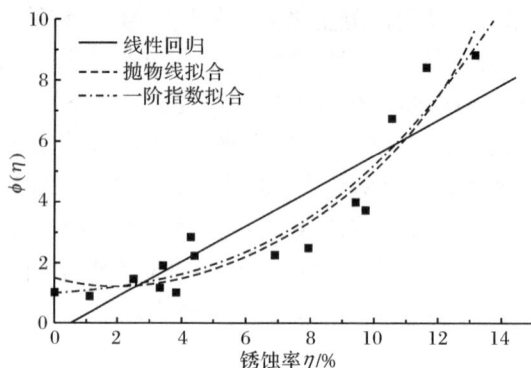

图 4-29　光圆钢筋梁 $\phi(\eta)$-η 曲线

$$
\left\{
\begin{array}{lll}
\text{线形回归,} & \phi(\eta)=-0.322+0.587\eta, & \text{相关系数 } R=0.8925 \\
\text{抛物线拟合,} & \phi(\eta)=1.489-0.266\eta+0.065\eta^2, & \text{相关系数 } R=0.9541 \\
\text{一阶指数拟合,} & \phi(\eta)=0.486+0.49e^{\frac{\eta}{4.488}}, & \text{相关系数 } R=0.9575
\end{array}
\right.
$$

2. 受压区高度计算

已有研究表明选择哪种混凝土受压本构关系曲线对承载能力的影响均较小，而只是对其挠度有较大影响[6~8]。选用二次抛物线加直线的应力-应变关系，计算简图如图 4-30 所示。图中 x 为矩形应力图受压区的高度，x_c 为曲线应力图混凝土受压区高度，ξ_c 为相对受压高度，h_0 为截面的有效高度，β 为矩形应力图高度系数，b 为矩形截面梁宽，y_c 为受压区混凝土合力作用点到截面边缘的距离，y_0 为混凝土峰值应变点到中和轴的距离，引入无量纲参数 β、γ，用等效矩形的混凝土压力图来代替实际的混凝土压力分布图形[9~11]，其中 $\beta=x/x_c$；γ 为矩形分布应力与受压区最大应力 σ_0 的比值，即 $\gamma\sigma_0=f_{cd}$，f_{cd} 为混凝土轴心抗压强度试验值，β 取 0.9，混凝土峰值应变 ε_0 取 0.002，极限应变 ε_{cu} 取 0.0033。

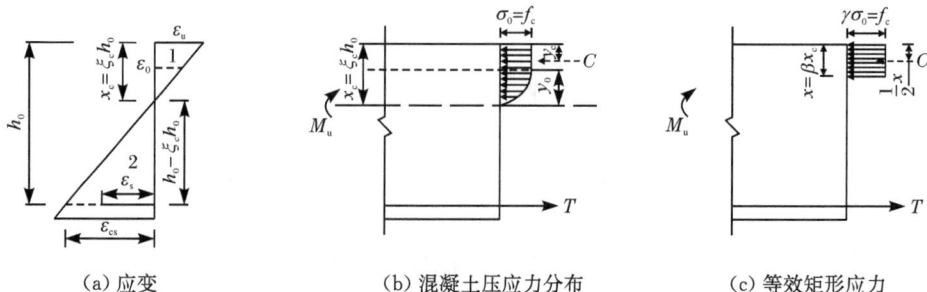

（a）应变　　　　　（b）混凝土压应力分布　　　　　（c）等效矩形应力

图 4-30　承载力计算简图

由此可得受压区混凝土的合力 C 为

$$C = \gamma_{\sigma_0} bx = f_{cd} bx \qquad (4\text{-}3)$$

锈后钢筋的截面面积 $A'_s = (1-\eta)A_s$，A_s 为纵向受拉钢筋锈蚀前的截面面积，钢筋合拉力 T 为

$$T = A'_s E_s \varepsilon_s = (1-\eta_s) A_s E_s \varepsilon_s \qquad (4\text{-}4)$$

式中，E_s 为受拉钢筋弹性模量。

根据平截面假定，可以得到

$$\frac{\varepsilon_{cu}}{\varepsilon_{cs}} = \frac{x_c}{h_0 - x_c} = \frac{\varepsilon_{cu}}{\phi(\eta)\varepsilon_s} \qquad (4\text{-}5)$$

将式(4-5)确定的 ε_s 代入钢筋拉力 T，再根据 $\beta = x/x_c$，$C = T$，就可得到计算受压区高度 x 的表达式：

$$f_{cd} b \phi(\eta) x^2 + (1-\eta_s) A_s E_s x - (1-\eta_s) A_s E_s \beta \varepsilon_{cu} h_0 = 0 \qquad (4\text{-}6)$$

3. 抗弯承载力公式及验证[12]

对于锈蚀钢筋混凝土矩形截面梁，随着锈蚀率的增长，一方面由于主筋截面的削弱和屈服强度的降低可能发生类似少筋构件的锈蚀少筋梁破坏，而另一方面由于黏结滑移的增大，钢筋应变分布趋于均匀，可能发生混凝土达到极限压应变而钢筋尚未屈服的锈蚀超筋梁破坏。由图 3-28 和图 3-29 可以看出，钢筋锈蚀对钢筋屈服强度的影响较小，但对钢筋应变的影响较大(呈指数对应关系)，即钢筋锈蚀时钢筋应变减小的影响占据主导地位，发生少筋梁的可能性很小。而对于适筋梁破坏和锈蚀超筋梁破坏，共同特点是受压区混凝土都达到极限压应变，而在式(4-6)对计算受压区高度的推导过程中，无论受拉钢筋的状态如何(屈服或尚未屈服)，只要混凝土达到极限压应变，公式都是成立的。因此式(4-6)对于适筋梁和锈蚀超筋梁都适用。得到计算受压区高度后，根据式(4-4)~式(4-6)，可以计算出极限弯矩状态下钢筋的应变值 ε_s，将 ε_s 与锈蚀钢筋屈服时的应变 f'_y/E_s 进行比较，$\varepsilon_s \geq f'_y/E_s$ 为适筋梁破坏，反之为锈蚀超筋梁破坏。

由式(4-6)得到锈蚀梁的计算受压区高度后，计算并判断钢筋是否屈服，如果混凝土压碎时钢筋已屈服，则需将钢筋屈服强度提供的合拉力代入式(4-6)重新计算受压区高度，然后对受压区混凝土合力 C 作用点取力矩，可得到计算截面的极限抗弯承载力 M_u

$$M_u = T(h_0 - x) \qquad (4\text{-}7)$$

$$T = (1-\eta_s) A_s f_y \qquad (4\text{-}8)$$

若为锈蚀超筋梁破坏，则根据由第一次计算得到的受压区高度对受拉钢筋合力 T 取力矩(发生锈蚀超筋梁破坏时不可对受压区混凝土合力 C 作用点取力矩，因为此时钢筋拉力 T 未知)计算 M_u。

$$M_u = f_{cd}bx\left(h_0 - \frac{x}{2}\right) \tag{4-9}$$

分别将部分锈蚀梁(14 片螺纹钢筋梁和 18 片光圆钢筋梁)的承载力计算值 M_j 和试验值 M_s 进行比较(表 4-15),对于螺纹钢筋梁,$n=14, \mu=1.05286, \sigma=0.09745$;对于光圆钢筋梁 $n=18, \mu=1.05611, \sigma=0.09932$。由此可见,本章提出的锈蚀钢筋混凝土梁的抗弯承载力计算模型与快速锈蚀构件的试验结果较为吻合。

表 4-15　承载力计算值与试验值的对比

螺纹钢筋梁				光圆钢筋梁			
编号	锈蚀率/%	M_j/kN	M_s/kN	M_j/M_s	编号	锈蚀率/%	M_j/kN	M_s/kN	M_j/M_s
LA-9	2.43	57.24	59.3	0.97	LB-6	1.11	59.70	57.40	1.04
LA-10	4.90	68.38	73.5	0.93	LB-7	3.44	82.79	75.95	1.09
LA-12	4.21	85.44	82.3	1.04	LB-9	3.32	41.45	44.10	0.94
LA-13	4.15	65.73	58.1	1.13	LB-10	3.84	50.11	48.65	1.03
LA-15	4.29	84.66	77.0	1.10	LB-11	4.41	63.15	65.10	0.97
LA-16	4.81	73.16	78.05	0.94	LB-12	2.52	63.11	56.35	1.12
LA-17	6.12	56.17	51.1	1.10	LB-13	4.29	42.23	44.45	0.95
LA-18	9.95	68.28	63.0	1.08	LB-14	6.92	48.23	45.50	1.06
LA-19	8.70	66.01	67.2	0.98	LB-15	7.94	73.03	68.25	1.07
LA-20	4.55	71.27	78.4	0.91	LB-16	9.70	53.17	54.25	0.98
LA-21	12.97	55.55	48.7	1.14	LB-17	3.53	50.24	50.75	0.99
LA-22	10.79	75.33	69.0	1.09	LB-18	9.42	49.62	48.65	1.02
LA-23	10.63	81.3	70.0	1.16	LB-19	15.38	59.92	56.00	1.07
LA-24	12.83	71.26	61.1	1.17	LB-20	9.81	47.04	42.00	1.12
					LB-21	20.60	22.45	18.55	1.21
					LB-22	10.58	44.29	38.85	1.14
					LB-23	11.61	61.94	55.30	1.12
					LB-24	13.14	38.15	35.00	1.09

通过 48 片室内快速锈蚀的钢筋混凝土矩形梁的抗弯试验,得到了不同锈蚀率下,锈蚀钢筋混凝土矩形截面梁极限抗弯承载力的变化规律;通过对应变数据的分析,论证了锈蚀构件钢筋和混凝土的应变不再符合平截面假定的结论,并通过回归分析得出了不同锈蚀率的螺纹钢筋梁和光圆钢筋梁在极限弯矩作用下,跨中截面处钢筋应变和钢筋处混凝土应变的关系。

通过构造新的几何关系,得出了锈蚀钢筋混凝土矩形截面梁计算受压区高度的表达式,结合锈蚀对钢筋屈服强度和钢筋应变的影响,得出锈蚀条件下钢筋应变变化对构件性能的影响占主导地位,因此锈蚀钢筋混凝土矩形梁发生少筋梁破坏的可能性不大,指出了适筋梁破坏和超筋梁破坏的判别方法,并分别给出了适筋梁和超筋梁的正截面受弯极限弯矩的计算方法,结合试验数据对公式进行验证。

由于应变数据全部来源于试验,本章得到的钢筋应变和钢筋处混凝土的应变关系有一定的局限性,是否普遍适用于实际工程还值得探讨,并且随着锈蚀率的增大,锈蚀钢筋混凝土构件将发生黏结破坏,因此,对于锈蚀钢筋混凝土构件不同破坏形态的临界锈蚀率有待进一步研究。

参 考 文 献

[1] 袁迎曙,贾福萍,蔡跃. 锈蚀钢筋混凝土梁的结构性能退化模型. 土木工程学报,2001,34(3):47～52.

[2] 吴海军,陈艾荣. 桥梁结构耐久性设计方法研究. 中国公路学报,2004,17(3):57～61,67.

[3] 牛荻涛,翟彬,等. 锈蚀钢筋混凝土梁的承载力分析. 建筑结构,1999,29(8):23～25.

[4] 张建仁,王磊. 既有钢筋混凝土桥梁构件承载力估算方法. 中国公路学报,2006,19(2):49～55.

[5] 徐善华,曾柯,牛荻涛. 锈蚀钢筋混凝土受弯构件正截面承载力计算模型. 建筑结构,2006,36(10):79～81.

[6] Capozucca R,Cerri N M. Identification of damage in reinforced concrete beams subjected to corrosion. ACI Structural Journal,2000,97(6):902～909.

[7] 张建仁,李传习,王磊,等. 既有钢筋混凝土拱肋承载力测试与分析. 工程力学,2006,23(12):136～142.

[8] Mangat P S,Elgarf M S. Flexural strength of concrete beams with corroding reinforcement. ACI Structural Journal,1999,96(1):149～158.

[9] 过镇海,时旭东. 钢筋混凝土原理和分析. 北京:清华大学出版社,2003.

[10] 叶见曙. 结构设计原理. 北京:人民交通出版社,2005.

[11] 金伟良,赵羽习. 混凝土结构耐久性. 北京:科学出版社,2002.

[12] 张建仁,张克波,彭晖,等. 锈蚀钢筋混凝土矩形梁正截面抗弯承载力计算方法. 中国公路学报,2009,22(3):45～51.

第5章 实桥构件承载力试验与评估方法

5.1 实桥构件承载力试验研究

在我国已建成的桥梁中,钢筋混凝土桥梁占有很大的比重,这些桥梁在使用过程中,由于荷载与不良环境的共同作用,往往会出现不同程度的损伤,导致结构的承载能力下降、结构性能劣化、耐久性能降低,这都给桥梁的继续使用埋下隐患。因此,开展对既有桥梁承载能力评定的研究十分重要。既有桥梁的损伤存在复杂性和随机性,加大了对其承载能力的研究难度。针对既有桥梁承载能力的研究,通常是进行现场非破坏性试验,根据测出的结构反应参数,来预测桥梁的承载能力[1,2],但由于现场环境的复杂性,荷载也不可能达到破坏荷载,预测结果并不一定能完全反映实际情况,因而需对既有桥梁老化与损伤构件进行承载力试验研究,以较真实地反映其受力性能。本章结合实桥构件的承载力试验,对其承载力进行了评估。

5.1.1 梁桥构件试验

1. 试验背景

湖南省宁乡县境内的姜公桥建于 1967 年,为装配式简支梁桥。主梁为钢筋混凝土 Ⅱ 型(图 5-1、图 5-2)。梁长 $L=8.0\mathrm{m}$,宽 $b=1.05\mathrm{m}$,高 $h=0.66\mathrm{m}$,肋宽 $b_1=0.15\mathrm{m}$;混凝土 C30;主筋配置在梁肋下缘,采用 6 根三排直径分别为 $\phi22\mathrm{mm}$(中排)和 $\phi24\mathrm{mm}$ 的 Ⅰ 级光圆钢筋;$\phi8\mathrm{mm}$ 箍筋间距为 15cm。依据文献[3]对其检测评定分级后,认为该桥无维修利用价值,决定拆除。2003 年 12 月从原桥上选取三片梁运至长沙理工大学结构中心进行试验。

2. 加载方式与测点布置

为了模拟 Ⅱ 型简支梁的实际受力状态,采用特制的千斤顶-反力架系统加载,采用在 $L/3$、$2L/3$ 两处同步加载。每个加载点放置三个千斤顶。

为了减小加载过程中 Ⅱ 型简支梁、加载千斤顶、反力架接触处之间的摩擦,在千斤顶上放置一橡胶四氟板,板上再放置一不锈钢板。为了保证试验荷载的精度,试验前对同步加载系统进行了严格标定,并且在安装千斤顶和测力传感器时,严格注意千斤顶和传感器的轴线对中和正确操作油泵。加载系统如图 5-3 所示。

图 5-1　姜公桥 Ⅱ 型主梁

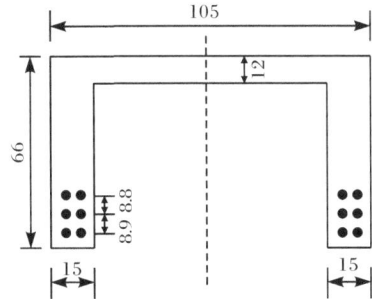

图 5-2　姜公桥主梁横截面(单位:cm)

图 5-3　Ⅱ 型简支梁加载系统

根据该试验的目的和要求,静载试验重点考虑了位移、应变、裂缝等参数的测试,通过对 Ⅱ 型简支梁的静载试验过程的全程监测,为加载方案的实施和现场调整提供参考,并达到获取极限荷载时的位移和应变等测试指标的目的。

为了研究试验规律,考察试验结果的重复性,试验的三片 Ⅱ 型简支梁的位移监测点各自采用相同的布置方案。每片 Ⅱ 型简支梁布置了 7 个竖向位移监测测点。考虑到 Ⅱ 型简支梁可能存在扭转情况,在跨中截面沿高度布置了 2 个横向位移的监测测点,在跨中截面另一侧也布置了 1 个竖向位移测点。位移测点布置如图 5-4(由于第一片 Ⅱ 型简支梁的扭转效果很小,因此在后续的两片 Ⅱ 型简支梁的试验时省略了跨中截面沿高度布置的 2 个横向位移的监测测点和跨中截面另一侧布置的 1 个竖向位移测点)所示。

Ⅱ 型简支梁在顶板宽度的中心沿其纵向布置了 16 个纵向应变测点,且取跨中截面作应变沿截面分布规律的监测,整个跨中截面共布置纵向应变测点 17 个,还在跨中位置的顶板处布置了 5 个横向应变测点,Ⅱ 型简支梁两侧的腹板外侧的每个端部布置了一个应变测点,两侧腹板的底部纯弯段共布置了 6 个纵向应变测点。Ⅱ 型简支梁的应变测点布置如图 5-5 所示。

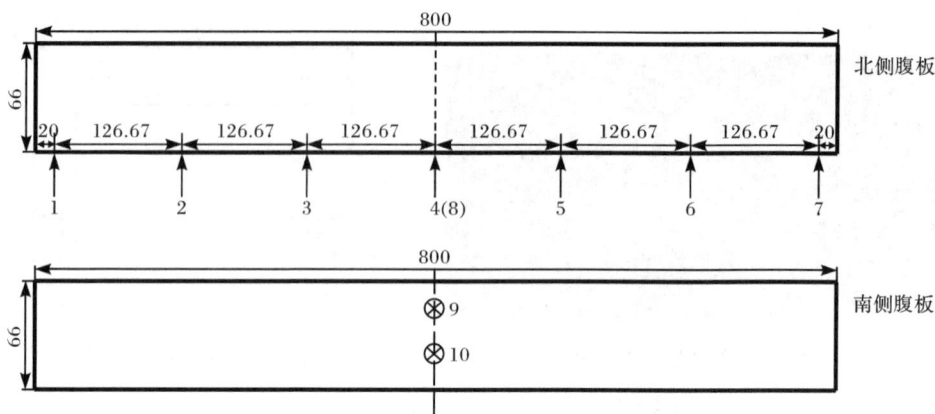

图 5-4　Ⅱ型简支梁位移测点布置图(单位:cm)

(　)内编号为对面腹板测点;⊗代表横向位移测点

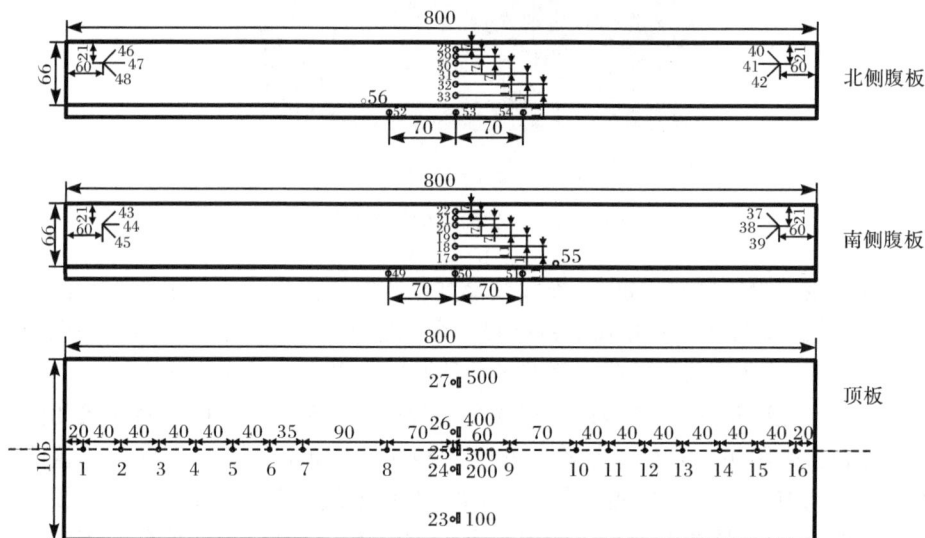

图 5-5　Ⅱ型简支梁应变测点布置图(单位:cm)

3. 试验结果

荷载-位移测试结果如图 5-6～图 5-8 所示。

应变(压应变为负,拉应变为正)测试结果如下:Ⅱ型简支梁各测试截面上缘测点在试验典型分级荷载作用下的应变分布如图 5-9～图 5-11 所示。由图可以看出,Ⅱ型简支梁各测试截面上缘测点在试验典型分级荷载作用下的应变分布基本符合完好简支梁理论分析结果,可推断梁的整体质量没有明显缺陷。

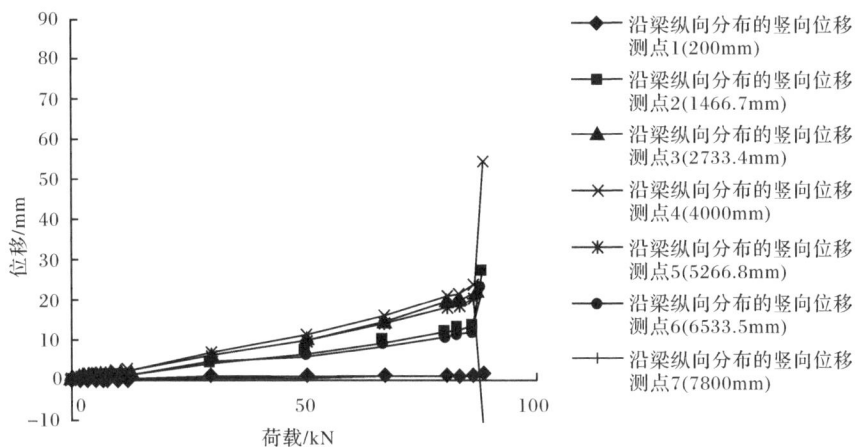

图 5-6　1 号梁竖向位移随荷载变化曲线

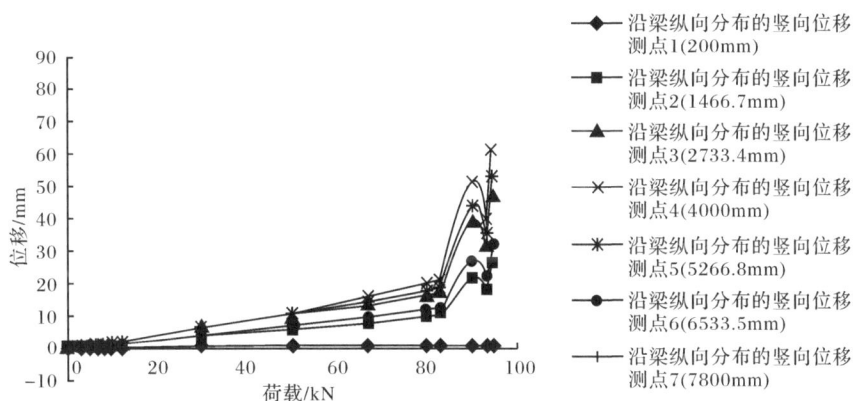

图 5-7　2 号梁竖向位移随荷载变化曲线

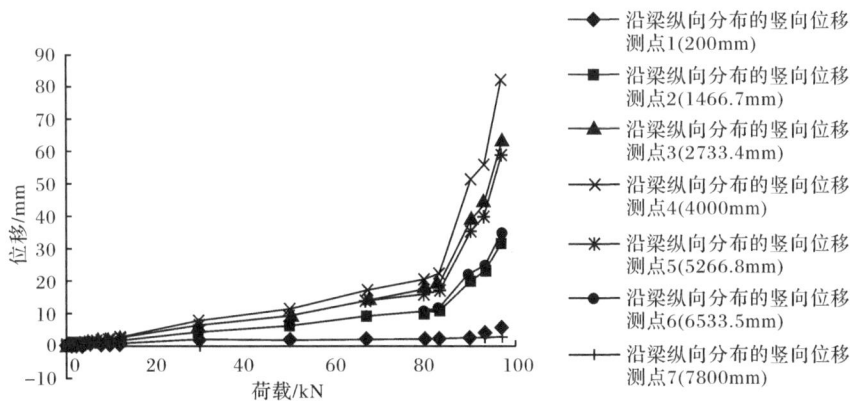

图 5-8　3 号梁竖向位移随荷载变化曲线

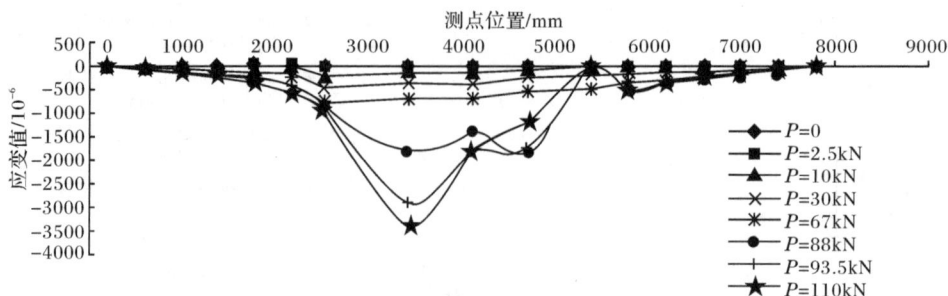

图 5-9　1 号梁顶板应变沿梁长分布

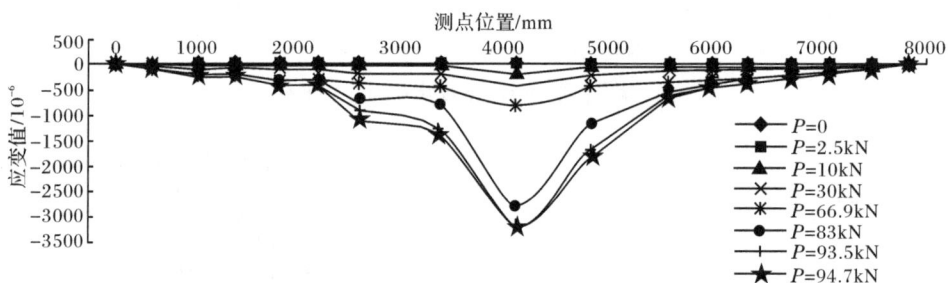

图 5-10　2 号梁顶板应变沿梁长分布

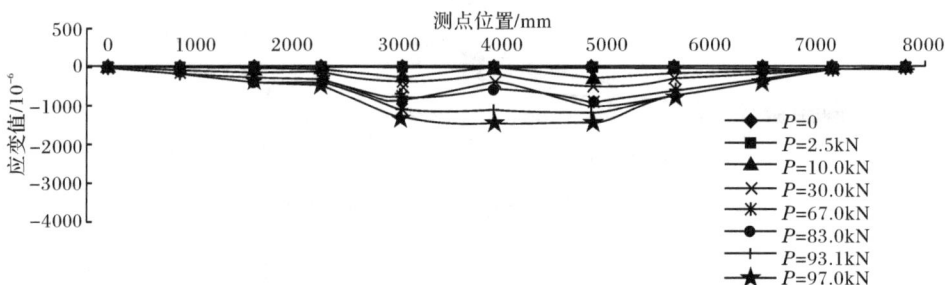

图 5-11　3 号梁顶板应变沿梁长分布

裂纹及破坏形态如下：

(1) Ⅱ型简支梁在加载到 7kN(单个千斤顶值)时开始出现新增裂缝,新增裂缝先在弯剪段附近出现,随后在纯弯段也出现裂缝,且开展速度快于弯剪段附近的裂缝。随着荷载的增加,裂缝不同程度都有延伸和加宽,接近破坏荷载时,在纯弯段两侧的腹板出现三条竖向主裂缝,对应位置的顶板出现横向裂缝,最后由于这些裂缝的延伸、加宽,最后连接贯通整个横截面而丧失承载力,破坏前,裂缝宽度超过了 10mm。

(2) 试验Ⅱ型简支梁破坏过程中主裂缝具有明显的延伸、加宽特征,因而可认为其符合适筋梁受弯破坏特点。由钢筋的应变测试结果发现,当荷载大于80kN后,一侧腹板底部的受拉钢筋出现明显的应变屈服现象,但对侧的钢筋均表现不突出,反映了两侧腹板的破坏程度有差异。如图 5-12～图 5-15 所示。

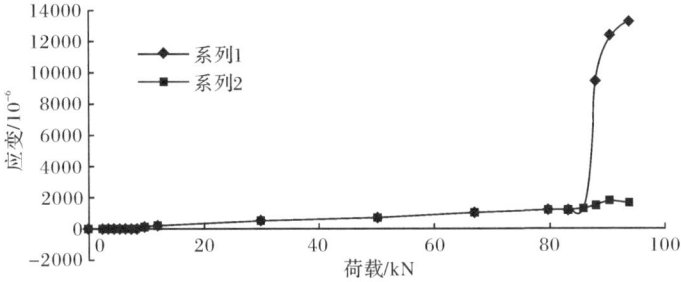

图 5-12　1 号梁腹板主钢筋应变曲线

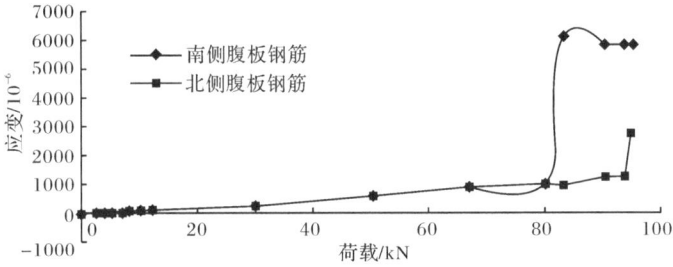

图 5-13　2 号梁腹板主钢筋应变曲线

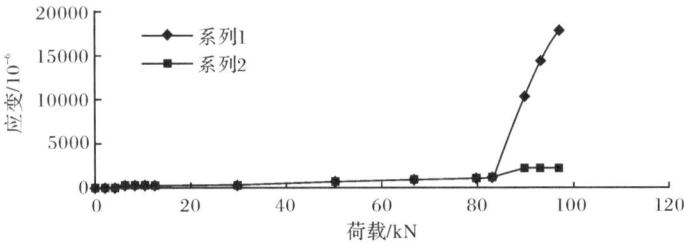

图 5-14　3 号梁腹板主钢筋应变曲线

(a) 1 号梁　　　　　　　　　　　　　(b) 2 号梁

图 5-15　Ⅱ型简支梁破坏

5.1.2 拱桥构件试验

1. 试验背景

北门桥位于湖南省道 1807 线常宁市北郊,为钢筋混凝土等截面悬链线双曲拱桥,桥孔布置为 3 孔,每孔净跨径 20000mm,净矢高 3150mm,其立面图如图5-16所示。主拱圈采用 C30 混凝土,箍筋采用 ϕ6mm 间距为 150mm,主筋为 Ⅱ 级 ϕ14mm 螺纹钢,横截面尺寸和钢筋布置如图 5-17 所示。

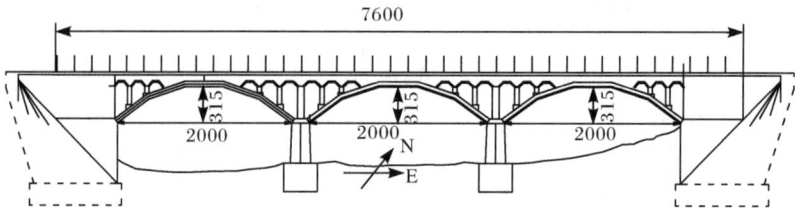

图 5-16 北门桥立面图(单位:cm)

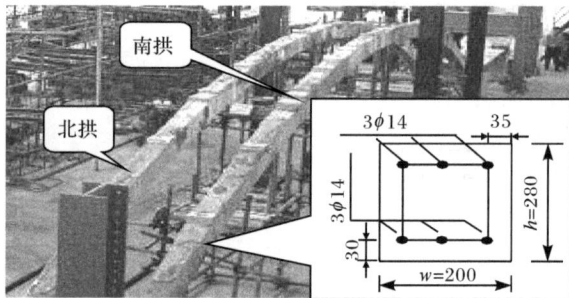

图 5-17 安装后的拱肋(单位:mm)
图左下为西拱脚,右上为东拱脚

北门桥建成于 1973 年,2002 年管理部门组织相关单位对其进行全面的检测,发现一些拱肋上的混凝土已经剥落,部分位置钢筋锈蚀较为严重,且混凝土强度不能满足目前的要求,无维修和利用价值,决定拆除。为了研究既有钢筋混凝土拱肋的力学性能,测试其残余承载能力,在将原桥拆除后,从中选取两片外观较好的拱肋运至结构实验室,通过自制钢拱座(图 5-18)固结于地面,安装就位后,两拱无任何联系,拱内也无竖向吊杆,其中一个被称为北拱,另一个被称为南拱(图 5-17),进行试验研究。

图 5-18　钢拱座

2. 加载方式和测点布置

为了全面考察既有钢筋混凝土拱肋在加载各阶段的荷载效应,采用油泵带动千斤顶和反力架组成联合加载系统,在 $L/4$、$L/2$ 和 $3L/4$(L 为跨径如图 5-19 所示)三点同时加载。为确保安装仪器的工作正常性,防止应变片测得的应变延迟,在正式荷载试验前,先进行预加载试验。预加载结束后,若仪器工作正常,则正式开始荷载试验。根据两个拱肋的极限承载能力计算值,荷载从 0 到极限承载能力分级进行。在每级荷载拱肋的应变和各个方向的位移都由自动采集系统测量。为考察和对比不同损伤程度下两拱肋力学行为,两拱肋应变测点和位移测点布置相同,如图 5-19 和图 5-20 所示。

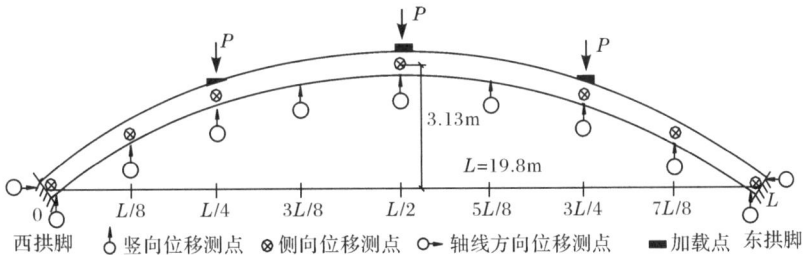

图 5-19　位移测点和加载点布置

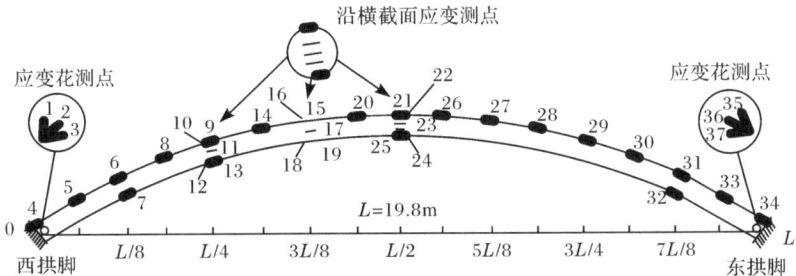

图 5-20　应变测点布置

3. 测试结果

以向下为竖向位移正方向进行描述。如图 5-21 和图 5-22 所示,两个拱肋加载后的位移变化趋势基本相同;在 $L/4$ 和 $3L/4$ 加载点处位移变化缓慢;而另一个加载点拱顶处位移向下,且随着荷载变化很快;两拱竖向位移都存在轻微的不对称性,由于 $L/8$ 附近两拱初始裂缝较多,该处位移较 $7L/8$ 处位移大,但都为负值。

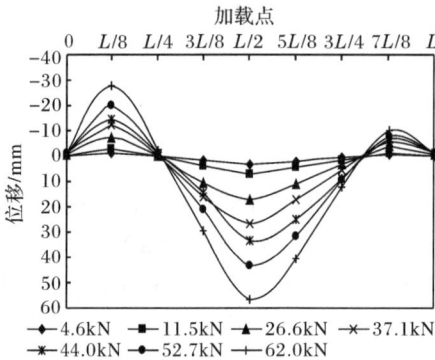

图 5-21　北拱竖向位移

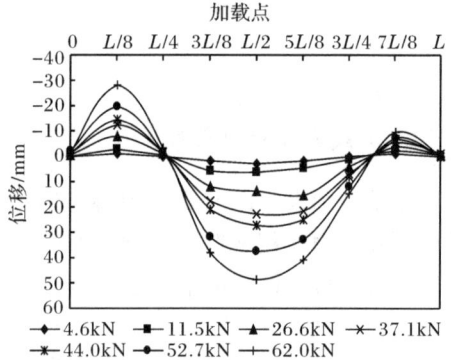

图 5-22　南拱竖向位移

如图 5-23 所示,在拱肋 $L/8$ 和 $7L/8$ 处,由于混凝土应力-应变关系在这个阶段仍为线性,当荷载大约小于极限荷载的 70% 时,荷载和竖向位移近似呈线性关系。

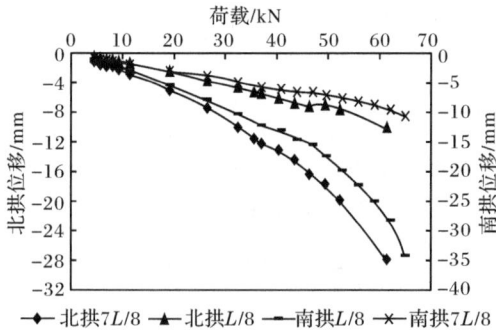

图 5-23　拱肋 $L/8$ 和 $7L/8$ 处荷载-位移关系

本章以向北(图 5-17 左侧)作为侧向位移的正方向来加以阐述。如图 5-24 和图 5-25 所示,北拱的侧向位移呈"S"型,南拱的侧向位移呈双"S"型,同加载前的拱轴线的水平投影形状相同。

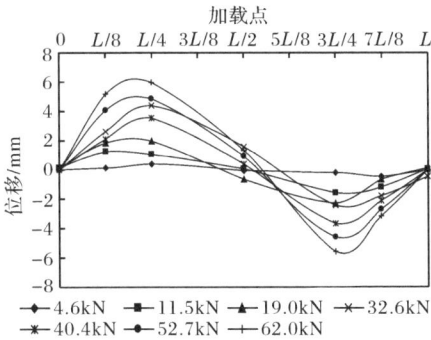

图 5-24　北拱侧向位移

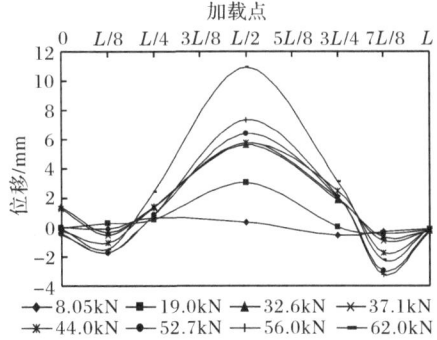

图 5-25　南拱侧向位移

以拉应变为正,两拱肋上缘应变变化如图 5-26 和图 5-27 所示。在 $L/8$ 附近拉应变较 $7L/8$ 附近拉应变大,这一点也同竖向位移相似,其他位置均为压应变。混凝土中拉应变实际上应该很小,但裂缝的出现使测量值很大,这一点在图 5-27 中也有体现,在 $L/8$ 处当荷载达到 26.6kN 时,由于裂缝的出现,使应变的实测值发生突变。在拱顶处应变变化如图 5-28 和图 5-29 所示。上缘为压应变和下缘为拉应变,压应变的值稍大于拉应变;在横截面的中心,应变很小几乎为 0。

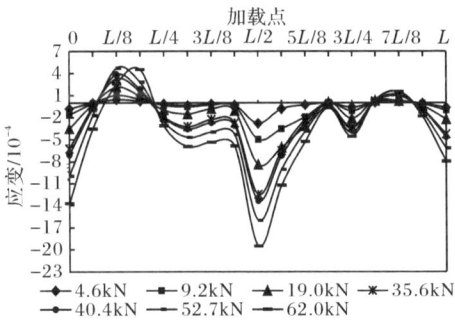

图 5-26　北拱上缘应变

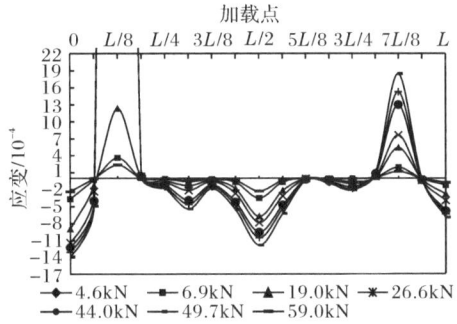

图 5-27　南拱上缘应变

两拱 $L/8$、$7L/8$ 和拱脚处上缘应变变化如图 5-30 所示。北拱 $L/8$ 上缘处拉应变明显比 $7L/8$ 处大;南拱西拱脚处的压应变比东拱脚处大,这也预示着失效将发生在 $L/8$ 和西拱脚,而不是 $7L/8$ 和东拱脚。当荷载小于极限荷载的 70% 时,应变和荷载近似呈线性关系,超过这个值非线性明显。

两拱荷载增加到很小值(6.9kN)时,新裂缝就开始出现,且主要集中在 $L/8$ 处附近。随着荷载继续增加,裂缝不同程度都有延伸和加宽,接近破坏荷载时,拱脚出现大的开裂,在西 $L/8$ 截面附近的裂缝迅速扩张、分岔,并相互靠拢,明显出现塑性铰。破坏前,裂缝宽度最大达到了 0.58mm,并多处出现完全贯通的裂缝。两拱肋均先在西 $L/8$ 截面处首先出现破坏征兆,当单点荷载加到破坏荷载(北拱为 68.0kN,南拱为 65.0kN)时,西 $L/8$ 截面开始出现掉混凝土碎渣现象,荷载读数开始回落,截面明显往上拱,随即出现破坏,紧接着西拱脚出现突然的破坏,拱脚钢筋向上弯起,破坏状态如图 5-31 所示。

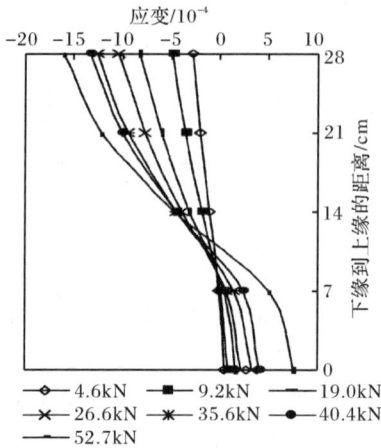

图 5-28　北拱拱顶应变

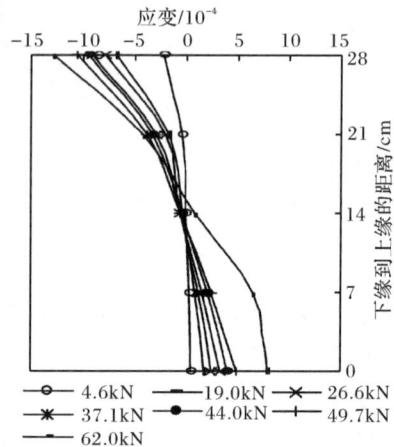

图 5-29　南拱拱顶应变

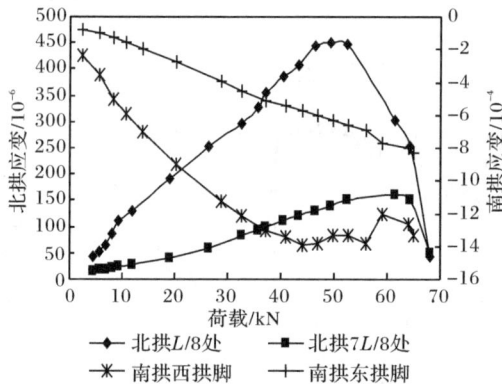

图 5-30　拱肋上缘相应位置荷载-应变关系

(a)南拱西拱脚

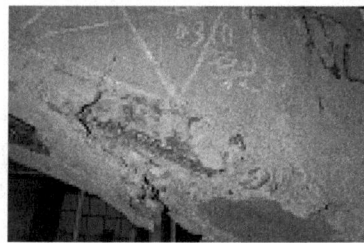

(b)南拱 $L/8$ 处

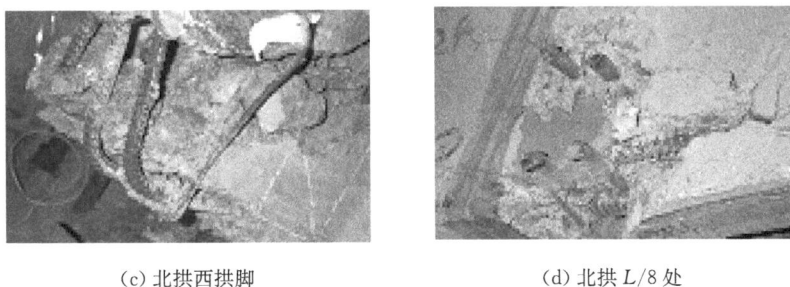

<table>
<tr><td>(c) 北拱西拱脚</td><td>(d) 北拱 $L/8$ 处</td></tr>
</table>

图 5-31　拱肋破坏

5.2　RC 桥梁构件承载力评估方法

　　既有钢筋混凝土桥梁的损伤主要表现为材料腐蚀(钢筋锈蚀、混凝土碳化、氯化物侵蚀等)和断面破损(裂缝、表面损伤等),这都将导致承载能力下降。由于条件的限制,往往很难通过破坏性试验来获得其真实承载能力,为此人们建立了很多评估承载力的方法[4,5]。目前,常用的方法是根据实测的材料强度和截面尺寸,按规范公式重新计算其承载力。但由于桥梁结构损伤情况复杂,且各因素等级之间很难有一个明确的界限(如钢筋锈蚀程度),在其前后相邻两个等级之间处于某种模糊分布状态,这使对既有桥梁承载力的折减会出现较大偏差,从而可能造成既有钢筋混凝土桥梁承载力的计算失真。

　　为此,本节利用模糊数学理论和层次分析法(analytic hierarchy process, AHP)把影响既有钢筋混凝土桥梁构件承载力的这些既相互关联又相互制约的不确定因素系统化,通过模糊隶属函数将定性描述定量化,从而计算出在这些影响因素下的承载力综合折减系数,再与不考虑损伤的有限元计算结果相结合,便能估算既有钢筋混凝土构件承载能力。

5.2.1　确定综合折减系数因素集及其隶属函数

1. 钢筋锈蚀

　　钢筋锈蚀后,截面面积减小,钢筋与混凝土之间的黏结力下降,钢筋的延性降低,导致结构承载力降低。因而,在钢筋混凝土结构的承载力评估中,钢筋锈蚀应作为一个主要的影响因素,具有很重要的地位[6]。由于构件中的钢筋一般处于混凝土的包裹中,在现场直接测量其锈蚀面积十分困难,因而目前一般采用半电池法测量钢筋的自然电位来判断钢筋的锈蚀状态。

　　依据电位水平与钢筋锈蚀关系[7],取无损检测电位差作为钢筋锈蚀影响分级指标,按照模糊划分的原则[8,9],确定相应的隶属函数如图 5-32 所示。

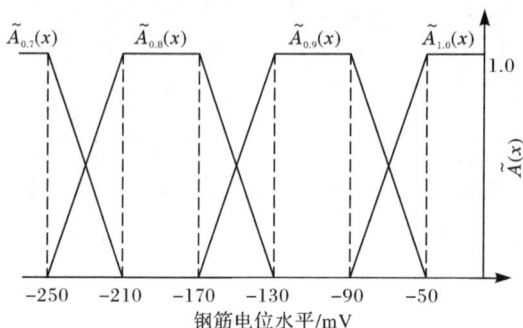

图 5-32　钢筋锈蚀分级隶属函数

2. 混凝土碳化

混凝土的碳化能降低混凝土的 pH,使混凝土 pH 低于 9.0,由于混凝土中钢筋保持钝化的最低 pH 为 11.5,混凝土碳化会使混凝土失去对钢筋的保护作用。一般认为,当混凝土碳化深度超过混凝土保护层厚度时,混凝土的抗碳化能力达到极限。取相对碳化深度 u 作为混凝土碳化影响分级指标:

$$u=\frac{x_c}{s} \tag{5-1}$$

式中,x_c 为混凝土平均碳化深度;s 为构件保护层平均厚度。按照模糊划分原则确定的分级隶属函数如图 5-33 所示。

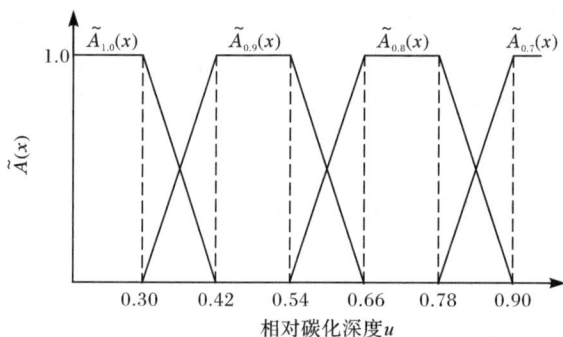

图 5-33　混凝土碳化深度分级隶属函数

3. 氯离子侵蚀

混凝土中氯离子含量对钢筋锈蚀影响极大。氯离子是一种极强的活化剂,它能在很小的当量浓度下削弱钢筋钝化能力。同时,由于氯离子到达钢筋表面的不均匀性,特别是氯离子作用于钢筋局部区域时,便形成大阴极小阳极腐蚀,导致钢筋发生坑蚀。氯离子的存在又增强了混凝土的导电性;钢筋活化后阳极区氯离子浓度增加以平衡 Fe^{2+} 离子,从而加快了其锈蚀速率,进一步影响钢筋混凝土桥梁结构的承载能力。

取氯离子占水泥重作为氯离子侵蚀影响的分级指标(对试验检测所得氯离子占混凝土的质量分数,应乘以 7 后折算成氯离子占水泥的质量分数)。按照模糊划分原则确定分级隶属函数,如图 5-34 所示。

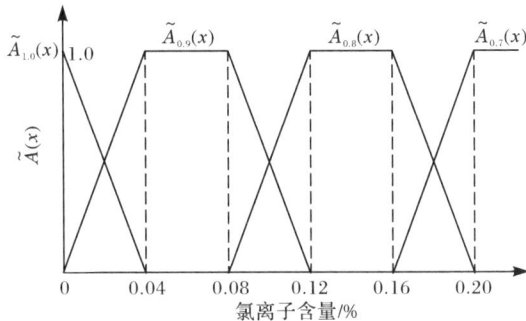

图 5-34　氯离子含量分级隶属函数

4. 裂缝

混凝土的抗拉强度远低于抗压强度,混凝土结构的破坏往往首先表现在混凝土出现开裂。裂缝对钢筋混凝土桥梁结构耐久性的影响,主要表现为引起和加速钢筋的锈蚀。钢筋的锈蚀速率随裂缝的宽度增大而加快。取裂缝宽度作为裂缝影响的分级指标,按照模糊划分原则确定分级隶属函数,如图 5-35 所示。

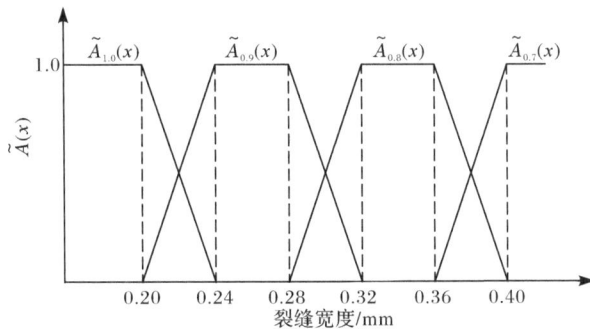

图 5-35　裂缝宽度分级隶属函数

5. 混凝土表面损伤

混凝土具有承受荷载、保护钢筋的作用,混凝土损伤后,将会全部或部分丧失其作用,因而对钢筋混凝土桥梁的耐久性产生较大的影响。一般认为当混凝土构件破坏率大于20%时,可判定为严重损坏或报废。取钢筋混凝土构件的横截面面积损伤率作为混凝土损伤影响的分级指标,按照模糊划分原则确定分级隶属函数,如图5-36所示。

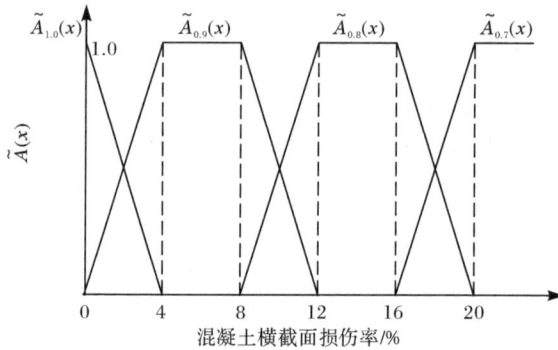

图 5-36　混凝土表面损伤分级隶属函数

6. 混凝土强度

由于混凝土的质量问题,造成钢筋混凝土构件内部存在缺陷及密实度差,不仅影响桥梁的承载力,而且也大大削弱混凝土抵抗外界有害介质侵蚀的能力;在同一环境中,混凝土质量对钢筋的锈蚀程度影响也很大。为了便于实际应用,取混凝土无损检测强度与设计强度之比作为混凝土强度影响的分级指标,按照模糊划分的原则确定分级隶属函数,如图5-37所示。

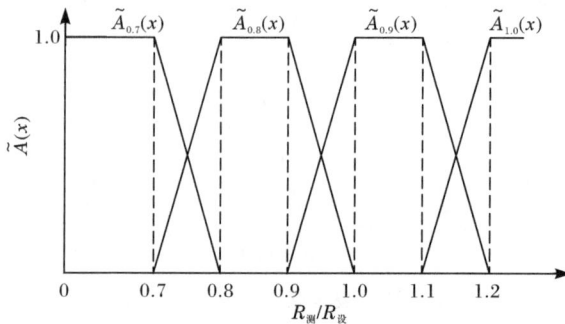

图 5-37　混凝土强度分级隶属函数

5.2.2　建立综合折减系数备择集及模糊关系矩阵

为了在工程计算中能够真实、准确地反映既有桥梁构件的承载力,将综合折减系数 γ 按步长 0.1 进行离散化,得备择集 $\gamma = \{1.0, 0.9, 0.8, 0.7\}$。

在按各个因素等级进行模糊综合评定时,设按第 i 类中第 j 个因素的第 k 个等级 u_{ijk} 进行评定,评定对象对备择集中的第 l 个步长区段的隶属度为 $r_{ijkl}(0 < r_{ijkl} < 1)$,则因素 u_{ij} 的模糊关系矩阵为

$$\widetilde{R}_{ij} = [r_{ijkl}]_{n \times m} = \begin{bmatrix} r_{ij11} & r_{ij12} & \cdots & r_{ij1m} \\ r_{ij21} & r_{ij22} & \cdots & r_{ij2m} \\ \vdots & \vdots & & \vdots \\ r_{ijn1} & r_{ijn2} & \cdots & r_{ijnm} \end{bmatrix} \tag{5-2}$$

5.2.3　影响因素权向量的确定

承载力各影响因素的权重实际是指各因素影响评价对象大小的数量表示,通常凭经验根据因素的重要性直接确定难以做到客观准确。本章通过层次分析法将问题分解成各组成因素,将这些因素按支配关系组成递阶层次结构,经两两对比,确定层次中诸因素的相对重要性,求解判断矩阵,从而确定各因素的相对权重[10]。

1. 建立递阶层次结构

递阶层次结构的建立是 AHP 法重要的一步。首先将研究的复杂问题分解成若干组成部分,并称其为元素,再将各元素按某种属性分为若干个组,从而形成不同层次。同一层元素对下层元素起支配作用,同时也受到上层元素的制约。这种逐层支配关系即形成了所谓的递阶层次结构。

由于钢筋锈蚀、混凝土碳化等六个构件承载力的影响因素既相互关联又相互影响,且在对既有钢筋混凝土构件进行无损检测时,这些承载力影响因素的检测可不分先后同时进行,因此本章将此六个影响因素划分为同一层次。

2. 判断矩阵的构造

建立递阶层次结构后,上下层元素间的相互关系就被确定了。以上一层元素 B_k 作为准则,其对下一层次 $A_1, A_2, \cdots, A_n$ 有支配作用。层次分析法采用两两比较的方法来得到准则 B_k 下各元素的权重,即比较 A_i 与 A_j 相对 B_k 的影响程度,本章以 a_{ij} 来表示,其取值可参见表 5-1,则判断矩阵为

$$\widetilde{A} = [a_{ij}]_{n \times n} \tag{5-3}$$

式中,$a_{ij}=1/a_{ji}$,$a_{ij}=a_{ik}/a_{jk}$,$i,j,k=1,2,\cdots,n$。

表 5-1　判断矩阵的标度及含义

标度	含义	标度	含义
1	两个因素相比,具有同样重要性	9	两个因素相比,前者比后者极端重要
3	两个因素相比,前者比后者稍微重要	2,4,6,8	表示上述两相邻判断的中间值
5	两个因素相比,前者比后者明显重要	倒数	后者与前者比较
7	两个因素相比,前者比后者强烈重要		

3. 判断矩阵最大特征值及权重求解

本章采用方根法来求解,其计算步骤如下。

(1) 计算判断矩阵每一行元素的乘积 M_i。

$$M_i = \prod_{j=1}^{n} a_{ij}, \quad i=1,2,\cdots,n \tag{5-4}$$

(2) 计算 M_i 的 n 次方根 $\overline{W_i}$。

$$\overline{W_i} = \sqrt[n]{M_i}, \quad i=1,2,\cdots,n \tag{5-5}$$

(3) 对向量 $\overline{W} = [\overline{W_1}, \overline{W_2}, \cdots, \overline{W_n}]^T$ 正规化得 $W = [W_1, W_2, \cdots, W_n]^T$,即为所求的特征向量。

(4) 计算判断矩阵的最大特征根 λ_{max}。

$$\lambda_{max} = \sum_{i=1}^{n} \frac{(\widetilde{A}W)_i}{nW_i} \tag{5-6}$$

(5) 计算一致性比例 C. R. 判定判断矩阵的可接受性。

$$C.R. = \frac{C.I.}{R.I.} \tag{5-7}$$

式中,$C.I. = \frac{\lambda_{max}-n}{n-1}$,$n$ 为判断矩阵的行数或列数;R. I. 为平均随机一致性指标,其值见表 5-2。

表 5-2　平均随机一致性指标

矩阵阶数	1	2	3	4	5	6	7	8	9	10
R. I.	0	0	0.58	0.90	1.12	1.24	1.32	1.41	1.45	1.49

当 C. R. <0.10 时,认为该判断矩阵的一致性是可以接受的,即可将特征向量 $W = [W_1, W_2, \cdots, W_n]^T$ 作为权向量 $\widetilde{A}$。

4. 综合折减系数及估算结果的求解

为了使承载力的各影响因素对综合折减系数的确定都有一定贡献,在将各因素的权向量集与模糊关系矩阵合成来确定综合折减系数时,取模糊算子为 $*$,由模糊综合评判模型 $\widetilde{B}=\widetilde{A}*\widetilde{R}_{ij}$ 得综合评判结果矩阵,即

$$\widetilde{B}=[b_1,b_2,\cdots,b_m]=[a_1,a_2,\cdots,a_n]*\begin{bmatrix} r_{ij11} & r_{ij12} & \cdots & r_{ij1m} \\ r_{ij21} & r_{ij22} & \cdots & r_{ij2m} \\ \vdots & \vdots & & \vdots \\ r_{ijn1} & r_{ijn2} & \cdots & r_{ijnm} \end{bmatrix} \tag{5-8}$$

式中, $b_l = \sum_{k=1}^{n}(a_k \cdot r_{ijkl}), l=1,2,\cdots,m$ 。

得到模糊综合评判结果 $\widetilde{B}$ 后,采用加权平均法得综合折减系数 γ ,即

$$\gamma = \frac{\sum_{l=1}^{m} b_l \gamma_l}{\sum_{l=1}^{m} b_l} \tag{5-9}$$

设在不考虑材料老化和构件损伤的情况下,既有钢筋混凝土桥梁构件承载力的有限元的计算结果为 P_C ,则所估算的承载力 P_E ,可由式(5-10)求得。

$$P_E=\gamma P_C \tag{5-10}$$

5.2.4　实例分析

1. 常宁北门桥构件承载力估算

1)试验概况

试验内容主要包括拱肋几何形态参数、钢筋锈蚀和分布状况、材料强度、混凝土表面缺损状况、碳化、裂缝分布及其相关特征参数等拱肋的状况检测,静、动载试验等。此处主要介绍其中一根拱肋的无损检测和静载试验结果[11]。

(1)钢筋锈蚀情况。

采用瑞士进口 CANIN 型钢筋锈蚀仪测量钢筋锈蚀情况,测得拱肋主要控制截面钢筋平均电位水平为 -145mV 。根据图 5-32 的隶属函数,得到钢筋锈蚀影响的评估结果为{0,0.625,0.375,0}。

(2)混凝土碳化深度及保护层厚度。

首先采用 CM9 钢筋直径保护层厚度测定仪测定拱肋内钢筋保护层厚度,检测表明,保护层厚度的平均值为 3.80cm。进行碳化深度检测时,用 3% 的酚酞溶液滴定在拱肋上,结果表明,拱肋均存在不同程度的碳化现象,最大碳化深度为 3.44cm,平均碳化深度为 2.07cm。根据图 5-33 的隶属函数,得到混凝土碳化影响的评估结果为{0,0.958,0.042,0}。

（3）氯离子含量。

采用 ϕ10mm 螺旋钻头现场收集混凝土粉末,利用氯化物含量测定仪在实验室进行混凝土氯化物含量的测定,结果表明,氯离子含量为 0.175%（占混凝土重为0.025%）。根据图 5-34 隶属函数,得氯离子侵蚀影响的评估结果为｛0,0,0.625,0.375｝。

（4）裂缝。

裂缝的详细检查采用刻度放大镜和钢尺进行,结果表明,拱肋的裂缝主要出现在拱脚至 $L/4$ 处,最大裂缝宽度为 0.32mm,平均裂缝宽度为 0.22mm。根据图 5-35隶属函数,得裂缝影响的评估结果为｛0.5,0.5,0,0｝。

（5）混凝土表面损伤。

检查中发现,由于蜂窝、麻面和钢筋的锈胀裂缝破坏造成拱肋横截面面积损伤率达 3.5%。根据图 5-36 隶属函数,得混凝土损伤影响的评估结果为｛0.125,0.875,0,0｝。

（6）混凝土强度。

采用回弹超声综合法进行无损检测混凝土强度,按 $f_{cu测}=0.008v^{1.72}R^{1.57}$（$v$,$R$ 分别为测区超声值和回弹值）[12]推算立方体抗压强度的平均值为 $f_{cu测}=$ 24.6MPa,则推算轴心抗压强度值 $f_{c测}=0.7f_{cu测}=17.22$MPa。拱肋采用 C30 混凝土,其轴心抗压强度设计值 $f_{c设}=17.5$MPa,故 $f_{c测}/f_{c设}=0.984$。根据图 5-37 的隶属函数,得混凝土质量影响的评估结果为｛0,0.89,0.11,0｝。

2）综合折减系数的估算

根据以上检测结果,从而得到模糊关系矩阵。

$$\widetilde{R}_{ij}=[r_{ijkl}]_{n\times m}=\begin{bmatrix} r_{ij11} & r_{ij12} & \cdots & r_{ij1m} \\ r_{ij21} & r_{ij22} & \cdots & r_{ij2m} \\ \vdots & \vdots & & \vdots \\ r_{ijn1} & r_{ijn2} & \cdots & r_{ijnm} \end{bmatrix}=\begin{bmatrix} 0 & 0.625 & 0.375 & 0 \\ 0 & 0.958 & 0.042 & 0 \\ 0 & 0 & 0.625 & 0.375 \\ 0.5 & 0.5 & 0 & 0 \\ 0.125 & 0.875 & 0 & 0 \\ 0 & 0.89 & 0.11 & 0 \end{bmatrix}$$

按前述方法,拱肋承载力评估中各影响因素的权重确定为 $\widetilde{A}=$｛钢筋锈蚀,混凝土碳化,氯离子侵蚀,裂缝,混凝土表面损伤,混凝土强度｝=｛0.31,0.21,0.21,0.14,0.08,0.05｝。

故承载力评估结果矩阵 $\widetilde{B}=\widetilde{A}*\widetilde{R}_{ij}=$｛0.080,0.579,0.262,0.079｝,加权平均法得综合折减系数为

$$\gamma = \frac{\sum\limits_{l=1}^{m} b_l \gamma_l}{\sum\limits_{l=1}^{m} b_l} = 0.866$$

3) 估算结果与静载试验结果对比

为了真实地反映实际受力情况,采用油泵控制千斤顶在三点($L/4$、$L/2$ 和 $3L/4$)同步加载,不考虑材料老化与损伤、截面损失,拱肋的单点承载力的有限元计算结果为 $P_C = 7.3 \times 10^4 N$,则既有拱肋承载力的估算结果为

$$P_E = \gamma P_C = 0.866 \times 7.3 \times 10^4 = 6.32 \times 10^4 (N)$$

拱肋在加载到 $6.9 \times 10^3 N$ 时开始出现新增裂缝,且开始出现的新增裂缝主要集中在 $L/8$ 附近,随着荷载的增加,裂缝都有不同程度的延伸和加宽,接近破坏荷载时,拱脚出现大的开裂,在西 $L/8$ 截面附近的裂缝迅速扩张,出现分岔并相互靠近,明显出现塑性铰。破坏前,裂缝宽度最大达到了 0.58mm,并多处出现完全贯通的裂缝。当荷载加到 $6.5 \times 10^4 N$ 时,西 $L/8$ 截面开始出现掉混凝土碎渣现象,首先出现破坏征兆,荷载读数开始回落,截面明显往上拱,随即出现破坏,紧接着转移到西拱脚出现突然的破坏,拱脚钢筋向上弯起,拱肋达到承载能力极限状态。

2. 姜公桥构件承载力估算

1) 检测结果及 γ 确定

为将箍筋锈蚀影响在综合折减系数有所体现,在应用 CANIN 型钢筋锈蚀仪检测钢筋锈蚀情况时包括箍筋锈蚀结果。本章选取 1# 梁,相应检测结果见表 5-3。

表 5-3　姜公桥无损检测结果平均值

电位水平 /mV	保护层厚度 /cm	碳化深度 /cm	氯离子含量 /%	裂缝宽度 /mm	横截面损伤率 /%	混凝土强度 /MPa
−26	3.12	2.31	0.090	0.143	1.5	25.6

根据以上检测结果,从而得到模糊关系矩阵:

$$\widetilde{R}_{ij} = [r_{ijkl}]_{n \times m} = \begin{bmatrix} 1 & 0 & 0 & 0 \\ 0 & 0 & 1 & 0 \\ 0 & 0.75 & 0.25 & 0 \\ 1 & 0 & 0 & 0 \\ 0.625 & 0.375 & 0 & 0 \\ 0 & 1 & 0 & 0 \end{bmatrix}$$

根据前述方法,各影响因素的权重仍取为 $\widetilde{A} = \{$钢筋锈蚀,混凝土碳化,氯离子

侵蚀,裂缝,混凝土表面损伤,混凝土强度}={0.31,0.21,0.21,0.14,0.08,0.05}。

故承载力评估结果为 $\widetilde{B}=\widetilde{A}*\widetilde{R}_{ij}=\{0.5,0.238,0.262,0\}$,从而得综合折减系数 γ

$$\gamma = \frac{\sum\limits_{l=1}^{m} b_l \gamma_l}{\sum\limits_{l=1}^{m} b_l} = 0.924$$

2) 估算结果与静载试验结果对比

本试验采用油泵控制千斤顶在两点($L/3$ 和 $2L/3$)同步加载,不考虑材料老化与损伤,主梁的单点承载力的有限元计算结果为 $P_C=2.96\times10^5$N,则主梁承载力的估算结果为

$$P_E = \gamma P_C = 0.924 \times 2.96 \times 10^5 = 2.73 \times 10^5 (\text{N})$$

随着荷载的增加,一些新裂缝逐渐出现,且开始出现的新增裂缝主要集中在 $L/3$ 和 $2L/3$ 附近,随着荷载的继续增加,梁的剪跨段产生竖直裂缝由梁底沿主压应力轨迹线向上延伸发展成斜裂缝。其中两条主要斜裂缝很快形成,并迅速伸展至加载点垫板边缘,同时梁体跨中也形成一些较大的竖向裂缝。当单点荷载达到 2.82×10^5N 时,跨中混凝土被压碎,下缘受拉钢筋屈服而丧失承载能力,达到承载能力极限状态。

通过以上两个实例分析,采用该方法计算综合折减系数与未考虑老化和损伤的有限元计算结果结合来估算既有钢筋混凝土构件的承载力与静载试验结果很接近,该方法可靠性得以验证,可为既有钢筋混凝土桥梁构件承载力的评估提供科学依据。

5.3 RC 拱桥承载力评估方法和有限元模拟

5.3.1 损伤 RC 拱肋承载力有限元数值模拟

有限元分析采用考虑材料与几何非线性的 Marc 有限元计算软件。为研究经过多年运营,由荷载与不良环境的共同作用导致不同形式的损伤对拱肋性能的影响,分别建立未经损伤和损伤后的有限元模型,然后对考虑损伤有限元计算结果、无损伤有限元计算结果和试验结果进行了对比。

1. 考虑损伤的有限元模型

根据拱轴线初始空间形状,建立三维空间有限元模型,用三维 8 节点实体单元代替混凝土,三维杆单元代替钢筋。由于拱肋钢筋锈蚀不是很严重,不考虑混

凝土单元和钢筋单元间的滑移,采用固结形式。将全拱沿拱轴线方向分成128段,根据拱肋保护层厚度,横截面沿宽度方向分为 4 段,高度方向分为 5 段。因此,全拱钢筋单元数为 $3\times2\times128=768$,混凝土单元数为 $4\times5\times128=2560$,其单元网格划分形式如图 5-38 所示。

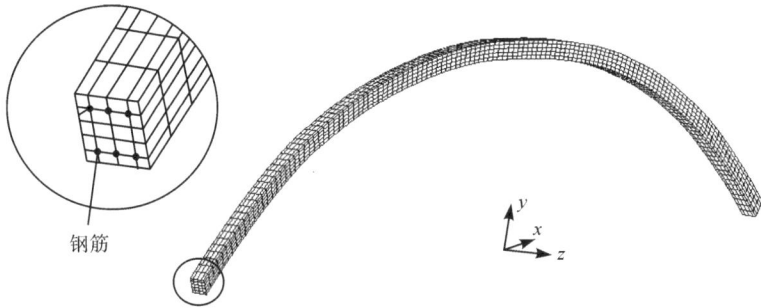

图 5-38　有限元网格划分

为避免应力集中,拱肋在实际加载时,在千斤顶下加 $30\text{cm}\times30\text{cm}\times3\text{cm}$ 钢垫板,模型中将荷载平均分配到拱肋上缘加载点附近的 8 个单元;加载点处采用摩擦单元考虑加载点、千斤顶和反力架间的摩擦。鉴于拱脚固结于地面,拱脚处的三方向位移假设为 0。

对于钢筋单元,根据钢筋锈蚀的无损检测结果修正锈蚀后钢筋的面积,考虑在两拱脚附近钢筋有效面积折减 5%,$L/8$ 附近折减 3%,采用普通钢筋的本构关系模型。混凝土单元中混凝土的压应力-应变关系采用试验统计分析值,极限抗拉强度取为极限抗压强度的 10%。在模型中对存在初始竖向裂缝的混凝土单元,认为混凝土抗压能力仍然不变,而不存在抗拉能力,裂缝开裂面上的承剪能力降低。由于拱肋初始裂缝宽度普遍较小,假设都可以闭合,故在单元刚度矩阵中引进抗剪修正系数 0.75。而对沿拱轴线方向锈胀裂缝未加以考虑。

2. 有限元数值模拟结果

未考虑损伤的模型的单点极限承载力计算值为 77.8kN。考虑损伤极限承载力计算值在南北拱中分别为 69.7kN 和 68.9kN,而相应试验值分别为 68.0kN 和 65.0kN。损伤后使其单点极限承载力下降最大达 16.45%。

出现新增裂缝荷载的考虑损伤的有限元计算值为 7.1kN,而实际试验值为 6.9kN。由于拱肋的初始裂缝和损伤分布不对称,在西拱脚和 $L/8$ 处较多,模型预测失效将首先发生在 $L/8$ 和西拱脚处,与实测情况一致。由于两拱肋变形相似,图 5-39~图 5-41 仅给出北拱特征截面的荷载与位移和应变关系曲线。

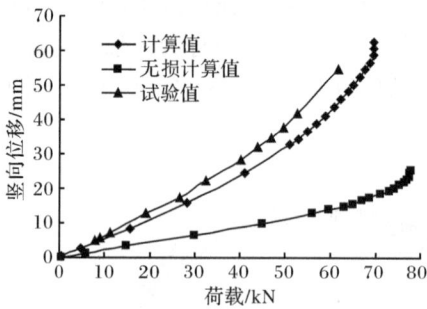

图 5-39　拱顶处计算与试验的竖向位移

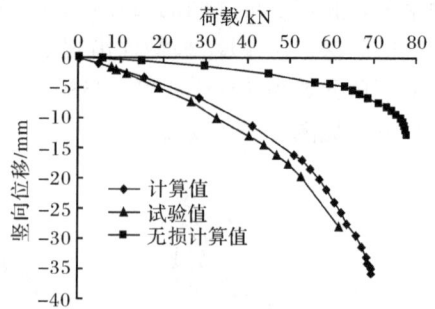

图 5-40　$L/8$ 处计算与试验的竖向位移

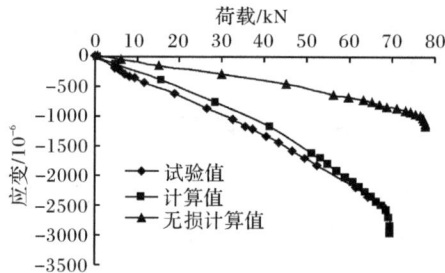

图 5-41　拱顶处计算与试验的应变

如图 5-39～图 5-41 所示,拱肋损伤后应变和位移普遍增大,而承载能力降低。另外,由于拱肋本身裂缝和损伤不可能完全观察到,有限元计算模型中对其的考虑可能比实际存在的少,以致考虑损伤的有限元计算承载力稍大于试验值,而位移和应变偏小。

5.3.2　基于模态的损伤拱肋承载力计算方法

1. 拱肋破坏过程中的模态分析[13]

1) 损伤拱肋的有限元模态分析

为与试验结果对比,建立了南拱肋损伤后的有限元模型。有限元分析选用 ANSYS 软件,采用 solid65 单元模拟混凝土,link8 单元模拟钢筋,考虑材料与几何非线性的影响。有限元模型中损伤参数的取值可见文献[13]。计算得到的南拱肋极限承载能力为 68.3kN,稍大于试验结果 65.0kN。原因在于实际拱肋中的损伤很难完全观察得到,因而有限元模型中的损伤情况可能考虑得不够。由表 5-4 中数据可知有限元计算结果与试验结果基本一致,最大计算误差为 8.5%。

表 5-4　有限元计算结果与试验结果对比

类型	荷载水平/kN	一阶频率/Hz	二阶频率/Hz	三阶频率/Hz	四阶频率/Hz
试验结果	0	4.289	7.632	14.645	19.712
	26.5	4.281	7.754	14.604	19.586
	37.1	4.206	7.240	14.006	—
	56.0	4.010	7.148	13.945	17.954
	65.0	3.946	6.960	13.723	17.580
有限元计算结果	0	4.314	8.203	14.715	20.646
	26.5	4.282	8.273	14.617	20.448
	37.1	4.207	7.855	14.206	19.808
	56.0	4.010	7.679	13.615	19.210
	65.0	3.951	7.202	13.177	18.504
	*	5.577	9.819	18.773	26.783

注:"—"表示没有采集,"*"为该拱肋没有损伤时的频率值。

对数据进行分析得知随着荷载的继续增加,模态频率值逐步降低。这是由于损伤程度加深导致结构刚度不断下降。但与没有损伤的情况相比,各阶模态频率的下降程度有一定差异。以试验结果为例,当达到极限荷载时,第一阶模态频率下降了 29.2%,第二阶模态频率下降了 29.1%,第三阶模态频率下降了 26.9%,第四阶模态频率下降了 34.4%。

2) 损伤模式的分类

文献[14]在对预应力混凝土连续箱梁开裂后的刚度进行分析时发现,由于荷载-挠度曲线不很光滑,曲线对应的切线刚度会有数据振荡的现象。该文认为这种现象的原因在于桥梁并不是只承受单调荷载作用,而是受自重作用、活载的反复作用及其他各种因素(温度等)的作用,所以箱梁的实际刚度是振荡变化的。

基于这种认识,从理论上分析,似乎可以把结构的损伤划分为两类:一类可称为一致损伤模式,即初始损伤与其所受单调荷载下出现的损伤相一致;另一类称为复合损伤模式,即初始损伤与其所受单调荷载下出现的损伤不一致。文献[14]分析,实际桥梁中的损伤是各种荷载与不良环境共同作用导致的,因而工程结构中的损伤模式大多属于后者。根据观察可知,试验的两片拱肋就属于这种情况。而且可以预见在第一类损伤模式下,刚度是持续下降的;而在第二类损伤模式下,刚度可能会出现振荡变化的特征。

由于侧向偏移对拱肋的承载能力影响较大,为进一步揭示拱肋在破坏过程中模态变化的规律,采用有限元技术进行无几何缺陷的拱肋在不同损伤模式下的分析。分析时拱肋跨度、矢高及截面布置仍同试验的拱肋。

3）一致损伤模式下无几何缺陷拱肋的模态分析

由于这种一致性，在研究破坏过程中模态变化的规律时只需对无损伤的拱肋在所受荷载下进行单调加载的全过程分析即可。

首先考虑对称加载情况，即采用 $L/4$、$L/2$、$3L/4$ 三处同步加载。表 5-5 给出了各阶段模态变化的情况。从表中可以看出，各阶模态频率值随着荷载的增大持续降低。当接近破坏时，拱肋的第一阶频率下降了 31.2%，第二阶频率下降了 30.7%，第三阶频率下降了 21.7%，第四阶频率下降了 20.6%。

表 5-5　对称加载下拱肋破坏过程中的模态变化

荷载	一阶频率/Hz	二阶频率/Hz	三阶频率/Hz	四阶频率/Hz
0	5.898	11.251	19.838	26.028
$0.2P_u$	5.805	11.148	19.826	25.951
$0.4P_u$	5.231	9.676	18.692	23.964
$0.6P_u$	4.822	9.100	17.412	22.275
$0.86P_u$	4.436	8.429	17.055	21.954
$0.99P_u$	4.058	7.793	15.543	20.658

注：P_u 为极限承载能力，下同。

再考虑非对称加载的情况，即采用 $L/4$、$L/2$ 两处同步加载。表 5-6 给出了各阶段模态变化的情况。

表 5-6　非对称加载下拱肋破坏过程中的模态变化

荷载	一阶频率/Hz	二阶频率/Hz	三阶频率/Hz	四阶频率/Hz
0	5.898	11.251	19.838	26.028
$0.31P_u$	5.883	11.229	19.819	26.018
$0.47P_u$	5.710	10.990	19.357	26.000
$0.63P_u$	5.520	10.778	18.967	25.957
$0.78P_u$	4.762	9.668	18.091	23.381
$0.99P_u$	3.844	7.848	15.921	20.157

从表 5-6 可以看出，各阶模态频率值也随着荷载的增大持续降低。当接近破坏时，各阶频率的下降程度为：第一阶频率下降了 34.8%，第二阶频率下降了 30.2%，第三阶频率下降了 19.7%，第四阶频率下降了 22.6%。

4）复合损伤模式下无几何缺陷拱肋的模态分析

由于复合损伤模式很难精确模拟，此处只考虑两种较为简单的复合损伤模式，即考虑拱肋在对称加载下出现初始损伤，然后再承受非对称荷载的情况；或者拱肋在非对称加载下出现初始损伤，然后再承受对称荷载的情况。为叙述方便，称前者为复合损伤模式1,后者为复合损伤模式2。计算时初始损伤考虑为与该损伤对应一致的极限荷载的60%作用下出现的损伤。计算结果见表5-7。

表5-7　复合损伤模式下拱肋破坏过程中的模态变化

复合损伤模式		一阶频率/Hz	二阶频率/Hz	三阶频率/Hz	四阶频率/Hz
复合损伤模式1	0	4.822	9.100	17.412	22.275
	$0.35P_{u1}$	5.710	10.562	19.702	24.923
	$0.52P_{u1}$	5.474	10.238	19.215	24.544
	$0.87P_{u1}$	4.897	9.628	18.374	23.419
	$0.99P_{u1}$	4.075	7.903	15.722	20.671
	降低程度*/%	30.9	29.8	20.7	20.6
复合损伤模式2	0	5.520	10.778	18.967	25.957
	$0.19P_{u2}$	5.782	11.108	19.638	25.948
	$0.39P_{u2}$	5.323	9.973	18.91	24.624
	$0.81P_{u2}$	4.286	8.304	15.978	21.108
	$0.99P_{u2}$	3.935	7.549	15.258	19.707
	降低程度*/%	33.3	32.9	23.1	24.3

*表示破坏时频率值与完好情况相比的降低程度。

从表5-7可以看出,由于初始损伤模式与后续施加的荷载不一致,因而复合加载过程中模态的变化情况与表5-5、表5-6有一定的差异。另外需注意的一个现象是当后续施加的荷载较小时,模态频率值反而较初始损伤时要大一些。这是因为后续荷载较小时,一部分原初始裂缝将闭合,因而增大了结构刚度。随后,当后续荷载继续增大时,将会出现较多的新裂缝,模态频率值降低。这个现象也在既有拱肋的试验过程中得到了证实。试验过程中发现当加载至26.5kN时测得的第二阶频率值(7.754Hz)反而高于不加载时的二阶频率值(7.632Hz),随后继续加载时第二阶频率值才逐步降低。这也与文献[14]刚度会有振荡的分析结果相符。

表5-7中的计算结果对应的复合损伤模式仅考虑了全跨四分点加载和半跨四分点加载的情况,实际工程中的复合损伤模式远较此复杂。此外,在复合损伤模式1和2中,若初始损伤程度不同,则表5-7中的计算结果也会有变化。

2. 拱肋模态变化的规律

1) 振型的变化

对于结构参数相同的完好拱和有初始损伤的拱,无论是在一致损伤模式下还是在复合损伤模式下,在整个加载过程中其前3阶振动形式相同,如图5-42所示,即第一阶模态为两个半波的反对称形式,第二阶模态为三个半波的正对称形式,第三阶模态为四个半波的反对称形式;且 3 阶振动模态的排序不变,即较低阶模态不会发生跃迁现象,这与文献[15]的研究结论一致。而第四阶模态的振动形式在加载过程中可能会有较大的变化。

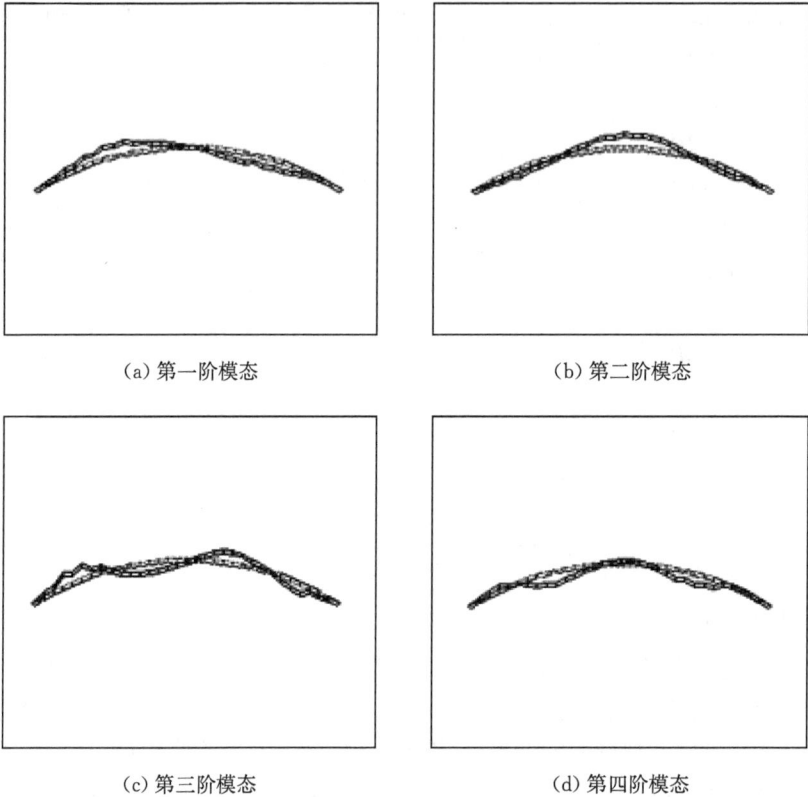

(a) 第一阶模态   (b) 第二阶模态

(c) 第三阶模态   (d) 第四阶模态

图 5-42   南拱肋临近破坏时的前 4 阶振动模态

图 5-43 为一致损伤模式下第四阶振动模态,与图 5-42 中复合损伤模式下的第四阶振动模态相比有较大的差异。这说明结构在服役期间,由于复合损伤模式的复杂性,高阶模态的振动特性将会发生改变;而低阶模态无论是在一致损伤模式下还是在复合损伤模式下,损伤前后振动形式基本相同。

图 5-43   一致损伤模式下拱肋的第四阶振动模态

2）加载模式的影响

若定义加载过程中模态的频率改变率 ν_f 为

$$\nu_f = \frac{f - f_{per}}{f_{per}} \tag{5-11}$$

式中，f_{per} 为拱在无损伤情况下的频率，则不同情况下频率改变率与荷载的关系曲线如图 5-44、图 5-45 所示。

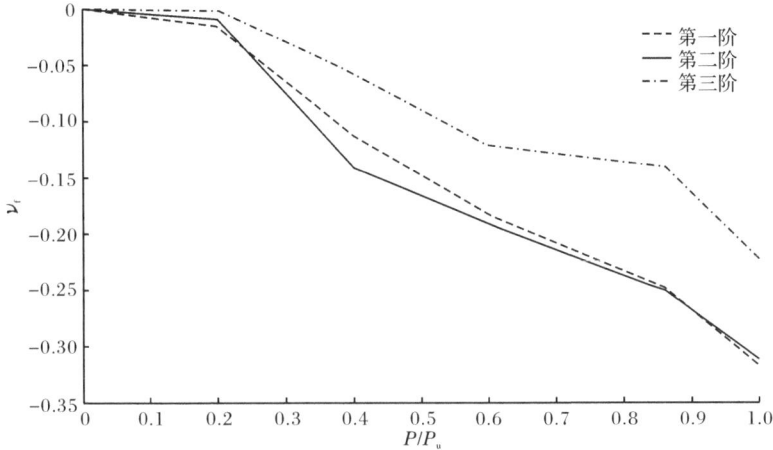

图 5-44　对称加载下完好拱前 3 阶频率改变率随荷载的变化曲线

从图 5-44 中可知，完好拱在整个对称加载过程中，第一阶、第二阶频率值的改变率较第三阶频率值的改变率要大一些。非对称加载下完好拱频率值的变化也有这个规律。原因在于有限元分析表明完好拱在加载过程中最弱刚度截面的位置一般是在两拱脚和两个 $L/4$ 截面，这与文献[16]的分析结论一致。此处最弱刚度截面是指加载过程中由于裂缝和塑性铰的出现导致刚度下降最多的截面。在第一阶、第二阶模态中，$L/4$ 截面处的振动位移较大，而在第三阶模态中，$L/4$ 截面处的振动位移较小，因而当 $L/4$ 截面刚度下降较大时，第一阶、第二阶频率值改变率要大一些。

从图 5-45 中可看出，第三阶模态频率值的改变率在加载初期要比第二阶模态大一些，但在加载后期又比第二阶模态小一些，即呈现出一种波动变化的特征。这说明有初始损伤的南拱肋具有与完好拱不同的变化规律。原因在于南拱肋在加载过程中最弱刚度截面的位置不再是 $L/4$ 截面，而是 $L/8$ 截面。

3）塑性铰位置的影响

由于无铰拱为 3 次超静定结构，破坏时需出齐 4 个塑性铰。在两拱脚处一般会出现塑性铰，剩余两个塑性铰位置则与拱肋损伤模式有关。试验表明，后两个塑性铰出现时对应的荷载值较为接近，因而研究模态变化时可只考虑出现前 3 个

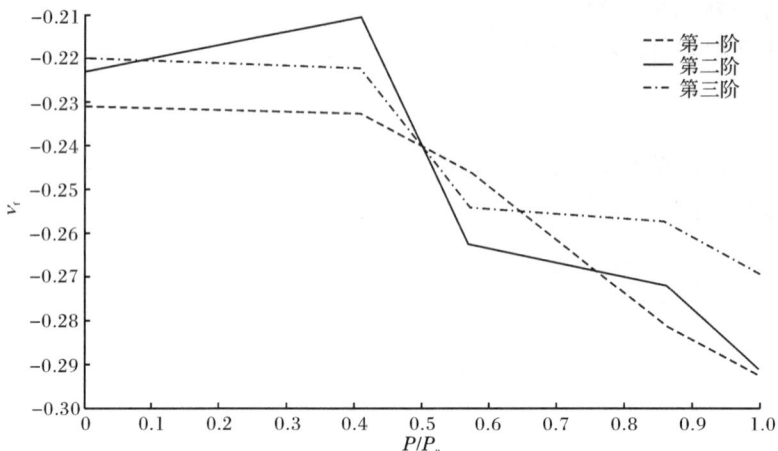

图 5-45　对称加载下南拱肋前 3 阶频率改变率随荷载的变化

塑性铰。假定这三个塑性铰的位置两个在拱脚,另一个的位置则不确定。当第三个塑性铰位置变化时,前三阶模态频率的改变如图 5-46 所示。计算时塑性铰处截面抗弯刚度按折减 90%考虑。

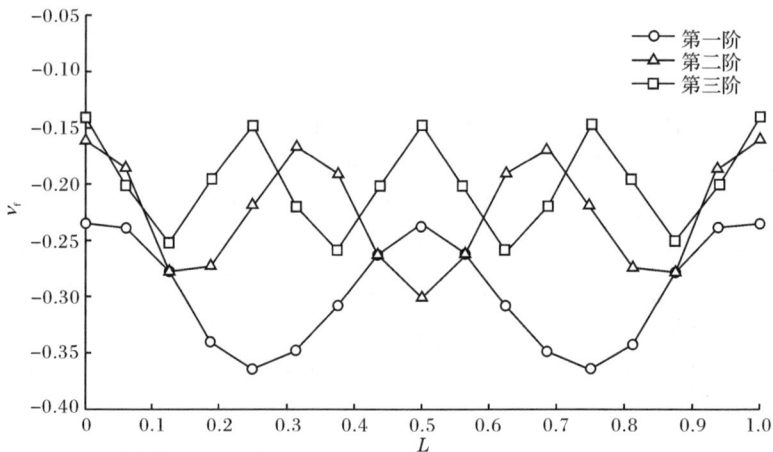

图 5-46　前三阶模态频率改变量随塑性铰位置的变化

从图 5-46 中可看出,不同模态的频率改变量有较大的差异,且模态频率改变量随塑性铰位置的变化曲线类似于该阶模态的振动形式。例如,第一阶模态频率改变量随塑性铰的位置变化呈两个半波的变化,这恰与第一阶模态的振动形式相似。根据这个规律,当已知塑性铰的位置时,可大概判断出前三阶模态频率的下降程度。但在定量层次上,由于没有考虑裂缝的影响,因而结果的量值会有出入。

　　例如,对于一致损伤模式下的拱肋,有限元分析表明加载过程中第三个塑性铰的位置在 $L/4$ 截面附近。这样依据图 5-46 中模态频率的变化规律可知,第一阶模态频率下降最多,第三阶模态频率下降最少。而对于试验的南拱肋,加载过程中塑性铰的位置是在 $L/8$ 截面,这样依据图 5-46 中模态频率的变化规律可知,第一阶、第二阶模态频率下降程度接近,而第三阶模态频率下降则稍小一些,这也与上面的计算结果吻合。这说明利用塑性铰的位置来大致判断前三阶模态的下降程度是可行的。

3. 基于模态损伤的拱肋承载力计算

　　钢筋混凝土拱在破坏过程中模态频率值的变化与所受荷载之间显然存在着一定的对应关系,因而依据这种关系可进行承载能力的评估。

1) 模态频率与荷载的近似函数

　　前面的分析表明,低阶模态在加载过程中振动形式不会发生改变,因而对应的频率值不会发生不连续的变化。另外结构的第一阶频率值测试精度最高,因而以下分析拱肋第一阶频率值的变化规律。

　　采用无量纲的参数 f_{per}/f 和 P/P_u,其中 f_{per} 为拱肋在无损伤情况下的频率, P_u 为拱肋在初始损伤情况下的极限承载能力, f 为在荷载 P 阶段时测得的频率值。例如,对于表 5-7 中复合损伤模式 2 的情况, $f_{per}=5.898$。对表 5-5 中的数据(数据点 1)和表 5-7 中复合损伤模式 2 的数据(数据点 2)进行拟合,发现用一个二次方程式来描述模态频率值与荷载之间的量化数值关系具有较好的精度,如图 5-47 所示。

$$\frac{f_{per}}{f}=a_1\left(\frac{P}{P_u}\right)^2+a_2\frac{P}{P_u}+a_3 \tag{5-12}$$

其中, a_1、a_2、a_3 为待定参数,它们具有一定的力学意义。例如, a_2 表征了复合损伤模式下整个破坏过程中拱肋频率的变化情况(在 $P>0$ 区间内是否有振荡现象), a_3 表征了无损伤拱肋与初始损伤拱肋的模态频率之比。根据此函数模型可推知,在复合损伤模式下,若 $a_1>0$ 则当 $P<-a_2P_u/(2a_1)$ 时模态频率值随着荷载的增加反而增大,当 $P>-a_2P_u/(2a_1)$ 时模态频率值随着荷载的增加才会减小。

　　对表 5-6 中的数据采用二次方程形式进行拟合也具有较好的效果。最后采用测试得到的南拱肋数据进一步验证第一阶模态频率值与荷载之间二次方程模型的精度。首先有 $f_{per}=5.577$Hz,然后再根据 0、26.5kN、37.1kN 对应的频率值确定出 $a_1/P_u^2=0.169$、$a_2/P_u=-0.0492$、$a_3=1.299$,由此外推 56.0kN 和 65.0kN 对应的频率值分别为 4.033Hz 和 3.929Hz,它们与测试得到的值很接近。由此可知对于具有因荷载和不良环境导致损伤的既有拱肋,二次方程模型仍具有较高的精度。

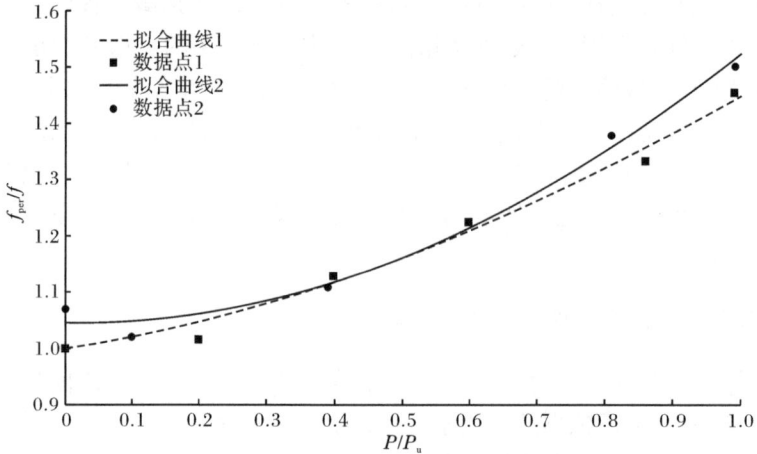

图 5-47　模态频率值与荷载之间的函数曲线

2) 极限承载能力的预测

匈牙利等国对 100 多座桥梁进行了近 20 年的观测,得出桥梁不能使用时第一阶模态频率值下降 15% ～25%。而损伤拱肋试验与计算结果稍大于此值,为 30% 左右。原因在于此处考虑的情况是接近破坏状态时的频率值,而不能使用状态与破坏状态相比结构尚有一定的继续承载能力。因此考虑这个因素后,钢筋混凝土拱在接近承载极限状态时模态频率值的降低程度可按 30% 取值。

记 f_0 表示有初始损伤拱在 0 荷载情况下的模态频率值,f_1、f_2 分别为受荷 P_1、P_2 情况下的模态频率值,f_u 为破坏时的模态频率值,按 $f_u = 0.7 f_{per}$ 确定。因此根据这些参数便可预测出有初始损伤拱的极限承载能力。以北拱肋为例进行说明。

试验过程中测得北拱肋在 0、26.5kN、37.1kN 荷载下对应的模态频率值分别为 4.08Hz、3.84Hz、3.79Hz,轴线有几何偏差的北拱肋无损伤时的模态频率值经计算为 $f_{per} = 5.378$Hz,因而可推算出 $a_1/P_u^2 = -3.681 \times 10^{-5}$,$a_2/P_u = 4.084 \times 10^{-3}$,$a_3 = 1.3178$。由于对北拱肋破坏时的频率值 f_u 没有进行实测,现假定 $f_u = 0.7 f_{per} = 3.765$Hz,可推得 $P_u = 63.69$kN,而试验得到的承载能力为 68kN,误差为 6.3%。

以上给出了利用模态频率与荷载之间的二次函数模型进行钢筋混凝土拱极限承载能力预测的计算过程。实际应用中二次函数模型是否具有较高的精度,f_u 取为 f_{per} 的 0.7 倍是否合适,还需通过较多的试验数据来进行验证。

参 考 文 献

[1] Nowak A S,Kim S J,Stankiewicz P R. Analysis and diagnostic testing of a bridge. Computers & Structures,2000,77(1):91~100.

[2] Brownjohn J M W,Moyo P,Omenzetter P,et al. Assessment of highway bridge upgrading by dynamic testing and finite element model updating. Journal of Bridge Engineering,2003, 8(3):162~172.

[3] 交通部第二公路勘察设计院. 公路旧桥承载能力鉴定方法(试行). 北京:人民交通出版社,1988.

[4] 崔军,贺拴海,宋一凡. 基于裂缝特征的钢筋混凝土板式结构评估研究. 中国公路学报, 2001,14(2):58~60.

[5] 王春生,陈惟珍,陈艾荣. 桥梁损伤安全评定与维护管理策略. 交通运输工程学报,2002, 2(4):21~28.

[6] 王有志,王广洋,任锋,等. 桥梁的可靠性评估与加固. 北京:中国水利电力出版社,2002.

[7] 牛荻涛. 混凝土结构耐久性与寿命预测. 北京:科学出版社,2003.

[8] 王彩华,宋连天. 模糊论方法学. 北京:中国建筑工业出版社,1988.

[9] 刘普寅,吴孟达. 模糊理论及应用. 长沙:国防科技大学出版社,1998.

[10] 赵焕臣,许树柏,和金生. 层次分析法. 北京:科学出版社,1986.

[11] 张建仁,王磊. 既有钢筋混凝土桥梁构件承载力估算方法. 中国公路学报,2006,19(2): 49~55.

[12] 中国工程建设标准化协会. CECS 02:2005　超声回弹综合法检测混凝土强度技术规程. 北京:中国计划出版社,2001.

[13] 蒋友宝,张建仁,刘扬. 钢筋混凝土拱肋破坏过程中的模态变化. 中南大学学报,2012, 43(1):338~345.

[14] 叶见曙,张峰. 预应力混凝土连续箱梁开裂后的刚度退化模型. 中国公路学报,2007, 20(6):67~72.

[15] 蒋友宝,冯健,孟少平. 结构损伤识别中模态跃迁的研究. 工程力学,2006,23(6):35~ 40,76.

[16] 赵华. 钢筋混凝土拱的承载能力研究. 中南公路工程,2004,29(1):24~27.

第6章 服役旧桥整桥破坏性试验

6.1 模拟超限车载作用试验研究

随着国家经济与公路交通建设的迅速发展,公路运输作为客货流通的主要途径之一得到了显著发展。但目前公路运输市场中的无序竞争、恶性竞争,以及车辆超载超限运输的情况非常严重,其中超限车辆由于车辆荷载超过甚至远远高于公路限载,对公路中的桥梁形成了极大的威胁。车辆超限往往引起桥梁变形过大、严重开裂、刚度削弱、耐久性下降,严重超限甚至直接致使桥梁垮塌,造成巨大的生命财产损失,因此,车辆的超限运输已经成为公路桥梁安全运营的最严重威胁之一。近年来由于车辆超限造成桥梁垮塌的事故时有发生,更有大量桥梁频繁经历超限车载,虽未垮塌但已存在严重结构隐患。这些桥梁的承载性能尤其是在进一步的超限车载作用下的结构反应,成为工程人员关注的焦点。另外,除超限车载外,长期服役过程中材料自然老化、环境侵蚀等因素都将引起桥梁结构性能退化。既有桥梁的受力性能及极限承载能力分析与评估是一个世界性的科研课题,近年来随着旧桥垮塌事故的增多,这一方向的研究力度也在增大。

开展上述研究最直接有效的方法是进行实际桥梁的破坏性试验,但这种试验费用高昂、代价巨大、试验难度大且试验机会难以获取,即使是较为发达的西方国家这种试验也实施得非常少。目前关于超限车载作用的试验仅在国外实施了有限的几次[1~4],国内暂未开展相关研究。以桥梁极限性能为研究对象的破坏试验国际上也仅有美国、瑞典、挪威等少数几个国家进行过极为有限的实桥破坏性试验[5~10]。我国曾于2005年在沪宁高速上进行过两座预应力钢筋混凝土桥梁的破坏性试验[11,12]。本章借助湖南省省道209长沙市境内的南坪桥计划拆除重建的机会,对拆除前的旧桥进行了模拟超限车载作用以及极限荷载作用的整桥破坏性试验研究[13]。

6.1.1 初始检测

试验对象南坪桥位于湖南省省道209长沙市境内,为三跨斜交钢筋混凝土简支Ⅱ形梁桥(图6-1),建于1964年12月,至今服役已超过43年。该桥单跨长度13.3m,全长40m,车流量较大,其原设计荷载等级为汽-15,但在运营期间经历了大量超过原公路设计荷载等级汽-20的重车荷载。在进行模拟超限车载试验之前较为全面地调查了南坪桥的结构尺寸、线型、混凝土强度、配筋参数、病害损伤等情况。初始检测调查结果表明,南坪桥三跨简支结构中位于娄底方向的边跨病害损伤最为严重,因此本节选择了该跨简支梁结构作为试验对象。

图 6-1 南坪桥

1. 桥梁结构尺寸及配筋

南坪桥为三跨斜交简支梁结构,单跨长度均为 13.3m,桥墩方向与车辆行进方向成 65°,垂直车辆行进方向的宽度为 6.4m,平行桥墩方向的宽度为 7m。每跨简支梁均由 6 片 Ⅱ 梁组成,中 Ⅱ 梁宽度为 100cm,高度为 99cm,两片梁肋宽度为 17cm,翼板厚度为 30cm,边 Ⅱ 梁结构尺寸与中 Ⅱ 梁相同,但在桥梁外缘设有一 20cm 长的挑耳。所有 Ⅱ 梁的纵向受力钢筋为 8φ32mm+4φ25mm 的光圆钢筋,箍筋为 10@200mm,另外设有间距为 30cm 左右的 φ16mm 纵向架立钢筋,具体尺寸如图 6-2 所示。

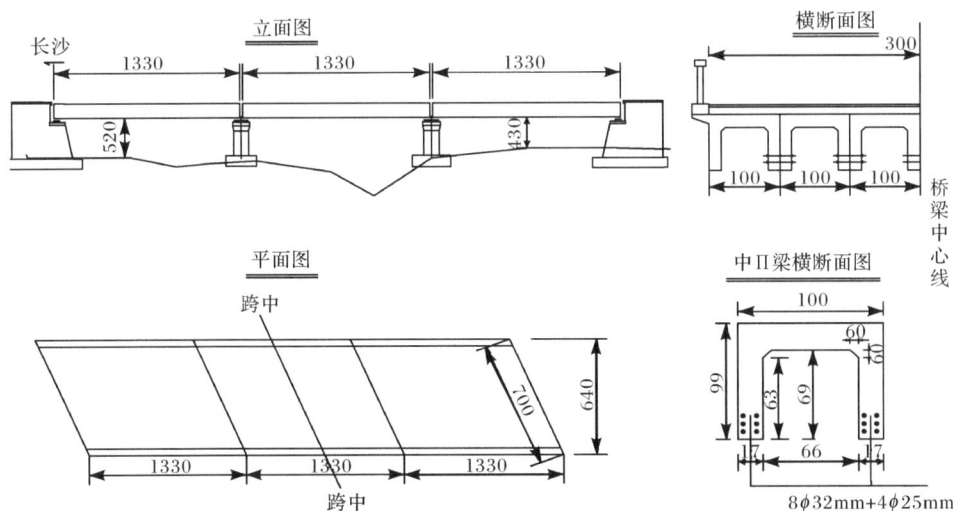

图 6-2 南坪桥结构尺寸及纵向配筋(单位:cm)

　　为便于分析,对试验跨 6 片 II 梁从上游开始依序分别编为 1#～6# 梁,II 梁 2 根梁肋中位于上游一侧编为 A 肋,下游一侧编号为 B 肋,其他部分均以此为准。

2. 材料强度检测试验

　　前期检测工作中课题组采用回弹法测试了试验跨梁体混凝土强度,破坏性试验完成之后对梁体混凝土钻芯取样,进行了混凝土抗压强度、弹性模量测试,同时还对 II 梁受力主筋进行了采样试验,如图 6-3 和图 6-4 所示。试验结果表明,桥梁混凝土圆柱体抗压平均强度为 37.4MPa,钢筋拉伸平均强度为 306MPa,屈服强度为 224MPa(表 6-1)。

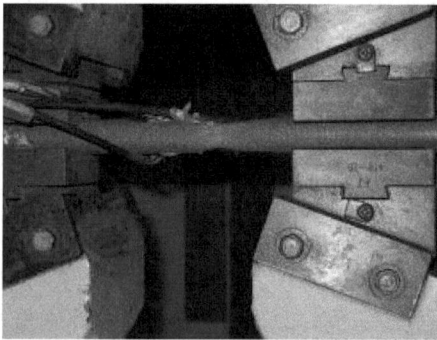

图 6-3　钢筋材料性能试验　　　　图 6-4　混凝土钻芯材料性能试验

表 6-1　试验桥跨材料强度

材料	屈服强度/MPa	极限强度/MPa	平均模量/GPa
混凝土	—	37.4	—
钢筋	224	306	184

3. 桥梁横向连接布置

　　南坪桥 II 梁之间共有 5 道横隔板,但横隔板未拉通形成 II 梁之间的横向连接。每片中横隔板的两侧均有 2 根 φ25mm 螺栓穿过分属两片 II 梁的梁肋将其连接起来,端横隔板靠跨中一侧同样有 2 根相同规格的连接螺栓,因此每两片 II 梁之间的横向连接是由 20 根 φ25mm 螺栓组成,如图 6-5 所示。

4. 结构开裂及裂缝分布

　　试验开展之前的检测调查显示,试验跨梁结构已经严重开裂(表 6-2),该跨 6 片 II 梁 12 片梁肋共计发现 458 条裂缝。裂缝分布趋势为:3#、4# 两片中梁裂缝数量显著多于其他 II 梁,其中 4# 梁 A 肋裂缝数量最多达到 65 条裂缝,平均裂缝

图 6-5　Ⅱ梁间横向连接

间距为 17.23cm,最大裂缝宽度为 0.15mm;3#梁 2 肋共有裂缝 121 条,最大裂缝宽度达到了 0.2mm;1#梁、6#梁两片边梁的裂缝数量显著少于另外Ⅱ梁,其中 6#梁的裂缝数量仅为 36 条,裂缝宽度也小于其他Ⅱ梁。结合外观检测结果,6#梁钢筋锈胀引起钢筋-混凝土间的黏结削弱这一因素是其裂缝数量远少于其他各梁的重要原因。

表 6-2　试验桥裂缝分布

Ⅱ梁编号	梁肋编号	裂缝数量	平均间距/cm	最小间距/cm	最大裂缝宽度/mm
1#	A	17	51.25	5	0.14
	B	39	25.64	5	0.14
2#	A	31	29.70	11	0.09
	B	37	27.57	4	0.17
3#	A	62	18.39	6	0.20
	B	58	18.64	7	0.20
4#	A	65	17.23	5	0.13
	B	51	17.25	9	0.15
5#	A	36	28.89	8	0.10
	B	26	26.92	8	0.19
6#	A	22	29.30	6	0.18
	B	14	44.70	16	0.24

5. 混凝土碳化

混凝土碳化抽样测试结果显示(表 6-3):边梁碳化深度较中梁大,梁肋底部碳化深度较上部大,其中 3#梁的平均碳化深度和最大碳化深度均最小,从 3#梁至

$5^{\#}$梁混凝土的碳化深度呈现递增趋势,但 $2^{\#}$梁的碳化深度也较大,总体上表现出边梁的碳化深度较中梁大,梁肋底部碳化深度较上部大。

表 6-3　试验桥跨混凝土碳化深度抽样

Ⅱ梁编号	梁肋编号	平均碳化深度/mm	最大碳化深度/mm
$2^{\#}$	A	3.28	3.9
	B	2.88	4.0
$3^{\#}$	A	2.74	3.1
	B	2.91	3.5
$4^{\#}$	A	3.81	4.4
	B	3.67	4.6
$5^{\#}$	A	3.46	4.4

6. 钢筋锈蚀及混凝土剥落

采用钢筋锈蚀仪对梁肋的抽样测试结果表明,肋下部钢筋锈蚀程度较上部大,边肋钢筋锈蚀程度较内肋严重,这是由于内肋处于相对封闭的环境,而外肋受环境影响更大一些,同时桥面积水有相当部分沿边梁外肋侧面排下,致使边肋钢筋锈蚀严重。本章的外观检测结果也证实了这一点:$1^{\#}$、$6^{\#}$两根边梁外肋侧面均有积水冲刷的明显污迹,同时 $6^{\#}$梁外肋出现了较大范围由钢筋锈胀引起的混凝土剥落,钢筋直径测试表明底排暴露钢筋有效直径为 30mm,截面损失率达到12.1%,如图 6-6 和图 6-7 所示。

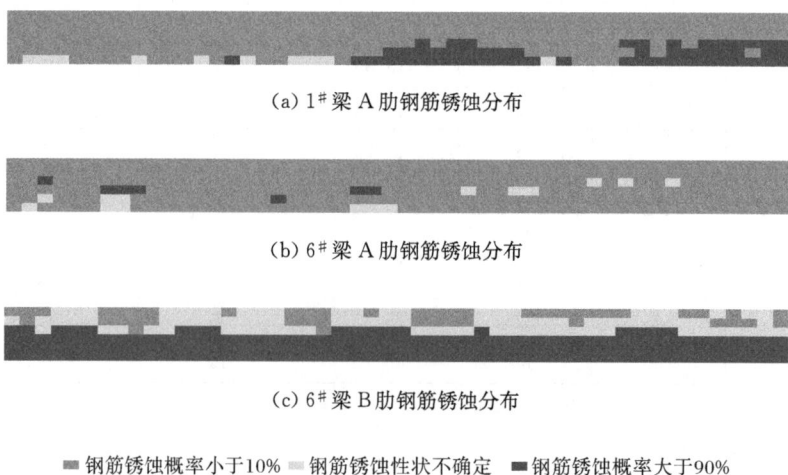

(a) $1^{\#}$梁 A 肋钢筋锈蚀分布

(b) $6^{\#}$梁 A 肋钢筋锈蚀分布

(c) $6^{\#}$梁 B 肋钢筋锈蚀分布

■ 钢筋锈蚀概率小于10%　■ 钢筋锈蚀性状不确定　■ 钢筋锈蚀概率大于90%

图 6-6　钢筋锈蚀分布

图 6-7　钢筋锈蚀引起混凝土剥落

7. 常规荷载试验

实施模拟超限车载试验之前,为评估试验桥梁的受力性能,以及验证车载模拟的有效性,本节进行了汽-15 级(原设计荷载)的实车荷载试验。加载重车吨位为 20t、24t。

按照计算结果确定最不利荷载位置,分别进行了上游单侧车道加载、两车道对称加载、下游单侧车道加载等工况的荷载试验,如图 6-8 所示。

图 6-8　实际 20t 重车的荷载试验

6.1.2　整体破坏性试验

1. 试验方案

1) 试验工况

试验中被模拟的超限车辆车型为 2 轴车、3 轴车,其额定质量分别为 20t、30t,

车辆荷载作用位置如图 6-9 所示,模拟车载试验的工况见表 6-4。其中 1.33 倍车辆荷载为考虑了冲击系数(0.33)的车载模拟。每一加载工况完成后均需完全卸载并测试结构反应后再开展下一加载工况的试验。试验工况 1.1~试验工况 1.3 与之前车辆荷载试验的荷载及分布相同,以比较真实车载与模拟车载作用下的结构反应;由于下游侧 II 梁钢筋锈蚀及混凝土剥落更为严重,试验工况 2.3、试验工况 2.4 原计划均为下游偏载,但在试验工况 2.1、试验工况 2.2 中发现相同偏载作用下上游侧 II 梁变形更大,因此调整为上游偏载。

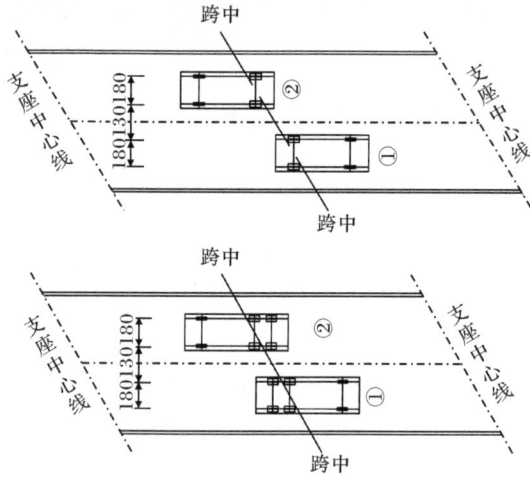

图 6-9　模拟 20t、30t 重车荷载布置(单位:cm)

表 6-4　模拟超限车载试验工况

试验工况	模拟车载	单个千斤顶荷载/kN	对应标准重车荷载
1.1	两轴重车上游单侧车道加载	30(前),70(后)	1 倍 20t 重车
1.2	两轴重车两车道加载	30(前),70(后) 40(前),80(后)	1.1 倍 20t 重车
1.3	两轴重车下游单侧车道加载	40(前),80(后)	1.2 倍 20t 重车
1.4	两轴重车下游单侧车道加载	60(前),140(后)	2 倍 20t 重车
1.5	两轴重车下游单侧车道加载	90(前),210(后)	3 倍 20t 重车
1.6	两轴重车两车道加载	60(前),140(后)	2 倍 20t 重车
1.7	两轴重车两车道加载	90(前),210(后)	3 倍 20t 重车
2.1	三轴重车下游单侧车道加载	39.9(前),79.8(后)	1.33 倍 30t 重车
2.2	三轴重车上游单侧车道加载	39.9(前),79.8(后)	1.33 倍 30t 重车
2.3	三轴重车上游单侧车道加载	60(前),120(后)	2 倍 30t 重车
2.4	三轴重车上游单侧车道加载	90(前),180(后)	3 倍 30t 重车

试验工况	模拟车载	单个千斤顶荷载/kN	对应标准重车荷载
3.1	三轴重车两车道加载	39.9(前),79.8(后)	1.33 倍 30t 重车
3.2	三轴重车两车道加载	60(前),120(后)	2 倍 30t 重车
3.3	三轴重车两车道加载	60(前),120(后)	2 倍 30t 重车
3.4	三轴重车两车道加载	60(前),120(后)	2 倍 30t 重车
3.5	三轴重车两车道加载	90(前),180(后)	3 倍 30t 重车
3.6	三轴重车两车道加载	90(前),180(后)	3 倍 30t 重车
3.7	三轴重车两车道加载	90(前),180(后)	3 倍 30t 重车
3.8	三轴重车两车道加载	114(前),228(后)	3.8 倍 30t 重车

2) 加载方案

根据试验设计荷载工况,计划施加的最大试验荷载将为 2000kN 左右,在现场条件下设计实施具有足够加载能力的加载系统且保证足够安全可靠,成为非常关键的工作。课题组先后考虑了重物堆载、水箱加载、制作抗拔反力桩、桥下反力梁等加载方案,最终确定了桥下配重箱作反力基础、桥面上采用千斤顶加载的方案。这一方案有如下优点:①如果试验过程中出现意外情况,千斤顶在结构出现不可收敛变形时可自动卸载,人员和设备的安全性可以得到保证;②可以通过较为自由的布置、调整反力螺杆、千斤顶等加载装置的安装位置,从而实现灵活布置加载位置、加载吨位,以模拟不同轴距、不同重量的重车加载。

加载系统设计为:在试验桥跨下制作外缘尺寸 900cm×900cm×250cm,内部承放约 3100kN 卵石的型钢骨架配重箱,作为加载系统的反力基础。在桥面上根据 2 轴车、3 轴车的最不利布载车轮位置钻孔并安装 φ50mm 高强螺杆穿过桥面,螺杆下部锚固于配重箱底部型钢骨架上,顶部与桥面上的反力钢梁连接,利用安装于反力梁下的千斤顶对桥面施加荷载以模拟超限车辆的车轮荷载。配重箱重量超过设计试验荷载,因此整个加载过程中配重箱将始终坐落于桥下河床地面,以避免出现配重箱离开地面后的倾斜乃至损坏。加载方案如图 6-10 和图 6-11 所示。

3) 测试方案

为了尽可能系统全面反映实桥结构在现场荷载作用下受力全过程的结构反应,把握真实桥梁结构的受力性能,本节试验的测试内容包括:关键截面受压、受拉区边缘混凝土应变;测试截面沿高度的混凝土应变分布;沿梁全长的变形曲线;墩台基础沉降;关键截面纵筋应变;剪弯段混凝土应变;裂缝变化发展趋势等。

(1) 变形测试。本节试验的变形测试同时使用了电测式位移计、百分表、高精度水准仪,其中位移计、百分表测点布置方案根据对称原则设计,如图 6-12 所示,在每个测点同时布置百分表及位移计。

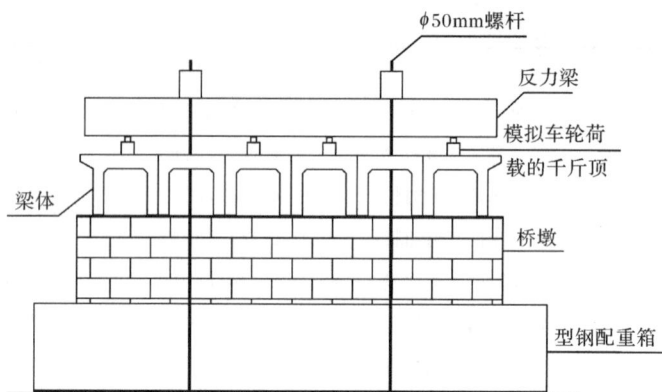

图 6-10　加载方案示意图

图 6-11　加载系统全貌

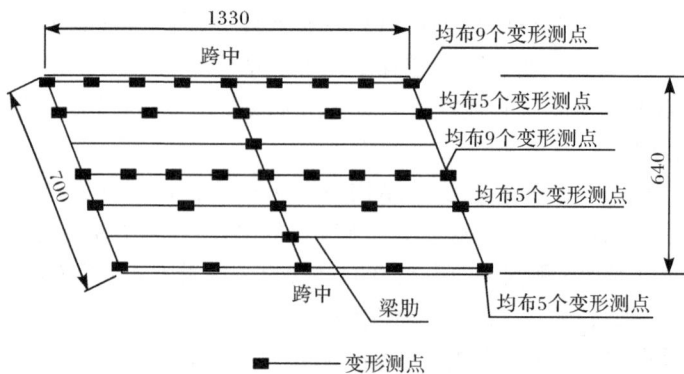

图 6-12　位移计、百分表测点布置(单位:cm)

图中靠中线的 5 道实线代表 10 片梁肋。位于桥中线的 3# 、4# 梁的相邻梁肋与钢筋锈蚀最严重的 6# 梁 B 肋测点布置密度最大。所有百分表与位移计均布置在梁肋底部,因此在桥下搭设了与结构及配重箱完全独立的仪器平台。水准仪的测点包括每片梁肋的跨中截面,以及部分梁肋 1/4 截面、3/4 截面。

(2) 钢筋应变测试。钢筋应变测点同样利用结构对称性来布置,以期用较少的测点取得尽可能多的试验数据,具体钢筋应变测点布置如图 6-13 所示,其中在每片梁肋底排的 2 根钢筋上各布置一个 5mm×3mm 的电阻应变片。

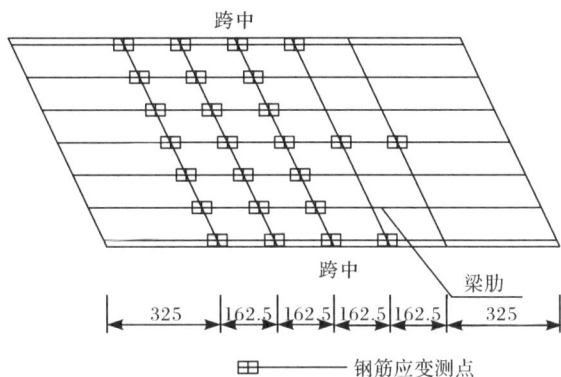

图 6-13　钢筋应变测试布置(单位:cm)

(3) 混凝土应变测试。混凝土应变测试内容包括:Ⅱ 梁 1/2 截面、1/4 截面、3/4 截面布置 5～7 个 100mm×3mm 电阻应变片以测试沿截面高度的应变变化;每片 Ⅱ 梁跨中截面翼板内埋入振弦应变计以测试混凝土压应变;1/2 截面、1/4 截面梁肋底部布置振弦应变计与千分表以测试底缘混凝土拉应变。

4) 其他准备工作

(1) 安全保障。试验采取的千斤顶加载方式在结构破坏出现大变形时能够自动卸载,试验桥梁的光圆钢筋拥有足够的延性,能够避免结构的断裂破坏,上述因素减小了试验过程中的人员设备安全风险,但本节试验仍采取了安全保障措施:在配重箱内 Ⅱ 梁下方砌筑了 12 个 400mm×400mm 的配筋砌体方柱,以保证在结构出现突然垮塌时能起到承托试验结构的作用。

(2) 结构处理。为简化结构分析时所面临的复杂性,消除难以评估的赘余约束对试验桥的影响,试验开始之前采取了一系列措施:拆除了部分桥面护栏以消除其对结构抗弯的贡献;清除了试验跨与相邻跨、桥台之间接缝内的填充物以使试验跨可以自由变形;清除了约 1/2 桥面面积(跨中附近)的桥面铺装层。

为使千斤顶对桥面的压应力分布与车辆轮胎的作用较为接近,在千斤顶与桥面之间安放了 25cm×25cm×3cm、50cm×25cm×3cm 的钢垫板以分别模拟前轴轮胎、后轴轮胎的作用面。

2. 试验现象及主要结果

1) 真实、模拟车载结构反应比较

为了考察加载方式对真实车辆荷载模拟的有效性,进行了与之前的真实车载试验基本相同的模拟车载(试验工况 1.1~试验工况 1.3)试验。图 6-14、图 6-15分别给出了相同的真实及模拟车载作用下试验结构跨中变形及钢筋应变沿横向截面的分布。

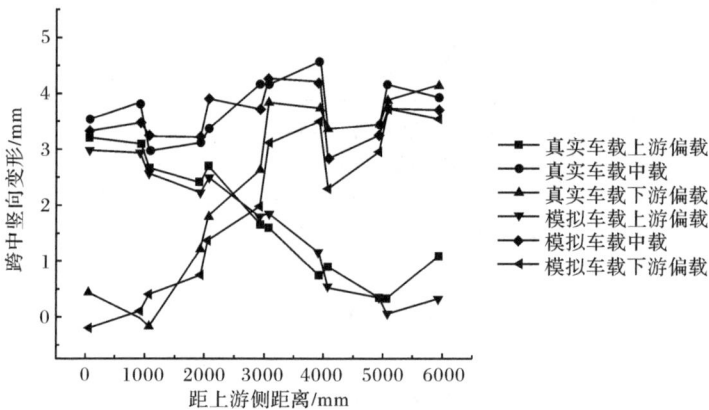

图 6-14　模拟 20t 车载结构变形比较

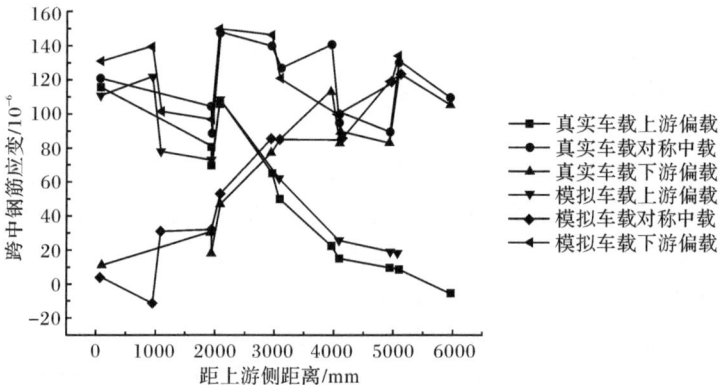

图 6-15　模拟 20t 车载结构钢筋应变比较

图中实线代表真实车载下的结构反应分布,虚线代表模拟车载作用时结构反应,其中真实车载试验时未能获得 1# 梁 B 肋及 2# 梁 A 肋的数据,故真实车载的钢筋应变曲线的形状与模拟车载应变曲线存在一定不同(距上游侧 0~2000mm区域)是缺乏相应数据点造成的。

从真实模拟车载作用下的变形、钢筋应变曲线比较来看,各对应荷载作用下的结构反应数值较为接近,且各对应工况的曲线分布及形状也基本相同,从而表明试验实施的车载施加方式能有效地模拟实际的车辆荷载,便于考察超限车载作用下的结构反应。

2) 模拟超限 20t 重车荷载试验

图 6-16 给出了在试验桥面下游侧车道布置不同荷载的单辆重车时的结构跨中截面竖向变形,图中曲线各点对应 6 片 II 梁各梁肋的跨中变形。图形显示总体上从上游侧向下游侧 6 片 II 梁的跨中变形逐渐增大,同一片 II 梁的下游侧梁肋变形也大于上游侧,但由于模拟重车的车轮荷载分别作用于 4# 梁与 6# 梁,而试验桥的横向连接较弱,因此在试验工况 1.3 时 4# 梁的跨中变形大于 5# 梁,且相邻梁肋之间出现较明显的变形差,其中以 3# 梁 B 肋与 4# 梁 A 肋、4# 梁 B 肋与 5# 梁 A 肋两组相邻肋之间的变形差最为显著。试验工况 1.3 时结构最大变形出现在 6# 梁 A 肋,但后两种工况下最大变形转移至 6# 梁 B 肋,试验工况 1.6 时结构最大变形达到 8.94mm。

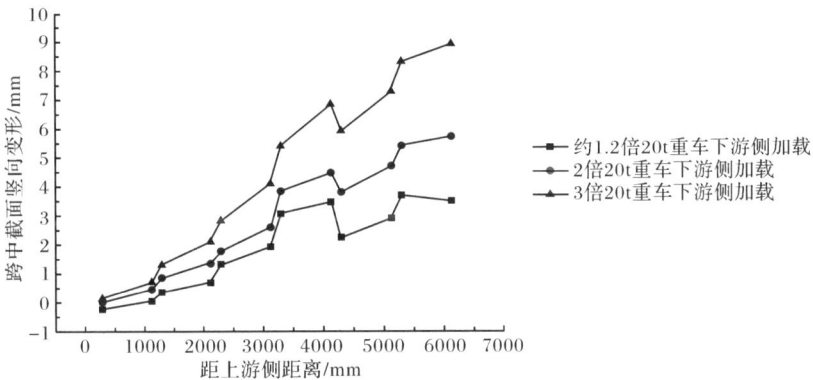

图 6-16　20t 重车下游侧车道加载结构变形

图 6-17 绘出了相应试验工况下沿结构横向的顶部混凝土压应变分布曲线,可以看到该曲线形状与结构变形曲线基本相同,4#、5# 梁翼板中部混凝土压应变非常接近,6# 梁肋顶部的混凝土压应变显著大于梁翼板中部压应变。

图 6-18 绘出了试验桥两车道对称作用不同荷载水平的两辆 20t 重车时的结构跨中变形横向分布曲线。

可以看到较弱的横向连接造成了各构件变形间的显著差异,模拟车轮荷载未直接作用的 2#、5# 梁其跨中变形明显小于其他承受车轮荷载的构件,相邻肋之间的最大变形差出现在 4# 梁 B 肋与 5# 梁 A 肋之间,并且肋之间的变形差异随着荷载增大而发展。在对称分布的模拟车载作用下,横向对称的 1# 梁与 6# 梁变形基本相当,但横向连接的不同使 2# 梁变形显著大于 5# 梁,而承受相同荷载的 3#、4# 梁也由于向相邻梁传递的荷载不同而出现 4# 梁变形明显大于 3# 梁。另外注意

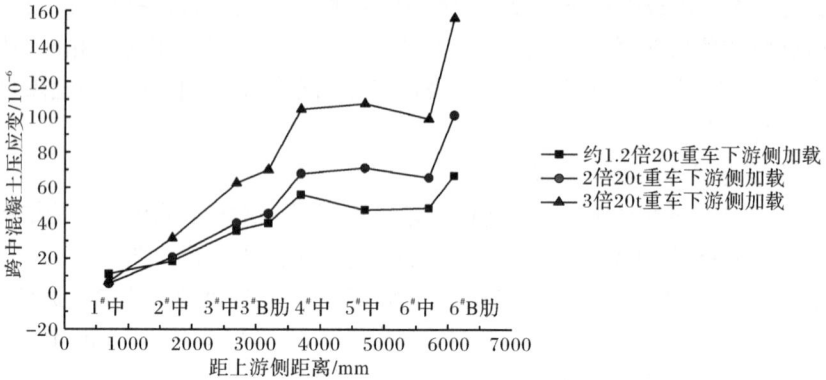

图 6-17　20t 重车下游侧车道加载结构混凝土压应变

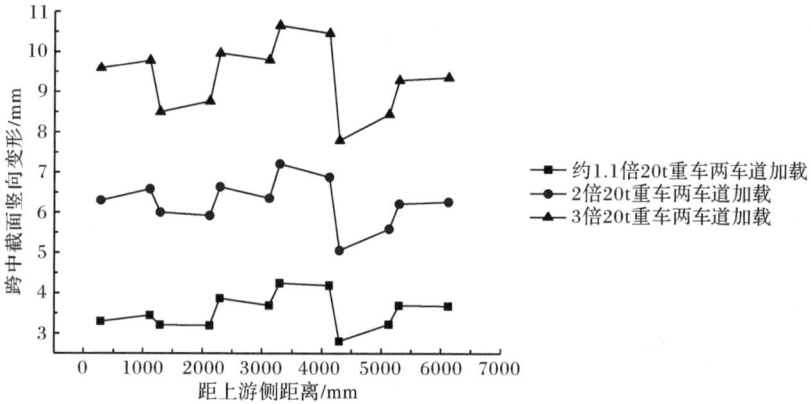

图 6-18　20t 重车两车道加载结构变形

到,由于两根边肋顶部高度为 200mm 的安全带提供了一定抗压贡献,1# 梁 B 肋变形始终大于 A 肋,但 6# 梁随着模拟车载的增大 A 肋变形由大于 B 肋转变为小于 B 肋,6# 梁 B 肋的钢筋严重锈蚀及混凝土剥落应是这种变化的主要影响因素。

图 6-19 给出了这种工况荷载作用下各构件的顶部混凝土压应变横向分布,与变形对应的是最大的压应变始终出现在 4# 梁中部,3# 梁翼板中部的混凝土压应变略小于梁肋,但 6# 梁翼板中部的混凝土压应变显著小于梁肋,也小于其他构件。

图 6-20 为 20t 重车对称布置时的跨中截面钢筋应变横向分布曲线,能够看出这些曲线与竖向变形分布曲线呈现出较显著的一致性,相邻梁肋间钢筋应变的明显差值与变形横向分布较为吻合,反映出由于横向连接较弱致使不同构件的结构反应有较大差距。图 6-21 为相同试验工况下的荷载倍比系数与部分构件变形间的关系(荷载倍比系数指施加荷载与标准重车荷载的倍数关系),反映出结构变形

与荷载呈线性关系。

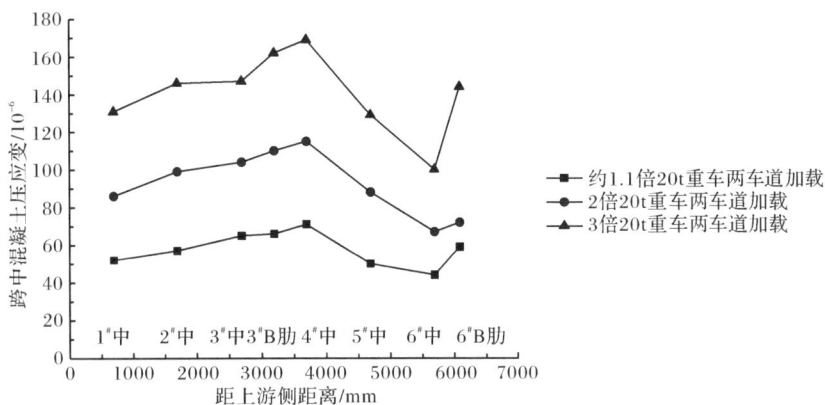

图 6-19　20t 重车两车道加载结构混凝土压应变

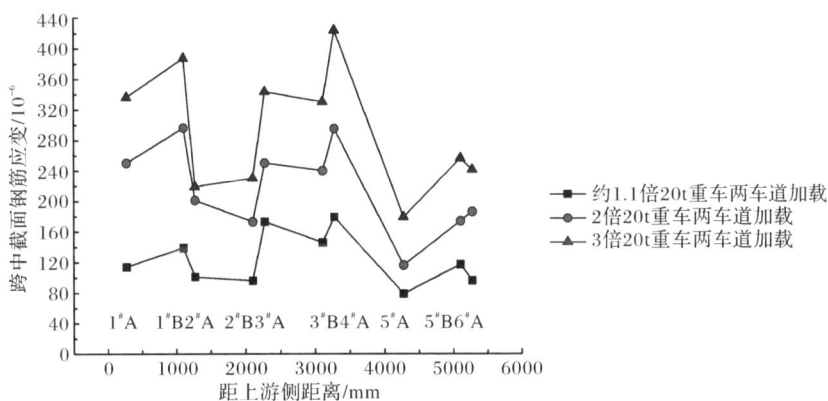

图 6-20　20t 重车两车道加载结构钢筋应变

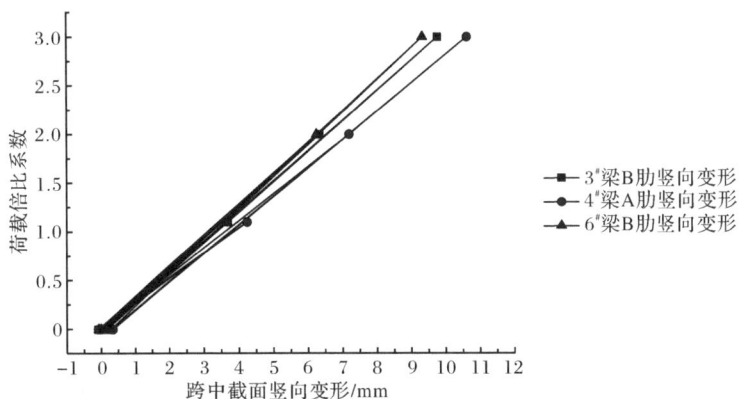

图 6-21　20t 重车两车道加载荷载倍比系数-变形曲线

3) 模拟超限 30t 重车荷载试验

图 6-22、图 6-23 分别为单辆 1.33 倍、2 倍以及 3 倍 30t 的重车荷载作用在试验桥下游及上游车道时(试验工况 2.1～试验工况 2.4)的结构变形及混凝土压应变,其中 1.33 倍 30t 重车荷载为考虑了汽车冲击作用的 1 倍汽车荷载(计算与测试得到试验桥的汽车冲击系数为 0.33)。原试验方案中考虑到 6# 梁的初始损伤非常严重,故计划将 2 倍及 3 倍的 30t 重车荷载均作用于下游车道,但在试验过程中发现 1.33 倍荷载作用于上游车道时的结构最大变形略大于作用于下游车道时,因此改变试验计划将 2 倍、3 倍重车荷载作用于上游车道。

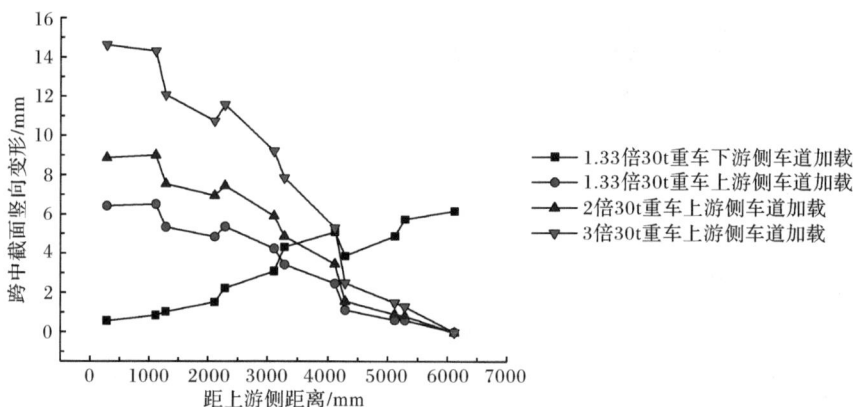

图 6-22　30t 重车单侧车道加载结构变形

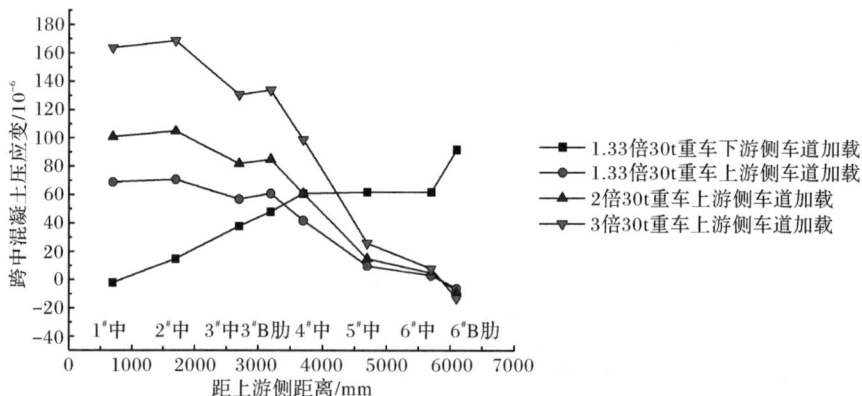

图 6-23　30t 重车单侧车道加载结构混凝土压应变

可以看到,随着作用于上游车道的荷载增大,结构最大变形位置由 1# 梁 B 肋转移至 A 肋,同时 1# 梁 B 肋与 2# 梁 A 肋之间的变形差也显著增大。混凝土压应变与受拉钢筋应变的横向分布图形与结构变形非常相似,直接承受模拟车轮荷载的Ⅱ梁钢筋应变显著大于相邻未直接承载的构件。模拟车载为 3 倍 30t 重车时，结构最大变形为 14.66mm，混凝土压应变最大值为 $169×10^{-6}$，钢筋应变达到 $543×10^{-6}$，为其屈服应变($1241×10^{-6}$)的 43.8%。图 6-24 为试验工况 2.1～试验工况 2.4 作用下的钢筋应变横向分布，可以看出钢筋应变曲线与变形横向分布曲线形状非常类似，但相邻梁肋之间的应变差值非常显著，$2^{\#}$梁 B 肋与 $3^{\#}$梁 A 肋之间的钢筋应变差值达到 $213×10^{-6}$。

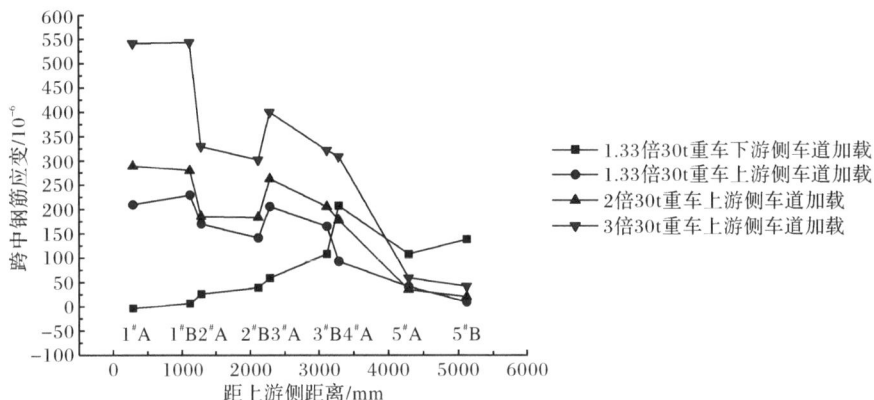

图 6-24　30t 重车单侧车道加载结构钢筋应变

图 6-25～图 6-27 分别为在不同倍数 30t 重车荷载两车道对称加载下的沿截面横向分布的结构反应曲线。

试验过程中分别进行了 2 倍、3 倍 30t 重车荷载的 3 次循环加载(试验工况 3.2～试验工况 3.7)，观察在超限车载循环作用下结构反应的发展情况。另外在最后一种试验工况 3.8 中将两车道模拟车载按比例提高直至结构最大变形达到 $L/600$，考察试验桥达到允许变形限值时所能承受的最大车载，试验结果表明结构达到变形限值时对其施加的模拟车载约为 3.8 倍的两车道 30t 重车荷载。

第一次施加 3 倍 30t 两车道车载时，桥面跨中区域内 $2^{\#}$梁 B 肋、$3^{\#}$梁 A 肋，$4^{\#}$梁 B 肋、$5^{\#}$梁 A 肋之间由于过大的变形差值出现了明显的裂缝，如图 6-28 所示。从图中曲线来看，各构件仍然由于相互间的横向连接较弱而表现出相邻构件(梁肋)间结构反应的显著差异。与 20t 重车两车道加载相同，结构最大变形一直出现在 $4^{\#}$梁，但自试验工况 3.2 起结构最大变形即由 $4^{\#}$梁 A 肋转移至 B，与之对应 $4^{\#}$梁的混凝土压应变、钢筋应变始终大于其余所有构件。试验工况 3.1 时(1.33 倍 30t 重车两车道加载)结构最大变形为 7.56mm；试验工况 3.2 时结构最大变形为 10.78mm；试验工况 3.5 时结构最大变形达到 16.8mm，为单车道作用相同荷载时的 115%，对应的最大混凝土压应变达到 $309×10^{-6}$，钢筋最大应变达到 $626×10^{-6}$；3 种水平的两车道超限车载作用下最大变形分别为对应的单车道车载的 115%～119%。最大荷载的试验工况 3.8 时结构最大变形达到 22.73mm，混凝土压应变为 390×10^{-6}，钢筋应变达到 829×10^{-6}（屈服应变的 66.8%）。

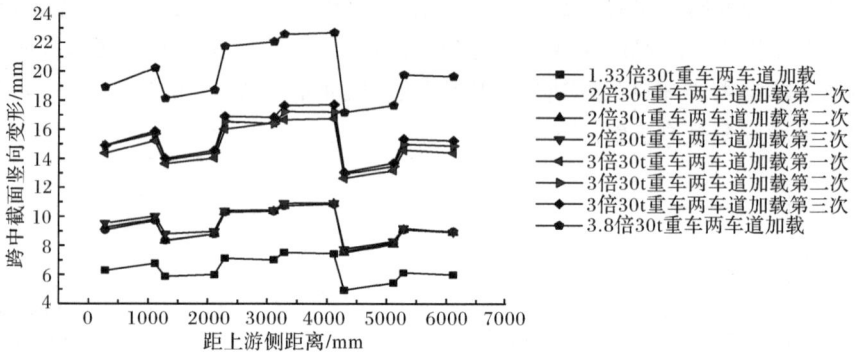

图 6-25　30t 重车两车道加载结构变形

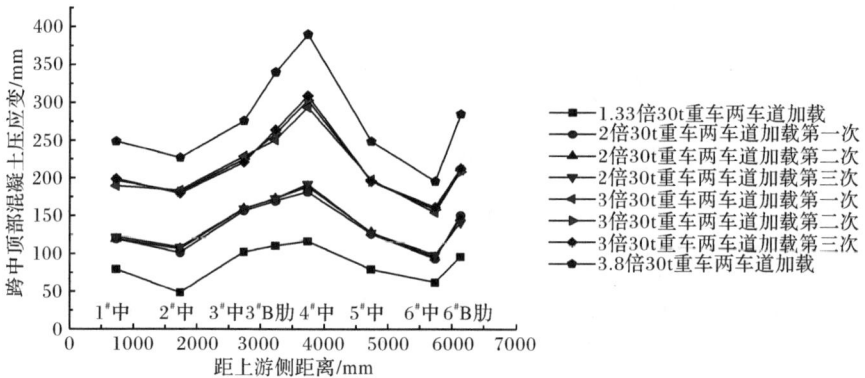

图 6-26　30t 重车两车道加载结构混凝土压应变

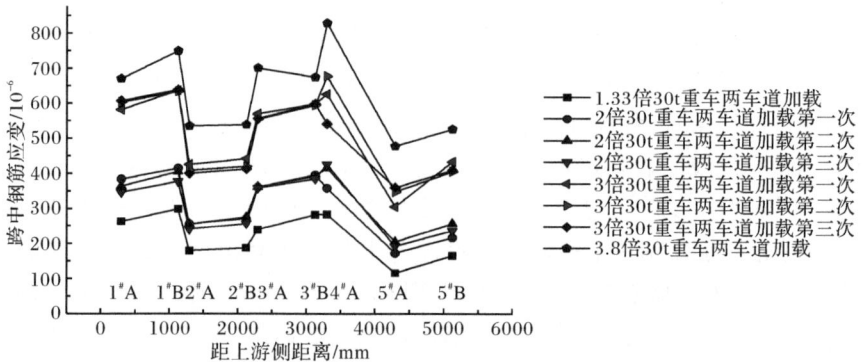

图 6-27　30t 重车两车道加载结构钢筋应变

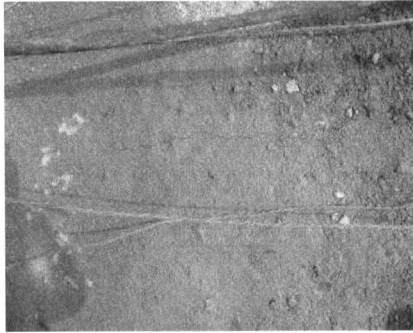

图 6-28　相邻 II 梁变形差引起桥面裂缝

　　从图 6-25、图 6-27 中可看出,与 20t 重车的两车道加载不同,3#、4# 梁的相邻肋变形差明显减小,但试验工况 3.8 时两相邻梁肋钢筋应变差距较大。随着模拟车载提高,各构件顶部混凝土压应变的差值逐渐增大,压应变分布曲线趋向尖锐。各曲线图表明,在模拟车载的循环加载过程中,试验结构在相同荷载下的作用反应及残余反应随着加载次数的增加均有一定发展,2 倍 30t 重车荷载引起的这一发展较小,但 3 倍 30t 车载循环所引起的结构反应增长显著大于 2 倍 30t 重车,表明较大的模拟车载对结构的反复作用引起了结构的损伤累积,荷载越大损伤累积越明显。

　　图 6-29 为在该系列试验工况中代表性构件的荷载倍比系数与结构变形之间的关系,从图中也可看出,随着荷载循环次数的增加,结构变形及残余变形不断发展,另外需注意各构件的 2 倍 30t 的荷载系数-变形曲线与 1.33 倍 30t 的曲线斜率基本相同,表明此时结构反应仍在弹性范围内,但 3 倍 30t 模拟车载时的曲线开始明显向右侧倾斜,3.8 倍 30t 模拟车载时荷载系数-变形曲线的斜率更小,表明结构开始进入非线性工作阶段,随着荷载增加结构反应的发展速度逐渐提高。这一现象表明,对于试验桥来说,两车道的 3 倍 30t 超限重车已使其产生了明显的损伤,其受力性能进入非线性阶段。

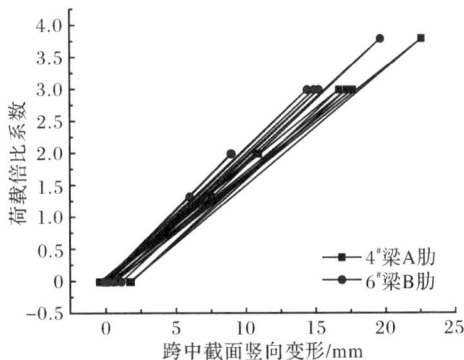

图 6-29　部分构件荷载倍数-变形曲线

4) 横向连接与荷载分布

试验桥的横隔板未拉通,20 根 ϕ25mm 螺纹钢筋构成了各片 Ⅱ 梁之间的横向连接,起着对荷载进行横向分布的作用。这种横向连接较弱,因此直接承受车载的构件结构反应显著大于未直接承担荷载的构件。不同超限车载作用下横向连接传递分布荷载的能力是我们所关注的问题,图 6-30 给出了两车道的不同类型重车荷载作用下,与相邻梁肋变形差值较大的 2# 梁 B 肋与 5# 梁 A 肋的荷载倍比系数-变形曲线。

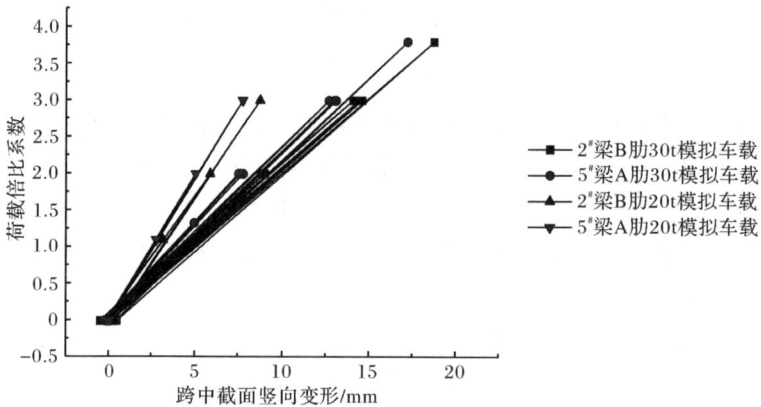

图 6-30　部分相邻梁肋荷载倍数-变形曲线

从图 6-30 可以看到,通过横向连接承受车载的构件其变形与荷载倍比系数的关系基本相同,在 20t 车载作用时,构件变形与荷载倍数呈线性关系,在 30t 车载循环作用时,构件变形也出现了一定的发展。假设构件刚度在承载过程中变化不大,则上述关系表明通过横向连接传递给未直接承载构件的荷载与模拟车载为固定比例关系。相邻梁肋之间的变形差可近似认为是横向连接的变形,则通过比较模拟车载与横向连接变形可分析横向连接的刚度变化情况。

图 6-31 给出了试验工况 3.1～试验工况 3.8 时部分变形差较大的相邻梁肋变形差值与模拟车载之间的关系。从图形可以看到,除 1.33 倍 30t 重车两车道加载时荷载倍比系数-变形差值曲线斜率较小外,其他试验工况下各相邻梁肋间变形差值与荷载倍数间维持较为稳定关系。既然施加的模拟车载与通过横向连接传递的荷载间为固定比例关系,这就意味着横向连接传递荷载与横向连接变形间的比值变化不大,也即在该系列试验工况下横向连接的刚度变化较小。试验工况 3.1时的较大变形差值应是初始阶段横向连接存在自由变形的原因。

图 6-32 为在试验工况 3.1～试验工况 3.8 作用下相邻的 2# 梁 B 肋、3# 梁 A 肋间的构件全长变形的比较。从图中可以看到,受横向连接传递荷载的 2# 梁 B 肋全长变形曲线与相邻的 3# 梁 A 肋较为一致,且四分点处的变形差大致为跨中

变形差的 0.5 倍,表明沿该相邻梁肋的横向连接工作性能良好,且通过横向连接传递的荷载与横向连接的位置存在对应关系。

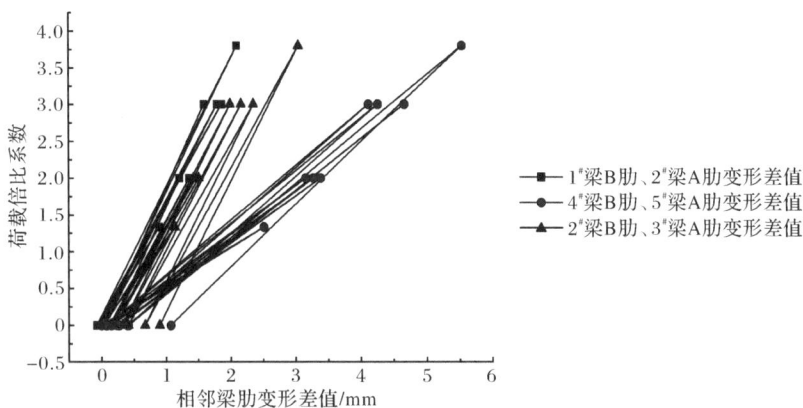

图 6-31　部分相邻梁肋荷载倍比系数-变形差值关系

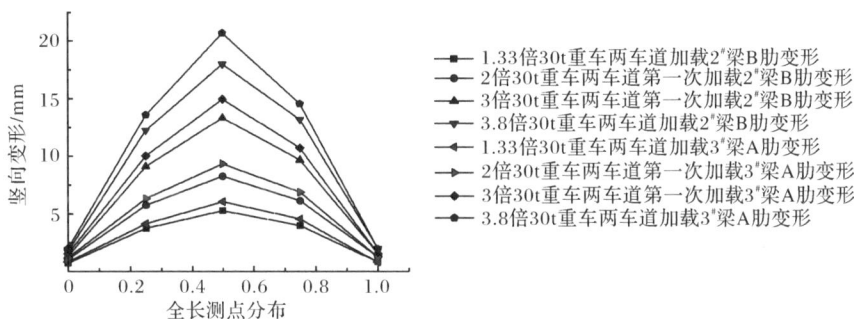

图 6-32　部分相邻梁肋全长变形比较

6.2　锈蚀钢筋混凝土旧桥破坏性试验研究

6.2.1　试验方案

1. 有限元分析

以前期检测结果为基础,本节对试验结构进行了有限元分析(图 6-33),模型考虑了退化后的混凝土强度和钢筋有效截面以及适当的横向联系。完成混凝土及钢筋的材料性能试验后,有限元模型根据试验结果进一步修正了参数,然后对试验结构加载全过程的受力性能进行了分析。

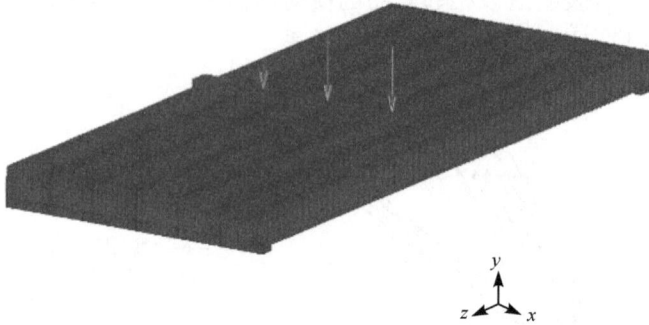

图 6-33　有限元分析模型

2. 加载方案

有限元计算表明,该桥除承受恒载外还可承受 7980kN•m 的活载弯矩,如采用跨中单点加载方式其极限承载能力为 2400kN。考虑到计算参数、理论模型与实际结构的差异,本节试验计划加载系统(图 6-34)可对试验结构施加 9980kN•m 的试验弯矩,也即在理论计算结果基础上有 2000kN•m 的加载能力储备。本节以模拟超限车载试验装置为基础,采用 2 台工作能力为 5000kN 的液压千斤顶对试验桥进行加载。为保证 II 梁共同工作,在桥面上安装尺寸为 150cm×140cm×700cm 的大型钢箱梁作为分配梁,反力钢梁采用两根尺寸为 120cm×45cm×560cm 的钢箱梁,加载装置为两台安装在反力钢梁与分配钢梁之间的 5000kN 千斤顶,加载方案如图 6-35 所示。

图 6-34　加载系统全貌

分配钢箱梁、反力钢箱梁加上 2 台 5000kN 千斤顶的总重约 240kN,加载之前需要保证结构为空载状态,因此在试验跨上、下游两侧分别制作了型钢托架以在不加载时承担上述加载设备的自重。

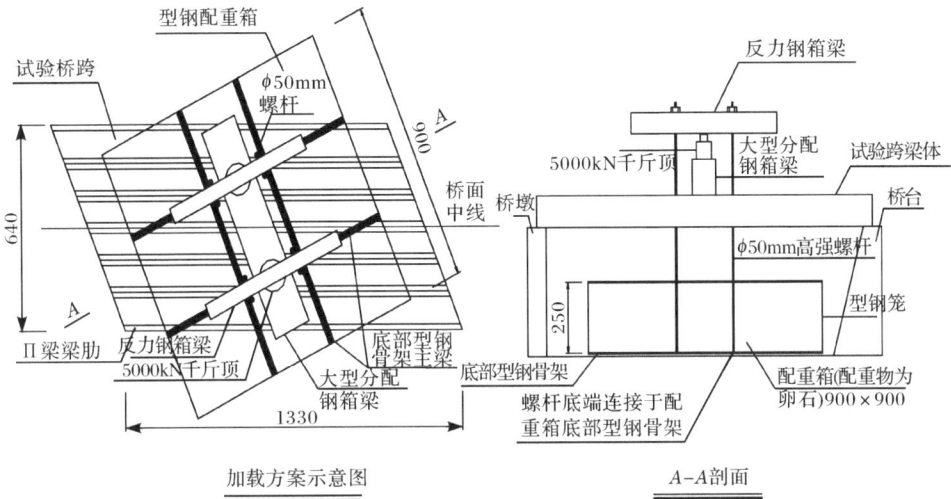

图 6-35 加载方案示意图(单位:cm)

3. 测试方案及其他

本节试验结构反应测试方案同第 6 章试验设计。为保证横向联系较弱的结构整体受力,在桥面每片梁肋所在位置均布置了橡胶支座(相邻梁肋共用)及 50cm×50cm×3cm 的钢垫板,支座与梁体之间铺设了细石混凝土垫层以使在安装大刚度分配梁之前支座表面在一个水平面内。

6.2.2 试验现象及主要结果

1. 试验过程与现象

有限元计算分析表明,试验结构的钢筋屈服荷载约为 2000kN,因此试验设计荷载分级初始为 200kN/级,至 1600kN 时加密至 100kN/级,屈服后由变形控制加载。为保证荷载试验全过程为从空载至破坏,试验开始之前所有加载设备的重量由独立于试验桥的托架承担未落于结构,因此第 1 级荷载是将分配梁、反力梁及千斤顶等设备的重量由托架转移至结构,加载吨位为上述设备自重(240kN)。

结构初始状态已经严重开裂,因此加载过程未出现由于混凝土开裂引起结构受力行为变化。加载至 1600kN 后开始荷载加密至 100kN/级,在加载至 1900kN 时结构变形及应变均出现突然增大,继续加载时结构反应又恢复至原水平,持续加载至 1900kN 时梁肋底部传出断续的"啪啪"声音,此时暂停加载撤出桥下观测人员并仔细调查,发现声音来自钢筋与周围骨料的相互摩擦。该结构混凝土浇筑质量较差,内部水泥浆密实性不足,在多处部位发现钢筋与骨料之间缺乏水泥胶体,存在较大空隙,钢筋与混凝土之间黏结较弱,裂缝的存在也使这一黏结很容易局部破坏,从而钢筋与骨料之间发生相对滑移与摩擦。探明原因后继续加载至2400kN,此时相同荷载作用下的结构反应已有较大增长,这时跨中截面最大变形与预先估计相同出现在 6# 梁边肋,达到 43.62mm,判断受力钢筋已经屈服,卸载并进行模态测试。完成模态测试后重新加载至2400kN,此时由于钢筋屈服,加载过程改由结构变形控制,荷载为2000～2500kN,最大变形仍然出现在 6# 梁边肋跨中,最大变形达到42.22mm 时,撤出桥下所有百分表及位移计,变形观测完全由水准仪承担,加载进度控制在约 10mm/级,进一步加载时荷载上升至2603kN,当6# 梁跨中变形达到174mm 时开始将荷载稳定在 2600kN 左右持续加载直至所有Ⅱ梁顶部混凝土被压碎,此时结构最大变形(6# 梁 B 肋)达到 240mm。

2. 结构变形及刚度

图 6-36、图 6-37 分别给出了 1# 梁、6# 梁的两梁肋至钢筋屈服阶段的荷载-变形曲线,为能更清晰地观察至钢筋屈服时的结构变形过程,未描绘屈服之后的结构变形。

从图中曲线可以看出,在加载至钢筋屈服的过程中,各构件均表现出了不同程度的非线性结构反应。如 1# 梁,600kN 时相同荷载作用引起的构件变形突然减小,荷载-跨中变形曲线略微向上弯折,反映出结构抗弯刚度增加;1600kN 时荷载-变形曲线的斜率增大,结构刚度减小。这一非线性的结构反应与构件或实验室模型所表现出的混凝土开裂后钢筋屈服之前的结构基本线性有较大不同。在已进行的锈蚀钢筋混凝土梁试验中也未出现。6# 梁所反映出的结构非线性又有所不同,600kN 时同样表现出结构刚度突然增大,但在 1600kN 时未表现出类似的刚

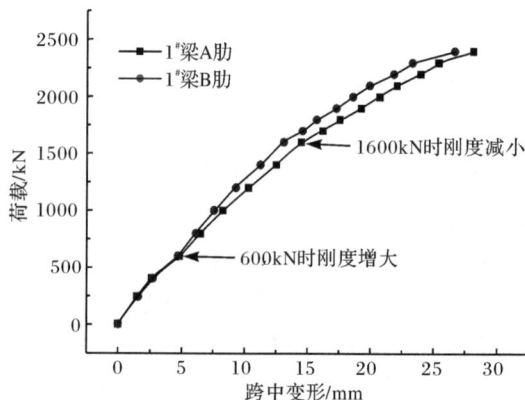

图 6-36　1# 梁梁肋荷载-跨中变形曲线

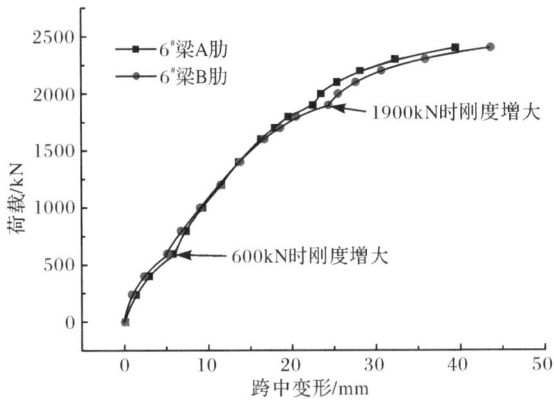

图 6-37　6#梁梁肋荷载-跨中变形曲线

度减小特征,然而在 1900kN 时结构刚度出现了较为显著的突然增大现象,荷载-
变形曲线出现较大的弯折。

　　对于位于桥面中间的 3#、4# 梁,600kN 时的变形减小,刚度增大的结构反应
较为显著(图 6-38);1600kN 时,这两片构件未出现类似 1# 梁的变形增大反应;在
1800kN 时,3# 梁 A 肋的荷载-变形曲线出现了非常显著的向上方弯折,构件刚度
突然增大,但 3# 梁 B 肋与 4# 梁的类似非线性反应出现在 1900kN,与 6# 梁相同。

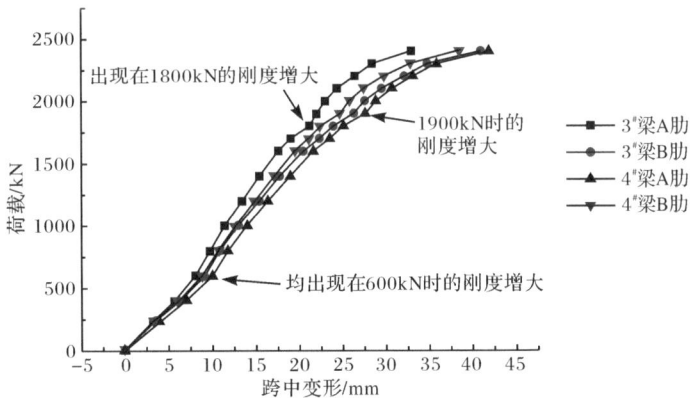

图 6-38　3#、4# 梁梁肋荷载-跨中变形曲线

　　为能够更清晰观察 600kN 时各构件的变形突增现象,图 6-39 给出了 600～
800kN 时的各构件变形与 400～600kN 时变形的比值。从图中可以清楚看到,虽
然出现了个别离散点,但从上游向下游各构件两级变形的比值逐渐减小,1# 梁 A
肋的两级变形比值最大达到了 0.751,6# 梁两片梁肋的两级变形比值最小,分别为
0.568 与 0.587。这意味着在相同荷载作用下,从上游至下游各构件变形突变的

量值逐渐增大,非线性更加显著。图 6-40 给出了 2000kN 时的各构件变形与 1900kN 时构件变形的比值,从图中可以看到除 3# 梁 A 肋外其余所有梁肋的变形比值同样甚至更加严格呈从上游至下游逐渐减小的规律,每一片梁肋的变形比值均小于上游梁肋同时大于下游梁肋。并且除 3# 梁 A 肋外,从上游至下游各梁肋的两级变形比值分布范围为 0.306～0.865,其分布范围显著大于结构在 600～800kN 时的两级变形比值。

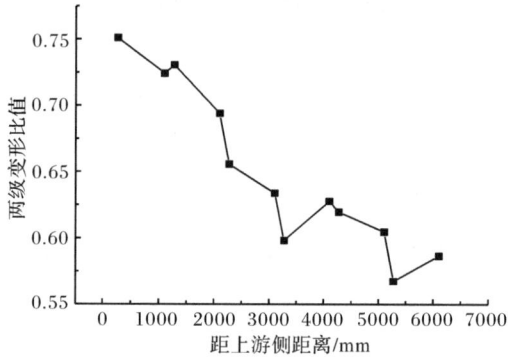

图 6-39　600kN 时的变形突变

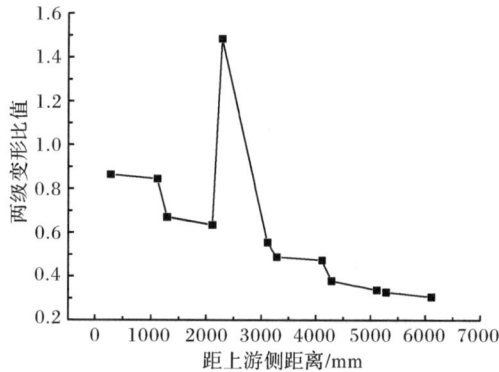

图 6-40　2000kN 与 1900kN 对应的变形比值

图 6-41 给出了 6# 梁 1/2 截面、1/4 截面的荷载-变形曲线及与有限元分析结果(FEM)的对比,以显示集中荷载作用下结构变形发展的过程。图中 6# 梁变形曲线与有限元分析结果的对比表明,加载开始计算变形就大于试验结果,这是由于有限元计算中未考虑 6# 梁顶部安全带的抗弯贡献,计算与测试变形之间的差距逐渐增长,在 1600kN 时达到最大,然后试验变形的增长速度超过分析结果,两者之间的差值快速减小,至钢筋屈服时试验变形与计算变形相当接近。II 梁之间的性能差异应与 II 梁自身的结构状态(材料强度、尺寸、整体性),以及斜交桥构件之

间的相互作用有较大关系,而上述结构反应表明,若干构件组成的斜交整桥,其受力行为与构件存在相当差异,构件之间的相互作用、协同工作对整桥性能有较大影响,需要进一步研究。另外,计算得到的混凝土压碎时破坏变形远远小于实际得到的极限变形,这是由于钢筋有效截面,与混凝土之间的黏结或滑移,混凝土的实际极限变形等因素在有限元模型设置的相应参数与实际结构有差距。

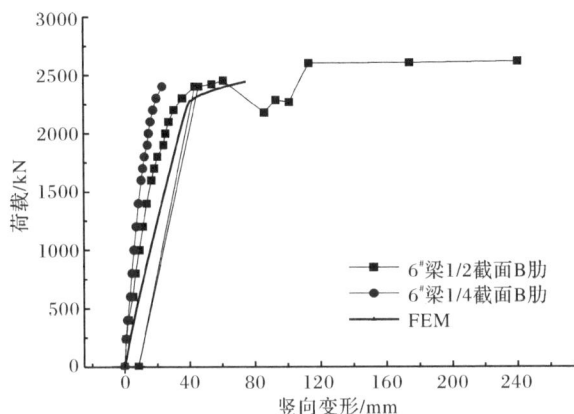

图 6-41　6#梁荷载-变形实测结果与有限元分析结果的比较

图 6-42 描述了两个集中荷载作用下沿横向截面的结构跨中变形分布。虽然本节试验采用了刚度较大的箱式分配梁,试验桥过于简单的横向联系仍然使横向截面的 Ⅱ 梁变形大小呈显著差异。最初 5 级荷载横向截面的变形分布呈现边缘小、中间大,位于中间 2 片 Ⅱ 梁变形显著大于两侧 4 片 Ⅱ 梁,这是由于荷载分布方式及桥面安全带的贡献;第 6 级荷载(1200kN)后,与预期一致下游侧 Ⅱ 梁变形发展速度开始逐渐提高,主要原因是下游侧构件尤其是 6#梁的退化(钢筋锈蚀及混凝土剥落)较为严重,数据也显示 6#梁变形增长速度超过 5#梁。至钢筋屈服时 6#梁 B 肋变形为横向截面最大变形。另外,2#与 3#梁、4#与 5#梁的相邻肋间的变形差在前 8 级加载时随荷载提高逐渐增大,后趋于稳定,其中 4#、5#梁相邻肋变形差在接近屈服荷载时由于下游侧结构变形的快速增长趋向缩小。

图 6-43 给出了整桥屈服前 5 级加载变形增量的横向分布,从结构的横向变形分布也可以看出,Ⅱ 梁并非同时钢筋屈服,6#梁从 2100kN 之后变形即显著增大,2300kN 时切线刚度仅为 2100kN 之前的约 1/3,在所有 Ⅱ 梁中最先屈服。由于荷载的横向分布,6#梁屈服之后相邻的 5#、4#梁变形增量也随之提高,横向分布曲线呈现向下游倾斜的斜线。

桥面两侧的安全带通常不被认为是结构构件,但在本节试验中其对结构刚度及变形产生了显著影响,加载初期安全带是使两个边肋的变形最小的重要因素。随着荷载与变形的发展,安全带与 Ⅱ 梁之间黏结逐渐削弱,可以清晰观察到两者

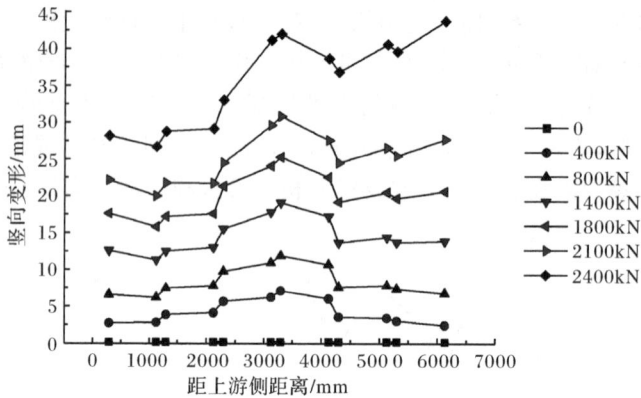

图 6-42　跨中横向截面变形分布

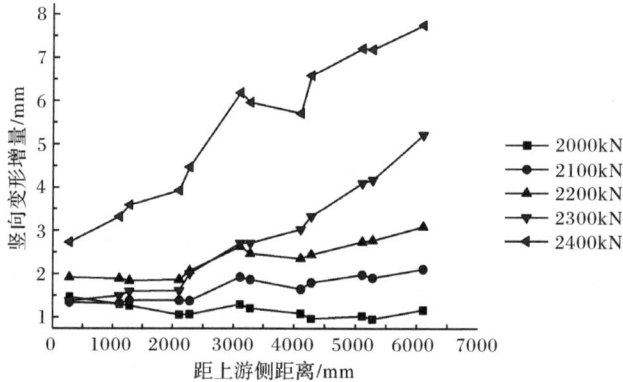

图 6-43　跨中横向截面变形增量分布

之间的界面裂缝,但安全带仍然为结构抗弯作出贡献,加载至第 19 级荷载时,桥面下游侧安全带被压碎。图 6-44 给出了 4# 梁沿结构全长的竖向变形分布,图中曲线显示该构件变形沿长度基本呈对称分布,挠度曲线较为光滑平整。

3. 混凝土及钢筋应变

图 6-45 描绘了布置在 II 梁翼板内的混凝土应变计所反映出的各 II 梁构件顶部混凝土压应变随荷载发展而变化的趋势,为便于清晰观察图中曲线同样仅显示至钢筋屈服阶段的荷载-混凝土压应变曲线。正如前文指出,布置在构件顶部的混凝土应变计有 6 个布置在 II 梁两片梁肋正中的翼板混凝土内,有 2 个布置在梁肋顶部混凝土内,试验过程中发现布置在 2# 梁翼板内的应变计出现故障,故未能采集到 2# 梁的混凝土压应变数据。试验结果表明,钢筋屈服时混凝土的最大压应变为 622×10^{-6},出现在屈服变形较大的 4#、5# 梁(仅略小于 6# 梁),考虑到混凝土

压应变与结构变形之间的对应关系,以及混凝土压碎时与钢筋屈服时结构变形的比值,应该可以认为钢筋屈服时混凝土压应变与变形测试结果吻合得较好。最终破坏前测试得到的混凝土压应变最大值为 2480×10^{-6},之后应变计失效。

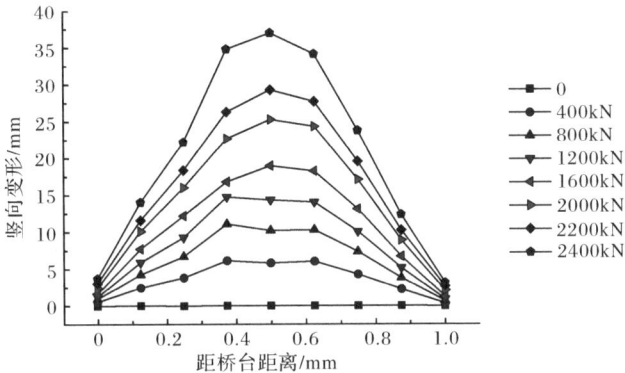

图 6-44　4# 梁全长变形分布

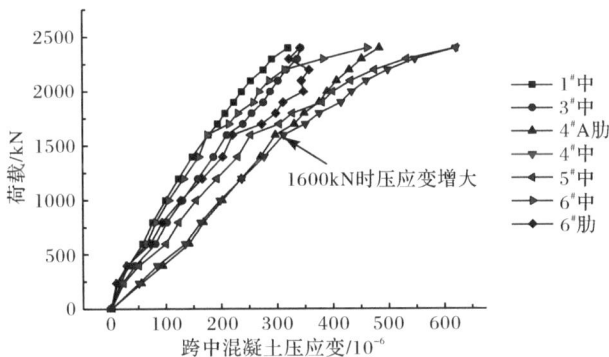

图 6-45　部分构件荷载-跨中混凝土压应变曲线

　　从图中曲线可以看到,由于承受的荷载以及构件的初始刚度不同,各 Ⅱ 梁的混凝土压应变发展始终存在一定不同。在加载初始阶段 1# 梁与 6# 梁的混凝土压应变较为接近,3# 梁中部与 6# 梁梁肋的混凝土压应变基本相当,5# 梁的混凝土应变大于上述 4 个部位的测试结果,压应变最大数值出现在 4# 梁翼板中部与 4# 梁 A 肋的测点,这一混凝土压应变数值的大小分布情况与构件变形数值大小的分布基本对应。400kN 时,5# 梁中部与 6# 梁梁肋出现了较为明显的压应变增长,但在 600kN 时所有构件的混凝土压应变出现刚度突然增大的变化,这一现象与变形发展过程中的突变完全对应。在 1600kN 时,除 1# 梁中部测点外,其余构件的测点均出现不同程度的混凝土压应变发展加快的非线性,其中在 5# 梁、6# 梁中部及 6# 梁梁肋的测点观察到的突变较其他测点更加显著。但如前文所述,各构件的跨中变形随荷载增长的过程未出现对应非线性突变。1600kN 之后,5#、6# 梁的混凝土压应变发展速度显著高于其他 II 梁,1600kN 时,最大混凝土压应变为 4# 梁中部的 312×10^{-6},大于 5# 梁中部的 253×10^{-6},但至 2400kN 屈服时两构件的混凝土压应变同时达到了最大的 622×10^{-6};而 1600kN 时 4# 梁 A 肋的混凝土压应变为 297×10^{-6},显著大于 6# 梁中部的 175×10^{-6},但至 2400kN 时 6# 梁的混凝土压应变仅较 4# 梁 A 肋小 22 个微应变;6# 梁梁肋的混凝土压应变 1600kN 之后的发展速度与 6# 梁翼板中部基本相当,在 2000kN 之后的突然减小应是应变计失效所致。在 1900kN 时,从 4#、5# 及 6# 梁等下游侧的构件出现了略微的混凝土压应变发展速度减小的现象,这与在 1800kN(1# 梁)、1900kN(其他构件)由变形数据反映出的构件刚度突然增大的现象形成了对应,但上游侧的各构件未体现类似的情形。

　　图 6-46 给出了不同荷载阶段结构跨中沿横向截面的混凝土压应变分布,从曲线形状可以看出,横向联系不足使构件之间的混凝土应变发展较不均衡,由于荷载分布方式以及安全带的抗弯贡献 6# 梁的压应变起初与 1# 梁非常接近且明显小于其他构件,但钢筋的严重锈蚀及与混凝土间的较弱黏结使 6# 梁的混凝土压应变以较快速度发展。另外,从曲线图可看出压应变的横向分布与构件变形分布呈现较为吻合的一致性。

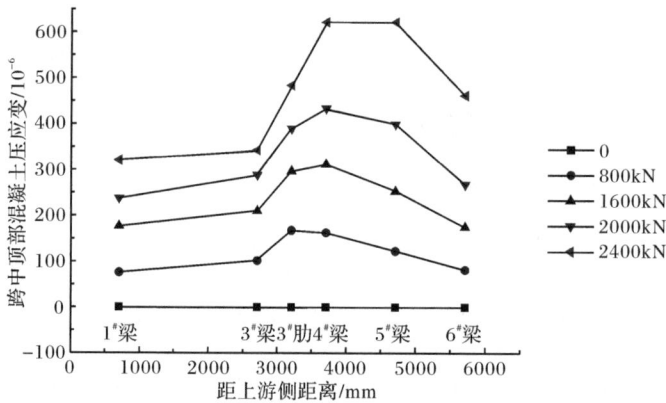

图 6-46　跨中截面混凝土压应变横向分布

　　混凝土底部拉应变测试由表面粘贴式应变计及千分表完成,屈服荷载时测得的混凝土拉应变平均值为 1356×10^{-6},最大值出现在 6# 梁,达到 2738×10^{-6}。图 6-47 给出了部分构件在跨中截面的荷载-混凝土拉应变曲线。从图中曲线可以看出,上游侧各构件用两种仪器测试得到的结果较为接近,且与钢筋应变较为一致。6# 梁的测试结果自 1400kN 开始迅速超过其他构件,这与该梁变形反应不吻合。

　　为能够更清晰地观察到混凝土拉应变反映出的结构非线性,图 6-48 单独给出

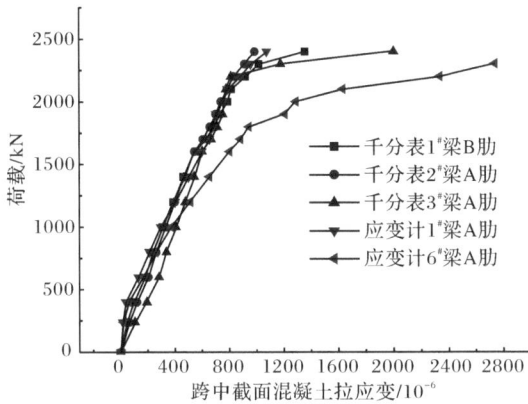

图 6-47　构件跨中截面荷载-混凝土压应变曲线

了 1#梁与 3#梁跨中截面的荷载-混凝土拉应变曲线。从图中可以看出,600kN 时两片 Ⅱ 梁均出现了相同荷载引起的混凝土拉应变减小,结构刚度突然增大的现象;在 1600kN 时,两构件又均出现了结构反应增大的突变,至 1900kN 时结构刚度又重新增大,且 3#梁表现得更为显著,上述现象与混凝土压应变的测试结果完全对应。

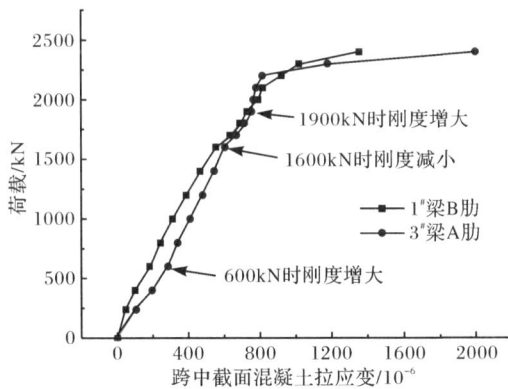

图 6-48　1#、3#梁跨中荷载-混凝土压应变曲线

加载至屈服荷载时跨中截面的钢筋应变测试结果为 1217×10^{-6},与材性试验得到的钢筋屈服应变(1241×10^{-6})非常接近。图 6-49 描绘了 1#、2#梁跨中截面及 3#梁 1/4 截面、1/2 截面、3/4 截面的荷载-钢筋应变曲线,且与有限元计算的荷载钢筋应变关系进行了比较,为使曲线形状更为清晰,应变坐标轴上限仅取为 3500×10^{-6}。从图中曲线可以看出,3#梁跨中截面的钢筋应变曲线屈服前大致呈线性发展,但其他测点(包括 1/4 截面、3/4 截面)的钢筋应变曲线均在 1800kN 或

1900kN 时出现了应变增长的大幅下降甚至是应变减小,考虑到试验过程中发生的现象,这一阶段应是钢筋与混凝土之间产生了滑移,挠度观测证实这时出现了整桥的变形突增,但混凝土压应变发展未能体现出相应的变化。另外,整个加载过程中 2 个 4 分点截面的钢筋应变大致为跨中应变的一半,反映出弯矩与截面反应之间的对应关系。计算得到的钢筋应变始终略大于实际应变,但 2[#] 梁的跨中应变在 1400kN 之前与计算结果非常接近。

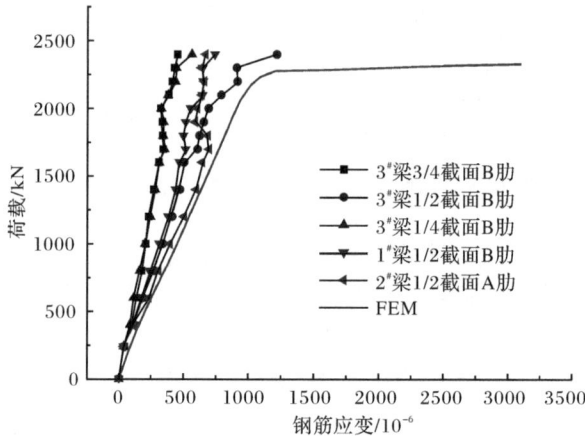

图 6-49　部分构件荷载-钢筋应变曲线

4. 裂缝及破坏形式

试验之前的调查表明结构已经存在很多裂缝,加载过程中裂缝观测主要集中在新出现裂缝的调查以及主要裂缝的判断与跟踪测试。在预先进行的模拟超限重车荷载试验中对试验桥施加了约 2280kN 的模拟 3 轴车载,最大钢筋应变达到了 829×10^{-6},试验过程中结构出现了为数众多的新增裂缝。在本节试验中未发现新增裂缝,但裂缝宽度随荷载增大出现明显增长,考虑到试验人员的安全,裂缝观测主要集中在试验荷载 1900kN 之前,这期间主要裂缝的宽度变化分布在 0.02~0.05mm 范围内。试验荷载 2300kN 时,1[#] 梁 A 肋最大裂缝宽度达到 0.54mm,6[#] 梁 B 肋最大裂缝宽度达到 0.72mm。

加载至第 23 级荷载时,结构最大变形已达到 174mm,此时 6[#] 梁翼板侧面已经出现细小的水平裂纹,表明该构件已接近顶部混凝土压碎破坏的阶段,因此撤除所有人员后开始加载并始终将荷载稳定在 2600kN 左右,以使结构变形持续增长,加载过程中从桥梁侧面可清晰观察到结构翼板混凝土的水平裂缝迅速发展并相互联通,将受压区混凝土分隔成若干块,最终裂缝间混凝土被压碎而胀出,桥面安全带与梁体之间的界面裂缝快速发展直至完全分离,梁肋已存在的主要裂缝宽度不断增大且伴随着破碎的混凝土不时掉落。加载至桥梁最大变形 240mm 时，之前变形最小的 1# 梁顶部混凝土也已完全压碎，表明所有 II 梁的受压区混凝土均已破坏，如图 6-50 和图 6-51 所示。

图 6-50　破坏后结构显著变形

图 6-51　结构顶部混凝土压碎

　　试验完成之后的调查表明（图 6-52～图 6-55），试验桥梁的破坏形式除受压区混凝土被压碎外，桥梁支座处混凝土也出现显著剪切裂缝并伴有肋底混凝土局部压碎；部分梁肋与横隔板连接处产生几乎由下至上贯通的剪切裂缝，由于最后阶段施加的荷载仅略高于钢筋屈服荷载，这表明试验桥梁的破坏控制参数除截面抗弯强度外还包括支座以及梁肋-横隔板的抗剪切强度。

图 6-52　跨中截面混凝土裂缝

图 6-53　支座处混凝土剪切裂缝

图 6-54　梁肋与横隔板间剪切裂缝

图 6-55　梁体与安全带的完全分层

6.3　破坏性试验研究结论与展望

本章以一座服役超过 43 年的钢筋混凝土简支 II 梁桥作为试验对象,通过模拟超限车载试验以及整桥破坏性试验研究了钢筋混凝土旧桥在不同超限车载(包括严重超限车载)作用下,以及破坏荷载作用下(包括极限状态在内)的受力性能,根据试验研究结果本节得到如下结论:

(1) 南坪桥服役时间已达 43 年,出现了严重开裂、钢筋锈蚀、混凝土剥落等损伤,达到规范允许变形限值($L/600$)时所需施加的荷载为两车道 3.8 倍 30t 重车车载,显著大于其设计所能承受荷载(汽-15)。

(2) 试验桥的横向连接较弱,但最大荷载至两车道 3.8 倍 30t 重车车载时,横向连接刚度变化较小,可视为横向连接刚度基本不变。

(3) 2 倍、3 倍 30t 两车道模拟车载的循环加载均使结构反应出现一定发展,表明在这种超限车载下结构产生了损伤累积,其中 3 倍 30t 重车车载循环加载所引起的结构损伤累积显著大于 2 倍 30t 重车车载。

(4) 根据试验,3 倍 20t 重车两车道加载以及 2 倍 30t 重车两车道加载时,试验桥处于弹性工作范围内,模拟车载为两车道 3 倍 30t 重车时,结构进入非线性工作阶段。横向联系较弱的简支梁桥在荷载作用以及构件自身不同参数影响下各构件受力性能表现出较大差异,该类型横向联系对荷载分布的影响需进一步研究。

(5) 有限元计算结果与试验得到的结构承载力等参数吻合得较好,但真实结构与模型的不同及现场约束的存在使结构的受力性能与计算结果有一定差异。结构多个部位的破坏表明其破坏形式并非仅为正截面抗弯破坏,也代表既有桥梁的破坏形式及极限承载性能由多个因素控制,这对类似桥梁的安全评定有一定参考意义。

参 考 文 献

[1] Fu G K, Hag-Elsafi O. Vehicular overloads: Load model, bridge safety, and permit checking. Journal of Bridge Engineering, 1997, 5(1): 49~57.

[2] Chou K C, et al. Innovative method for evaluating overweight vehicle permits. Journal of Bridge Engineering, 1999, 4(3): 221~227.

[3] Vigh A. Approximate Calculation of Bridges for Routing and Permitting of Overweight Vehicles. Budapest: PhD Dissertation of Budapest University of Technology and Economics, 2006.

[4] Azizinamini T, Boothby E, Shekar Y, et al. Old concrete slab bridges. I: Experimental Investi-

gation. Journal of Structural Engineering,1993,120(11):3284~3304.

[5] Ross J. What Really Happened to Bridge 11♯:A Modeling Look into Destructive Bridge Testing. Penn State University,2004,10.

[6] Miller R A. Destructive testing of decommissioned concrete slab bridge. Journal of Structural Engineering,1994,120(7):2176~2198.

[7] Bakht B. Ultimate load test of sab-on-girder bridge. Journal of Structural Engineering,1992, 118(6):1680~1642.

[8] Aktan A E,Zwick M,Miller R,et al. Nondestructive and destructive testing of decommissioned reinforced concrete slab highway bridge and associated analytical studies. Transportation Research Record,1993,1371:142~153.

[9] Roschke P N,Pruski K R. Overload and ultimate load behavior of posttensioned slab bridge. Journal of Bridge Engineering,1997,5(2):148~155.

[10] Alkhrdaji T. Destructive Testing of a Highway Bridge Strengthened with FRP Systems. Missouri:PhD Dissertation of University of Missouri-Rolla,2001.

[11] 徐文平. 既有预应力混凝土梁桥承载能力实桥试验及分析研究. 南京:东南大学硕士学位论文,2006.

[12] 谢家全,吴赞平,华斌,等. 沪宁扩建桥梁极限承载能力实桥试验研究. 现代交通技术, 2006,3(5):77~84.

[13] Zhang J R,Peng H,Cai C S. Field study of overload behavior of an existing reinforced concrete bridge under simulated vehicle loads. Journal of Bridge Engineering,2011,16(2): 226~237.

第7章　服役钢筋混凝土桥梁荷载模型

7.1　既有桥梁评估荷载的确定

荷载是影响结构可靠性和寿命的一个重要因素。长期以来,我国在这一方面的研究主要是为结构设计服务。但是如何分析现有结构上的荷载,理论界目前尚存在着许多争议,在实际工程中人们则仍然按照结构设计的荷载规范来确定荷载值。这对于有着诸多特点的现有结构来讲是不合理的。

与设计中人们所研究的抽象结构(简称拟建结构)相比,现有结构已成为一个空间实体,并且经历了一段时间的使用,它的环境更为具体化,同时人们对现有结构的要求也较设计时有所变化。这些特点使现有结构的荷载分析相对于拟建结构表现出许多特殊性。所以,必须对此进行深入研究。

世界上很多国家和地区都根据各自不同的交通状况,依据统计资料,采用外推法等,建立了各自的车辆荷载模型[1~7]。荷载分析必须以可靠性分析的时段作为其时间区域。既有桥梁荷载分析的时间区域一般要较拟建桥梁的短。拟建结构和现有结构之间的可靠性分析基准期存在差别。

(1) 新结构的可靠性分析是基于设计基准期内抗力不变的时不变结构,因此活载只需考虑设计基准期最大值的分布。退化结构的抗力逐年变化。

(2) 不管抗力退化,单独计算评估目标期活载等概率分位值是没有意义的。

(3) 分项系数设计法完全来自时不变结构可靠度,对时变结构它必须由时段总失效概率导出,同样离不开抗力退化。

7.2　桥梁恒载分析依据

现有桥梁结构的设计、建造工作均已完成,而且人们还要针对现有桥梁结构当前的具体情况和使用目的改变原先的要求或提出新的要求,因此现有桥梁结构荷载分析的依据与拟建桥梁结构有所不同。以恒载中的构件自重为例,对于拟建桥梁结构,构件重 G 服从正态分布,其中 G 为现行规范规定的构件标准重(即现行规范规定的标准重力密度乘设计体积)。

对于使用期的结构分析,构件自重有两种处理方法:第一种是采用随机变量作为概率模型,仍取设计分析时的随机分布和统计参数;第二种是按确定性的荷载处理。构件自重在拟建结构设计时之所以作为随机变量处理,是因为各种随机因素的影响使设计时的荷载与施工完后的荷载有差异。因而对于业已存在的现有结构而言,构件自重的随机性消失,应属确定性量,它的取值也由实测可得到。

但是由于结构的庞大,构造的复杂,绝大部分非破损实测不可能得到精确结果。因而笔者提出一种结合的方式来处理构件自重的概率模型。

(1) 我国《公路工程结构可靠度设计统一标准》(GB/T 50283—1999)[8~10]中的分析结果来自量大面广的结构构件的统计分析。具有一般性,其分布可认为是总体分布。对于某个具体的现有结构而言,只要它在所调查分析的结构或构件类型范围之内,就可以认为它是一个子样。因而其分布同总体分布,即仍取正态分布作为现有期结构构件自重的随机分布。

(2) 下面两点原因使荷载标准值取值发生变化。第一,设计变更和维修加固改造,使竣工图与施工图存在差异。因此,考虑设计变更等的荷载标准值 G_{kd} 应取构件和作法的实际尺寸或竣工、修复图纸上的标志尺寸乘以材料的标准容量。第二,由于现有结构的荷载信息越来越充实,而未来基准期一般相对较短,人们对未来情况的预测会更为准确,因此一些原先设计时不按恒载处理的荷载由于使用中的变化和其确定性,这时可按构件自重处理,这部分构件自重为新增加部分,其标准值计为 ΔG_k。总结上述两点,现有结构构件自重标准值 G_{ks} 为

$$G_{ks}=r_u r_d G_k \tag{7-1}$$

式中,r_d 为考虑设计变更和维修加固改造对构件自重标准值的影响系数,$r_d = G_{kd}/G_k$;r_u 为荷载性质的变化对构件自重标准值的影响系数,$r_u = 1 + \Delta G_k/(r_d G_k)$。

(3) 对于分布的统计参数,构件重平均值取为荷载标准值的 1.0212 倍,荷载标准值由上述方法得到,而变异系数或均方差则应有变化。对同一桥梁而言,施工过程、构件尺寸、材料等的相关系数使其构件自重(构件自重)相对变异较小,而设计分析时假定的分布统计参数是由大量不同桥梁统计得到的,因而,对原变异系数或均方差应乘以一个折减系数 r_z。折减系数 r_z 的取值由施工验收等级、现场抽样检测决定。

施工验收等级是由施工质量评分加权决定的。由于已投入使用,施工质量评分只可能为 70~100。考虑到 85 分为合格和优良的界限,故取当质量评分为 85 分时,$r_z=1$;考虑最大修正为 10%。则有

$$r_z = \frac{235-I}{150} \tag{7-2}$$

式中,I 为施工质量评分值。

现场抽样检测可获得一批数据,分别求出其平均值 μ'_G 和均方差 σ'_G,考虑到小样本量的影响,对其均方差进行修正,得

$$\sigma'_{Gd} = \sigma'_G \sqrt{\frac{2n^2-3n-5}{2n(n-3)}} \tag{7-3}$$

按照理论分析值和现场抽样检测值等权重的原则,得考虑现场抽样检测的统计参数修正系数:

$$r_1 = \frac{1}{2}\left(1 + \frac{\mu'_G}{\mu_G}\right), \quad r_2 = \frac{1}{2}\left(1 + \frac{\sigma'_G}{\sigma_G}\right) \tag{7-4}$$

式中,μ_G 和 σ_G 分别为现行规范所取的概率模型的平均值和均方差值。

综上所述,构件重 G 的概率模型可取为正态分布 $N(1.0212r_1G_{ks}, 0.0472r_zr_2G_{ks})$。$G_{ks}$ 按式(7-1)计算。

7.3 基于贝叶斯更新的车辆荷载分析

拟建桥梁结构的大部分荷载的分析只能利用非自身的荷载信息,而且这些信息均属于结构建成之前的信息。相反,现有桥梁结构大部分荷载的分析则可建立在自身的荷载信息基础上,包括结构建成后新出现的信息,而且通过人员调查采集的荷载信息也可用于现有桥梁结构的荷载分析中。

原则上说,现有桥梁结构的部分荷载(尤其是车辆荷载),可通过现场检测综合确定。但是,往往由于时间、资料、测试数据有限等原因,不能精确地求得荷载分布。可以在原有统计基础上,根据自身的荷载信息,通过贝叶斯估计对荷载特性进行修正,使荷载特性更接近实际。

根据过去的统计资料判断未确知性信息不定性分布规律 $P(x/\theta)$,根据经验和未确知性信息发生、发展过程中后续信息判定分布参数 θ 的分布 $P(\theta)$(称为先验分布),依据对未确知性事件可以测试获得的信息 $*[x_1, x_2, \cdots, x_n]^T$,对 θ 的分布进行修正为 $P(\theta/*)$(称为后验分布),依据贝叶斯原理,可以求得未确知性信息的分布 $P(x/*)$。

例如,对于车辆荷载,基于过去经验和后续信息,判断出车辆荷载分布为极值Ⅰ型分布,分布参数 $\theta=(\mu,\sigma^2)$ 的先验分布为 $P(\theta)$,则对车辆荷载的贝叶斯估计程序如下。

通过对现有桥梁结构车辆荷载的测试判断,获得一组车辆荷载的样本值 $*$($* = [x_1, x_2, \cdots, x_n]^T$),根据概率统计原理,可以得出样本的联合分布,即似然函数为

$$P(*/\theta) = \prod_{i=1}^{n} P(x_i/\theta) \tag{7-5}$$

根据贝叶斯原理求得分布参数 $\theta=(\mu,\sigma^2)$ 的后验分布

$$P(\theta/*) = \frac{p(*/\theta)P(\theta)}{\int p(*/\theta)P(\theta)\mathrm{d}\theta} \tag{7-6}$$

由贝叶斯分布得

$$P(x/*)=\int P(x/\theta)P(\theta/*)\mathrm{d}\theta \tag{7-7}$$

7.4　车辆荷载效应概率分布分析

车辆荷载出现的时间间隔可以认为服从指数分布,又因为车辆荷载持续时间非常短,因此,车辆荷载随机过程可用滤过泊松过程来描述[8,11]。根据泊松过程模型,在任一时间长度 t' 的区间内,通过车辆荷载的次数 $N(t)$ 为 n 的概率为

$$P[N(t)=n]=\frac{(\lambda t)^n \cdot \exp(-\lambda t)}{n!}, \quad n=0,1,2,\cdots \tag{7-8}$$

式中

$$\lambda=\frac{E[N(t)]}{t} \tag{7-9}$$

即 λ 为单位时间内车辆荷载发生的平均次数。

车重荷载其截口分布一般取为极值 I 型分布,其任意时点分布函数为

$$F(x)=\exp\{-\exp[-\alpha(x-u)]\} \tag{7-10}$$

式中,α 为尺度参数,$\alpha=\pi/2.4495\sigma$,u 为众值,$u=\mu-0.5772/\alpha$;μ,σ 为其平均值和均方差,而基准期 $T(\mathrm{a})$ 最大值概率分布函数 $F_T(x)$ 为

$$F_T(x)=\exp\{-\exp[-\alpha_T(x-u_T)]\} \tag{7-11}$$

式中,$\alpha_T=\alpha$;$u_T=u+\ln(T/\tau)/\alpha$;τ 为荷载作用时段长度。

根据现有桥梁的使用情况,由已使用 t 的统计数据得到 t 荷载最大值概率分布为

$$F_t(x)=\exp\{-\exp[-\alpha_t(x-u_t)]\} \tag{7-12}$$

根据式(7-12),由式(7-11)得

$$\alpha=\alpha_t$$

$$u=u_t-\frac{\ln(t/\tau)}{\alpha_t}$$

因而未来 $T_s(\mathrm{a})$ 年评估荷载最大值概率分布函数为

$$F_{T_s}(x)=\exp\{-\exp[-\alpha_{T_s}(x-u_{T_s})]\} \tag{7-13}$$

式中,$\alpha_{T_s}=\alpha=\alpha_t$;$u_{T_s}=u+\ln(T_s/\tau)/\alpha=u_t+\ln(T_s/\tau)/\alpha_t$。

上面的分析实际上是对荷载的概率分析,桥梁结构的车辆荷载效应还应考虑车辆的随机运行位置和车辆运行状况。

车辆荷载效应与使用情况关系密切,涉及车辆的台数、空间分布、运行状况、桥梁跨度、轴重、轴距等。由于设计分析时的分布基于各种情况综合得出,因而与具体某座桥梁的概率分布有些差异。可以采用 Monte Carlo 方法求其分布。

考虑车辆的台数、空间分布、运行状况、桥梁跨度、轴重、轴距等,由结构分析

可得产生的车辆荷载效应 S 的解析式。运用 Monte Carlo 方法对随机变量函数 $S=F(\cdot)$ 进行数学模拟。根据其随机变量的分布类型及统计参数可产生一组服从各自分布的随机数,利用这组产生的随机数,由 $F(\cdot)$ 可计算出一个 S 值,重复这个步骤 m 次,即样本量为 m,可产生 m 个抽样值 $S_1,S_2,\cdots,S_m$,统计整理后,可得到 S 的概率分布和各阶矩的统计估计值:

$$\begin{cases} \bar{S}=\dfrac{1}{m}\sum_{i=1}^{m}S_i \\ \sigma_i=\sqrt{\dfrac{1}{m}\sum_{i=1}^{m}(S_i-\bar{S})^2} \end{cases} \tag{7-14}$$

由抽样值可以给出车辆荷载效应 S 的数学期望和均方差的统计估计值。显然这不是一个确定的解,而是具有随机性的。统计模拟法的误差,由于问题的真解不知道,误差也就很难精确给出,但可以给出误差的渐近估计[9]。

设模拟的随机变量 S 具有有限的方差 σ_S^2,它的样本均值给出概型的渐近数值解。当样本量 m 充分大时,模拟结果的误差:

$$|\bar{S}-E(S)|<\varepsilon$$

以概率

$$p=\int_{-\varepsilon\sqrt{m}/\sigma}^{\varepsilon\sqrt{m}/\sigma_S}\frac{1}{\sqrt{2\pi}}\mathrm{e}^{-t^2/2}\mathrm{d}t \tag{7-15}$$

成立。令

$$c=\varepsilon\sqrt{m}/\sigma_S$$

$$p=P\left\{|\bar{S}-E(S)|<\frac{c\sigma_S}{\sqrt{m}}\right\}=\int_{-c}^{c}\frac{1}{\sqrt{2\pi}}\mathrm{e}^{-t^2/2}\mathrm{d}t=2\Phi(c)-1$$

渐近成立。这里 ε 是对模拟结果误差的渐近估计,其中样本均方差由式(7-14)给出。

如果取置信水平 $p=95\%$,则由式(7-15)得 $c=1.96$,所以误差为

$$\varepsilon=\frac{1.96\sigma_S}{\sqrt{m}}$$

σ_S 一般小于 0.1,故要想达到 0.01 的精确度,即 $\varepsilon<0.005$,则样本量

$$m=\left(\frac{1.96\sigma_S}{\varepsilon}\right)^2=\left(\frac{1.96\times0.1}{0.005}\right)^2=1537$$

故取样本量 $m=1600$。

桥梁荷载中常见的分布有正态分布、对数正态分布、极值I型分布、威布尔分布。作者对考虑车辆随机运行位置和车辆组合的车辆荷载效应 S 采用等概直方图进行了这四种分布的拟合检验。在进行直方图构造和拟合检验时,区间数 K 近

似按照正态分布。在这种情况下，m 和 K 要满足的渐近最优关系由

$$K=1.87(m-1)^{0.4} \tag{7-16}$$

确定。

由上述分析方法得到车辆荷载效应分布宜采用极值 I 型分布，其分布函数为

$$F_s(S)=\exp\{-\exp[-\alpha(S-u)]\} \tag{7-17}$$

式中，参数 α、u 根据车辆荷载的分布和统计参数由上述分析方法统计分析得到。

7.5　评估目标期和评估荷载取值

本节主要为了说明现有桥梁基于评估目标期的车辆荷载取值，实际上仍属于时不变结构范畴。荷载分析必须以可靠性分析的基准期作为其时间区域。由于可靠性分析基准期的差别，现有结构荷载分析的时间区域一般要较拟建结构的短。即使两者长度相等，它们的时间起点也不同。显然，百年一遇与十年一遇的荷载最大值是不同的，因而，由于结构评估目标期与设计基准期的不同导致荷载取值的变化。

假定桥梁设计使用期为 N，设计基准期为 T，桥梁使用 $t_1(a)$ 后进行可靠度评估，要求再使用至 t_2，桥梁评估目标期为 T_r。又设荷载年最大值随机变量为 X，其概率分布密度函数和分布函数分别为 $f(x)$ 和 $F(x)$，按照与可靠性分析协调统一的原则，即荷载统计的时间区域和背景必须与可靠性分析保持一致，这是现有结构可靠性分析对荷载分析提出的基本要求。亦即设计基准期和评估目标期的等概率分位值的原则，可得到 T_r 和评估荷载取值。

在概率极限状态下，以可靠度为目标，或简化的分项系数设计法中，年最大荷载的概率分布 $F(x)$ 通常已知，而设计基准期年内的最大荷载概率分布 $F_T(x)$ 可按式(7-18)求得：

$$F_T(x)=[F(x)]^T \tag{7-18}$$

同理，结构使用期年内的最大荷载概率分布则为

$$F_N(x)=[F(x)]^N=[F_T(x)]^{\frac{N}{T}} \tag{7-19}$$

结构设计的荷载标准表明，结构设计使用期为 N 时，则用 T 的设计基准期确定设计荷载，现有结构的后续使用期为 $T_s=t_2-t_1$ 时，则应按以下原则确定评估用的荷载 Y。

$$F_{T_s}(y)=F_N(x) \tag{7-20}$$

$$F_{T_r}(y)=F_T(x) \tag{7-21}$$

式(7-20)相当于等超越概率准则，式(7-21)的含义与式(3-18)类似，它表明在评估目标期 T_r 年内发生 $(Y_{T_r}\leqslant y)$ 的概率应等于在设计荷载基准期 T 内发生 $(X_T\leqslant x)$ 的概率，式(7-20)和式(7-21)是结构后续使用期和评估目标期都应有等

超越概率的准则。

类似式(7-19),结构后续使用期 T_s 内的最大荷载 Y_{T_s} 可求得为

$$F_{T_s}(y) = [F(y)]^{T_s} = [F_T(y)]^{\frac{T_s}{T}} \tag{7-22}$$

将式(7-19)和式(7-22)代入式(7-20),得

$$F_T(y) = [F_T(y)]^{\frac{T_s}{N}} \tag{7-23}$$

由此解出评估荷载:

$$y = F_T^{-1}\left\{[F_T(x)]^{\frac{N}{T_s}}\right\} \tag{7-24}$$

将式(7-23)代入式(7-21),则得评估荷载的概率分布为

$$F_{T_r}(y) = [F_T(y)]^{\frac{T_s}{N}} = [F_{T_s}(y)]^{\frac{T_s}{N}} \tag{7-25}$$

显然,当现有结构评估的后续使用期 T_s 等于原结构设计使用期 N 时,评估荷载与设计荷载具有相同的概率分布,这一结论与确定性的情况是一致的。由式(7-18)和式(7-25)可知,评估目标期为

$$T_r = T\frac{T_s}{N} \tag{7-26}$$

下面以公路桥梁汽车-20级荷载为例,分别按一般运行状态和密集运行状态确定车辆荷载评估目标期和评估荷载取值。

根据年最大车辆荷载资料,经统计假设检验,可得设计基准期内车辆一般运行状态下轴重荷载随机过程最大值分布仍为极值 I 型,即

$$F_T(x) = \exp\{-\exp[-(x-\alpha)/\beta]\}$$

参数 α、β 的极大似然估计为 $\hat{\alpha} = 68.0734$,$\hat{\beta} = 17.7242$。

根据式(7-25)和式(7-26)所求一般运行状态下的结果见表7-1。

表 7-1   车辆荷载评估值和评估目标期(一般运行状态)

项目	参数			
	结构设计使用期 $N=120a$		结构设计使用期 $N=150a$	
结构后续使用期 T_s/a	120	80	60	30
设计基准期 T/a	100	100	100	100
车辆荷载设计值 W_0/kN	1	1	1	1
评估目标期 T_r/a	100	67	40	20
车辆荷载评估值 W_0/kN	1	0.975	0.955	0.919

注:本表是以汽车-20级荷载为例计算的结果。

根据数十座现有桥梁的检测结果,大部分桥梁安全裕度均偏大,说明其使用期可以取较大值,因此本章将设计使用期暂假定为较大值120年、150年。

根据年最大车辆荷载资料,经统计假设检验,可得设计基准期内车辆密集运

行状态下轴重荷载随机过程最大值分布为威布尔分布,即

$$F_T(x) = 1 - \exp[-(x/\eta)^m]$$

参数采用极大似然估计法估计为

$$\hat{\eta} = 343.1792, \quad \hat{m} = 12.2263$$

根据式(7-25)和式(7-26)所求密集运行状态下的结果见表 7-2。

表 7-2　车辆荷载评估值和评估目标期(密集运行状态)

项目	参数			
	结构设计使用期 $N=120a$		结构设计使用期 $N=150a$	
结构后续使用期 T_s/a	120	80	90	60
设计基准期 T/a	100	100	100	100
车辆荷载设计值 W_0/kN	1	1	1	1
评估目标期 T_r/a	100	67	60	40
车辆荷载评估值 W_0/kN	1	0.835	0.698	0.445

注:本表是以汽车-20 级荷载为例计算的结果。

7.6　基于平衡更新过程车辆荷载效应模型

　　车辆荷载以多个参数(车重、轴重、间距、轴距、时间间隔等)影响着产生于桥梁结构中的效应。车辆荷载模型是一个随机过程,是桥梁结构时变可靠性评估和剩余寿命预测研究基础之一。

　　目前用随机过程来描述车辆荷载模型是合理的。发达国家和地区虽对车辆荷载模型有一定研究,但很多模型都是建立在一定假设的基础上。我国车辆荷载模型研究还相对滞后,这给桥梁时变可靠性和剩余寿命研究带来了难度。目前一些学者,尤其我国学者,多假定车辆相互独立地连续到达过程的点间距 T_1, $T_2, \cdots, T_n$ 相互独立且同属指数分布,进而以齐次泊松过程来描述车辆荷载模型。但车辆连续到达过程的点间距的分布类型决定其服从随机过程的类型。在对既有桥梁车辆到达过程进行研究时,在开始对这个过程进行观测(把开始观测的时刻取为 0)之前车辆很早(即 $t \to -\infty$)就已经开始运行了。$T_2, T_3, \cdots, T_n$ 可能是与 T_1 不相同的分布,因此,用更新过程的一个特例齐次泊松过程来描述有时存在不合理性。为此,本节以我国现有车辆荷载统计资料为依据,基于平衡更新过程理论建立我国公路桥梁车辆荷载效应模型,为既有桥梁时变可靠度和剩余寿命研究奠定基础。

1. 我国车辆荷载统计参数

　　影响车辆荷载随机过程的参数不确定性很强,荷载模型的建立需要大量的资

料和统计数据。为了确定车辆荷载分布的类型和统计参数,必须获得实际通过每座桥梁车辆的类型、车重、车长、行驶速度、间距等随时间变化的关系,然后对荷载幅值、时点变化过程进行统计分析。车辆荷载重要统计参数如图 7-1 所示。

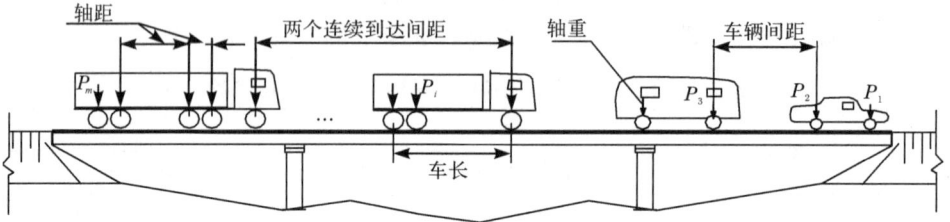

图 7-1 交通荷载参数定义

我国在制订《公路工程结构可靠度设计统一标准》(GB/T 50283—1999)时,"公路桥梁车辆荷载课题组"在四条国道干线上设置测点,将车辆运行状态划分为一般运行状态和密集运行状态,对车辆荷载各参数进行了调查统计,得到了车重、轴重、时间间隔以及车间距等的分布类型和统计参数,其具体结果参见文献[8]~[10]。

两个连续到达间距 d_2(图 7-1)为时间间隔 t 与后车车速 v 的乘积。两种运行状态下时间间隔都服从伽马分布,仅分布参数有所不同。若假定车辆行驶速度一定,则可通过时间间隔概率密度函数得两个连续到达间距概率密度函数:

$$f(d_2) = \left(\frac{\lambda}{v}\right)^{\alpha} \frac{(d_2)^{\alpha-1}}{\Gamma(\alpha)} \exp\left(-\frac{\lambda}{v}d_2\right) \tag{7-27}$$

式中,d_2 为两个连续到达间距;v 为车辆行驶速度,可为不同常数值,m/s;在一般运行状态下,即 $d_2/v > 3$s 时,$a = 0.904286$,$\lambda = 0.039451$;在密集运营状态,即 $d_2/v \leqslant 3$s 时,$a = 12.90733$,$\lambda = 7.235810$。

文献[11]对不同车速下两个连续到达间距的概率密度函数进行了分析,表明车辆行驶速度影响不同连续到达的概率密度函数,进而将影响不同到达车辆在结构中产生的效应。

2. 车队长度概率函数

公路桥梁上由不同车辆组成的车队,若车辆的行驶速度一定,则两个连续到达时间间隔同两个连续到达间距成正比。这样两个连续到达时间间隔可以用两个连续到达间距来代替。由于桥梁所处的地理环境或季节性等原因,其交通密度可能会不同;另外,车辆在行驶过程中,交通主管部门可能对车辆间距有一定的限制,为此,本书利用截尾分布来模拟不同连续到达间距。

令公路桥梁单车道上一个由 $n(n=1,2,3,\cdots)$ 辆车组成的车队,第 $i(i=1,2,$

$3,\cdots,n)$辆车长最小值和最大值分别为 $l_{\min}^i$ 和 $l_{\max}^i$;第 i 辆车和第 $i-1$ 辆车的车间距为 δ_i;第 1 辆车的前轴到第 i 辆车的前轴的距离,即第 i 个到达距第 1 个到达的距离为 d_i。任意两个连续到达车辆的互不影响,即相互独立,在截尾概率分布下,结合式(7-27)两个连续到达间距的截尾分布 $f_2(d_2)$ 为

$$f_2(d_2)=\left(\frac{\lambda}{v}\right)^\alpha\frac{(d_2)^{\alpha-1}}{\Gamma(\alpha)}\exp\left(-\frac{\lambda}{v}d_2\right),\quad d_2\geqslant\delta_2+l_{\min}^1 \qquad (7\text{-}28)$$

第 1 辆车和第 3 辆车的前轴间距 d_3 是第 1 辆和第 2 辆车连续到达间距 d_2 与第 2 辆和第 3 辆车连续到达间距 d_2 的和。在复杂交通状况下,不同到达车辆的车长、车速和间距可能有所不同。这样,d_3 的概率密度函数 $f_3(d_3)$ 由卷积公式可以写为

$$f_3(d_3)=\int_{l_{3X}}^{l_{3S}}f_2(d_3-x)f_2(x)\mathrm{d}x \qquad (7\text{-}29)$$

式中,$f_2(d_3-x)$ 和 $f_2(x)$ 中的车速 v 可取不同值;积分上限 l_{3S} 和下限 l_{3X} 可由式(7-30)确定:

$$l_{\min}^2+\delta_3\leqslant x\leqslant d_3-(l_{\min}^2+\delta_2) \qquad (7\text{-}30)$$

以此类推,$n(n=3,4,5,\cdots)$ 辆车组成的车队中,第 1 辆车的前轴到第 n 辆车前轴的距离 d_n 的概率密度函数 $f_n(d_n)$ 可写为

$$f_n(d_n)=\int_{l_{nX}}^{l_{nS}}f_{n-1}(d_n-x)f_2(x)\mathrm{d}x \qquad (7\text{-}31)$$

其中,积分下限 l_{nX} 和上限 l_{nS} 分别可由以下方程确定:

$$l_{\min}^{n-1}+\delta_n\leqslant x\leqslant d_n-\sum_{i=3}^n(l_{\min}^{i-1}+\delta_{i-1}) \qquad (7\text{-}32)$$

以上过程中涉及函数的卷积,对于存在傅里叶变化或拉普拉斯变化及其逆变换的函数可以通过积分变换求得,对于复杂函数 $f_n(d_n)$ 也可以用数值法进行求解。由以上过程可知,通过选择连续两个到达参数的最值以及不同行车速度可以反映车辆间的运行状况,即交通状况。

获得 n 个不同到达间距概率密度函数后,结合桥梁跨径可以判断可能行驶的最大车辆荷载数。若第 r 个不同连续到达概率密度函数在不利影响线长为 L 范围内已趋近于 0,则最大可能车辆荷载数为 r。

车辆荷载效应不但与车辆的分布有直接关系,而且还与反映影响线类型的效应影响函数密不可分,如图 7-2 所示。

图 7-2 中 $A(L,l_c,x)$ 为影响线阴影区域面积,$\eta(x)$ 为横坐标 x 处影响线竖标。在车队行驶在控制效应影响线的绝对面积最大时,产生的荷载效应是最不利的。当沿车辆行驶方向上桥梁控制效应的影响线较长时,一个车队产生的最大荷载效应几乎完全依靠车队的总重,一个随机车辆的单根轴重的影响可以忽略,每个车队可以用一定荷载集度 q 和长度 l_c 的均布荷载来代替。

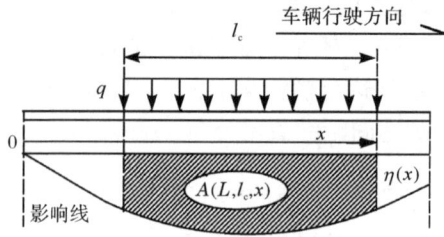

图 7-2　影响函数

对于由 $n(n=1,2,3,\cdots)$ 辆车组成的车队行驶在不利影响线长度为 L 的桥梁上时，车队分布在桥上由两种情况构成，如图 7-3 所示。情况一是长为 l_n 的车队全部在桥梁上，即图 7-3(a)所示车队刚刚到达至图 7-3(b)所示车队开始离开的情况；情况二是长为 l_n 的车队部分作用在桥梁上，即图 7-3(c)所示车队开始离开至图 7-3(d)所示车队全部离开的情况。车队第一辆车刚到达至车队全部到达情况下，车队在桥梁上的分布状况与情况二相同。

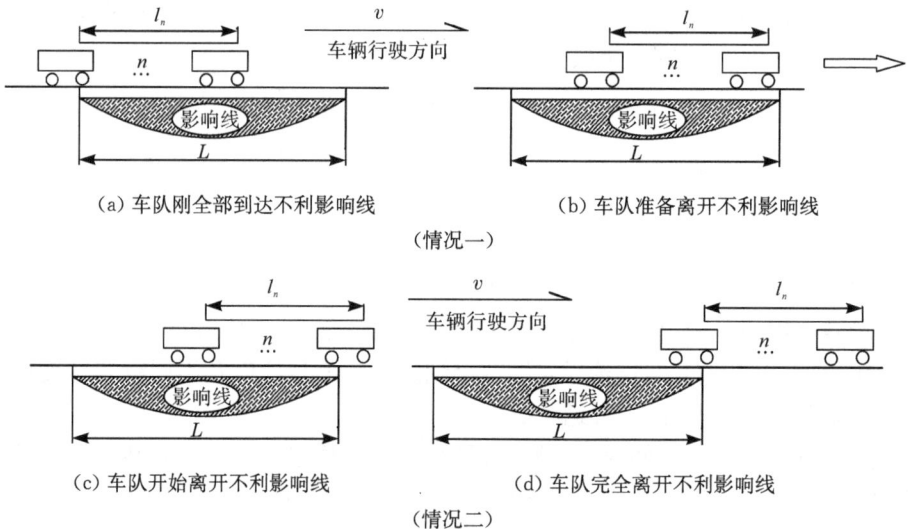

（a）车队刚全部到达不利影响线　　　　　（b）车队准备离开不利影响线

（情况一）

（c）车队开始离开不利影响线　　　　　（d）车队完全离开不利影响线

（情况二）

图 7-3　车队行驶在桥上情况

在开始对既有桥梁车辆荷载进行统计观测时，车辆很早（即 $t\rightarrow-\infty$）就已经开始运行了，汽车按一定方向驶经某一固定点的平均到达率 μ 为常数，因此，对于连续到达过程的点间距，相互独立同分布的 $T_2,T_3,\cdots,T_n$ 与 T_1 应有不同的分布。这正是变形或延迟更新过程特点。当观测区间$(0,t]$无限长时，T_1 具有任意初始分布下，平均更新函数 $M_D(t)$ 趋近于 t/μ。现若保证在非无限长的观测区间$(0,t]$下，对于所有 t 时刻，更新函数 $M_D(t)$ 等于 t/μ 成立，即保证有一个不变的平均到达率,这样 T_1 的初始分布必受一定条件的限制,而平衡更新过程恰好满足这个条件[6]。

不同车辆连续到达过程是一个平衡更新过程,其对前发生时间和接后发生时间有相同的分布。在平均到达率 μ 为常数的情况下,如图 7-3 所示,单独行驶在不利影响线长为 L 桥梁上的 $n(n \geqslant 2)$ 辆车组成的车队中第 1 辆车前轴到第 n 辆车前轴的距离 d_n 小于 l_n 概率 $P'_n(l_n, L)$ 为

$$P'_n(l_n, L) = \int_0^{L-l_n} f_e(y) \int_0^{l_n} f_n(x) \bar{F}(L-x) \mathrm{d}x \mathrm{d}y$$
$$+ \int_{L-l_n}^{L} f_e(y) \int_0^{l_n} f_n(x) \bar{F}(L-x) \mathrm{d}x \mathrm{d}y \qquad (7\text{-}33)$$

式中,$f_n(x)$ 为连续到达的 n 重卷积;$f_e(y)$ 为初始概率密度函数,有

$$f_e(y) = \frac{1-F(y)}{\mu} = \frac{\bar{F}(y)}{\mu} \qquad (7\text{-}34)$$

其中,$F(y)$ 为密度函数 $f_n(y)$ 相应的累积概率分布函数;$\bar{F}(y)$ 为存活函数,有

$$\bar{F}(y) = 1 - F(y) \qquad (7\text{-}35)$$

由此,式(7-33)可进一步化为

$$P'_n(l_n, L) = \int_0^{L-l_n} \frac{\bar{F}(y)}{\mu} \int_0^{l_n} f_n(x) \bar{F}(L-x) \mathrm{d}x \mathrm{d}y$$
$$+ \int_{L-l_n}^{L} \frac{\bar{F}(y)}{\mu} \int_0^{L-y} f_n(x) \bar{F}(L-x) \mathrm{d}x \mathrm{d}y \qquad (7\text{-}36)$$

式(7-33)和式(7-36)只反映在桥上 n 辆车组成的车队的第 1 辆车前轴到第 n 辆车前轴的距离 d_n 小于 l_n 概率,这与实际应用情况仍有差距。实际情况中,我们只关心 n 辆车组成的车队等效成具有一定荷载集度的均布荷载的长度小于 $l_c(l_c > l_n)$(图 7-2 和图 7-3)的概率 $P_n(l_c, L)$。这种情况下,$P_n(l_c, L)$ 的计算仅仅是一个纯粹的数值计算问题。

在建立车辆荷载效应模型时直接应用的是车队长度等于 l_c 的概率,且模型中被积分函数表达式复杂,很难通过积分获得闭合解。因此,需将车队长度分成很多离散值,每一离散值有和它相匹配的变化区间 Δ,这样就可以采用数值法求解积分式。依上所述,$P_n(l_c, L)$ 的计算相对不重要,我们更关心的是变区间上、下限 $P_n(l_c, L)$ 的差值 $\Delta P_n(l_c, L)$。由概率可列可加性有

$$\Delta P_n(l_c, L) = P_n\left(l_c + \frac{\Delta}{2}, L\right) - P_n\left(l_c - \frac{\Delta}{2}, L\right) \qquad (7\text{-}37)$$

显然,式(7-37)代表在不利影响线长为 L 桥梁上的 n 辆车组成的车队的长度在区间 $(l_c - \Delta/2, l_c + \Delta/2)$ 的概率。Δ 的长度可由车长来决定。在误差允许的范围内 $P_n(l_c, L)$ 的值可通过在一合适的长度 $\bar{l}_n$ 内的 $P'_n(\bar{l}_n, L)$ 来求得,其中

$$\bar{l}_n = l_c - \bar{l} \tag{7-38}$$

式中，$\bar{l}$ 为标准车长，可认为是车长的平均值。这样有

$$\Delta P_n(l_c, L) \approx \Delta P_n'(\bar{l}_n, L) = \Delta P_n'(l_c - \bar{l}, L)$$
$$= P_n'\left(l_c - \bar{l} + \frac{\Delta}{2}, L\right) - P_n'\left(l_c - \bar{l} - \frac{\Delta}{2}, L\right) \tag{7-39}$$

当仅有一辆车单独行驶在不利影响线长度为 L 的桥上时，车长小于 l_c 的概率 $P_1(l_c, L)$ 可以表示为

$$P_1(l_c, L) = \int_0^{l_c} b(x)\,\mathrm{d}x \int_0^L \frac{\bar{F}(y)}{\mu} \cdot \bar{F}(L)\,\mathrm{d}y \tag{7-40}$$

式中，$b(x)$ 为车长概率密度函数。

3. 车辆荷载效应模型

在对桥梁进行时变可靠性分析以及剩余寿命评估时，直接应用的是车辆荷载效应而并非车辆荷载。桥梁上车辆荷载效应不仅与车辆荷载本身有关，同时还与由效应影响线反映的桥梁类型有关。由 n 辆车组成的车队等效为长 l_c 的均布荷载 q 作用于不利影响线长为 L 的桥上时，其作用效应为影响函数 $A(L, l_c, x)$ 同均布荷载 q 乘积。对于某一桥梁，其影响函数 $A(L, l_c, x)$ 同时与影响线的类型、不利影响线长度 L、均布荷载长度 l_c 以及均布荷载的位置有关。在桥梁长度以及影响线类型一定的条件下，最大车辆荷载效应取决于车队作用于桥上的位置，即只有长为 l_c 的车队荷载 q 对应的影响函数最大时，车辆荷载效应才能达到最大值。为此，本书引入传递函数：

$$T(L, l_c) = \max_{0 \leqslant x < L}[A(L, l_c, x)] = \max_{0 \leqslant x < L}\left[\int_{x-l_c}^x \eta(x)\,\mathrm{d}x\right] \tag{7-41}$$

式中，$T(L, l_c)$ 为传递函数；$\eta(x)$ 为 x 处影响线竖标，如图 7-2 所示。

决定车辆荷载效应模型的另一个重要因素是 n 辆车组成的车队的总重分布。当沿车辆行驶方向上车辆控制效应的影响线的长度较长时，一个车队产生的最大荷载效应几乎完全依靠车队的总重，一个随机车辆的单根轴重的影响可以忽略。对于 n 辆车组成的车队总重的概率密度函数 $q_n(W)$，与连续到达间距概率密度函数推导原理相同，基于截尾概率分布来限制不同车重分布的范围，可以在单车总重分布基础上通过卷积公式获得，在此不再赘述。

总重为 W 的 n 辆车组成的车队等效成均布荷载的长度为 l_c 作用于不利影响线长 L 的桥梁上，产生的最大作用效应为

$$E = \frac{T(L, l_c)W}{l_c} \tag{7-42}$$

式中，E 为车辆荷载的最大效应，kN·m；W 为车队总重，kN；l_c 为均布荷载长度，m。

若在一定的行车速度下,车队长度等于 l_c 的概率 $\overline{\overline{P}}_n(L,l_c)$ 为

$$\overline{\overline{P}}_n(L,l_c) \approx \Delta P_n(l_c,L) \approx \Delta P'_n(\bar{l}_n,L) \tag{7-43}$$

在单车道上某一固定交通类型 a 下,由随机变量函数分布性质,结合式(7-42)和式(7-43)关系,车辆荷载产生的最大作用效应 E 的概率密度函数 $f^a_m(E)$ 可以表示为

$$f^a_m(E) = \sum_{n=1}^{r} \int_{l_{min}}^{L} \overline{\overline{P}}_n(L,l_c) \cdot q_n \frac{El_c}{T(L,l_c)} \frac{l_c}{T(L,l_c)} \mathrm{d}l_c \tag{7-44}$$

式中,r 为最大车辆数目;l_{min} 为车长最小值。

在实际计算过程中,式(7-43)和式(7-44)可以通过数值计算方法来求解。

若单车道上不同交通类型间车流密度不同,即不同连续到达间的最小距离存在差异,在共 b 种交通类型下的第 a 种交通类型出现的频率为 ρ_a,则单车道上混合交通条件下车辆荷载效应最大值的概率密度函数 $f_m(E)$ 为

$$f_m(E) = \sum_{a=1}^{b} \rho_a f^a_m(E) \tag{7-45}$$

初始最大车辆荷载效应的分布函数 $F_m(E)$ 可由密度函数 $f_m(E)$ 获得,在基准期 T_r 内的最大值分布函数 $F_{T_r}(E)$ 为

$$F_{T_r}(E) = \left[F_m(E)\right]^{N(T_r)} \tag{7-46}$$

式中,$N(T_r)$ 为基准期内桥长 L 上通过独立车队的总数。

这样通过截尾概率分布控制车重及不同连续到达的最值,以及选择不同到达车辆的车速,在上述推导过程下即可建立单车道下能够考虑混合交通的车辆荷载效应模型。对于多车道的车辆荷载效应最大值概率密度函数,可以在单车道车辆荷载效应最大值概率密度函数基础上通过卷积公式获得。

7.7　实例分析

位于某国道上的某预应力钢筋混凝土简支梁桥,双向双车道,计算跨径为 60m。据有关资料统计该路段交通量为 5000 辆/d;平均车速为 60km/h;参见目前国内外关于车长统计[10],认为车长服从正态分布 $b(x) \sim N(4.52,0.68)$,最小值为 2m。

公路上实际行车密度随时间和季节的变化差异可能较大。该路段在某一天(24h)内车流有处于密集和一般运行状态两种可能。在平均车速 60km/h 及不同最小车距下,将各参数代入式(7-28)~式(7-32)中得不同连续到达概率密度函数如图 7-4 所示。

当行驶在不利影响线长 60m 简支梁桥上的车辆数大于 5 时,由图 7-4 中规律可见概率密度函数 $f_n(d_n)(n>5)$ 在 0~60m 内已趋于 0。由此,行驶在该桥最不

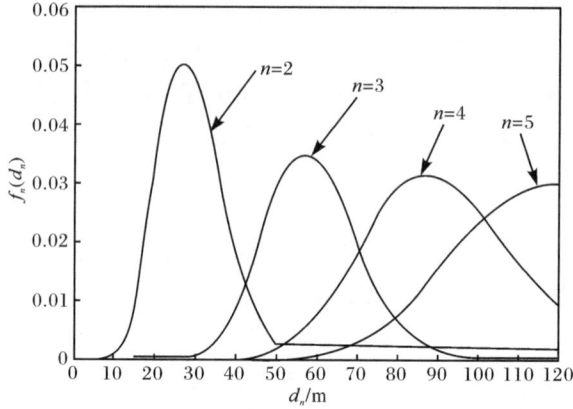

图 7-4　$v=60\mathrm{km/h}$ 不同连续到达间距概率密度函数

利影响线长上的最大可能的车辆数为 5 辆。

规定单个车重最小值为 20kN,在单车重统计资料基础上[12~16],通过卷积得到行驶于桥上最大数目为 5 辆车总重的概率密度函数如图 7-5 所示。

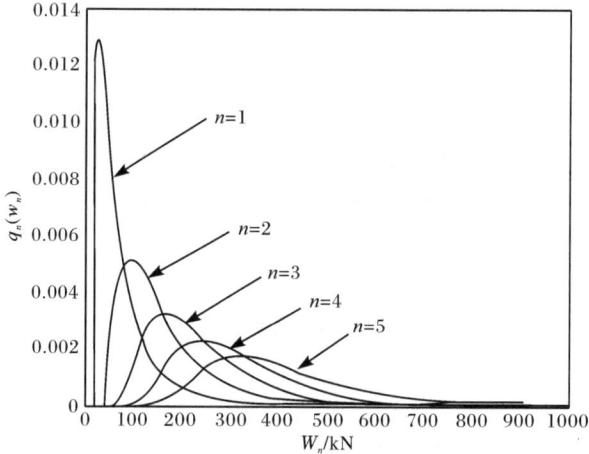

图 7-5　n 个车总重概率密度函数

简支梁桥跨中弯矩传递函数如图 7-6 所示。将不同连续到达间距概率密度函数(图 7-4)代入式(7-46)中获得 $P'_n(l_n,L)$,进而基于式(7-43)得车队长度等于 l_c 概率,在此基础上,进一步将车队总重概率密度函数(图 7-5)、传递函数一同代入式(7-44)和式(7-45)中,在密集和一般运行状态下两种交通类型出现的频率分别为 80% 和 20% 情况下,得车辆荷载效应初始概率密度函数如图 7-7 所示。将图 7-7 结果代入式(7-46)中,在不同基准期 50 年、10 年、1 年内结合已知的平均日交通量下出现的车队总数,得车辆荷载效应(跨中弯矩)分布函数如图7-8所示。

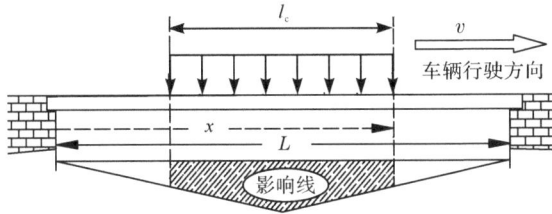

图 7-6　简支梁桥跨中弯矩传递函数

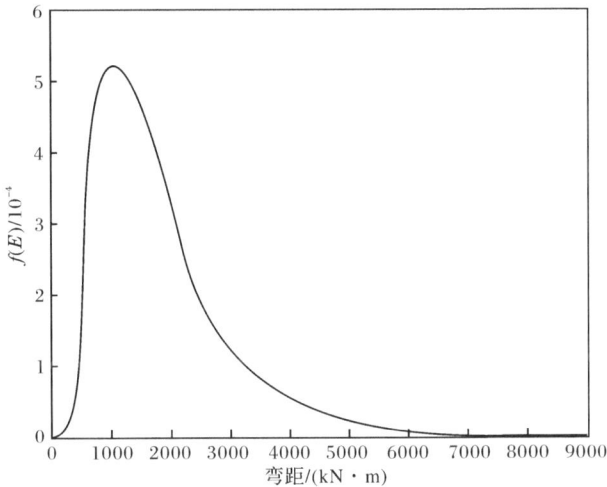

图 7-7　跨中弯矩初始概率密度函数

由图 7-8 可知,随着基准期的增加车辆荷载在跨中产生的弯矩效应越来越接近最大值。

在获得既有桥梁评估基准期后,通过上述方法即可获得评估时刻车辆荷载效应的累积分布函数,即已经建立了车辆荷载效应模型。该模型可以通过不同连续到达的车速、车长以及车间距和车重的最值来反映不同交通类型,通过不同的影响线传递函数考虑不同类型的桥梁,为既有桥梁时变可靠度和剩余寿命研究奠定了基础。

研究表明,不同车辆连续到达过程的点间距的分布类型决定车辆到达过程的随机过程类型;既有公路桥梁时变可靠性评估和剩余寿命预测过程中,车辆的取值要以桥梁所处路段荷载统计资料为依据,连续到达过程的点间距 T_1 与 T_2, T_3,$\cdots$,T_n 可能有不同的分布;车辆行驶速度决定不同连续到达的概率密度函数,

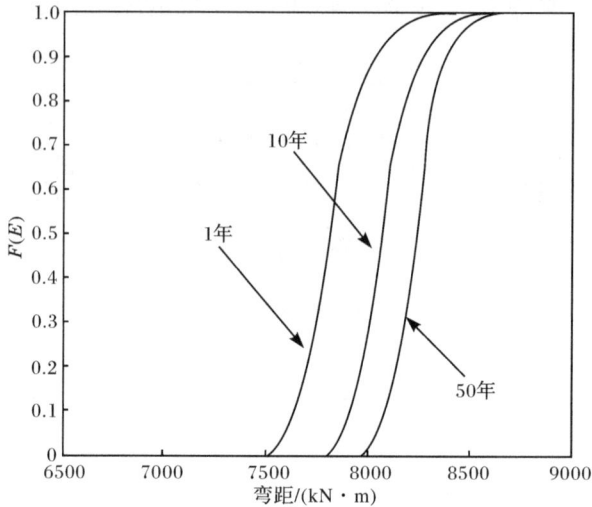

图 7-8 不同基准期跨中弯矩分布函数

进而影响汽车的行驶密度及可能行驶在桥梁上的最大车辆荷载数。另外,车重、车辆连续到达间距以及车长的分布也是车辆荷载效应模型决定因素。

参 考 文 献

[1] Nowak A S. Live load model for highway bridges. Journal of Structural Safety, 1993, 13(1+2):53~66.

[2] Nowak A S, Hani N, Leo D. Effect of truck loads on bridges. Journal of Transportation Engineering, ASCE,1993,119(6):853~866.

[3] Christian C. Optimal extrapolation of traffic load effects. Structural Safety,2001,23(1):31~46.

[4] Miao T J, Chan T H T. Bridge live load models from WIM data. Engineering Structures, 2002,24(8):1071~1084.

[5] Crespo-Minguillón C,Casas J R. A comprehensive traffic load model for bridge safety checking. Structural Safety,1997,19(4):339~359.

[6] Croce P, Salvatore W. Stochastic model for multilane traffic effects on bridges. Journal of Bridge Engineering, ASCE,2001,6(2):136~143.

[7] Mei G,Qin Q,Lin D J. Bimodal renewal processes models of highway vehicle loads. Reliability Engineering & System Safety,2004,83(3):333~339.

[8] 中华人民共和国交通部. GB/T 50283—1999 公路工程结构可靠度设计统一标准. 北京:中国计划出版社,1999.

[9] 李扬海,鲍卫刚,郭修武,等. 公路桥梁结构可靠度与概率极限状态设计. 北京:人民交通出

版社,1997.

[10] 公路桥梁车辆荷载研究课题组. 公路桥梁车辆荷载研究. 公路,1997,42(3):8～12.

[11] Vu K A T,Stewart M G. Structural reliability of concrete bridges including improved chloride-induced corrosion models. Structural Safety,2000,22(4):313～333.

[12] Ditlevsen O. Traffic loads on large bridges modeled as white-noise fields. Journal of Engineering Mechanics,ASCE,1994,120(4):681～694.

[13] 张建仁. 现有混凝土桥梁结构基于时变可靠度的评估研究. 北京:清华大学博士学位论文,2002.

[14] 杨伟军,梁兴文,张建仁. 服役桥梁评估荷载分析. 中南公路工程,2002,27(3):31～33.

[15] 王磊,张建仁. 既有公路桥梁车辆荷载连续到达过程模拟. 中外公路,2008,28(2):83～88.

[16] 王磊,张建仁. 基于平衡更新过程既有桥梁车辆荷载效应模型. 中国公路学报,2008,21(5):50～56.

第8章　服役钢筋混凝土桥梁安全承载寿命预测方法

8.1　服役桥梁安全承载寿命预测的步骤

钢筋混凝土桥梁在长期使用过程中,由于材料的老化、不利环境因素的影响以及管理使用不当等,造成结构某种程度的损伤,进而导致结构耐久性降低、抗力退化、从而影响结构的安全承载寿命。另外,不断增加的交通流量和荷重也把桥梁的安全承载寿命问题提到了重要议事日程上来。

所谓服役钢筋混凝土桥梁安全承载寿命,我们将其定义为:在正常使用、正常维护、不采取维修加固措施的条件下,结构因受自然环境中各种因素的侵蚀或影响而逐渐发生老化后,以承载力能力极限状态为基准的桥梁结构可靠指标不能满足目标可靠指标要求时的使用寿命。依据这一定义,基于时变可靠度的桥梁安全承载寿命分析的具体步骤如下。

1. 构件抗力退化预测

既有桥梁为客观存在实体,在长期使用过程中,抗力的衰减受材料自然老化、不利环境、管理使用不当等因素综合制约,抗力衰减的过程是一个复杂的物理、化学和力学损伤过程。不利环境下,钢筋混凝土桥梁中钢筋通常发生电化学腐蚀,引起钢筋截面面积减小和黏结性能退化,具体锈蚀率的发展预测参见第3章。另外,桥梁混凝土材料的本构行为也可能发生改变,强度取值应以实测为基准并考虑不确定性影响,环境相近情况下,参见第3章模型。联合上述材料性能模型,以承载能力极限状态为基准进行抗力退化预测。

2. 结构时变可靠性分析

前已说明,桥梁结构抗力是与时间有关的随机过程。在服役桥梁结构可靠性分析中,应该将各影响因素,按实际的随机过程处理或随机变量处理,依据抗力、恒载、车辆荷载模型建立结构或构件功能函数,从而计算与时间因素有关的失效概率,即"时变失效概率"。结构时变失效概率或可靠指标计算时可采用自适应重要抽样方法,体系复杂结构可采用降维分解技术的积分方法。

3. 安全承载寿命的确定

根据《公路工程结构可靠度设计统一标准》(GB/T 50283—1999)[1],对应承载能力极限状态的设计目标可靠指标见表 8-1。表中的数值资料针对的是构件截面的设计目标可靠指标,并非是构件的设计目标可靠值。服役桥梁结构寿命评估过程中目标可靠指标参照该指标取值。当前述时变可靠指标小于评估目标可靠指标时,视为结构安全承载寿命终止。

表 8-1　公路桥梁结构的目标可靠指标

破坏类型	安全等级		
	一级	二级	三级
延性破坏	4.7	4.2	3.7
脆性破坏	5.2	4.7	4.2

8.2　基于可靠度的梁桥寿命预测

8.2.1　随机信息下寿命预测

1. 构件抗力概率模型

抗力退化预测是既有 RC 梁桥服役期间的可靠性以及寿命预测的一个重要环节。由前面描述的混凝土和钢筋的材料性能及几何参数的历时变化性质,可以推断,使用期混凝土桥梁构件的抗力应该用随机过程模型来描述,在不修复的情况下其概率模型的统计特征具有如下基本特点:平均值函数 $\mu_R(t)$ 和标准差函数 $\sigma_R(t)$ 随时间增长而变化。

时间间隔越远,两时刻的抗力之间的联系越弱,所以抗力的自相关系数 $\rho[R(t),R(t+\Delta t)]$ 为时段长度 Δt 的单调降函数。显然,结构抗力的概率模型应是非平稳的随机过程。

为了确定抗力的自相关系数 $\rho[R(t),R(t+\Delta t)]$,根据抗力的统计特征,可以假设抗力服从独立增量过程,即对于任意的 $t_0<t_1<t_2<\cdots<t_n<t$,抗力增量 $R(t)-R(t_n),R(t_n)-R(t_{n-1}),\cdots,R(t_1)-R(t_0),R(t_0)-0$ 相互独立[2],则其协方差函数 $\mathrm{Cov}[R(t),R(t+\Delta t)]=D[R(t)]=\sigma_R^2(t)$,其中 $D[R(t)]$ 为 $R(t)$ 的均方差函数,从而自相关系数:

$$\rho[R(t),R(t+\Delta t)]=\frac{\mathrm{Cov}[R(t),R(t+\Delta t)]}{\sqrt{D[R(t)]\cdot D[R(t+\Delta t)]}}$$

$$= \sqrt{\frac{D[R(t)]}{D[R(t+\Delta t)]}} = \frac{\sigma_R(t)}{\sigma_R(t+\Delta t)} \tag{8-1}$$

以独立增量过程描述抗力的概率模型是一个近似的假定,实际上,各时段的抗力增量之间依然存在着一定的相关性,但它们已不像各时刻的抗力之间的相关性那么强,而且抗力增量之间应为正相关,因为对于一特定的结构,如果其抗力在某一时段内下降的程度相对其他结构较大(小),那么它在下一时段下降的程度相对其他结构也会较大(小)。如果考虑抗力增量间的相关性,则

$$\text{Cov}[R(t),R(t+\Delta t)] = D[R(t)] + \text{Cov}[R(t+\Delta t)-R(t),R(t)] \tag{8-2}$$

忽略抗力增量间的相关性,即令

$$\text{Cov}[R(t+\Delta t)-R(t),R(t)] = 0 \tag{8-3}$$

将使抗力之间的相关性降低,从而使结构可靠度计算得到偏于保守的结果。因此,以独立增量过程描述抗力的概率模型虽然是近似的,但基本也是合理的[3]。

某装配式钢筋混凝土 T 形梁,跨径 20m,荷载等级为汽车-超 20,挂车-120,C30 碎石混凝土,水泥标号 425,跨中截面构造如图 8-1 所示。

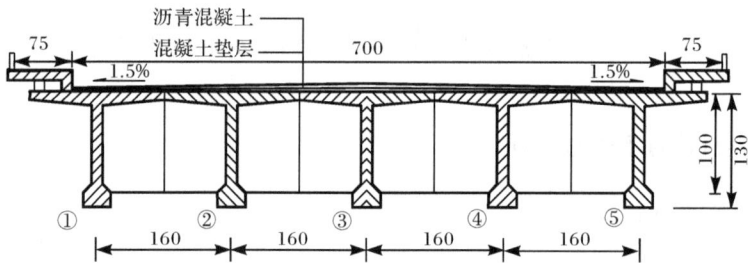

图 8-1　装配式 T 形梁横截面(单位:cm)

运用 Monte Carlo 法分析混凝土桥梁 T 形梁因锈蚀导致的抗力变化规律如图 8-2、图 8-3 所示。

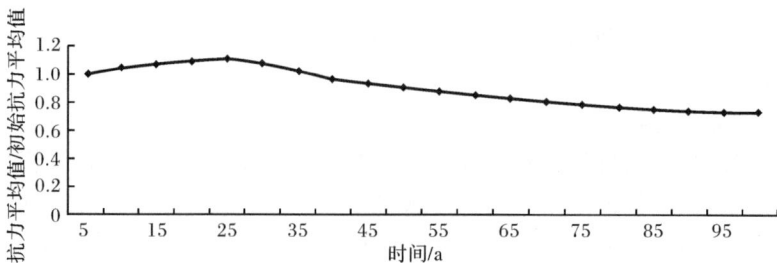

图 8-2　主梁抗力平均值的历时变化

由图 8-2 和图 8-3 可以看出,混凝土梁在钢筋锈蚀之前,抗力的平均值随时

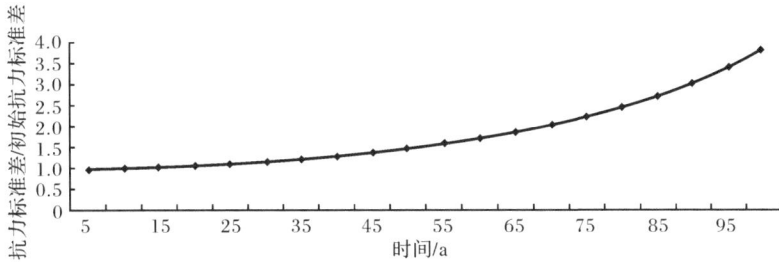

图 8-3　主梁抗力标准差的历时变化

间增长而略有增长,这是由混凝土强度的平均值函数的变化规律决定的;混凝土梁在钢筋锈蚀之后,抗力的平均值随时间增长而逐渐下降;抗力的标准差随时间增长而增大。经过 $t(\mathrm{a})$ 后混凝土梁抗力的平均值函数可表示为

$$\mu_R(t) = q_4 \lambda_R(t) \mu_{R_0} \tag{8-4}$$

式中, μ_{R_0} 为初始抗力的平均值; $\lambda_R(t)$ 为随时间变化的函数; q_4 为拟合公式的不定性变量。基于最小二乘法原理采用多项式进行拟合, $\lambda_R(t)$ 的表达式为

$$\lambda_R(t) = a_1 + a_2(t-52.5) + a_3(t-52.5)^2 + a_4(t-52.5)^3 + a_5(t-52.5)^4$$
$$\tag{8-5}$$

式中, $a_1 = 8.9794 \times 10^{-1}$, $a_2 = -7.2125 \times 10^{-3}$, $a_3 = 7.6571 \times 10^{-5}$, $a_4 = 1.9562 \times 10^{-6}$, $a_5 = -4.0249 \times 10^{-8}$。 q_4 的平均值和标准差分别为 1.085 和 0.127。

经过 $t(\mathrm{a})$ 后抗力的标准差可表示为

$$\sigma_R(t) = q'_4 \eta_R(t) \sigma_{R_0} \tag{8-6}$$

式中, σ_{R_0} 为初始抗力的标准差; $\eta_R(t)$ 为随时间变化的函数; q'_4 为拟合公式的不定性变量。

为了满足自相关系数 $\rho[R(t), R(t+\Delta t)]$ 为时段长度 Δt 的单调降函数这一条件,采用指数函数拟合使用期抗力标准差,基于最小二乘法原理的指数函数拟合表达式为

$$\eta_R(t) = \exp(at^2 + bt + c), \quad a > 0 \tag{8-7}$$

式中, $a = 1.1213 \times 10^{-4}$, $b = 2.0214 \times 10^{-3}$, $c = 0$, q'_4 的平均值和标准差分别为 1.102 和 0.105。

于是,自相关系数的表达式为

$$\rho[R(t), R(t+\Delta t)] = \frac{\sigma_R(t)}{\sigma_R(t+\Delta t)} = \frac{\eta_R(t)}{\eta_R(t+\Delta t)} = \exp(-a\Delta t^2 - 2at\Delta t - b\Delta t)$$
$$\tag{8-8}$$

于是,根据式(8-4)和式(8-8)可以估计混凝土桥梁构件在设计基准期任一时刻抗力的平均值、标准差和自相关系数。一般地,结构抗力的概率分布类型假定

为对数正态分布[4,5]。值得注意的是,当考虑时刻较远的抗力 $R(t)$ 时,其概率分布类型是否依然服从对数正态分布,即是否依然服从 Lindeberg 定理难以肯定,需要进一步的分析和工程统计确定。

下面研究保护层厚度和锈蚀电流密度的统计参数对构件抗力概率模型的影响。分别将保护层厚度和锈蚀电流密度的平均值和变异系数调整为其已知数值的 0.4 倍、0.6 倍、0.8 倍、1.0 倍和 1.2 倍,由此研究构件抗力的平均值函数和标准差函数的变化趋势和大小,如图 8-4~图 8-11 所示。

由上述图形可见,保护层厚度的平均值对抗力平均值函数影响很大,而且保护层越厚,同一时刻的抗力期望值(即平均值)越大。保护层厚度的变异系数对抗力概率模型影响很小。初始锈蚀电流密度的平均值对抗力平均值函数影响很大,对抗力标准差函数影响较大,初始锈蚀电流密度的变异系数对抗力标准差函数影响也较大,但初始锈蚀电流密度的变异系数对抗力平均值函数影响很小。

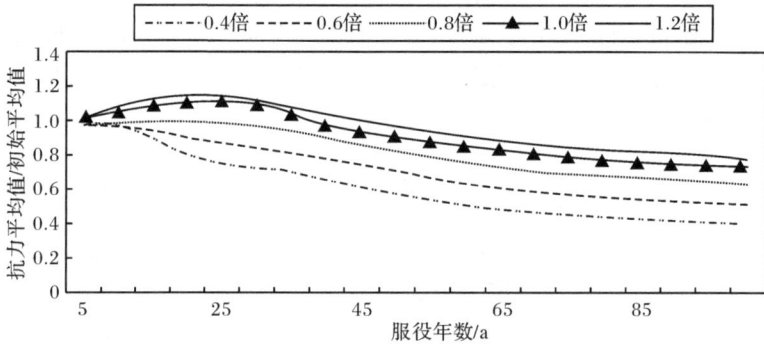

图 8-4 保护层厚度平均值对抗力平均值的影响

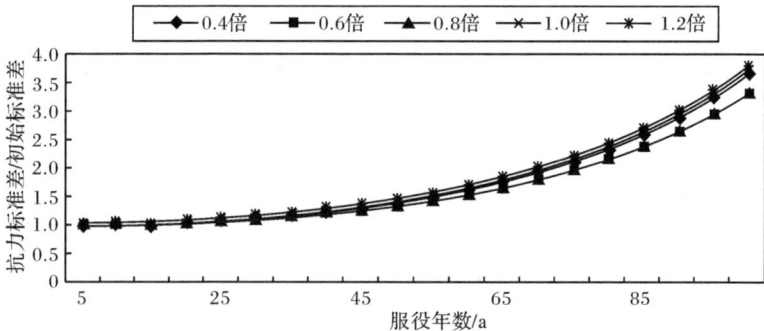

图 8-5 保护层厚度平均值对抗力标准差的影响

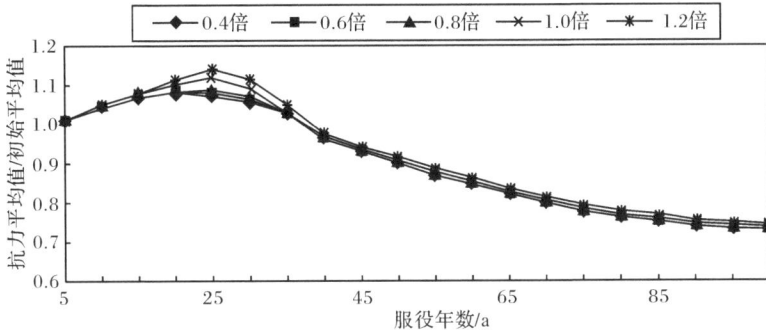

图 8-6　保护层厚度变异系数对抗力平均值的影响

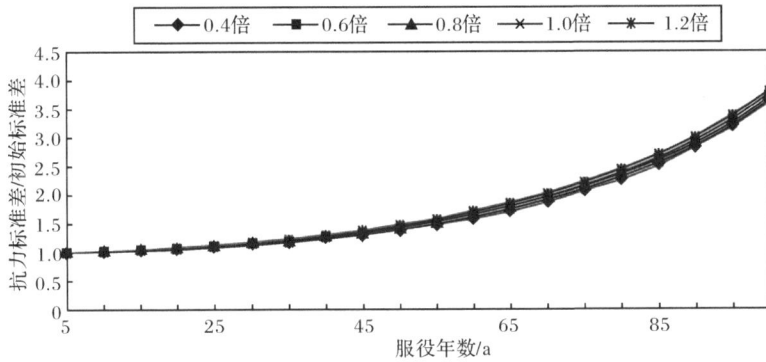

图 8-7　保护层厚度变异系数对抗力标准差的影响

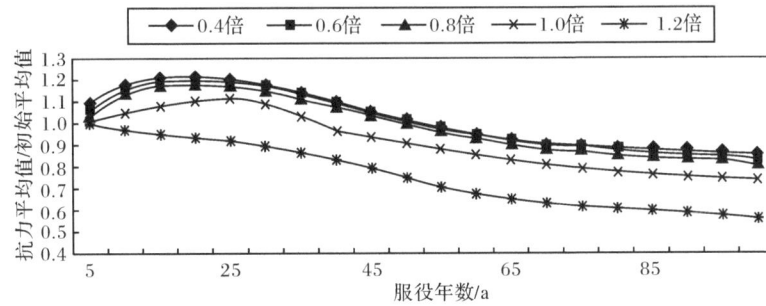

图 8-8　初始锈蚀速率平均值对抗力平均值的影响

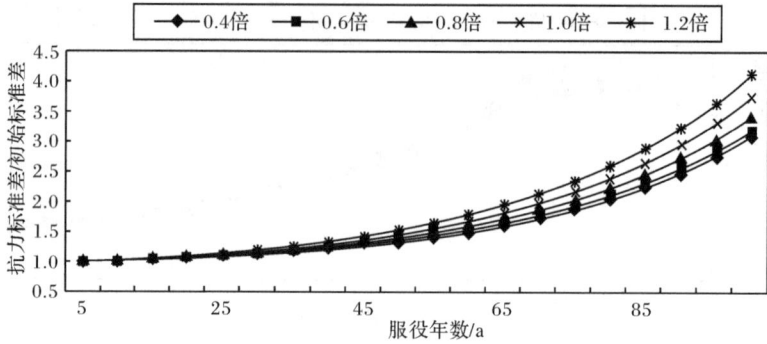

图 8-9　初始锈蚀速率平均值对抗力标准差的影响

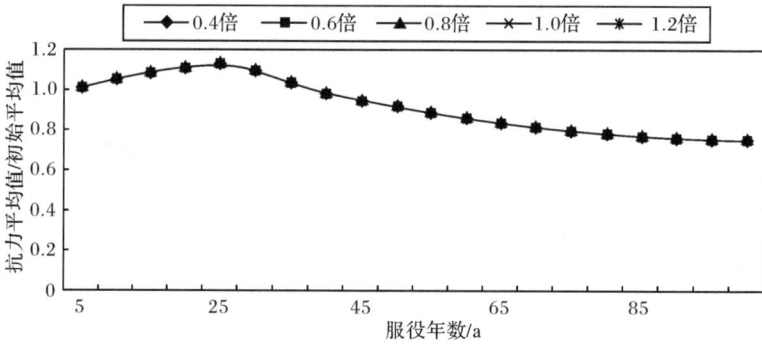

图 8-10　初始锈蚀速率变异系数对抗力平均值的影响

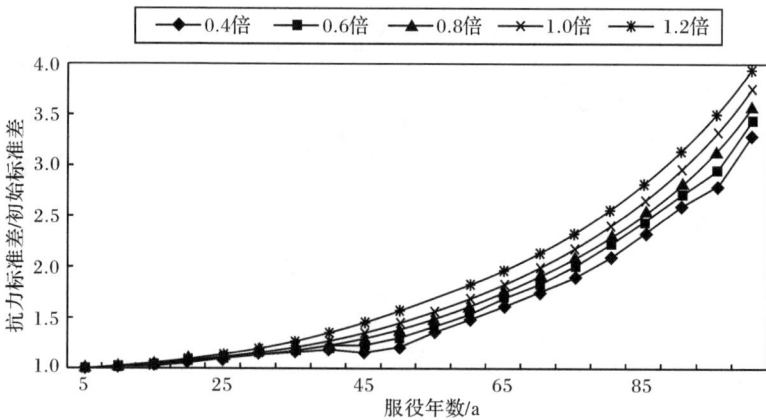

图 8-11　初始锈蚀速率变异系数对抗力标准差的影响

2. 服役桥梁抗力退化分析实例

位于湖南省湘潭市的某桥是一座钢筋混凝土简支梁桥,1966 年竣工通车。该桥最大跨度 16m,工字型主梁混凝土剥落严重,有露筋现象,部分部位主筋已锈蚀,而且裂缝较多,最大裂缝宽度 0.22mm。根据主梁现状,可以计算当前时刻 $t_p=36a$ 主梁抗弯能力。

该主梁当前时刻 $t_p=36a$ 的抗弯能力的平均值函数和标准差分别如图 8-12、图 8-13 所示,其函数

$$\mu_R(t)=q_4\lambda_R(36)\mu_{R_0} \tag{8-9}$$

$$\sigma_R(t)=q_4\eta_R(36)\sigma_{R_0} \tag{8-10}$$

式中,$\lambda_R(36)=1.026$,$\eta_R(36)=1.2437$。

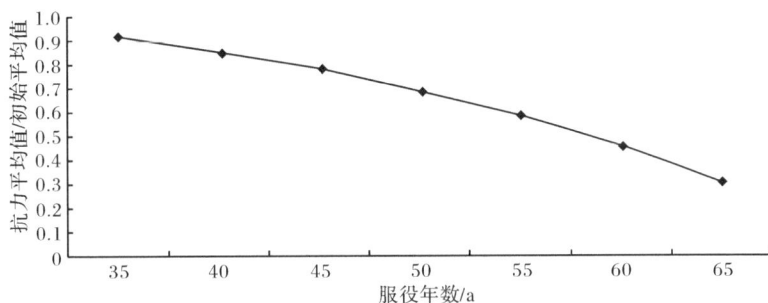

图 8-12　抗力平均值

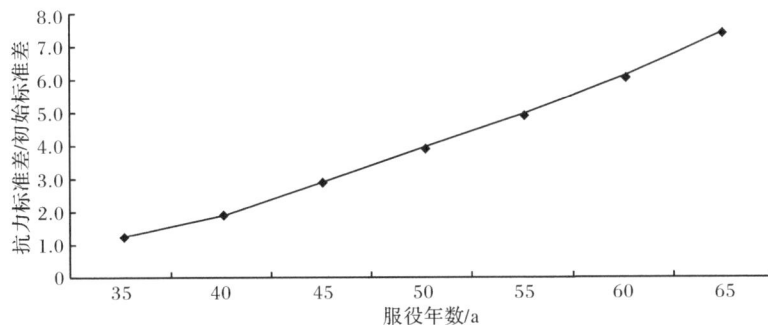

图 8-13　抗力标准差

自相关系数的表达式为

$$\rho[R'(t),R'(t+\Delta t)]=\frac{\eta_R(36)}{\eta_R(36+\Delta t)}=\exp[-a\Delta t^2-(72a+b)\Delta t] \tag{8-11}$$

式中,$a=1.1213\times10^{-4}$,$b=2.0214\times10^{-3}$。

本例中抗力平均值函数和标准差函数曲线的斜率较大,如果不进行合理的维修加固,则其主梁的抗弯能力将在未来短期内迅速退化,导致事故发生。

3. 时变可靠度和失效概率的计算

1) 不考虑初始抗力随机性的时变可靠度

先假设构件的初始抗力 R_0 为确定性量 r,时刻 t 的抗力表示为

$$r(t)=rg(t) \tag{8-12}$$

式中,$g(t)$ 为随时间变化的函数,对于钢筋混凝土桥梁受弯构件可取抗力平均值函数 $\mu_R(t)$ 的多项式形式。

假设时间区间 $(0,t_L)$ 可以分为 L 个时间长度为 τ 的相等时间段,表示为 $(0,t_1),(t_1,t_2),\cdots,(t_{L-1},t_L)$,而且对于服从泊松分布的车辆荷载效应 S,其最大值分布只受时间段长短和到达率 λ 的影响,文献[6]中认为 λ 对结构可靠指标的影响较小,故可以假设时间长度为 τ 的各时间段内的车辆荷载效应 S 的最大值分布服从同一种分布类型,并且相互独立。则时间段 $(0,t_L)$ 内构件可靠度可以表示为

$$P_S(t_L) = P[Z(t_1)>0] + P[Z(t_2)>0/Z(t_1)>0]P[Z(t_1)>0] + \cdots$$
$$+ P[Z(t_L)>0/Z(t_{L-1})>0,\cdots,Z(t_1)>0]\prod_{i=1}^{L-1} P[Z(t_i)>0]$$
$$= P[rg(t_1)>s] + P[rg(t_1)>s \cap rg(t_2)>s] + \cdots$$
$$+ P[rg(t_1)>s \cap rg(t_2)>s \cap \cdots \cap rg(t_L)>s]$$
$$= F_S[rg(t_1)] + \prod_{i=1}^{2} F_S[rg(t_i)] + \cdots + \prod_{i=1}^{L} F_S[rg(t_i)] \tag{8-13}$$

在时间段 (t_{i-1},t_i) 内 n 个确定的时刻 $t_{ij},j=1,\cdots,n$,出现了 n 次最不利荷载 S_{ij},该时段 (t_{i-1},t_i) 构件可靠度可表示为[7]

$$P_{S_i} = P[rg(t_{i1})>S_{i1} \cap \cdots \cap rg(t_{in})>S_{in}]$$
$$= \prod_{j=1}^{n} F_S[rg(t_{ij})] \tag{8-14}$$

再考虑时刻 t_{ij} 的随机性,即时间段 (t_{i-1},t_i) 内 n 次最不利荷载 S_{ij} 发生的时刻 $T=\{t_{i1},\cdots,t_{in}\}$ 的联合概率密度函数为 $f_T(t)$,这里 t 是向量,则构件可靠度可以表示为

$$P_S(t_L) = \int_{iK-1}^{t_{in}} \cdots \int_0^{t_{i1}} \left\{ \prod_{j=1}^{n} F_S[rg(t_{ij})] \right\} f_T(t)\mathrm{d}t \tag{8-15}$$

最不利荷载 S_{ij} 发生的时刻 $T=\{t_{i1},\cdots,t_{in}\}$ 服从 (t_{i-1},t_i) 区间的均匀分布,并且相互独立,则联合概率密度函数 $f_T(t)$ 可表示为

$$f_T(t) = \left(\frac{1}{\tau}\right)^n \tag{8-16}$$

所以式(8-14)变换为

$$P_{S_i} = \left\{ \int_{t_{i-1}}^{t_i} F_S[rg(t)] \frac{1}{\tau} \mathrm{d}t \right\}^n \tag{8-17}$$

2) 考虑初始抗力随机性的时变可靠度

撤销构件的初始抗力为确定性量的假设,考虑初始抗力的随机性,并根据全概率原理考虑最不利荷载 S_{ij} 为泊松过程,由式(8-17)将时段 (t_{i-1}, t_i) 内构件可靠度公式改写为

$$P_{S_i} = \int_0^\infty \exp\left(-\lambda\left\{\tau - \int_{t_{i-1}}^{t_i} F_S[rg(t)]\mathrm{d}t\right\}\right) f_{R_0}(r)\mathrm{d}r \tag{8-18}$$

荷载组合包括活载 S_1 和恒载 S_2,活载 S_1 随时间变化,恒载 S_2 为随机变量,根据全概率原理,式(8-18)变为

$$P_{S_i} = \int_0^\infty \int_0^\infty \exp\left(-\lambda_{S_1}\left\{\tau - \int_{t_{i-1}}^{t_i} F_{S_1}[rg(t)-s_2]\mathrm{d}t\right\}\right) f_{S_2}(s_2) f_{R_0}(r)\mathrm{d}s_2 \mathrm{d}r \tag{8-19}$$

式中,λ_{S_1} 为活载 S_1 的到达率;$f_{S_2}(s_2)$ 和 $f_{R_0}(r)$ 分别为恒载 S_2、初始抗力 R_0 的概率密度函数;$F_{S_1}(\cdot)$ 为活载 S_1 的累积分布函数。

3) 时段时变失效概率

由式(8-19)求得时段 (t_{i-1}, t_i) 的时变可靠度,通过式(8-20)求出时段 (t_{i-1}, t_i) 时变失效概率。

$$P_{f_i} = 1 - P_{S_i} \tag{8-20}$$

4) 总失效概率

根据各时段 (t_{i-1}, t_i),$i=1,2,\cdots,L$,的时变失效概率 P_{f_i} 和式(8-13)计算时间区间 $(0, t_L)$ 内的总失效概率。

4. 寿命评估工程实例[7]

实例 1　钢筋混凝土矩形截面梁混凝土 C25,钢筋 II 级,$A_g = 1256\mathrm{mm}^2$,$b = 240\mathrm{mm}$,$h_0 = 460\mathrm{mm}$,$M_j = 95\mathrm{kN \cdot m}$。按室外环境分析,其单位时段的时变可靠指标 $\beta(t_i)$ 如图 8-14 所示,计算公式为式(8-19)、式(8-20)。抽样次数 $N_{sub} = 150$,$N_{adp} = 60$,$N_{main} = 40000$。图中每时点对应的可靠指标表示该时点单位时段的可靠指标。

同时,基于时不变可靠性原理计算基准期 100a 内的可靠指标如图 8-14 所示。

为了比较时变可靠指标与时不变可靠指标的数量换算关系,基于时变可靠性原理并利用式(8-13)计算基准期 100 年的总失效概率 $P_{f_2}(100) = 3.908 \times 10^{-5}$,相应可靠指标 $\beta_t = 3.95$;基于时不变可靠性原理计算基准期 100a 的失效概率 $P_{f_1} = 7.124 \times 10^{-6}$,相应可靠指标 $\beta = 4.34$。可见,$\beta_t < \beta$,且 $\beta_t/\beta = 0.91$,说明考虑结构

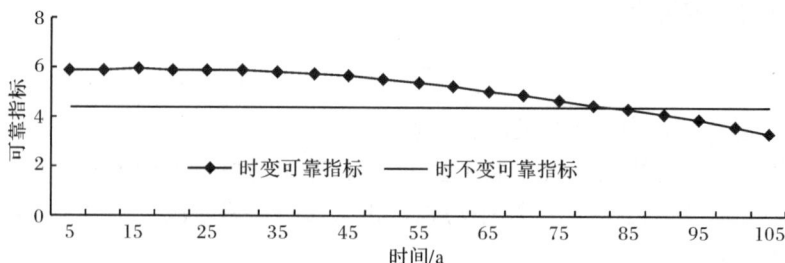

图 8-14　时变可靠指标

时变性能得到偏安全的结果。

由图可见,当 t 小于钢筋锈蚀开始时间时,钢筋强度变化不大,而混凝土强度甚至有所提高,因此,$\beta(t)$ 没有明显下降;当 t 大于 t_{cr}(钢筋锈蚀开裂时间)时,虽然钢筋屈服强度仍无明显变化,但由于钢筋截面面积显著减少以及混凝土强度平均值降低,而标准差增大,导致 $\beta(t)$ 显著下降。

采用 Origin 软件的 Nonlinear Curve Fit 功能对所得的数据进行非线性拟合,得到 β 关于 t 的函数关系式,由于结构使用前期可靠指标有上升趋势,因此得

$$\beta = \beta_0 = 5.1038, \quad t < 6$$
$$\beta = \beta_0[0.97776 - 0.02362\exp(0.04311t)], \quad t > 6$$

实例 2　钢筋混凝土简支梁桥,跨长 19.5m,桥宽净-7 附 2×0.75m 的人行道,5 根 T 主梁,2 根端横梁,3 根横隔梁,分别分析汽-15、汽-20 级汽车荷载作用时,不同的活载与恒载效应比 ρ 下($\rho = 0.1, 0.25, 0.5, 1, 2, 2.5$)的可靠指标变化规律。抽样次数 $N_{sub} = 100, N_{adp} = 50, N_{main} = 50000$,如图 8-15 所示。

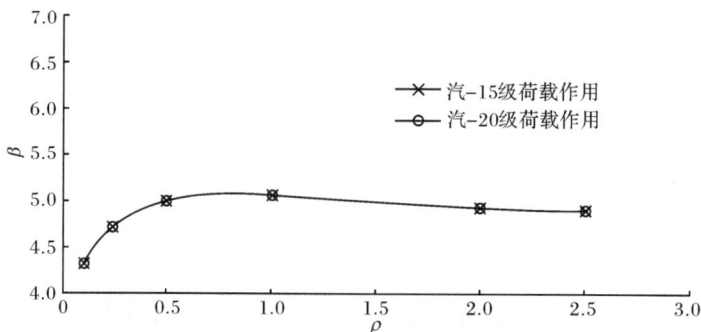

图 8-15　β 与 ρ 的关系曲线

由图 8-15 可见,可靠指标 β 在 $\rho = 0.5$ 或 1 左右达到最大值,当 $\rho < 1$ 时,恒载效应大于汽车荷载效应,β 随恒载效应的减小而显著提高,而汽车荷载效应变异

系数大于恒载效应变异系数, β-ρ 曲线呈上升趋势; 当 $\rho > 1$ 时, 恒载效应小于汽车荷载效应, 而恒载效应的变异系数小于汽车荷载的变异系数, β-ρ 曲线呈下降趋势。

图 8-15 中所示两种不同的荷载作用下, β-ρ 曲线是重合的, 这就说明可靠指标 β 只与活载与恒载效应比有关, 而与其绝对值无关。

实例 3　钢筋混凝土矩形截面梁, 混凝土 C20, 钢筋 I 级, $A_g = 1256\text{mm}^2$, $h_0 = 460\text{mm}$, $M_j = 95\text{kN} \cdot \text{m}$。抽样次数 $N_{sub} = 100$, $N_{adp} = 50$, $N_{main} = 50000$。

此例主要分析混凝土、钢筋强度的变化(其他条件不变)对钢筋混凝土矩形截面梁可靠度的影响程度。分析结果如图 8-16 所示。

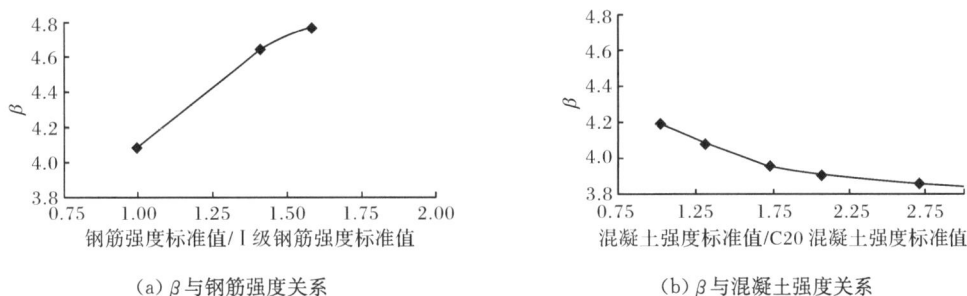

(a) β 与钢筋强度关系　　　　　　　(b) β 与混凝土强度关系

图 8-16　β 分别与钢筋强度和混凝土强度的关系

为了比较结果更直观明了, 图中横坐标分别表示钢筋强度标准值与 I 级钢筋强度标准值的比值及混凝土强度标准值与 C20 混凝土强度标准值之比。纵坐标表示相应的可靠指标。

由图可见, 可靠指标随钢筋强度的提高而提高, 当 $\rho < 1.5$ 时, 提高的幅度较大; 随混凝土强度的提高而降低, 当 $\rho > 2$ 时, 变化幅度不大。但 β 对钢筋的强度更敏感, 这与理论分析中采用验算点法计算时得到的功能函数中各变量的方向余弦所反映的敏感度是一致的。

实例 4　钢筋混凝土矩形截面梁, 混凝土 C20, 钢筋 I 级, $A_g = 1256\text{mm}^2$, $h_0 = 460\text{mm}$, $b = 240\text{mm}$, $M_j = 95\text{kN} \cdot \text{m}$。

分析结果如图 8-17 所示。其中纵坐标、横坐标的意义同前, 横坐标均表示可能值与变量基本值(例中所列值)的比值。

可见, 钢筋混凝土梁可靠指标随梁截面高、宽的增大而有所降低, 但保护层厚度的增大使可靠指标有微小的提高趋势, 同时可以看出配筋率的增大可使梁可靠指标有较大程度的提高。

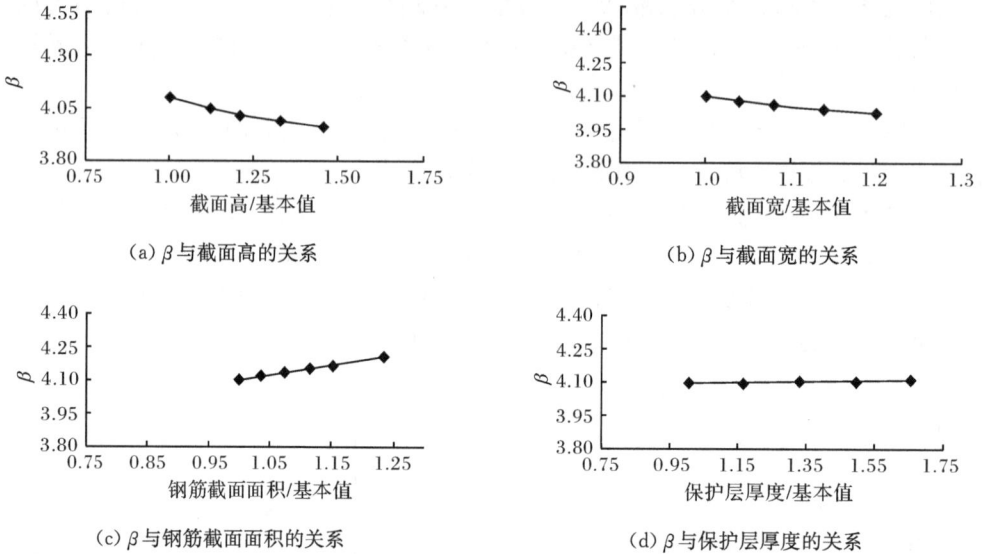

(a) β与截面高的关系　　　　　　　　　(b) β与截面宽的关系

(c) β与钢筋截面面积的关系　　　　　　(d) β与保护层厚度的关系

图 8-17　β与截面高、截面宽、钢筋截面、保护层厚度的关系

实例 5　广州市南岗中桥(图 8-18)。

1) 桥梁概况

该桥位于广州市南新北京—深圳线(路线等级:一级)上。该桥主要技术指标为:

设计荷载为汽-20,拖-100;桥梁长度为 51.2m;车行道宽为 26.4m;人行道宽为 2×1.5m。

上部结构:3 跨 16m 钢筋混凝土 T 形梁桥。

下部结构:多柱式钢筋混凝土桥墩,采用桩基础。

抗震烈度:<7 度。

该桥建于 1982 年 9 月,1993 年因公路拓宽由广州市公路局建设,广州市公路局设计院设计,广州市公路局工程公司施工对该桥进行了单侧加宽 8.45m。1997年 11 月由广州市公路局东郊分局因设伸缩缝解决桥头跳车对该桥进行了维修。该桥地处交通咽喉,车辆川流不息,重车及超重车的比例不断提高,桥梁自身老化以及环境变化影响,致使该桥的承载能力不断下降,多处产生不同程度的病害,严重危及桥梁的安全。

2) 桥梁现状

该桥最近技术状况评定见表 8-2。

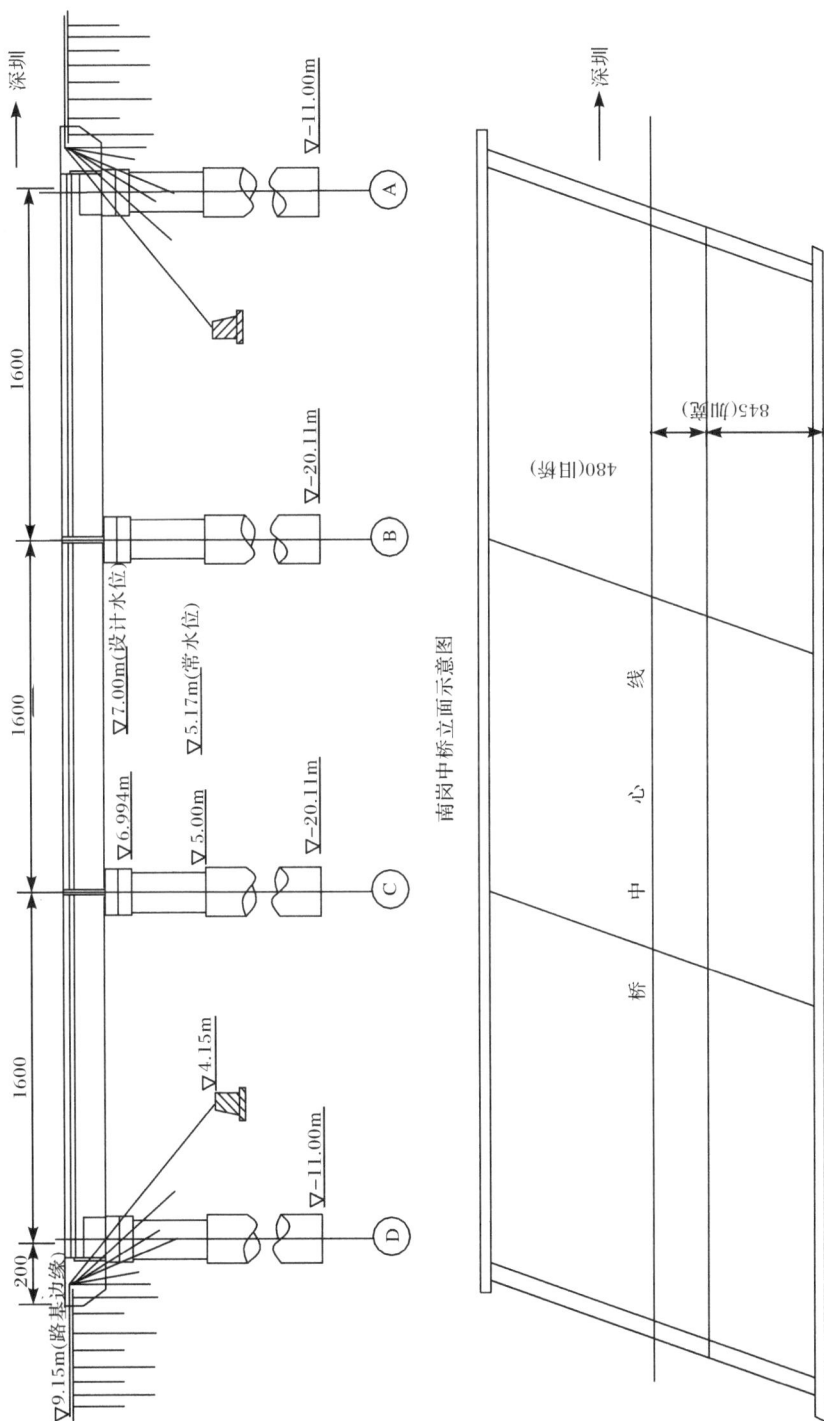

南岗中桥立面示意图

南岗中桥平面示意图

图 8-18　广州市南港中桥立面和平面示意图（单位：cm）

表 8-2　南岗中桥最近技术状况评定

技术参量	参数	技术参量	参数
检查年月	97.5	地基冲刷	二
定期或特殊检查	有	上部结构	二
全桥评定等级	二	支座	二
桥台与基础	二	经常保养小修	是
桥墩与基础	二	处治对策	—

交通流量 30000～70000 辆/d,重车及超重车通行严重,实际可按汽车-超 20 级和挂车-120。

由于营运时间长,桥面磨损比较严重,有纵横向裂缝,存在桥头跳车现象,桥面维修使桥面铺装厚度增加,桥面铺装层比原设计高出约 10cm。

桥面排水孔道基本畅通。

人行道板破损严重,裂缝较多,栏杆损坏较严重,出现混凝土剥落、脱裂、露筋,部分栏杆残缺不全。

主梁为 T 形截面梁。经对所有主梁进行仔细检查观测,梁腹部裂缝较多,裂缝宽度约为 0.12mm,有部分已处理(已粘贴)。

该桥桥墩外观情况良好,未发现有异常情况。

3) 检测主要病害

(1) 桥主梁腹部裂缝较多。

(2) 桥面路面板损坏严重。

(3) 人行道板损坏。

(4) 栏杆损坏。

(5) 桥头跳车。

(6) 桥梁振动幅度较大。

1980 年按 1973 年交通部颁发的《公路钢筋混凝土及预应力混凝土桥涵设计规范》(JTG D62-2012)的一座钢筋混凝土斜交梁桥,1982 年完工。该桥主跨为 3 孔 16m,T 形梁结构,全长 52m。主梁混凝土 C25,受力钢筋 II 级,$A_g = 9720mm^2$,$b' = 1600mm$,$h_0 = 1053mm$。设计荷载为汽车-20 级和挂车-100,而通车后的实际交通量超过设计值,实际荷载应该按汽车-超 20 级和挂车-120。

按实际荷载情况进行分析,其时变可靠指标 $\beta(t)$ 如图 8-19 所示。抽样次数 $N_{sub} = 100, N_{adp} = 50, N_{main} = 50000$。

该桥因车流量过大(每昼夜 7 万辆次),桥梁振动幅度较大,管理单位非常担心,特委托课题组进行可靠度检测评估。课题组测评结果与理论分析吻合。

采用 Origin 软件的 Nonliear Curve Fit 功能对所得的数据进行非线性拟合,

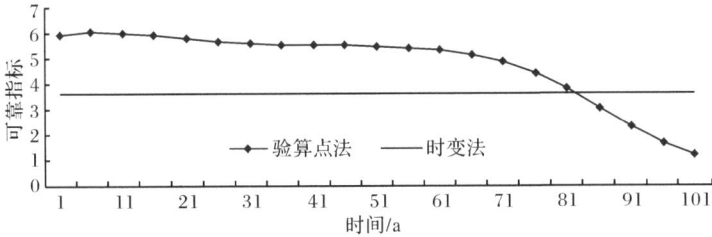

图 8-19　广州市南岗中桥 β-t 曲线

得到 β 关于 t 的函数关系式：

$$\beta = \beta_0 = 5.9866, \quad t < 11$$
$$\beta = \beta_0 [1.016 - 0.011\exp(0.043t)], \quad t > 11$$

8.2.2　模糊及随机信息下寿命预测

如前所述,影响既有 RC 桥梁材料耐久性退化的因素含有很大的不确定性,这些不确定性因素可能同时包括随机性、模糊性及未确知性。由于未确知性是一种弱不确定性,当其同时与前两者共存时,可以并于其中而不必单独考虑。而桥梁抗力退化和寿命预测,是建立在材料性能以及几何参数的模型基础之上的,也势必受到模糊性和随机性因素的影响。

1. 模糊随机信息下构件抗力退化概率模型

RC 结构由钢筋和混凝土两种材料组成。因此,考虑影响抗力衰减因素的退化模型,必须建立在混凝土和钢筋材料性能以及几何参数的模型基础之上。由混凝土和钢筋的材料性能及几何参数的历时变化性质可以推断,使用期混凝土桥梁构件的抗力应该用模糊随机过程模型来描述。因此,构件抗力退化模型中,平均值和标准差有时可能不是一条随时间变化的曲线,而应为随时间变化的某一区域。

图 8-20 给出了抗力随服役时间的变化过程。为此,本书在材料耐久性退化模型基础上,基于模糊随机变量和模糊随机过程理论,建立既有 RC 桥梁构件抗力的非平稳模糊时变概率模型,由以往抗力模型中只考虑时变性,扩展到模糊性与随机时变性同时考虑。

在不修复的情况下抗力概率模型的统计特征具有如下基本特点:平均值函数和标准差函数随时间增长而变化;由于时间间隔越远,两时刻的抗力之间的联系越弱,抗力的模糊自相关系数 $\tilde{\rho}[\tilde{R}(t), \tilde{R}(t+\Delta t)]$ 随时段 Δt 下降。显然,结构抗力的概率模型应是非平稳的。

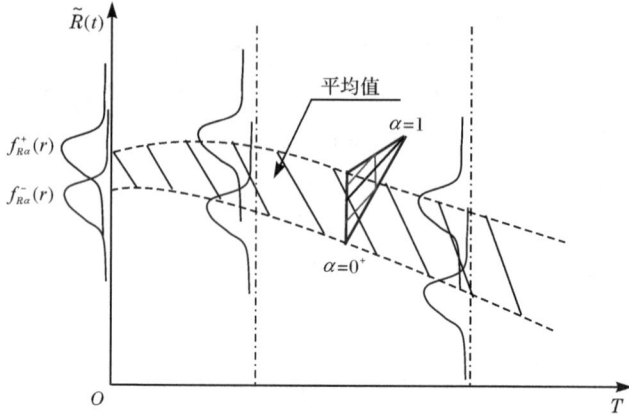

图 8-20　模糊集随机信息下抗力时变特点

由此,本书在同时建立材料性能、几何尺寸等的退化模型的基础上,考虑计算模式的不确定性,将构件抗力视为模糊随机过程,通过下述方法建立其退化概率模型。

使用期内,混凝土桥梁构件抗力的模糊随机函数为

$$\widetilde{R}(t) = \widetilde{K}_P \widetilde{R}_P[\widetilde{f}_{ci}(t), \widetilde{a}_i(t)] \tag{8-21}$$

式中,$\widetilde{R}(t)$ 为抗力的模糊函数;$\widetilde{K}_P$ 为考虑计算模式不确定性的模糊随机变量;$\widetilde{R}_P$ 为不考虑计算模式不确定性时的抗力函数;$\widetilde{f}_{ci}(t)$ 和 $\widetilde{a}_i(t)$ 为时变的、考虑第 i 种材料的性能和几何参数模糊性的函数。

基于误差传递理论,由式(8-21)得抗力平均值模糊随机函数为

$$\widetilde{\mu}_R(t) = \widetilde{\mu}_{K_P} \widetilde{\mu}_{R_P}(t) = \bigcup_{\alpha \in (0,1]} \alpha[\mu_{\bar{R}\alpha}^-(t), \mu_{\bar{R}\alpha}^+(t)] \tag{8-22}$$

式中,$\widetilde{\mu}_R(t)$ 为抗力的平均值模糊随机函数;$\widetilde{\mu}_{K_P}$ 为计算模式不确定性的平均值;$\mu_{\bar{R}\alpha}^-(t)$ 和 $\mu_{\bar{R}\alpha}^+(t)$ 分别为抗力平均值下确界和上确界,可写为

$$\mu_{\bar{R}\alpha}^-(t) = \mu_{\bar{K}_{p\alpha}}^- \mu_{\bar{R}_{p\alpha}}^-(t) \tag{8-23}$$

$$\mu_{\bar{R}\alpha}^+(t) = \mu_{\bar{K}_{p\alpha}}^+ \mu_{\bar{R}_{p\alpha}}^+(t) \tag{8-24}$$

式中,$\mu_{\bar{R}_{p\alpha}}^-(t)$、$\mu_{\bar{R}_{p\alpha}}^+(t)$ 为不考虑计算模式不确定性时,抗力函数平均值下确界和上确界;$\mu_{\bar{K}_{p\alpha}}^-$、$\mu_{\bar{K}_{p\alpha}}^+$ 分别为计算模式不确定性系数 $\widetilde{K}_P$ 平均值下确界和上确界,对于受弯构件正截面和斜截面承载力,文献[4]分别给出了计算模式不确定性系数平均值和变异系数的建议值。

式(8-23)和式(8-24)中,不考虑计算模式不确定性时抗力平均值的下确界和 $\mu_{\bar{R}_{p\alpha}}^-(t)$ 和上确界 $\mu_{\bar{R}_{p\alpha}}^+(t)$ 由误差传递公式得

$$\mu_{\bar{R}_{p\alpha}}^-(t) = \inf\{x \in R \mid \widetilde{R}_P[\widetilde{\mu}_{fci}(t), \widetilde{\mu}_{ai}(t)](x) \geqslant \alpha\} \tag{8-25}$$

$$\mu_{\tilde{R}_{p\alpha}}^{+}(t) = \sup\{x \in R \,|\, \tilde{R}_{P}[\tilde{\mu}_{fci}(t), \tilde{\mu}_{ai}(t)](x) \geqslant \alpha\} \tag{8-26}$$

对于抗力标准差,在抗力函数已知的情况下,由误差传递函数得

$$\tilde{\sigma}_R(t) = \bigcup_{\alpha \in (0,1]} \alpha[\sigma_{\bar{R}_\alpha}(t), \sigma_{\bar{R}_\alpha}^{+}(t)] = \left\{ \sum_{i=1}^{n} \left[\frac{\partial \tilde{R}(t)}{\partial X_i} \bigg|_{\bar{\mu}} \right]^2 \tilde{\sigma}_{X_i}^2(t) \right\}^{\frac{1}{2}} \tag{8-27}$$

式中,$\tilde{\sigma}_R(t)$ 为抗力标准差;抗力标准差的下确界 $\sigma_{\bar{R}_\alpha}(t)$ 和上确界 $\sigma_{\bar{R}_\alpha}^{+}(t)$ 可分别由式(8-28)和式(8-29)求得。

$$\sigma_{\bar{R}_\alpha}(t) = \inf \left\{ x \in R \,\bigg|\, \left\{ \sum_{i=1}^{n} \left[\frac{\partial \tilde{R}(t)}{\partial X_i} \bigg|_{\bar{\mu}} \right]^2 \tilde{\sigma}_{X_i}^2(t) \right\}^{\frac{1}{2}} (x) \geqslant \alpha \right\} \tag{8-28}$$

$$\sigma_{\bar{R}_\alpha}^{+}(t) = \sup \left\{ x \in R \,\bigg|\, \left\{ \sum_{i=1}^{n} \left[\frac{\partial \tilde{R}(t)}{\partial X_i} \bigg|_{\bar{\mu}} \right]^2 \tilde{\sigma}_{X_i}^2(t) \right\}^{\frac{1}{2}} (x) \geqslant \alpha \right\} \tag{8-29}$$

式中,X_i 代表 $\tilde{R}_P[\,\cdot\,]$ 中的变量;$\dfrac{\partial \tilde{R}(t)}{\partial X_i}\bigg|_{\bar{\mu}}$ 表示偏导数在平均值处的取值。

对于抗力的变异系数,依变异系数、平均值以及标准差之间的关系有

$$\tilde{\delta}_R(t) = \bigcup_{\alpha \in (0,1]} \alpha[\delta_{\bar{R}_\alpha}(t), \delta_{\bar{R}_\alpha}^{+}(t)] = \frac{\tilde{\delta}_R(t)}{\tilde{\mu}_R(t)} \tag{8-30}$$

式中,$\tilde{\delta}_R(t)$ 为抗力变异系数;$\delta_{\bar{R}_\alpha}(t)$ 和 $\delta_{\bar{R}_\alpha}^{+}(t)$ 分别为抗力变异系数模糊随机函数的下确界和上确界可分别由式(8-31)和式(8-32)求得。

$$\delta_{\bar{R}_\alpha}(t) = \frac{\sigma_{\bar{R}_\alpha}(t)}{\mu_{\bar{R}_\alpha}(t)} \tag{8-31}$$

$$\delta_{\bar{R}_\alpha}^{+}(t) = \frac{\sigma_{\bar{R}_\alpha}^{+}(t)}{\mu_{\bar{R}_\alpha}^{+}(t)} \tag{8-32}$$

对于抗力的自相关系数,根据抗力的统计特征,若假设抗力服从独立增量过程,即对于任意的 $t_0 < t_1 < t_2 < \cdots < t_n < t$,抗力增量 $\tilde{R}(t_0) - 0, \tilde{R}(t_1) - \tilde{R}(t_0), \cdots, \tilde{R}(t_n) - \tilde{R}(t_{n-1})$ 相互独立,则其协方差函数为

$$\text{Cov}[\tilde{R}(t), \tilde{R}(t+\Delta t)] = \tilde{D}[\tilde{R}(t)] = \tilde{\sigma}_R^2(t) = \bigcup_{\alpha \in (0,1]} \alpha[\sigma_{\bar{R}_\alpha}(t), \sigma_{\bar{R}_\alpha}^{+}(t)] \tag{8-33}$$

式中,$\text{Cov}[\tilde{R}(t), \tilde{R}(t+\Delta t)]$ 为抗力协方差函数;$\tilde{D}[\tilde{R}(t)]$ 为抗力均方差函数,从而自相关系数可以表示为

$$\begin{aligned}
\tilde{\rho}[\tilde{R}(t), \tilde{R}(t+\Delta t)] &= \frac{\text{Cov}[\tilde{R}(t), \tilde{R}(t+\Delta t)]}{\sqrt{D[\tilde{R}(t)]} \cdot \sqrt{D[\tilde{R}(t+\Delta t)]}} \\
&= \sqrt{\frac{D[\tilde{R}(t)]}{D[\tilde{R}(t+\Delta t)]}} = \frac{\tilde{\sigma}_R(t)}{\tilde{\sigma}_R(t+\Delta t)}
\end{aligned} \tag{8-34}$$

$$\tilde{\rho}[\widetilde{R}(t),\widetilde{R}(t+\Delta t)]=\bigcup_{\alpha\in(0,1]}\alpha[\rho_\alpha^-,\rho_\alpha^+]$$

$$=\bigcup_{\alpha\in(0,1]}\alpha\left[\frac{\sigma_{\overline{R_\alpha}}(t)}{\sigma_{R_\alpha}^+(t+\Delta t)},\frac{\sigma_{R_\alpha}^+(t)}{\sigma_{\overline{R_\alpha}}(t+\Delta t)}\right] \tag{8-35}$$

式中,$\tilde{\rho}[\widetilde{R}(t),\widetilde{R}(t+\Delta t)]$为抗力自相关系数;$\rho_\alpha^-$和$\rho_\alpha^+$分别为自相关系数的下确界和上确界。

以独立增量过程描述抗力的概率模型是一个近似的假定。实际上,各时段的抗力增量之间依然存在着一定的相关性,但它们已不像各时刻的抗力之间的相关性那么强,而且抗力增量之间应为正相关,因为对于一特定的结构,如果其抗力在某一时段内下降的程度相对其他结构较大(小),那么它在下一时段下降的程度相对其他结构也会较大(小)。假设抗力服从独立增量过程将使抗力之间的相关性降低,从而使结构可靠度计算得到偏于保守的结果。因此,以独立增量过程描述抗力的概率模型虽然是近似的,但基本也是合理的。

这样,将既有桥梁结构构件抗力用非平稳模糊随机过程来描述,其任意时点截口分布采用模糊对数正态分布,其概率密度函数$\tilde{f}_R(r,t)$为

$$\tilde{f}_R(r,t)=\bigcup_{\alpha\in(0,1]}\alpha[f_{\overline{R_\alpha}}(r,t),f_{R_\alpha}^+(r,t)] \tag{8-36}$$

式中,模糊概率密度下确界$f_{\overline{R_\alpha}}(r,t)$和上确界$f_{R_\alpha}^+(r,t)$分别由式(8-37)和式(8-38)求得。

$$f_{\overline{R_\alpha}}(r,t)=\frac{1}{\sqrt{2\pi}\sigma_{R_\alpha}^+(t)r}\exp\left\{-\frac{[\ln r-\mu_{\ln R_\alpha}^-(t)]^2}{2\sigma_{R_\alpha}^{+2}(t)}\right\} \tag{8-37}$$

$$f_{R_\alpha}^+(r,t)=\frac{1}{\sqrt{2\pi}\sigma_{\overline{R_\alpha}}(t)r}\exp\left\{-\frac{[\ln r-\mu_{\ln R_\alpha}^+(t)]^2}{2\sigma_{\overline{R_\alpha}}^{2}(t)}\right\} \tag{8-38}$$

式中,$\mu_{\ln R_\alpha}^-(t)$、$\mu_{\ln R_\alpha}^+(t)$和$\sigma_{\overline{R_\alpha}}(t)$、$\sigma_{R_\alpha}^+(t)$分别为$t$时刻抗力的平均值和标准差下确界和上确界,可由式(8-21)~式(8-29)求得。

2. 抗力退化分析实例

某装配式 RC 简支梁桥,横截面尺寸如图 8-21 所示,桥面净空 7.0m,沥青混凝土桥面铺装平均厚度 2.0cm,混凝土垫层厚度为 6~12cm。钢筋采用 12 根 HRB335 直径为 ϕ32mm;主梁混凝土强度等级为 C30。参考原有标准图尺寸,主梁为 T 形截面,标准跨径 20.00m,计算跨径 19.50m,主梁全长 19.96m,主梁横截面尺寸如图 8-22 所示,横梁采用 5 根,尺寸如图 8-21 所示。

在不考虑修复的情况下,由平衡条件,考虑锈后黏结力退化对承载力的影响,既有 RC 桥梁受弯构件正截面抗力模糊随机函数可写成

$$\widetilde{R}_P[\tilde{f}_{ci}(t),\tilde{a}_i(t)]=\tilde{k}_s\tilde{f}_c(t)b_i'\tilde{x}\left(h_0-\frac{\tilde{x}}{2}\right) \tag{8-39}$$

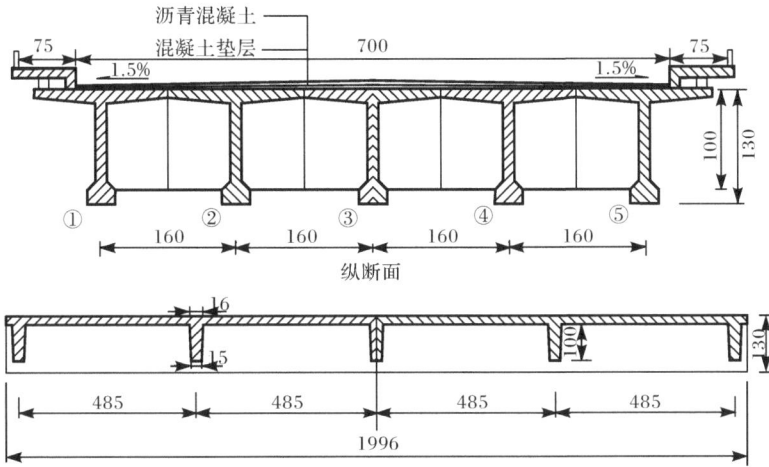

图 8-21　装配式 RC 桥梁横截面(单位:cm)

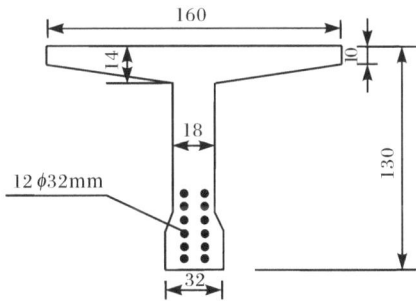

图 8-22　T 形主梁横截面(单位:cm)

$$\widetilde{f}_c(t)b'_i\widetilde{x}=\widetilde{f}_g(t)\widetilde{A}_g(t) \tag{8-40}$$

式中,$\widetilde{k}_s$ 为锈后黏结力退化引起抗力下降的协同工作系数;$\widetilde{f}_c(t)$ 为混凝土轴心抗压强度;$\widetilde{f}_g(t)$ 为纵向受拉钢筋强度;$\widetilde{A}_g(t)$ 为纵向受拉钢筋截面面积。

由式(8-21)及式(8-39)和式(8-40)得

$$\widetilde{R}(t)=\widetilde{k}_s\widetilde{K}_P\widetilde{f}_c(t)b'_i\widetilde{x}\left(h_0-\frac{\widetilde{x}}{2}\right)=\widetilde{k}_s\widetilde{K}_P\widetilde{f}_g(t)\widetilde{A}_g(t)\left[h_0-\frac{\widetilde{f}_g(t)\widetilde{A}_g(t)}{2\widetilde{f}_c(t)b'_i}\right] \tag{8-41}$$

对受弯构件正截面承载力计算时,参照文献[4],计算模式不确定性系数 $\widetilde{K}_P$ 平均值和变异系数的有界闭模糊数分别取为

$$\widetilde{\mu}_{K_P}=\bigcup_{\alpha\in(0,1]}\alpha\left[\mu_{\bar{K}_{P\alpha}},\mu_{\bar{K}_{P\alpha}}^+\right]=\bigcup_{\alpha\in(0,1]}\alpha\left[1.098+0.08(\alpha-1),1.098+0.08(1-\alpha)\right] \tag{8-42}$$

$$\widetilde{\delta}_{K_P}=\bigcup_{\alpha\in(0,1]}\alpha\left[\delta_{\bar{K}_{P\alpha}},\delta_{\bar{K}_{P\alpha}}^+\right]=\bigcup_{\alpha\in(0,1]}\alpha\left[0.071+0.01(\alpha-1),0.071+0.01(1-\alpha)\right] \tag{8-43}$$

式中,$\mu_{\bar{K}_{P\alpha}}$、$\mu_{\bar{K}_{P\alpha}}^+$ 和 $\delta_{\bar{K}_{P\alpha}}$、$\delta_{\bar{K}_{P\alpha}}^+$ 分别为 $\widetilde{K}_P$ 平均值和变异系数的下确界和上确界。

协同工作系数 $\tilde{k}_s$ 的平均值 $\tilde{\mu}_{k_s}$ 和标准差 $\tilde{\sigma}_{k_s}$，可根据文献[8]求得。基于误差传递理论，联合式(8-23)~式(8-26)以及式(8-41)得抗力平均值函数下确界和上确界分别为

$$\mu_{Ra}^-(t) = \mu_{k_sa}^- \mu_{Kpa}^- \mu_{fga}^-(t) \mu_{Aa}^-(t) \left[h_0 - \frac{\mu_{fga}^+(t)\mu_{Aa}^+(t)}{2b'_i\mu_{fca}^-(t)} \right] \tag{8-44}$$

$$\mu_{Ra}^+(t) = \mu_{k_sa}^+ \mu_{Kpa}^+ \mu_{fga}^+(t) \mu_{Aa}^+(t) \left[h_0 - \frac{\mu_{fga}^-(t)\mu_{Aa}^-(t)}{2b'_i\mu_{fca}^+(t)} \right] \tag{8-45}$$

式中，$\mu_{k_sa}^-$ 和 $\mu_{k_sa}^+$ 分别为协同工作系数平均值的下确界和上确界；$\mu_{fga}^-(t)$ 和 $\mu_{fga}^+(t)$ 分别为锈后纵向受拉钢筋强度平均值的下确界和上确界；$\mu_{Aa}^-(t)$ 和 $\mu_{Aa}^+(t)$ 分别为锈后纵向受拉钢筋截面面积平均值的下确界和上确界；$\mu_{fca}^-(t)$ 和 $\mu_{fca}^+(t)$ 分别为混凝土强度平均值的下确界和上确界。

由式(8-28)和式(8-29)联合式(8-41)，基于误差传递理论得抗力标准差模糊随机函数的下确界和上确界分别为

$$
\begin{aligned}
\sigma_{Ra}^+(t) = & \inf\left\{ x \in R \,\middle|\, \left\{ \sum_i \left[\frac{\partial \tilde{R}(t)}{\partial X_i}\Big|_{\tilde{\mu}} \right]^2 \tilde{\sigma}_{X_i}^2(t) \right\}^{\frac{1}{2}}(x) \geqslant \alpha \right\} \\
= & \left(\left\{ \mu_{Kpa}^- \mu_{fga}^-(t)\mu_{Aa}^-(t)\left[h_0 - \frac{\mu_{fga}^+(t)\mu_{Aa}^+(t)}{2b'_i\mu_{fca}^-(t)} \right] \right\}^2 \sigma_{k_sa}^{-2} \right. \\
& + \left\{ \mu_{k_sa}^- \mu_{fga}^-(t)\mu_{Aa}^-(t)\left[h_0 - \frac{\mu_{fga}^+(t)\mu_{Aa}^+(t)}{2b'_i\mu_{fca}^-(t)} \right] \right\}^2 \delta_{Kpa}^{-2}(t)\mu_{Kpa}^{-2}(t) \\
& + \left\{ \mu_{k_sa}^- \mu_{Kpa}^- \mu_{Aa}^-(t)\left[h_0 - \frac{\mu_{fga}^+(t)\mu_{Aa}^+(t)}{b'_i\mu_{fca}^-(t)} \right] \right\}^2 \delta_{fga}^{-2}(t) \\
& + \left\{ \mu_{k_sa}^- \mu_{Kpa}^- \mu_{fga}^-(t)\left[h_0 - \frac{\mu_{fga}^+(t)\mu_{Aa}^+(t)}{b'_i\mu_{fca}^-(t)} \right] \right\}^2 \delta_{Aa}^{-2}(t) \\
& + \left. \left\{ \frac{\mu_{k_sa}^- \mu_{Kpa}^- \mu_{fga}^-(t)\mu_{Aa}^-(t)\mu_{fga}^+(t)\mu_{Aa}^+(t)}{2b'_i\mu_{fca}^-(t)} \right\}^2 \sigma_{fca}^{-2}(t) \right)^{\frac{1}{2}}
\end{aligned}
\tag{8-46}
$$

$$
\begin{aligned}
\sigma_{aR}^+(t) = & \sup\left\{ x \in R \,\middle|\, \left\{ \sum_i \left[\frac{\partial \tilde{R}(t)}{\partial X_i}\Big|_{\tilde{\mu}} \right]^2 \tilde{\sigma}_{X_i}^2(t) \right\}^{\frac{1}{2}}(x) \geqslant \alpha \right\} \\
= & \left(\left\{ \mu_{Kpa}^+ \mu_{fga}^+(t)\mu_{Aa}^+(t)\left[h_0 - \frac{\mu_{fga}^-(t)\mu_{Aa}^-(t)}{2b'_i\mu_{fca}^+(t)} \right] \right\}^2 \sigma_{k_sa}^{+2} \right. \\
& + \left\{ \mu_{k_sa}^+ \mu_{fga}^+(t)\mu_{Aa}^+(t)\left[h_0 - \frac{\mu_{fga}^-(t)\mu_{Aa}^-(t)}{2b'_i\mu_{fca}^+(t)} \right] \right\}^2 \delta_{Kpa}^{+2}(t)\mu_{Kpa}^+(t)^2 \\
& + \left\{ \mu_{k_sa}^+ \mu_{Kpa}^+ \mu_{Aa}^+(t)\left[h_0 - \frac{\mu_{fga}^-(t)\mu_{Aa}^-(t)}{b'_i\mu_{fca}^+(t)} \right] \right\}^2 \delta_{fga}^{+2}(t) \\
& + \left\{ \mu_{k_sa}^+ \mu_{Kpa}^+ \mu_{fga}^+(t)\left[h_0 - \frac{\mu_{fga}^-(t)\mu_{Aa}^-(t)}{b'_i\mu_{fca}^+(t)} \right] \right\}^2 \delta_{Aa}^{+2}(t)
\end{aligned}
$$

$$+\left\{\left(\frac{\mu_{k_s a}^+ \mu_{K_p a}^+ \mu_{f_{ga}}^+(t)\mu_{A_a}^+(t)\mu_{f_{ga}}^-(t)\mu_{A_a}^-(t)}{2b'_i \mu_{f_{ca}}^+(t)}\right)^2 \sigma_{f_{ca}}^{+2}(t)\right)^{\frac{1}{2}} \quad (8\text{-}47)$$

式中, $\sigma_{k_s a}^-$ 和 $\sigma_{k_s a}^+$ 为协同工作系数标准差的下确界和上确界; $\sigma_{f_{ga}}^-(t)$ 和 $\sigma_{f_{ga}}^+(t)$ 为钢筋强度标准差的下确界和上确界; $\sigma_{A_a}^-(t)$ 和 $\sigma_{A_a}^+(t)$ 为钢筋截面面积标准差的下确界和上确界; $\sigma_{f_{ca}}^-(t)$ 和 $\sigma_{f_{ca}}^+(t)$ 为混凝土强度标准差的下确界和上确界。

通常情况下,均匀锈蚀对大直径钢筋影响大,而局部锈蚀对小直径的钢筋影响大。混凝土桥梁中,纵向受拉钢筋直径一般都较大,而箍筋直径相对较小。因此,对于既有 RC 桥梁的中受弯构件,本书考虑纵向受拉钢筋为均匀锈蚀。将第 2 章相关材料退化模型代入式(8-44)~式(8-45)中,得抗力平均值函数和标准差函数与抗力初始值之比如图 8-23 和图 8-24 所示。

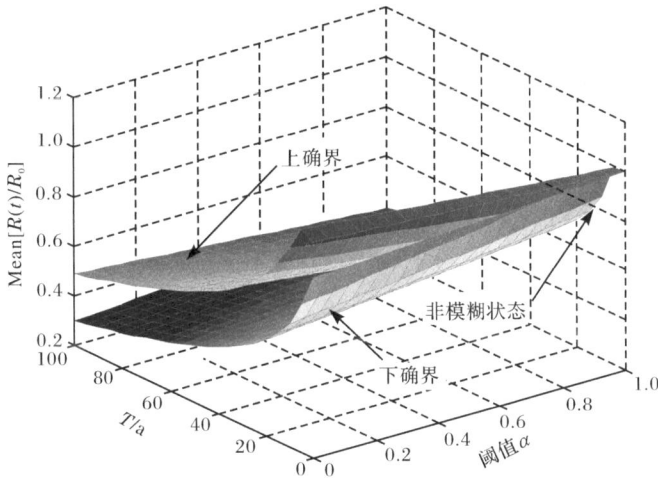

图 8-23　抗力平均值变化曲面

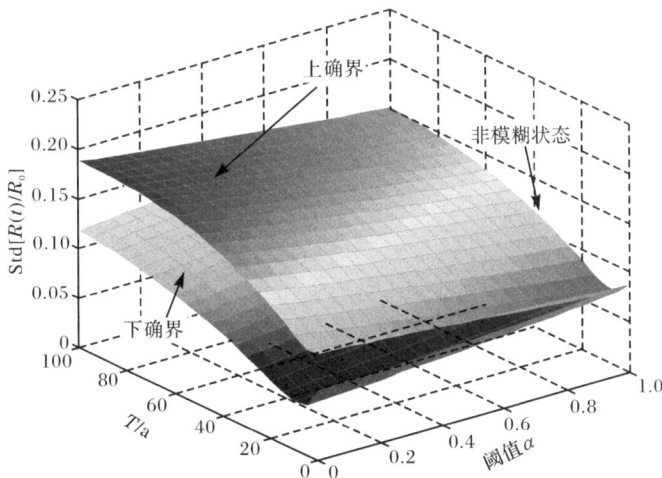

图 8-24　抗力标准差变化曲面

　　图 8-23 表明,主梁抗力平均值随时间和阈值 α 的变化,处于上确界和下确界曲面包裹之间而呈现模糊状态;阈值 α 的值越大,抗力平均值的模糊区间越小;当阈值 α 的取值接近 0 时,抗力的模糊区间为最大;当阈值 α 的取值为 1 时,抗力平均值上、下确界曲面重合为一条曲线达到非模糊状态,此时即为经典可靠性理论不考虑模糊性所得抗力平均值变化曲线。初始阶段平均值上、下确界曲面随时间的增长而略有增加,这是由于在初始阶段钢筋锈蚀不明显,而混凝土强度的平均值在初始阶段上升很快;随着时间继续增长混凝土强度平均值变化趋于下降,钢筋又逐渐开始锈蚀,使平均值上确界曲面和下确界曲面随时间的增长而下降。

　　图 8-24 中抗力标准差同样处于上确界曲面和下确界曲面之间而呈现模糊状态,在初始阶段标准差略微呈下降趋势,随着时间的推移而逐渐增加。同样,阈值 α 的值越大,抗力标准差的模糊区间越小;当阈值 $\alpha=1$ 时,抗力标准差上确界曲面和下确界曲面重合为一条上升曲线达到非模糊状态,此时即为经典可靠性理论不考虑模糊性所得抗力标准差变化曲线。

　　随着桥梁服役时间的增加,抗力的不确定性影响因素会越来越多且会越来越复杂,不确定性可能更强,这就加大了人们对其判断的难度,使各影响因素的模糊性可能会随之增大,如钢筋锈蚀程度等。现若假设桥梁拟建时为非模糊状态,阈值 α 下限随服役时间线性增长,即 $\alpha\in(1-0.01t,1]$,此时来评价抗力变化情况,即用阈值 $\alpha=(1-0.01t)^{+}$ 平面去截图 8-23 和图 8-24 中所示曲面,分别得图 8-25 和图 8-26 所示结果。

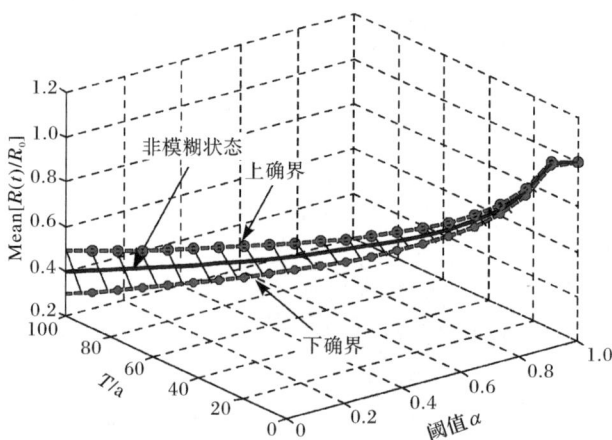

图 8-25　阈值 $\alpha\in(1-0.01t,1]$ 时主梁抗力平均值历时变化

　　图 8-25 和图 8-26 可以更好地体现图 8-23 和图 8-24 抗力平均值和标准差变化规律。平均值和标准差分别处于上确界和下确界曲线之间的阴影区域而呈模糊状态并随时间变化。随着时间的推移,抗力平均值整体呈下降趋势,而标准差

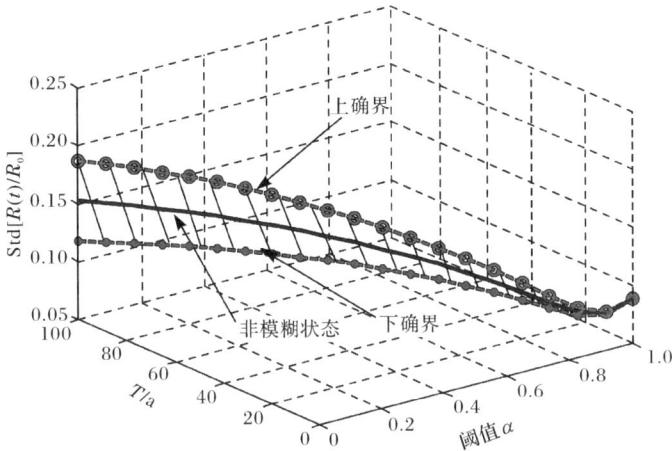

图 8-26　阈值 $\alpha \in (1-0.01t, 1]$ 时主梁抗力标准差历时变化

整体呈增加趋势；阈值 α 的取值区间随着时间的增长而逐渐增大，此时其平均值和标准差的模糊程度即图中阴影区域逐渐增大。

图 8-25 和图 8-26 中阴影区域，由三角型隶属函数特点及模糊数学表现定理，经过 $t(a)$ 后主梁抗力的平均值和标准差与抗力初始值之比可以分别写为

$$\widetilde{\mu}_R(t) = \bigcup_{\alpha \in (1-0.01t,1]} \alpha \left[\mu_{R_\alpha}^-(t), \mu_{R_\alpha}^+(t) \right]$$

$$= \bigcup_{\alpha \in (1-0.01t,1]} \alpha \left[\mu_R(t) - \frac{1-\alpha}{0.01t} \left[\mu_R(t) - \mu_{R(1-0.01t)}^-(t) \right], \right.$$

$$\left. \mu_R(t) + \frac{1-\alpha}{0.01t} \left[\mu_{R(1-0.01t)}^+(t) - \mu_R(t) \right] \right] \tag{8-48}$$

$$\widetilde{\sigma}_R(t) = \bigcup_{\alpha \in (1-0.01t,1]} \alpha \left[\sigma_{R_\alpha}^-(t), \sigma_{R_\alpha}^+(t) \right]$$

$$= \bigcup_{\alpha \in (1-0.01t,1]} \alpha \left[\sigma_R(t) - \frac{1-\alpha}{0.01t} \left[\sigma_R(t) - \sigma_{R(1-0.01t)}^-(t) \right], \right.$$

$$\left. \sigma_R(t) + \frac{1-\alpha}{0.01t} \left[\sigma_{R(1-0.01t)}^+(t) - \sigma_R(t) \right] \right] \tag{8-49}$$

式中，$\widetilde{\mu}_R(t)$ 为抗力平均值与抗力初始值比的函数；$\mu_{R_\alpha}^-(t)$ 和 $\mu_{R_\alpha}^+(t)$ 为平均值下确界和上确界函数；$\mu_{R(1-0.01t)}^-(t)$ 和 $\mu_{R(1-0.01t)}^+(t)$ 为在阈值 $\alpha = (1-0.01t)^+$ 时，其平均值下确界和上确界函数；$\mu_R(t)$ 为 $\alpha = 1$ 时非模糊状态下，其平均值函数；$\widetilde{\sigma}_R(t)$ 为抗力标准差与抗力初始值之比函数；$\sigma_{R_\alpha}^-(t)$ 和 $\sigma_{R_\alpha}^+(t)$ 为其标准差下确界和上确界；$\sigma_{R(1-0.01t)}^-(t)$ 和 $\sigma_{R(1-0.01t)}^+(t)$ 为在阈值 $\alpha = (1-0.01t)^+$ 时，其标准差下确界和上确界函数；$\sigma_R(t)$ 为 $\alpha = 1$ 时非模糊状态下其标准差函数。

在式(8-48)和式(8-49)中，经 Levenberg-Marquardt 算法下非线性拟合，得不同阈值 α 状态下各函数表达式如下：

$$\mu\overline{_{R(1-0.01t)}}(t) = \sum_{i=1}^{6} \varepsilon_{1i} t^{\frac{i-1}{2}} \tag{8-50}$$

式中，$\varepsilon_{11}=1.001,\varepsilon_{12}=2.049\times10^{-1},\varepsilon_{13}=-1.549\times10^{-1},\varepsilon_{14}=3.164\times10^{-2},\varepsilon_{15}=-2.823\times10^{-3},\varepsilon_{16}=9.332\times10^{-5}$。

$$\mu_{R(1-0.01t)}^{+}(t) = \sum_{i=1}^{6} \varepsilon_{2i} t^{\frac{i-1}{2}} \tag{8-51}$$

式中，$\varepsilon_{21}=1.001,\varepsilon_{22}=2.055\times10^{-1},\varepsilon_{23}=-1.506\times10^{-1},\varepsilon_{24}=3.100\times10^{-2},\varepsilon_{25}=-2.762\times10^{-3},\varepsilon_{26}=9.108\times10^{-5}$。

$$\mu_R(t) = \sum_{i=1}^{6} \varepsilon_i t^{\frac{i-1}{2}} \tag{8-52}$$

式中，$\varepsilon_1=1.001,\varepsilon_2=2.084\times10^{-1},\varepsilon_3=-1.542\times10^{-1},\varepsilon_4=3.161\times10^{-2},\varepsilon_5=-2.815\times10^{-3},\varepsilon_6=9.283\times10^{-5}$。

$$\sigma\overline{_{R(1-0.01t)}}(t) = \sum_{i=1}^{6} \eta_{1i} t^{\frac{i-1}{2}} \tag{8-53}$$

式中，$\eta_{11}=8.829\times10^{-2},\eta_{12}=-1.064\times10^{-2},\eta_{13}=1.010\times10^{-4},\eta_{14}=9.626\times10^{-4},\eta_{15}=-1.399\times10^{-4},\eta_{16}=5.627\times10^{-6}$。

$$\sigma_{R(1-0.01t)}^{+}(t) = \sum_{i=1}^{6} \eta_{2i} t^{\frac{i-1}{2}} \tag{8-54}$$

式中，$\eta_{21}=8.828\times10^{-2},\eta_{22}=-1.019\times10^{-2},\eta_{23}=8.943\times10^{-5},\eta_{24}=1.180\times10^{-3},\eta_{25}=-1.575\times10^{-4},\eta_{26}=5.874\times10^{-6}$。

$$\sigma_R(t) = \sum_{i=1}^{6} \eta_i t^{\frac{i-1}{2}} \tag{8-55}$$

式中，$\eta_1=8.829\times10^{-2},\eta_2=-1.007\times10^{-2},\eta_3=-1.361\times10^{-4},\eta_4=1.127\times10^{-3},\eta_5=-1.556\times10^{-4},\eta_6=6.072\times10^{-6}$。

　　桥梁服役若干年后的抗力水平是评价桥梁未来可靠性的基础。若在不考虑修复的情况下，评价该梁桥主梁 50 年时的抗力平均值状况，即用 $t=50$ 年平面去截图 8-23，得表 8-3 和图 8-27 所示结果。

表 8-3　50 年时抗力平均值

阈值 确界	0.00	0.05	0.10	0.15	0.20	0.25	0.30	0.35	0.40	0.45	0.50
下确界	0.429	0.434	0.439	0.444	0.449	0.454	0.460	0.465	0.470	0.476	0.481
上确界	0.645	0.639	0.634	0.628	0.622	0.617	0.611	0.606	0.600	0.595	0.590

阈值 确界	0.55	0.60	0.65	0.70	0.75	0.80	0.85	0.90	0.95	1.00
下确界	0.487	0.492	0.498	0.503	0.509	0.515	0.521	0.527	0.532	0.538
上确界	0.584	0.579	0.574	0.569	0.564	0.558	0.553	0.548	0.543	0.538

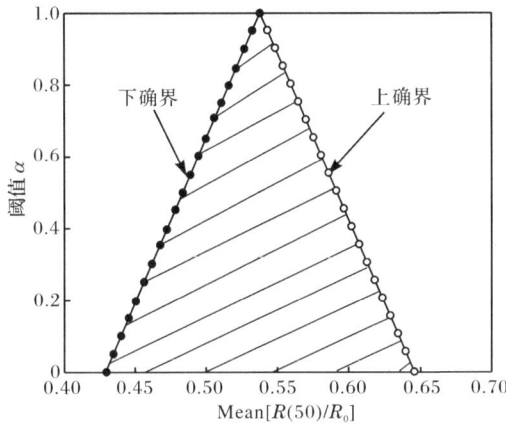

图 8-27　$t=50$ 年抗力平均值

50 年时抗力平均值处于图 8-27 中上确界、下确界以及横轴包裹的阴影区域内,而呈现模糊状态,其模糊程度随阈值 α 近似呈线性关系。由表 8-3 和图 8-27 根据模糊数学表现定理,50 年时主梁模糊抗力平均值可表示为

$$\widetilde{\mu}(50)=\bigcup_{\alpha\in(0,1]}\alpha[0.538+0.109(\alpha-1),0.538+0.107(1-\alpha)] \quad (8\text{-}56)$$

同理,用 $t=50a$ 平面去截图 8-24 得 50 年时的抗力标准差状况,其结果如表 8-4和图 8-28 所示。

表 8-4　50 年时抗力标准差

阈值 确界	0.00	0.05	0.10	0.15	0.20	0.25	0.30	0.35	0.40	0.45	0.50
下确界	0.091	0.092	0.094	0.096	0.097	0.099	0.101	0.103	0.104	0.106	0.108
上确界	0.171	0.168	0.166	0.163	0.161	0.159	0.156	0.154	0.152	0.150	0.148

阈值 确界	0.55	0.60	0.65	0.70	0.75	0.80	0.85	0.90	0.95	1.00
下确界	0.110	0.111	0.113	0.115	0.117	0.119	0.121	0.123	0.125	0.127
上确界	0.145	0.143	0.141	0.139	0.137	0.135	0.133	0.131	0.129	0.127

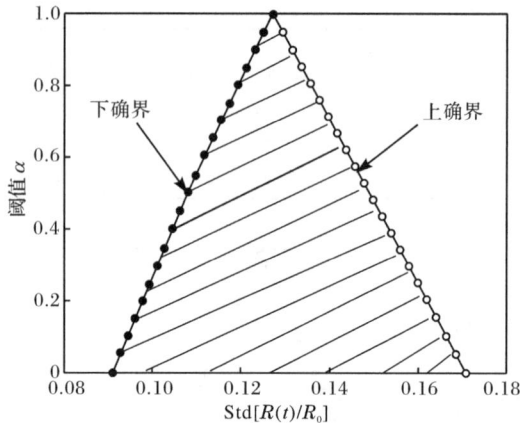

图 8-28　$t=50$ 年抗力标准差

同样,50 年时抗力标准差处于图 8-28 中上确界、下确界以及横轴包裹的阴影区域内,而呈模糊状态,其模糊程度随阈值 α 近似呈线性关系。由表 8-4 和图 8-28根据模糊数学表现定理,50 年时主梁模糊抗力标准差可写为

$$\tilde{\sigma}(50)=\bigcup_{\alpha\in(0,1]}\alpha[0.127+0.036(\alpha-1),0.127+0.044(1-\alpha)] \quad (8\text{-}57)$$

用 $t=50$ 年平面去截图 8-23 和图 8-24,得如表 8-3、表 8-4、图 8-27、图 8-28所示结果,反映在 50 年时抗力平均值和标准差随阈值 α 变化情况;通过模糊数学表现定理,进一步写为式(8-56)和式(8-57)。

图 8-27 和图 8-28 表明,随着阈值的加大,抗力平均值和标准差上确界和下确界间的差距逐渐缩小;由于影响抗力平均值和标准差的一些参数的隶属函数被选择为三角型隶属函数,随着阈值的增大它们的上确界和下确界按线性变化,使抗力平均值和标准差上确界和下确界随着阈值 α 也基本上按线性变化。

这样通过图 8-25~图 8-28 分析方法,图 8-23 和图 8-24 的变化规律能够更加清楚地反映出来。

3. 模糊时变可靠度与寿命评估

既有 RC 桥梁结构抗力退化概率模型存在不确定性,是一个模糊随机时变过程。既有 RC 桥梁抗力和车辆荷载都具有模糊随机时变的特性,如图 8-29 所示,其中 S 为车辆荷载效应,虚线部分为可能值所在区域。

与此同时,对于正常使用极限状态,"正常"与"不正常"本身是一个模糊概念,没有明确的界限。在二维状态假说中,结构处于完全失效或正常工作状态下,这是不完全符合实际情况的,结构的失效准则应该是模糊的。另外,基于目前统计的桥梁恒载模型同样存在不确定性。

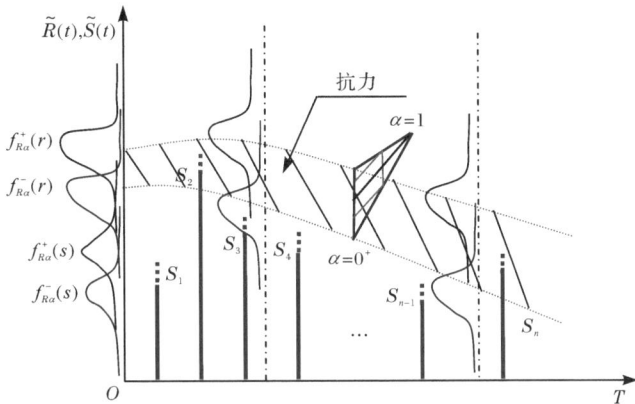

图 8-29　桥梁结构抗力、车辆荷载随时间的变化

1) 模糊随机功能函数与极限状态方程

既有 RC 桥梁完成预定功能的能力取决于它在整个服役期的表现。在可靠性分析过程中,其抗力与荷载效应是时间函数,随时间的变化而变化,是一个动态过程,同时,抗力与荷载又都存在模糊性。对服役桥梁而言,已经使用多年,钢筋的锈蚀、裂缝等使结构的抗力衰减,是通过实测得出统计规律,这样就必然存在模糊性;桥梁已承受的荷载作用(如静力荷载和动力荷载),因为很难有详细的统计资料,调查或实测受人为因素干扰较多,这就必然也存在模糊性。

桥梁结构的失效准则同样存在模糊性。例如,RC 结构正常使用极限状态要求 $\delta_{fmax} \leqslant [\delta_{fmax}]$,$\delta_{fmax}$ 为最大裂缝宽度,而 $[\delta_{fmax}]$ 为容许裂缝宽度(确定值),δ_{fmax} 小于等于该值,构件就满足"正常"使用极限状态要求,反之,就不满足。但在实际情况中 $\delta_{fmax} = [\delta_{fmax}]$ 时,甚至再大一点,构件也可能正常使用。这种矛盾正是由于"正常"这一概念不清晰引起的,这也正是失效准则的模糊性。

为此,本书把影响既有 RC 桥梁可靠性的不确定性因素同样归结为两种,即随机性、模糊性。知识不完善性(又称为未确知性)是一种弱不确定性,当其与随机性、模糊性同时存在时,可将其并于随机性和模糊性之中。

在既有的 RC 桥梁评估中,基本变量 X_i 不仅仅是时变的随机变量,同时也存在模糊性,是模糊随机过程,因此,结构的功能函数相应变为

$$\widetilde{Z}(t) = \widetilde{R}(t) - \widetilde{S}(t) \tag{8-58}$$

式中,$\widetilde{R}(t)$、$\widetilde{S}(t)$ 分别为抗力和荷载效应的模糊随机过程;取值 $\widetilde{Z}(t)$ 为模糊随机过程的函数,称为模糊随机功能函数。

对于结构的极限状态,在经典的结构可靠性理论中,当 $Z(t) = 0$ 时结构处于极限状态;当 $Z(t)$ 略大于 0 时,结构处于可靠状态;当 $Z(t)$ 略小于 0 时,结构处于

失效状态。这样,零点左右两侧距离为极小的两个点就代表结构可靠和失效两种截然不同的状态[图 8-30(a)],显然这种"一刀切"的极限状态是不完全合理的。结构由可靠状态到失效状态应当是渐变的,边界应该是模糊的。就是说在结构的可靠状态与失效状态之间应该存在一个中间过度的模糊区[图8-30(b)]。

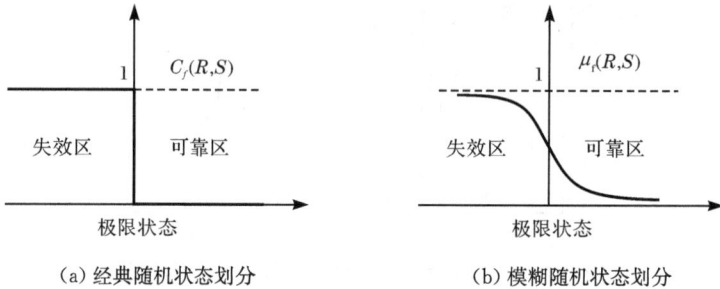

（a）经典随机状态划分　　　　　　（b）模糊随机状态划分

图 8-30　经典随机状态与模糊随机状态划分

为此,本书引入结构的模糊随机极限状态方程:

$$\widetilde{Z}(t)=\widetilde{R}(t)-\widetilde{S}(t)=\widetilde{b} \tag{8-59}$$

式中,$\widetilde{R}(t)$、$\widetilde{S}(t)$ 分别为抗力和荷载效应的模糊随机过程;$\widetilde{b}$ 为不考虑随时间变化的零点附近的一个有界闭模糊数。

零点附近的有界闭模糊数 $\widetilde{b}$ 的隶属函数取为零点附近的三角型有界闭模糊数,其几何意义如图 8-31 所示。

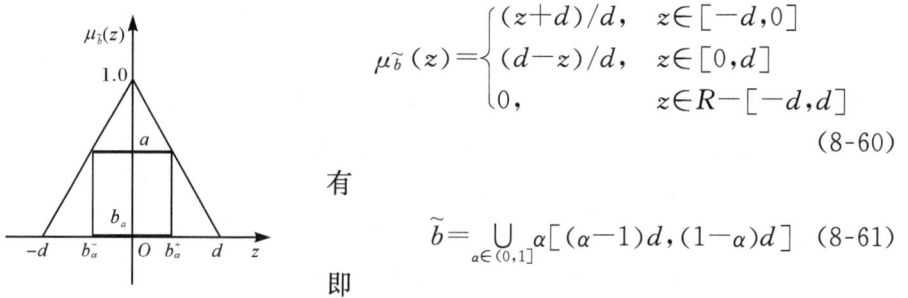

$$\mu_{\widetilde{b}}(z)=\begin{cases}(z+d)/d, & z\in[-d,0]\\(d-z)/d, & z\in[0,d]\\0, & z\in R-[-d,d]\end{cases} \tag{8-60}$$

有

$$\widetilde{b}=\bigcup_{\alpha\in(0,1]}\alpha[(\alpha-1)d,(1-\alpha)d] \tag{8-61}$$

即

$$\widetilde{b}=\bigcup_{\alpha\in(0,1]}\alpha[b_\alpha^-,b_\alpha^+] \tag{8-62}$$

图 8-31　$\widetilde{b}$ 隶属函数的几何意义

式中,z 为 $\widetilde{Z}$ 的物理变量;d 为 z 的最大容许值;$\alpha\in(0,1]$ 为极限状态值 $\widetilde{b}$ 的约束水平。

显然,$\forall\alpha\in[0,1]$ 有:

当 $\alpha=0^+$ 时,$b_\alpha\in[-d,d]$ 是一闭区间,表示 $\widetilde{Z}$ 的取值是上下限值,视具体情况而定。

当 $\alpha=1$ 时，$b_a=0$ 是经典极限状态情况。

这样，对于模糊随机可靠性问题就转化为：

当 $\widetilde{Z}(t)>\widetilde{b}$ 时，结构处于可靠状态；

当 $\widetilde{Z}(t)<\widetilde{b}$ 时，结构处于失效状态；

当 $\widetilde{Z}(t)=\widetilde{b}$ 时，结构模糊随机极限状态。

2) 模糊时变可靠度与可靠指标定义

对于既有的 RC 桥梁结构来讲，其在 $[0,t_1]$ 时段内正常工作，假定未来的服役期为 M，在对其进行可靠性评估过程中，人们只关心该结构在时段 $[t_1,M+t_1]$ 内的安全状况。因此，该结构的模糊时变可靠度的评定问题就是结构在 $[t_1,M+t_1]$ 时段内，同时考虑模糊性与随机性的可靠度变化问题。

现假定在某时段内某一时刻 t，对该结构进行可靠性分析。结构的抗力为 $\widetilde{R}(t)$，荷载效应为 $\widetilde{S}(t)$，$\widetilde{b}$ 为零点附近的模糊随机变量，则有

$$\widetilde{\Omega} \triangleq \{\widetilde{R}(t)-\widetilde{S}(t)>\widetilde{b}\} \tag{8-63}$$

式中，$\triangleq$ 表示定义为。该结构在预定条件下，在 t 时刻正常工作的模糊时变可靠度为

$$\widetilde{P}_r(t)=P(\widetilde{\Omega})=P(\widetilde{R}(t)-\widetilde{S}(t)>\widetilde{b}) \tag{8-64}$$

由于

$$\widetilde{P}_r(t)=\Phi(\widetilde{\beta}(t)) \tag{8-65}$$

本书引入模糊时变可靠指标 $\widetilde{\beta}(t)$

$$\widetilde{\beta}(t)=\Phi^{-1}(P_r(\widetilde{R}(t)-\widetilde{S}(t)>\widetilde{b})) \tag{8-66}$$

这里由于结构在已经使用的 t_1(a)年中提供了有关信息，如桥梁型式已经确定，几何尺寸可确定等，抗力和荷载随机过程，可参考 t_1 时刻做出表达。

3) 模糊时变可靠性分析

假定在评估期内任意时刻 t，如果以模糊约束条件的 α 截集 Ω_a 来代替 $\widetilde{\Omega}$，则式(8-63)所示的模糊约束条件就转化为具有 α 约束水平的非模糊约束条件，这样对于任意的约束水平 $\alpha\in[0,1]$，就可以用经典的可靠性理论去分析。

$\forall \alpha\in[0,1]$，模糊随机极限状态方程式(8-59)中各量可表示为

$$(\widetilde{Z}(t))_a=[Z_a^-(t),Z_a^+(t)] \tag{8-67}$$

$$(\widetilde{R}(t))_a=[R_a^-(t),R_a^+(t)] \tag{8-68}$$

$$(\widetilde{S}(t))_a=[S_a^-(t),S_a^+(t)] \tag{8-69}$$

$$(\widetilde{b})_a=[b_a^-,b_a^+] \tag{8-70}$$

$$(\tilde{R}(t)-\tilde{S}(t))_a=(\tilde{R}(t))_a-(\tilde{S}(t))_a=[R_a^-(t)-S_a^+(t),R_a^+(t)-S_a^-(t)]$$
$$(8\text{-}71)$$

以上各式中，$R_a^-(t)$、$R_a^+(t)$、$S_a^-(t)$ 和 $S_a^+(t)$ 分别为时刻 t 抗力和荷载效应的下确界和上确界的随机变量；b_a^-、b_a^+ 为普通实数。

结构工作状态的判断如下：

结构正常工作条件：

$$(\tilde{Z}(t))_a=(\tilde{R}(t)-\tilde{S}(t))_a>(\tilde{b})_a \qquad (8\text{-}72)$$

结构的失效条件：

$$(\tilde{Z}(t))_a=(\tilde{R}(t)-\tilde{S}(t))_a<(\tilde{b})_a \qquad (8\text{-}73)$$

结构模糊随机极限状态方程(8-59)等价表示为

$$(\tilde{Z}(t))_a=(\tilde{R}(t)-\tilde{S}(t))_a=(\tilde{b})_a \qquad (8\text{-}74)$$

即

$$Z_a^-(t)=R_a^-(t)-S_a^+(t)-b_a^+=0 \qquad (8\text{-}75)$$
$$Z_a^+(t)=R_a^+(t)-S_a^-(t)-b_a^-=0 \qquad (8\text{-}76)$$

显然，式(8-75)和式(8-76)为经典的 α 约束水平极限状态方程。

在式(8-75)的极限状态方程中，设结构的抗力 $R_a^-(t)$ 和荷载效应 $S_a^+(t)$ 的概率分布密度函数分别为 $f_{R_a^-}(t,r)$ 和 $f_{S_a^+}(t,s)$。结构的抗力 $R_a^-(t)$ 和荷载效应 $S_a^+(t)$ 相互独立，荷载效应落在区间 $\mathrm{d}s$ 的概率为 $f_{S_a^+}(t,s)\mathrm{d}s$，抗力 $R_a^-(t)$ 大于 $S_a^+(t)+b_a^+$ 的概率为 $\int_{S_a^++b_a^+}^{+\infty}f_{R_a^-}(t,r)\mathrm{d}r$，则结构可靠性的概率的下确界可以表示为

$$P_{ra}^-(t)=P(R_a^-(t)>S_a^++b_a^+)=\int_{-\infty}^{+\infty}f_{S_a^+}(t,s)\mathrm{d}s\int_{S_a^++b_a^-}^{+\infty}f_{R_a^-}(t,r)\mathrm{d}r$$
$$(8\text{-}77)$$

同理，其相应上确界可以表示为

$$P_{ra}^+(t)=P(R_a^+(t)>S_a^-+b_a^-)=\int_{-\infty}^{+\infty}f_{S_a^-}(t,s)\mathrm{d}s\int_{S_a^-+b_a^-}^{+\infty}f_{R_a^+}(t,r)\mathrm{d}r$$
$$(8\text{-}78)$$

则结构的模糊时变可靠度为

$$\tilde{P}_r(t)=\bigcup_{a\in(0,1]}a[P_{ra}^{-(t)},P_{ra}^+(t)] \qquad (8\text{-}79)$$

上述过程是在假定 t 时刻进行的，抗力可以通过前面所建抗力模糊时变概率模型获得，t 时刻桥梁荷载效应通过评估期荷载效应最大值来获得。这样即可通过传统时变可靠度计算方法求解可靠指标。

4. 寿命评估实例

以 8.2.2 节所列举的 5 根主梁的装配式 RC 简支梁桥为例,其截面尺寸与配筋见图 8-21 和图 8-22。构件抗力模型为非平稳模糊对数正态过程,其均值和标准差由式(8-44)~式(8-47)求得。车辆荷载效应认为其服从模糊对数正态分布,其均值和标准差为有界闭模糊数,几何意义如图 8-31 所示,分别在第 7 章计算结果的±5%波动。恒载由第 7 章确定。对于失效准则,取如图 8-31 所示的零点附近三角型隶属函数,阈值 $\alpha = 0^+$ 时,下确界和上确界分别取为−200kN・m 和+200kN・m。

将该桥五根 T 形主梁视为一个串联系统,即五根主梁相互都是独立的,其中任何一根失效将导致整座桥梁失效。这样,整座桥的体系可靠指标近似认为可靠指标最小(失效概率最大)决定。

该梁桥为对称结构,①、②号梁受力特点与④、⑤主梁相同,所以本书计算分析过程中仅考虑①、②和③梁。五根主梁类型和尺寸均相同,使它们的抗力相同,因此,位于不同部位的五根主梁分得的荷载效应最大者,其相应的可靠指标必然最小。对各主梁恒载以及车辆荷载横向分布系数计算表明:①号主梁的分担的荷载效应最大,可靠指标近似认为等于体系可靠指标。以我们开发的程序得模糊时变可靠指标随时间和阈值 α 变化情况如图 8-32 所示。

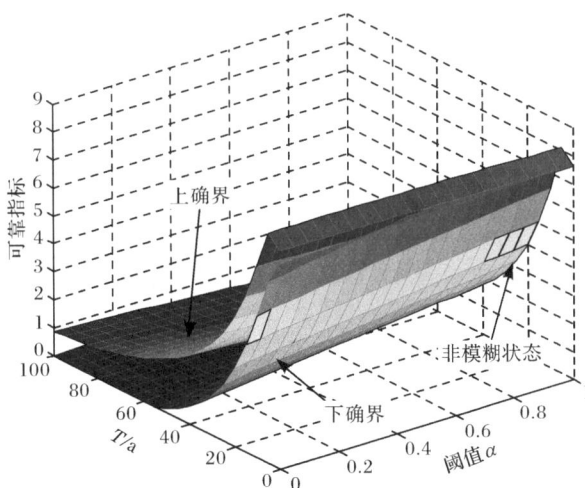

图 8-32　可靠指标变化曲面

图 8-32 中,桥梁时变可靠指标处于上确界、下确界曲面之间的而呈模糊状态。当阈值 α 趋于 0 时,可靠指标上确界、下确界之间存在差异较大,这也说明模糊性对可靠性的影响不容忽视。模糊性随阈值 α 的增大而减小。当阈值 $\alpha = 1$ 时,

可靠指标上确界、下确界曲面重合为一条曲线,达到非模糊状态,此时为经典可靠性理论所得可靠指标随时间变化曲线。在初始阶段($t<5$ 年),由于钢筋锈蚀不明显而混凝土强度平均值增加,可靠指标较桥梁建成后略有增加;当服役一定年限后,混凝土强度开始下降,钢筋也开始锈蚀,可靠指标上确界、下确界开始下降;当该桥梁服役时间超过 50 年时,钢筋严重锈蚀,结构的抗力下降显著并已基本不能承受车辆荷载和恒载,可靠指标下确界已趋于 0。

实际工程中,随着桥梁服役时间的增加,可靠性影响因素会越来越多且越来越复杂,人们对其理解和掌握程度也会越弱。这将可能使影响因素的模糊性会随之增大(如钢筋锈蚀程度)。现若假设在桥梁拟建时为非模糊状态,模糊性随时间增长,阈值下限随时间不断线性增长,即 $\alpha \in (1-0.01t,1]$,来分析可靠指标随时间变化情况,即用 $\alpha=1-0.01t$ 平面去截图 8-32 中所示曲面,分别得交界曲线如图 8-33 所示。

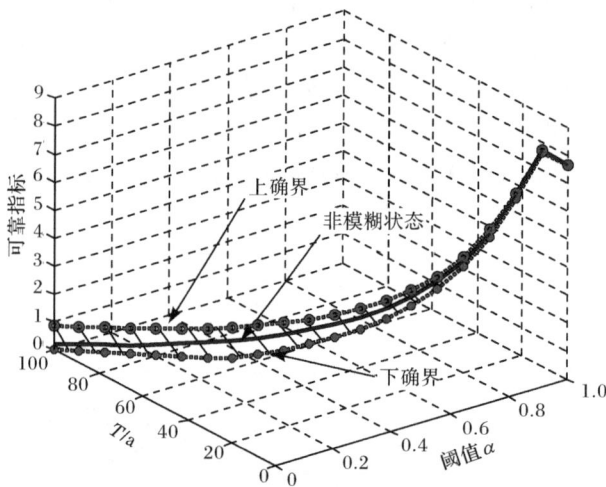

图 8-33　阈值 $\alpha \in (1-0.01t,1]$ 时可靠指标历时变化

可靠指标处于图 8-33 中下确界和上确界曲线之间的阴影部分而呈模糊状态。随着时间的推移,可靠指标先增大后减小。阈值 α 的取值区间随时间的增长而逐渐增大,此时可靠指标的模糊程度,即图中阴影区域逐渐增大。

$t(a)$ 后模糊时变可靠指标可以表示为

$$
\begin{aligned}
\widetilde{\beta}(t) &= \bigcup_{\alpha \in (1-0.01t,1]} \alpha\left[\beta_\alpha^-(t), \beta_\alpha^+(t)\right] \\
&= \bigcup_{\alpha \in (1-0.01t,1]} \alpha\left[\beta(t) - \frac{1-\alpha}{0.01t}\left[\beta(t) - \beta_{(1-0.01t)}^-(t)\right],\right. \\
&\qquad \left. \beta(t) + \frac{1-\alpha}{0.01t}\left[\beta_{(1-0.01t)}^+(t) - \beta(t)\right]\right]
\end{aligned}
\tag{8-80}
$$

式中，$\beta_\alpha^-(t)$ 和 $\beta_\alpha^+(t)$ 分别为模糊时变可靠指标下确界和上确界；$\beta_{(1-0.01t)}^-(t)$ 和 $\beta_{(1-0.01t)}^+(t)$ 为阈值 $\alpha=(1-0.01t)^+$ 时，模糊时变可靠指标下确界和上确界；$\beta(t)$ 为阈值 $\alpha=1$ 时非模糊状态下的可靠指标。

经非线性拟合得式(8-80)中各函数表达式如下：

$$\beta_{(1-0.01t)}^-(t)=\sum_{i=1}^{6}\zeta_{1i}t^{i-1} \tag{8-81}$$

式中，$\zeta_{11}=7.6730$，$\zeta_{12}=3.0565$，$\zeta_{13}=-1.9258$，$\zeta_{14}=3.3323\times10^{-1}$，$\zeta_{15}=-2.5268\times10^{-2}$，$\zeta_{16}=7.3852\times10^{-4}$。

$$\beta_{(1-0.01t)}^+(t)=\sum_{i=1}^{6}\zeta_{2i}t^{i-1} \tag{8-82}$$

式中，$\zeta_{21}=7.6730$，$\zeta_{22}=3.3340$，$\zeta_{23}=-2.1222$，$\zeta_{24}=3.8819\times10^{-1}$，$\zeta_{25}=-3.0833\times10^{-2}$，$\zeta_{26}=9.2245\times10^{-4}$。

$$\beta(t)=\sum_{i=1}^{6}\zeta_{i}t^{i-1} \tag{8-83}$$

式中，$\zeta_1=7.6730$，$\zeta_2=3.3270$，$\zeta_3=-2.1155$，$\zeta_4=3.8353\times10^{-1}$，$\zeta_5=-3.0298\times10^{-2}$，$\zeta_6=9.0276\times10^{-4}$。

对于桥梁承载安全寿命的评价，依据时变可靠指标变化情况，以目标可靠指标为基准，如桥梁服役 20 年时，即用 $t=20$ 年平面去截图 8-32，得如图 8-34 所示结果。

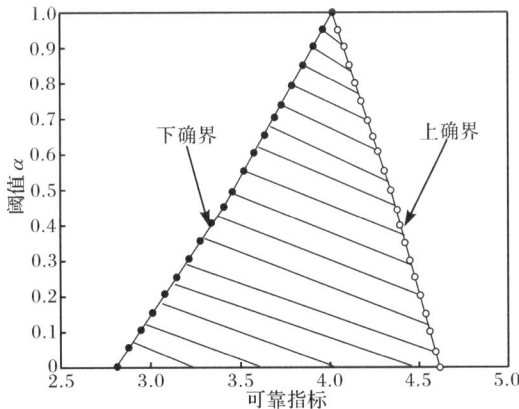

图 8-34　服役 20 年时的可靠指标

该梁桥在服役 20 年时可靠指标在上确界、下确界与横轴之间阴影区域呈现模糊状态。模糊时变可靠指标的上确界和下确界随着阈值 α 也近似按线性变化。随着阈值的加大，可靠指标上确界和下确界间的差距逐渐缩小，近似呈反比例变化。由模糊数学表现定理，20 年时可靠指标为

$$\widetilde{\beta}(20)=\bigcup_{\alpha\in(0,1]}\alpha[4.018+1.205(\alpha-1),4.018+0.595(1-\alpha)] \tag{8-84}$$

在服役 20 年时,该桥可靠指标绝大多数大于规范规定目标可靠指标值,可近似地认为该桥可靠,未到达寿命终结。这样,根据以上分析过程来计算模糊随机时变可靠指标,即可以同时考虑模糊性与随机性来评价桥梁寿命。

8.3 RC 拱桥安全承载寿命预测

以主拱肋为分析对象,进行 RC 拱桥安全承载寿命的预测。在 RC 拱桥中,主拱肋一般选用等截面无铰拱的形式居多。这种拱肋本身是一超静定结构,受力较静定的简支梁桥要复杂一些。

8.3.1 偏压构件抗力的时变模型

根据前述混凝土强度、钢筋强度、钢筋面积和黏结性能等抗力因素的时变模型,先进行不同参数情形下的抗力数值分析。

1. 典型偏压构件的抗力时变分析[9]

对于锈蚀钢筋混凝土偏压构件,文献[10]的研究表明,其黏结性能的退化主要表现在远离轴压力一侧钢筋的应变滞后于该钢筋处混凝土的应变,即应变不协调。此时可采用一小于 1.0 的抗力综合调整系数 k 来考虑黏结性能退化对抗力的影响。对于常用的 HRB335 级主筋,当直径不超过 18mm 时,建议的计算公式为

$$k = 1.06 e^{-0.02\rho} \tag{8-85}$$

式中,ρ 为钢筋锈蚀率,以百分数计,可通过钢筋面积损失率来求得。这样锈蚀钢筋混凝土偏压构件的抗力可计算为

$$N_d = k N_{d0} \tag{8-86}$$

而 N_{d0} 为偏压构件完好情形下的抗力,按规范公式并结合第 2 章材料强度模型进行计算。

假定某偏压构件截面如图 8-35 所示,其中混凝土等级为 C30,钢筋为 HRB335 级。计算过程中采用的初始时刻混凝土强度和钢筋强度的统计参数见表 8-5。

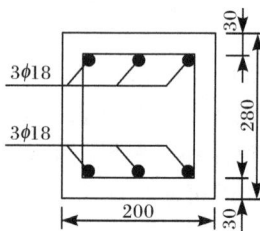

图 8-35 计算截面模型(单位:mm)

表 8-5　钢筋和混凝土强度的统计参数

变量名称	分布类型	平均值/MPa	标准差/MPa
C30 混凝土强度	正态	26.1	4.44
HRB335 级钢筋强度	正态	384	28.4

考虑四种偏心距值,即偏心距 e 分别为 28mm、56mm、112mm 和 224mm,则四种情形下截面抗力均值和标准差的时变特征分别如图 8-36、图 8-37 所示。

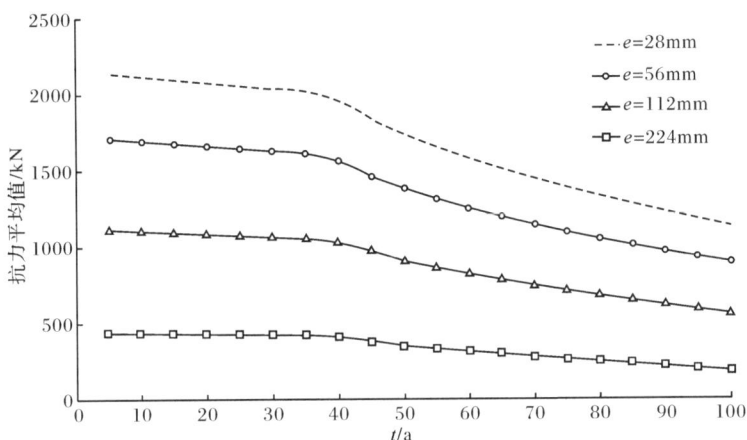

图 8-36　不同偏心距下抗力平均值的时变特征

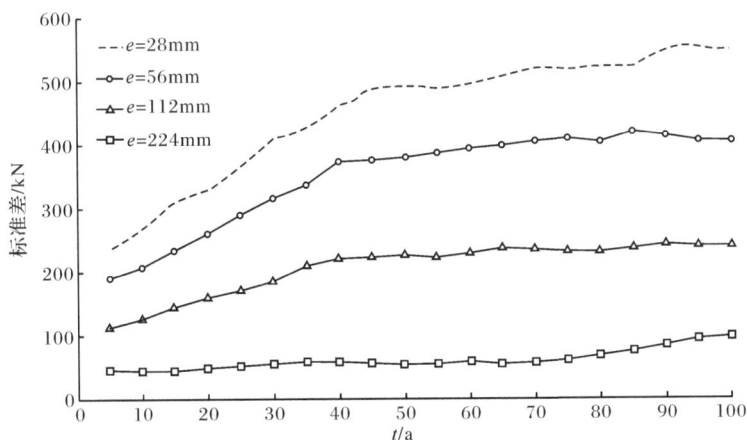

图 8-37　不同偏心距下抗力标准差的时变特征

进一步分析可知,钢筋锈蚀(36a)后,偏心距较大时($e=224$mm)截面抗力平均值的下降程度要大于偏心距较小时的下降程度;而偏心距较大时($e=224$mm)

截面抗力标准差的增大程度要小于偏心距较小时的增大程度。

2. 不同参数的影响

为详细考察抗力的时变规律,以下分析了保护层厚度、钢筋锈蚀速率对抗力退化的影响。分析时暂不考虑保护层厚度和钢筋锈蚀速率的随机性。

由图 8-38 可知,保护层厚度越厚,后期抗力平均值越大。这与相关文献的研究结果一致。

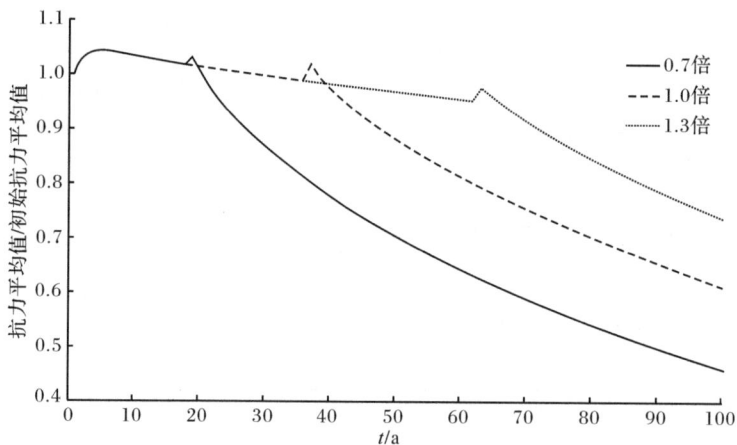

(a) $e=28\text{mm}$

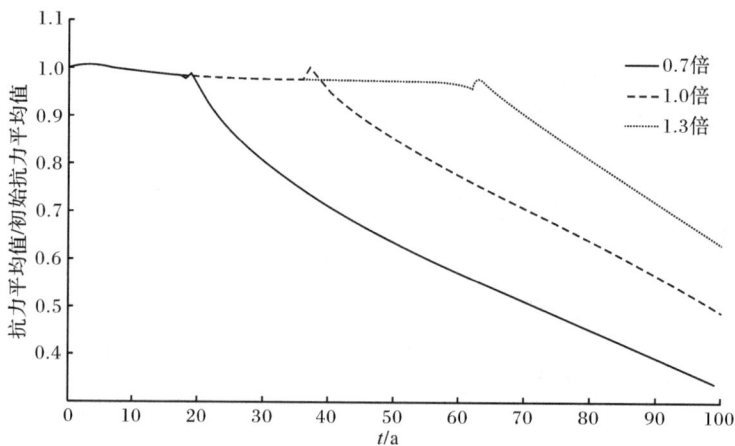

(b) $e=224\text{mm}$

图 8-38　保护层厚度对抗力平均值的影响

由图 8-39 可知,锈蚀速率越大,后期抗力的平均值越小,因此实际工程中应采取有效措施减小钢筋的锈蚀速率。

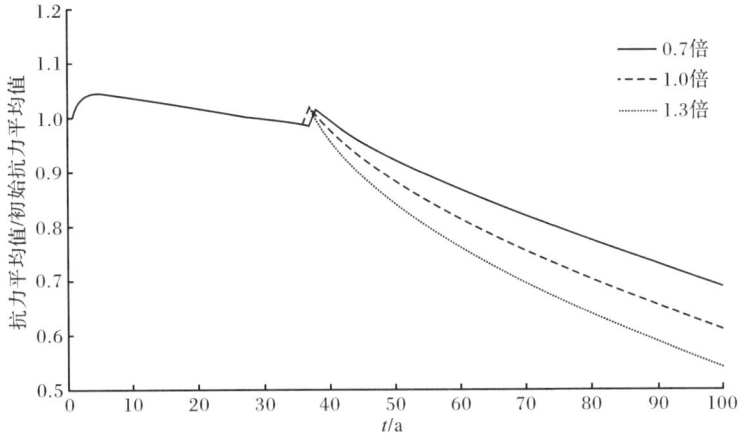

(a) $e=28$mm

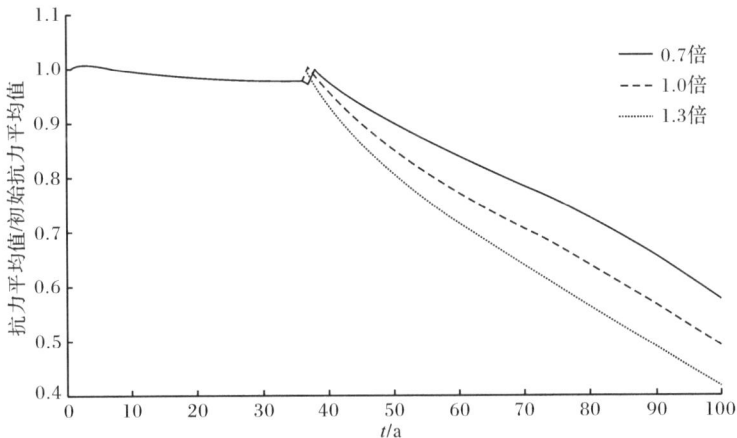

(b) $e=224$mm

图 8-39　锈蚀速率对抗力平均值的影响

3. 偏压构件抗力时变规律

为消除不同初始值的影响,将上述数据进行归一化处理,即将抗力时变过程写为

$$\mu_R(t)=\lambda_R(t)\mu_{R_0} \tag{8-87}$$

$$\sigma_R(t)=\eta_R(t)\sigma_{R_0} \tag{8-88}$$

式中，μ_{R_0} 和 σ_{R_0} 为初始时刻的抗力平均值和标准差，由此可得到对应的抗力退化模型，如图 8-36、图 8-37 经归一化后分别得到图 8-40、图 8-41（起始点为第 5 年，此时数值与 1.0 稍有出入）。

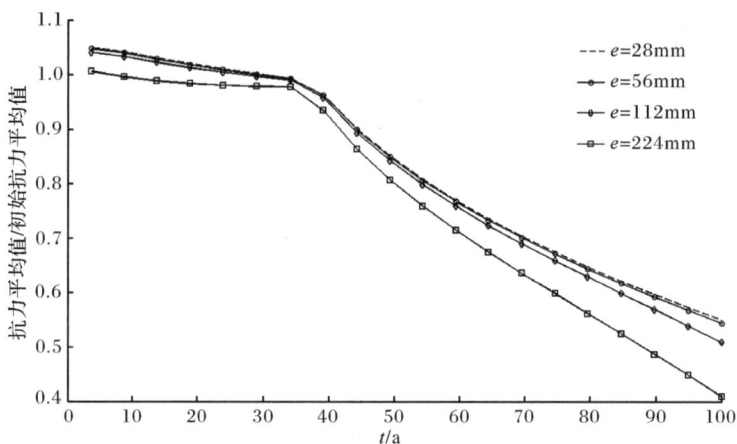

图 8-40　抗力平均值归一化后的时变特征

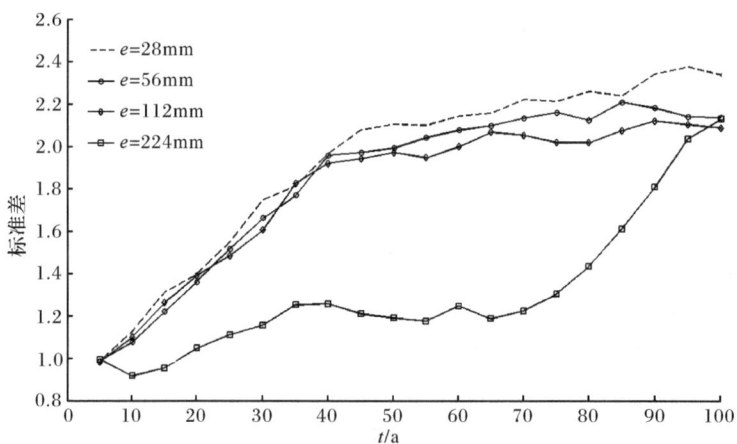

图 8-41　抗力标准差归一化后的时变特征

采用数值拟合技术，可得到 $\lambda_R(t)$ 计算公式为

$$\lambda_R(t) = a_1 t^3 + a_2 t^2 + a_3 t + a_4 \tag{8-89}$$

对于偏心距为 224mm 时的情形，计算可知式中各参数值为：$a_1 = 1.31 \times 10^{-6}$，$a_2 = -2.48 \times 10^{-4}$，$a_3 = 6.38 \times 10^{-3}$，$a_4 = 0.959$。其他情形（不同的偏心距、保护层厚度等）下三次多项式模型仍具有较好的精度，拟合相关系数均在 0.99 以上。

同理得到与图 8-41 对应的 $\eta_R(t)$ 计算公式为

$$\eta_R(t) = a_1 t^3 + a_2 t^2 + a_3 t + a_4 \tag{8-90}$$

对于偏心距为 224mm 时的情形,有 $a_1 = 5.29 \times 10^{-6}$,$a_2 = -6.80 \times 10^{-4}$,$a_3 = 2.94 \times 10^{-2}$,$a_4 = 0.759$。其他情形(不同的偏心距、保护层厚度等)下三次多项式函数模型仍具有较好的精度,拟合相关系数均在 0.97 以上。

8.3.2　基于可靠度的剩余寿命评估方法

运用前述的研究成果,可得到钢筋混凝土拱桥基于可靠度的剩余寿命评估方法,主要包括如下几个方面的内容。

1. 失效模式方程的建立

实际拱桥为一复杂结构,因而拱肋截面的受力需根据较为精确的有限元分析方能得到。同时由于损伤后拱肋截面抗力计算存在较多的不确定性,因而需考虑多个截面失效可能。

损伤拱肋承载破坏截面一般出现在拱顶、拱脚和四分点等截面上,因而只需考虑这几个截面的失效模式方程即可。假定承载破坏时,截面的荷载效应方程经有限元分析后,可写为

$$\begin{cases} N(G,Q) = N_G + N_Q \\ M(G,Q) = M_G + M_Q \end{cases} \tag{8-91}$$

式中,G 表示永久荷载;Q 表示最不利车辆荷载。而有损伤截面上的抗力则可参照课题组已建立的偏压构件承载能力部分或设计规范上给出的公式进行计算。因而综合截面上的荷载效应方程与抗力计算公式,便得到了与该截面对应的失效模式方程。

在得到拱肋每一截面的失效模式方程后,将之组合便能得到体系失效方程。然后运用基于失效边界特性的体系可靠度计算方法[11]便可计算出失效概率值。最后考虑时间的变化因素,按照上述思路便可得到体系失效概率随时间的变化曲线,为剩余寿命的确定提供依据。

2. 拱桥目标可靠指标的确定

考虑拱桥体系的承载失效主要由拱圈引起,根据课题组已完成的实桥混凝土拱肋构件和实验室快速锈蚀混凝土拱肋构件加载试验结果,最终的破坏形式均表现为支座截面的压碎,为脆性破坏,如图 8-42 所示。由表 8-1 可知,各种安全等级下拱圈截面设计可靠指标的目标值为 4.2～5.2,因此考虑拱圈多个截面失效的可能,评估拱桥体系的剩余寿命时,目标可靠指标值可为 4.2 左右,对应失效概率约为 1.3×10^{-5}。

(a) 实桥拱肋构件支座截面压碎　　(b) 快速锈蚀拱肋构件 1# 破坏　　(c) 快速锈蚀拱肋构件 2# 破坏

图 8-42　拱肋加载试验结果

因此本部分研究以拱肋体系可靠指标低于 4.2 时定义为拱桥寿命的终结时间。在这之前的服役时间即为拱桥的剩余寿命。

3. 偏心距随机特性的说明[12~14]

一般情形下主拱圈失效截面的内力表达式可写为

$$\begin{cases} M = a_1 G + b_1 Q \\ N = a_2 G + b_2 Q \end{cases} \tag{8-92}$$

式中，a_1、b_1、a_2 和 b_2 分别为相应的荷载效应系数，可由结构分析得到；G、Q 分别为对应的恒载和车载值。因此根据相应的荷载概率模型，可由式(8-92)得到偏心距值 $e\left(e = \dfrac{M}{N}\right)$，进而可得到偏心距的随机特性。

但需说明的是，钢筋混凝土截面大偏压破坏和小偏压破坏状态下失效概率随偏心距随机特性的变化情况并不相同。简单考虑，设抗力参数为确定值，根据钢筋混凝土偏压构件 N_u-M_u 相关曲线的特性，可得到设计点 (N_d, M_d) 处的切线方程，若假定失效方程按此切线方程近似考虑，如图 8-43 所示。

在图 8-43 中，可看出小偏压状态的失效点均出现在 $M > M_d$ 或 $N > N_d$ 的区域。由于设计点处的内力值已具有较高的保证概率，抽样点出现在这部分区域的概率很小，因而失效概率随偏心距随机特性的变化不会有明显的波动。

而大偏压状态的失效点包含了 $M < M_d$ 和 $N < N_d$ 的区域，由于出现在这部分区域的概率较大，因而此时失效概率偏心距随机特性的变化将会很明显。具体论之，若偏心距的随机离散性较小，则抽样点分布区域近似为一直线(原点至设计点的连线)，此时出现在 $M < M_d$ 和 $N < N_d$ 区域的可能性较小，因而失效概率较小；若偏心距的随机离散性较大，则出现在 $M < M_d$ 和 $N < N_d$ 区域的可能性增大，失效概率将较大。

因而基于可靠度对钢筋混凝土拱桥进行剩余寿命评估时，若其主要失效模式是某截面的大偏压破坏，则需考虑偏心距的随机特性，否则会有较大误差；而若主

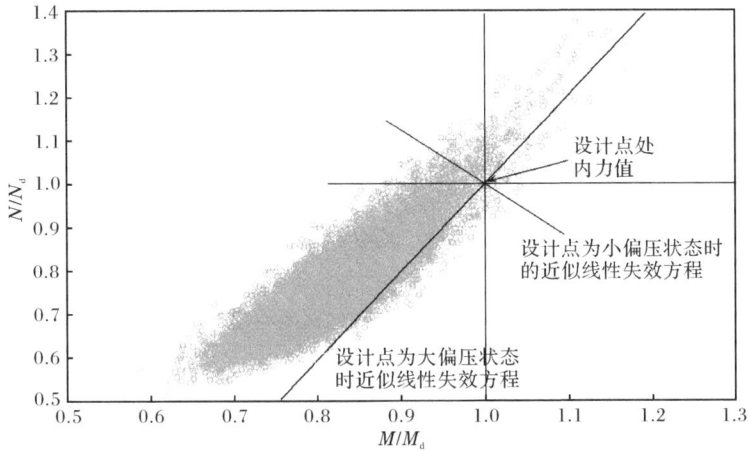

图 8-43　偏心距随机特性对失效概率的影响

要失效模式是某截面的小偏压破坏,则考虑偏心距随机特性后的分析结果变化较小,简化分析时可不予考虑。

8.3.3　寿命评估实例

假定某拱桥为孔径 90m 一跨的组合型截面肋拱桥,拱上桥面板为净跨 6.8m 空心板,中距 7.0m,桥面净宽 10m,不设人行道。主拱矢跨比为 1/8,拱肋断面由 0.4m×0.7m 的小拱肋,净跨 1.20m 半圆拱波与填拱、拱板组成,主拱高度 2m,等截面布置,如图 8-44 所示,该桥总体布置如图 8-45 所示。

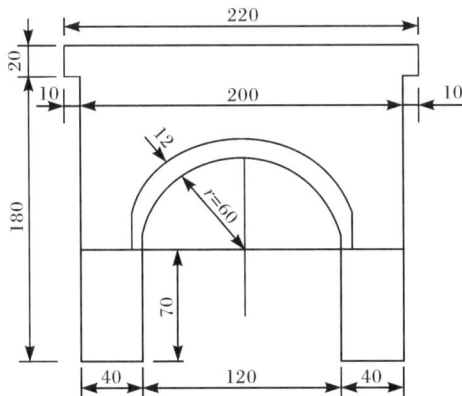

图 8-44　拱肋横截面(单位:cm)

由于拱肋配置的钢筋数量较少,偏于安全考虑,不考虑钢筋的作用,因而截面破坏时,将表现为混凝土的压碎。计算时用到的随机参数见表 8-6。

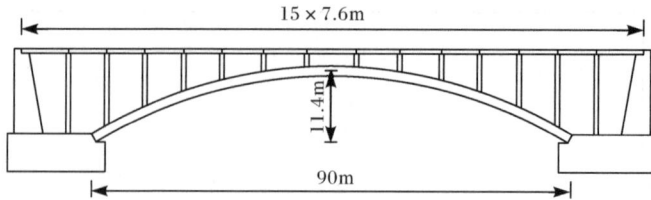

图 8-45　拱桥总体布置

表 8-6　随机参数的概率特征

名称	分布类型	平均值	变异系数
混凝土检测抗压强度 f	正态	28.7MPa	0.1700
抗力计算不确定性系数	正态	1.084	0.0710
沥青混凝土桥面铺装	正态	$0.9891D_k$	0.1114
构件自重	正态	$1.021W_k$	0.0462
年最大车载效应	极值 I 型	$0.2928S_{Qk}$	0.3750

注：S_{Qk} 为按规范公式计算的车载效应标准值；D_k、W_k 分别为铺装层与构件自重的标准值。

　　设拱肋可能的失效截面为拱顶、拱脚和四分点等截面,经有限元计算,可得到恒载与最不利车载产生的荷载效应,然后根据抗力计算公式可建立起每个截面的失效方程。对于混凝土偏压构件,参照规范截面抗力计算公式为

$$N_u = \frac{1-\left(\dfrac{e_0}{y}\right)^m}{1+\left(\dfrac{e_0}{r_w}\right)^2} Af \tag{8-93}$$

式中,e_0 为偏心矩;r_w 为回转半径;y 为截面重心至偏心方向边缘的距离;m 为截面形状系数,可取为 3.5;A 为受压面积。

　　根据上述分析思路,考虑 5 个截面的失效方程,计算可得该拱桥体系可靠指标随时间的变化规律,如图 8-46 所示。图中在服役 25a 后其体系可靠指标开始小于 4.2,因而该桥的剩余寿命为 25a。

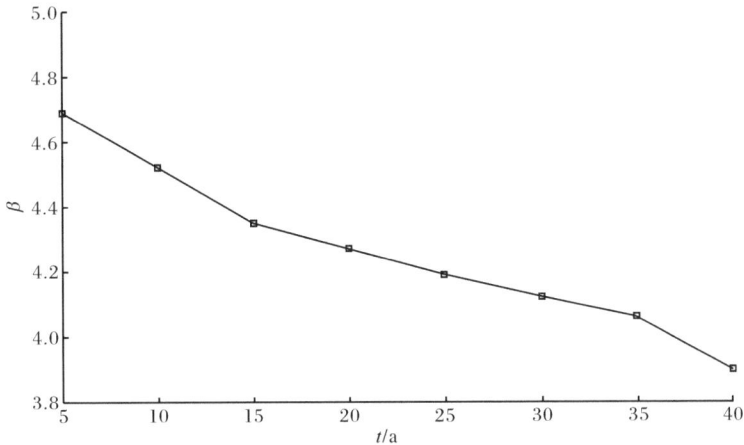

图 8-46　拱肋体系失效概率变化曲线

参 考 文 献

[1] 中华人民共和国交通部. GB/T 50283—1999　公路工程结构可靠度设计统一标准. 北京:中国计划出版社,1999.

[2] 陆大金. 随机过程及其应用. 北京:清华大学出版社,1986.

[3] 姚继涛. 服役结构可靠性分析方法. 大连:大连理工大学博士学位论文,1998.

[4] 李扬海,鲍卫刚,等. 公路桥梁结构可靠度与概率极限状态设计. 北京:人民交通出版社,1997.

[5] 张建仁,张起森. 公路工程结构可靠度理论及其应用. 北京:人民交通出版社,1995.

[6] Enright M P,Frangopol D M. Service-life prediction of deteriorating concrete bridges. Journal of Structural Engineering,1998,124(3):309~317.

[7] 张建仁. 现有混凝土桥梁结构基于时变可靠度的评估研究. 北京:清华大学博士学位论文,2002.

[8] 王磊. 考虑模糊性与随机性的既有 RC 梁桥时变可靠性研究. 长沙:长沙理工大学博士学位论文,2008.

[9] 蒋友宝,刘扬,张建仁,等. 钢筋混凝土偏压构件抗力的时变规律. 公路交通科技,2011,28(9):96~100.

[10] 张克波. 锈蚀钢筋混凝土桥梁受力性能试验研究. 长沙:长沙理工大学博士学位论文,2009.

[11] 蒋友宝,刘扬,张建仁. 基于失效边界特性的体系可靠度计算方法. 工程力学,2010,27(8):77~82.

[12] Frangopol D M,Ide Y,Spacone E,et al. A new look at reliability of reinforced concrete columns. Structural Safety,1996,18(2):123~150.

[13] 蒋友宝,杨毅,杨伟军.基于弯矩和轴力随机相关特性的 RC 偏压构件可靠度分析.建筑结构学报,2011,32(8):106~112.

[14] Milner D M,Spacone E,Frangopol D M. New light on performance of short and slender reinforced concrete columns under random loads. Engineering Structures,2001,23(1):147~157.

第9章 腐蚀环境下钢筋混凝土桥梁正常使用寿命预测

9.1 腐蚀环境下钢筋混凝土桥梁寿命过程及预测

钢筋混凝土结构使用期较长,生命周期内钢筋锈蚀是造成钢筋混凝土结构耐久性退化和可靠性下降的主要原因。导致锈蚀的因素很多,其中典型因素为氯离子侵蚀和混凝土碳化,氯离子主要来自于海陆水循环和撒盐除冰。钢筋锈蚀通常分为锈蚀初始和发展两个阶段,经历锈蚀初始、保护层开裂以及锈胀至界限宽度三个时刻,当锈胀开裂至一定宽度引起混凝土构件锈蚀损伤。掌握锈胀开裂损伤发生发展规律,对服役钢筋混凝土结构性能进行全生命周期性管理至关重要。

锈蚀初始时间作为控制钢筋混凝土桥梁的一个主要参数,是耐久性的重要衡量指标。氯盐环境下锈蚀初始时间为氯离子渗透到钢筋表面并达到临界值导致钢筋表面钝化膜破坏所经历的时间,主要与保护层厚度、氯离子扩散系数、表面氯离子浓度和临界氯离子浓度等参数有关[1,2]。另外,现有研究通过对腐蚀开始时间影响参数的研究,建立了氯盐环境下钢筋初始锈蚀时间评估方法,但是预测结果差异较大[3-7]。

碳化环境下腐蚀开始时间为碳化深度达到钢筋表面导致钢筋表面钝化膜破坏所经历的时间,主要与保护层厚度、二氧化碳浓度、混凝土强度等参数有关[8,9]。目前主要是使用 Fick 第二定律进行碳化深度预测[10,11],目前,不少学者通过考虑碳化扩散过程和影响参数的不确定性,改进了已有的碳化深度模型,并取得了较好的预测效果[12,13]。

钢筋锈蚀后的产物为原体积的 3~4 倍,随体积不断增大而产生的膨胀力会造成保护层开裂,混凝土保护层胀裂是结构正常使用极限状态的标志之一。近年来,研究人员通过试验研究了保护层厚度和箍筋间距对锈胀开裂的影响规律,分析了锈胀开裂机理,并提出了锈胀力计算公式[14,15]。在此基础上,给出了锈蚀开裂时间的预测方法[16,17],但相关研究是依赖于试验数据或有限元的分析结果,因而表达式存在局限性。Maaddawy 等[18]将混凝土中钢筋视为厚壁圆柱体,较好地考虑锈蚀产物的自由膨胀阶段,给出了锈蚀初始到锈胀开裂时间的计算方法。

混凝土保护层开裂之后,裂缝发展机理更为复杂,钢筋锈蚀速率和裂缝发展速度发生改变。Vu 等[19]基于试验结果,建立了裂缝发展模型,由于试验数据较少,这些结果只是初步探讨,尚需验证。Val 等[20]对现有裂缝扩展模型进行了系统总结与评述。锈蚀损伤可定义为锈胀裂缝超过规定界限宽度,对于界限裂缝宽度的取值大小还未达成一致[21]。Mullard 等[22]对已有锈胀开裂模型进行了改进,给出了预测发生开裂至界限宽度的计算模型,但其中的变量计算烦琐且变量条件不易把握,很难用于实际。

钢筋混凝土构件中钢筋锈蚀通常为两个阶段:锈蚀初始和锈蚀扩展。依次经历锈蚀初始发生、锈胀开裂开始、锈蚀扩展到极限裂缝宽度三个时间点,如图 9-1 所示。

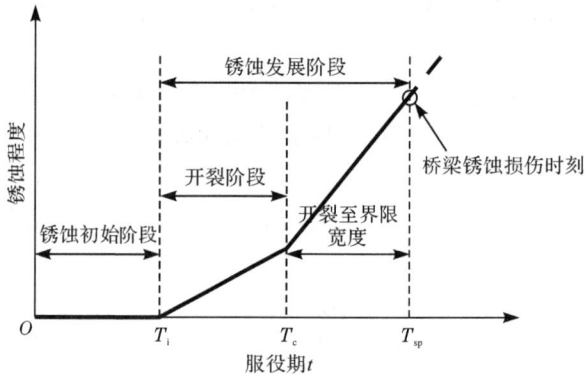

图 9-1　锈蚀发展过程

混凝土严重开裂分为以下三个阶段:

(1) 腐蚀开始阶段,即为 T_i——混凝土碳化达到钢筋表面,腐蚀开始。

(2) 开始开裂,即为 t_{1st},混凝土首次开裂时间,裂缝宽度为 0.05mm。

(3) 开裂扩展,即为 t_{ser},混凝土从首次开裂时间到裂缝发展到极限裂缝宽度(w)时间。

时间和空间等客观条件的限制、施工质量变异及试验误差等,给钢筋混凝土构件锈胀开裂带来很大的不确定性。目前对锈蚀过程随机性及其概率分布特征的研究已取得诸多成果,但主要集中在钢筋锈蚀量和结构在整个服役期锈胀开裂损伤方面[14~20]。

9.2　钢筋混凝土桥梁锈胀开裂模型

9.2.1　腐蚀发生开始时间模型

1. 氯盐环境

1) 不考虑温度和湿度影响

Fick 第二定律经常用于描述氯离子的侵蚀扩散效应,在时刻 t 距离混凝土表

面 x(mm)处氯离子的浓度 $C(x,t)$ 为

$$C(x,t)=C_0\left[1-\mathrm{erf}\left(\frac{x}{2\sqrt{D_c(t)t}}\right)\right]$$

$$D_c(t)=D_{c,0}\left(\frac{t_0}{t}\right)^a \tag{9-1}$$

式中，C_0 为混凝土表面氯离子浓度，其取值见文献[19]。$D_{c,0}$ 为 t_0 时刻氯离子扩散系数，目前我国规范还没 $D_{c,0}$ 的统计数据，根据 AS3600—2009 的数据[23]，对于浪溅区(Zone 1)，$D_{c,0}=7\times10^{-12}$；对于海岸线大气区(Zone 2)，$D_{c,0}=15\times10^{-12}$；对于距离海岸线大于 1km 处的大气区(Zone 3)，$D_{c,0}=10\times10^{-12}$。erf 为误差函数。结构腐蚀开始时间(T_i)是钢筋表面氯离子浓度达到临界氯离子浓度(C_{cr})。临界氯离子浓度(C_{cr})是服从正态分布的随机变量，平均值和变异系数为 0.9kg/m³ 和 0.19，根据文献[19]，在 0.35kg/m³ 处截尾。

2) 多因素下氯盐扩散改进模型

根据文献[22]的综述，实际结构的现场状态和氯离子侵蚀过程是与 Fick 定律有差别的，由于参数 C_0 和 D_c 容易计算获得，Fick 定律经常用于预测氯离子作用下的腐蚀开始时间。考虑时变扩散系数、温度、湿度以及混凝土碳化对氯离子迁移速率的影响，本研究提出了改进的氯离子腐蚀开始时间模型，为

$$C(x,t)=C_0\left[1-\mathrm{erf}\frac{x}{2\sqrt{k_{\mathrm{co}_2}f_T(t)D_c\left(\dfrac{t_0}{t-2000}\right)^n(t-2000)}}\right],\quad t>2000 \tag{9-2}$$

式中，D_c 为时变扩散系数；n 为混凝土龄期系数；k_{co_2} 为混凝土碳化氯离子迁移的影响系数；t_0 为计算参考时间，$t_0=0.0767a$。

$f_T(t)$ 考虑温度效应对扩散系数的影响，其表达式为

$$f_T(t)\approx \mathrm{e}^{\frac{E}{R}\left[\frac{1}{293}-\frac{1}{273+T_{\mathrm{av}}(t)}\right]},\quad T_{\mathrm{av}}(t)=\frac{\sum\limits_{i=0}^{t}T(t)}{t} \tag{9-3}$$

式中，E 为扩散过程的激活能，40kJ/mol；R 为气体常数，8.314×10^{-3} kJ/(mol·K)；由于温室效应，环境温度随时间升高，$T_{\mathrm{av}}(t)$ 为平均值。温度升高 2℃ 扩散系数 D_c 升高 12%。由于全球气候变化，温度的变化规律如图 9-2 所示。

根据我国气象中心对北京地区的大气温度预测，其规律如图 9-2 所示。图 9-2表示将来温度的平均值和变化的上限值和下限值，这个变化边界能够考虑温度预测的不确定性和气候变化本身内在的变异性。本书研究采用正态分布描述其随机性和变异性。

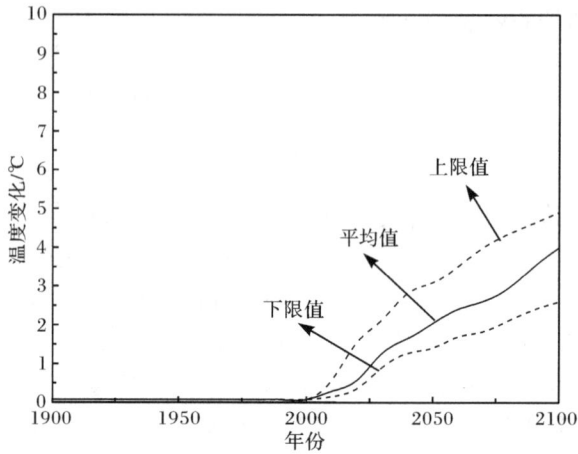

图 9-2 时变温度模型

2. 碳化环境

混凝土碳化受外界环境、材料性质等因素影响，Yoon 模型[8]考虑了这些因素，文献[9]、[12]改进了 Yoon 碳化深度预测模型，使之可以考虑碳化参数的不确定性，但是，改进后的碳化模型是一个时点模型，无法考虑由于温室效应导致的 CO_2 浓度和温度的累积时变效应[13]。因此采用基于增量过程的预测方法，考虑碳化累积效应和温度效应。改进后的碳化腐蚀开始时间模型为：

对于 $t=1,2,3,4,\cdots,100$（单位：a）

$$x_c(t) = ME_c\left[\sum_{j=1}^{t}\sqrt{\frac{2f_T(t)D_{CO_2}(t-j+1)}{a}}\right.$$

$$\left. \times\sqrt{ME_{CO_2}(t-j+1)[C_{CO_2}(j)-C_{CO_2}(j-1)](t-j+1)}\right]$$

$$(9-4)$$

式中

$$D_{CO_2}(t) = D_1 t^{-n_d}, \quad a = 0.75 C_e CaO\, \alpha_H \frac{M_{CO_2}}{M_{CaO}}$$

$$f_T(t) \approx e^{\frac{E}{R}\left[\frac{1}{293}-\frac{1}{273+T_{av}(t)}\right]}, \quad T_{av}(t) = \frac{\sum_{i=0}^{t}[20+\Delta T(t)]}{t}$$

式中，$ME_{CO_2}(t)$ 为时变 CO_2 浓度的模型不确定性系数，其平均值为 1，标准差从图 9-3 中得到；$D_{CO_2}(t)$ 为 CO_2 在混凝土中的扩散系数；D_1 为 CO_2 在 1 年后的扩散系数，对于 w/c 等于 0.45、0.5 和 0.55 时，分别取值为 0.65、1.24 和 2.23；n_d 为龄期系数,用于描述 CO_2 扩散,对于 w/c 等于 0.45、0.5 和 0.55 时,分别取值为 0.218、0.235 和 0.240,D_1 均为服从正态分布的随机变量,其标准差为 0.15;n_d 为服从正态分布的随机变量,其平均值见文献[12],n_d 的变异系数为 0.12。$\Delta T(t)$ 从图 9-2 中获得。$C_{CO_2}(t)$ 为时变 CO_2 浓度($10^{-3}\,kg/m^3$),从图 9-3 中得到。C_e 为水泥含量,对于 w/c 等于 0.45、0.5 和 0.55 时,分别取值为 390、350 和 320;C_{CaO} 为 CaO 在水泥中的含量比例,取 0.60;α_H 为光合度系数,对于 w/c 等于 0.45、0.5 和 0.55 时,分别取值为 0.71、0.72 和 0.73;M_{CaO} 为 CaO 的摩尔质量,等于 56g/mol;M_{CO_2} 为 CO_2 的摩尔质量,等于 44。由于碳化深度预测模型的变异性比较大,根据文献[10],模型不确定性系数 ME_c 的平均值为 0.98,变异系数为 0.5,为对数正态分布。$C_{CO_2}(0)=365ppm$[①]。

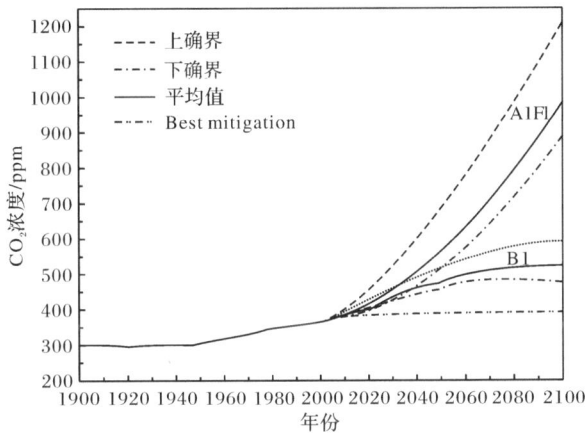

图 9-3　大气 CO_2 浓度的时变变化

碳化腐蚀电流密度随环境变化,其与混凝土属性密切相关,但对于碳化腐蚀电流密度与环境温度、混凝土材料和保护层厚度等参数的关系研究较少。欧洲混凝土耐久性组织给出了在 $T=20℃$ 时中等湿度下的碳化腐蚀电流密度,见表 9-1。

表 9-1　碳化腐蚀电流密度($T=20℃$)

暴露状态	平均值/(A/cm²)	变异系数
干燥环境	0	0
中等湿度	0.172	0.5

温度升高会提高碳化腐蚀电流密度,根据欧洲混凝土耐久性组织的研究,碳化腐蚀电流密度模型为

---

① $1ppm=1×10^{-6}$,下同。

$$i_{corr}(t) = i_{corr}(T=20℃)[1+m_a\Delta T(t)] \tag{9-5}$$

式中，i_{corr}为温度为 20℃ 的碳化腐蚀电流密度，当 $T(t)<20℃$ 时，$m_a=0.03$；当 $T(t)>20℃$ 时，$m_a=0.07$。当温度升高 2℃ 时，碳化电流密度提高 13%～18%。$\Delta T(t)$可以从图 9-2 中得到。

9.2.2　锈胀开裂开始时间模型

钢筋开始锈蚀后，并不是所有的锈蚀产物都会产生膨胀力，一部分产物首先要填满钢筋与混凝土交界面间的空隙[24]。Liu 等[24] 提出了从锈蚀开始到开裂时间的计算模型，该模型曾被很多学者应用，但其低估了钢筋的腐蚀速率，此外，Chernin 等[25] 证明了该模型存在不合理性。Maaddawy 和 Soudki 在已有研究的基础上，给出了从锈蚀开始到开裂时间的计算模型[18]。

$$T_{cr} = \left[\frac{7117.5(D+2d_0)(1+\upsilon+\psi)}{i_{corr}E_{ef}}\right] \cdot \left[\frac{2Cf_t}{D} + \frac{2d_0E_{ef}}{(1+\upsilon+\psi)(D+2d_0)}\right]$$

$$\tag{9-6}$$

式中，T_{cr}为锈蚀初始到开裂的时间，a；D 为钢筋直径，mm；C 为保护层厚度，mm；d_0为钢筋周围空隙厚度，一般为 10×10^{-3}～15×10^{-3} mm，可将其用平均值为 12.5×10^{-3}mm、变异系数为 0.1 的正态分布来描述；υ 为泊松比；$\psi=(D+2d_0)^2/2C(C+D+2d_0)$；$f_t$ 为混凝土抗拉强度，MPa，$f_t=0.53\sqrt{f_c}$；i_{corr}为锈蚀电流密度，$\mu A/cm^2$；E_{ef}为混凝土有效弹性模量，$E_{ef}=E_c/(1+\phi_{cr})$，E_c 为混凝土弹性模量，$E_c=4600\sqrt{f_c}$，ϕ_{cr}为蠕变系数，f_c 为混凝土强度。

空隙区厚度系数(δ_0)在 10～20μm 变化，根据现有试验研究成果[20,24]，将空隙区厚度系数处理为随机变量，上确界和下确界分别为 10μm 和 20μm，同时用正态分布来描述该参数的随机性和变异性，其平均值为 15μm，变异系数为 0.1。

结合锈蚀初始时间，可得保护层锈胀开裂的时间 T_c 为

$$T_c = T_i + T_{cr} \tag{9-7}$$

9.2.3　锈胀严重开裂模型

1. 氯盐环境

锈胀开裂损伤为构件锈胀裂缝超过规定的界限宽度，而界限宽度可依据相应规范取值。一般肉眼可见的裂缝宽度为 0.05～0.1mm，混凝土锈胀开裂至界限宽度与水灰比、保护层厚度和腐蚀电流密度相关，从开裂发展至锈蚀损伤的时间 T_{cp} 为[19]

$$T_{cp} = 0.0167i_{corr}^{-1.1}\left[42.9\left(\frac{w/c}{C}\right)^{-0.54} + \left(\frac{w_{lim}-0.3}{0.0062}\right)^{1.5}\right] \tag{9-8}$$

式中,C 为保护层厚度,mm;w_{lim} 为界限宽度;w/c 为水灰比,由 Bolomey 公式得到;$i_{corr}(t)$ 为锈蚀电流密度,$\mu A/cm^2$,由下面的公式得到:

$$i_{corr}(t) = \frac{32.13\,(1-w/c)^{-1.64}}{C}\,(t-T_i)^{-0.29} \tag{9-9}$$

2. 碳化环境

试验研究和现场检测均表明,并非所有的碳化腐蚀产物都对混凝土产生膨胀压力,部分腐蚀产物填充钢筋的空隙;部分腐蚀产物填充混凝土的孔隙。文献[12]考虑变异性改进了锈胀开裂开始时间模型。严重锈胀开裂时间是指保护层开裂到一个极限裂缝宽度(w)的时间。Mullard 和 Stewart[26] 根据试验研究提出了基于时变腐蚀电流密度的锈胀开裂模型和时不变的腐蚀电流密度模型,在本书的研究中,腐蚀电流密度为随机变量。因此,使用 Mullard 和 Stewart[26] 提出的严重腐蚀锈胀开裂时间计算模型,用于实际桥梁结构的计算:

$$T_{cp} = t_{cr} + t_{ser} \approx t_{1st} + k_R\,\frac{0.0114}{i_{corr}}\frac{w_{lim}-0.05}{k_c r_{crack}}$$
$$w_{lim} \leqslant 1.0\,mm \tag{9-10}$$

式中

$$k_R \approx 0.95\left[\exp\left(-\frac{0.3\,i_{corr(exp)}}{i_{corr}}\right) - \frac{i_{corr(exp)}}{2500\,i_{corr}} + 0.3\right]$$
$$0.25 \leqslant k_R \leqslant 1.0,\quad k_c \geqslant 1.0$$
$$r_{crack} = 0.0008 e^{-1.7\psi_{cp}},\quad \psi_{cp} = \frac{C}{D f_t'},\quad 0.1 \leqslant \psi_{cp} \leqslant 1.0 \tag{9-11}$$

式中,t_{1st} 为锈胀开裂开始时间,即第一条宽度为 0.05mm 的锈胀裂缝出现时间,根据文献[16]计算;w_{lim} 为锈胀裂缝宽度限值;C 为混凝土保护层厚度,mm;D 为钢筋直径,mm;f_t' 为混凝土抗拉强度,MPa。k_c 描述钢筋位置对腐蚀的影响,对于中部钢筋,$k_c=1.0$;对于边缘和角部钢筋,$k_c=1.3$[26]。

于是,氯盐或碳化环境下钢筋混凝土桥梁从服役开始到寿命终止的时间 T_{sp} 为

$$T_{sp} = T_i + T_{cr} + T_{cp} \tag{9-12}$$

9.3　基于时变可靠度的正常使用寿命预测

9.3.1　腐蚀环境下时变可靠度模型

结构的时变性能和可靠性(如腐蚀开始时间极限状态和正常使用极限状态,

即腐蚀开裂)经常用于基于氯盐或碳化腐蚀的钢筋混凝土结构的寿命预测以及全寿命维护管理决策分析。

当钢筋表面氯离子浓度到达临界氯离子浓度时,腐蚀将开始发生,定义为腐蚀开始极限状态,其功能函数可以描述为

$$G_{CI}(X) = C(x,t) - C_{cr} \tag{9-13}$$

式中,$C(x,t)$ 为在时刻 t 的钢筋表面氯离子深度,从式(9-1)中获得;C_{cr} 为混凝土钢筋表面临界氯离子浓度。

当碳化深度到达钢筋的表面时,腐蚀开始,腐蚀开始时间极限状态将发生。其功能函数为

$$G_{CI}(X) = C - x_c(t) \tag{9-14}$$

式中,$x_c(t)$ 为在时刻 t 的碳化深度,可以从式(9-4)中获得;C 为混凝土结构保护层厚度。

混凝土结构在任意时间间隔 $(0,t)$ 内的累计开始腐蚀概率为

$$p_{ci}(t) = \Pr[G_{CI}(X) \leqslant 0] \tag{9-15}$$

式中,G_{CI} 为开始腐蚀时间极限状态函数,当考虑氯盐环境时,可由式(9-13)计算得到;当考虑碳化环境时,可由式(9-14)计算得到。

在本书中,正常使用极限状态定义为混凝土保护层严重开裂,即称为腐蚀损伤极限状态,则其功能函数为

$$G_S(w,t) = (T_i + T_{cr} + T_{cp}) - t \tag{9-16}$$

式中,T_i 为腐蚀开始时间;T_{cp} 为混凝土结构锈胀开裂开始时间,可由式(9-6)计算得到;T_{cp} 为混凝土严重开裂时间,即裂缝发展到一个极限裂缝宽度(w),当考虑氯盐腐蚀时,可由式(9-8)计算得到;当考虑碳化环境时,可由式(9-10)计算得到。

在时间间隔 $(0,t)$ 结构累计腐蚀损伤失效概率,即腐蚀损伤概率,即结构保护层的开裂风险为

$$p_s(w,t) = \Pr[G_S(w,t) < 0] \tag{9-17}$$

Sudret 等[27] 提出一种方法计算各向同性、材料均匀结构的平均开裂比例,则结构开裂到极限裂缝宽度的平均开裂比例为

$$\bar{d}_{crack}(w,t) = p_s(w,t) \times 100\% \tag{9-18}$$

式中,$p_s(w,t)$ 为结构腐蚀损伤概率,由式(9-17)计算得到。

9.3.2　腐蚀环境下正常使用寿命预测方法

目前氯盐或碳化环境下钢筋混凝土桥梁的正常使用寿命预测方法较多,本书中主要考虑腐蚀开始概率和锈胀开裂比例两种情况。

1. 腐蚀开始概率

在实际工程中,工程师经常认为当结构腐蚀开始概率达到目标概率时,结构

的寿命终止了,其表达式为

$$T_{\text{ser}} = T[p_{\text{ci}}(t) \leqslant p_{\text{ci,target}}] \tag{9-19}$$

式中,$p_{\text{ci}}(t)$ 为结构腐蚀开始概率,由式(9-15)计算得到,$p_{\text{ci,target}}$ 为目标腐蚀开始概率,由桥梁管理人员决定。

2. 锈胀开裂比例

桥梁工程师以钢筋混凝土结构锈胀开裂比例为对象,认为当结构平均锈胀开裂比例达到目标锈胀开裂比例时,结构的寿命终止了,其表达式为

$$T_{\text{ser}} = T[\bar{d}_{\text{crack}}(w,t) \leqslant \bar{d}_{\text{crack,target}}(w,t)] \tag{9-20}$$

式中,$\bar{d}_{\text{crack}}(w,t)$ 为钢筋混凝土结构的平均锈胀开裂比例,由式(9-18)计算得到,$\bar{d}_{\text{crack,target}}(w,t)$ 为目标平均锈胀开裂比例。

9.4　工程案例分析

9.4.1　单一氯盐环境

1. 锈蚀初始时间概率特征

确定钢筋混凝土构件中钢筋的锈蚀初始时间是研究锈蚀发展的前提。本书考虑各影响因素的不确定性,见表 9-2,对混凝土表面氯离子浓度、扩散系数、混凝土强度及临界氯离子浓度采用 Monte Carlo 法进行抽样,对每个参数抽样 500000 次,然后分别代入式(9-1)中,则锈蚀初始时间的概率密度函数(PDF)如图 9-4 所示。

表 9-2　计算参数统计

参数	平均值	变异系数	单位	分布类型
C_0	0.12	0.1	%(占混凝土质量分数)	对数正态分布
D_c	0.5	0.1	cm²/a	对数正态分布
C_{cr}	0.045	0.1	%(占混凝土质量分数)	对数正态分布
C	30.5	0.05	mm	正态分布
f_c	20.72	0.177	MPa	正态分布
D	公称直径	0.0247	mm	正态分布

Monte Carlo 法模拟的锈蚀初始时间平均值为 12.54a,标准差为 3.61a。本书采用 Levenberg-Marquardt 算法,收敛指标设置为 1.0×10^{-15},经非线性拟合的结果如图 9-4 中实线部分。图中对数正态分布曲线拟合较好,可认为锈蚀初始时

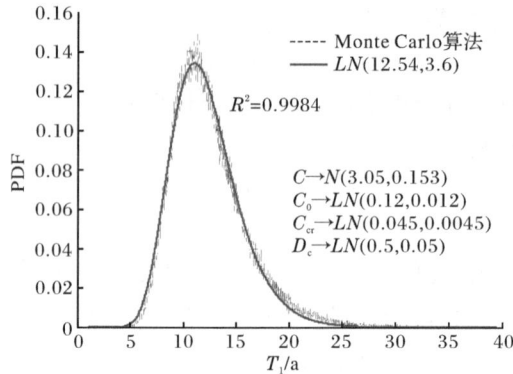

图 9-4 锈蚀初始时间模拟

间不拒绝对数正态分布,其中 $N(\mu,\sigma)$ 和 $LN(\mu,\sigma)$ 中的 μ、σ 分别为正态分布或对数正态分布的平均值、标准差。

1) 保护层厚度对锈蚀初始时间的影响

混凝土保护层厚度对锈蚀初始时间影响如图 9-5 和图 9-6 所示,PDF 曲面峰值位置波动较大,即锈蚀初始时间平均值变化大,同时 PDF 曲面变缓,即变异性提高。由图可知,保护层厚度平均值从 2cm 增大 1 倍,锈蚀初始时间平均值约增大 3 倍,标准差增大 3.1 倍;而保护层厚度变异系数 COV(C) 从 0.1 增大 2 倍,锈蚀初始时间平均值仅提高 6%,标准差增大 93%。这表明锈蚀初始时间对保护层厚度平均值更为敏感,而提高变异系数仅显著增强了锈蚀初始时间的标准差。

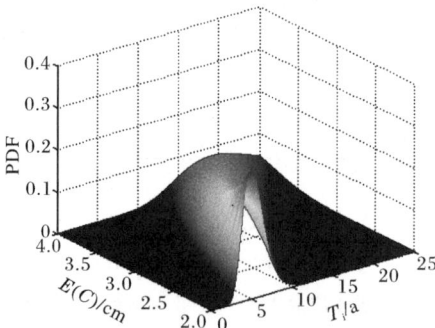

图 9-5 保护层厚度平均值对 T_i 的影响

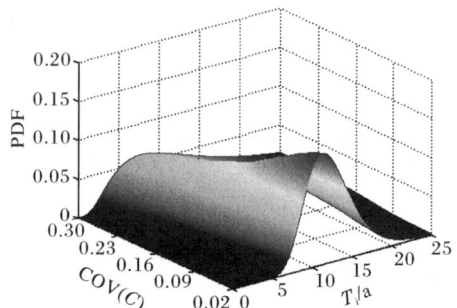

图 9-6 保护层厚度变异系数对 T_i 的影响

2) 表面氯离子浓度对锈蚀初始时间的影响

混凝土表面氯离子浓度对钢筋锈蚀初始时间的影响如图 9-7 和图 9-8 所示。从图中可以看出,表面氯离子浓度平均值从 0.2% 提高 1 倍,锈蚀初始时间平均值从 6.51 年降低 42%,标准差下降了 51%;当表面氯离子浓度的变异系数 COV(C_0)

从 0.05 增大 2 倍时,锈蚀初始时间平均值仅提高 7%,标准差提高 76%。这表明锈蚀初始时间的平均值随混凝土表面氯离子浓度平均值的提高而明显降低,表面氯离子浓度的变异系数对锈蚀初始时间平均值影响不大,主要影响其变异性。

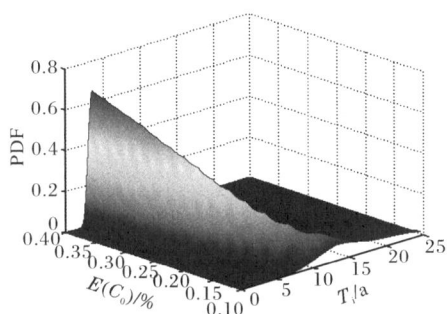

图 9-7　表面氯离子浓度平均值对 T_i 的影响　　　　图 9-8　表面氯离子浓度变异系数对 T_i 的影响

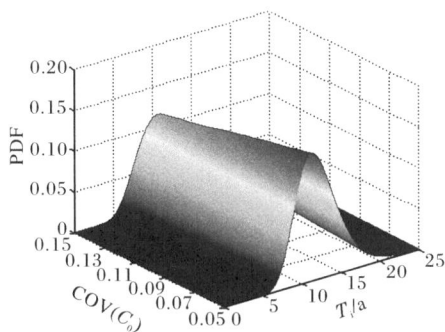

3) 扩散系数对锈蚀初始时间的影响

氯离子扩散系数对钢筋锈蚀初始时间影响如图 9-9 和图 9-10 所示。由图可知,扩散系数平均值从 $1.0 cm^2/a$ 扩大 1 倍,锈蚀初始时间平均值和标准差均减小约 50%,近似成比例变化;扩散系数的变异系数 $COV(D_c)$ 由 0.1 增大 2 倍,锈蚀初始时间平均值增大 7%,相应标准差增大 54%。这说明锈蚀初始时间对扩散系数的平均值较敏感,改善环境状况对延缓锈蚀有利;而变异系数仅对锈蚀初始时间的标准差影响显著。

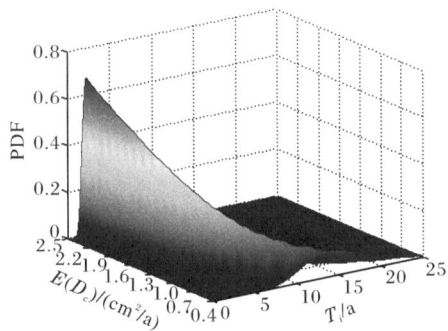

图 9-9　扩散系数平均值对 T_i 的影响　　　　图 9-10　扩散系数变异系数对 T_i 的影响

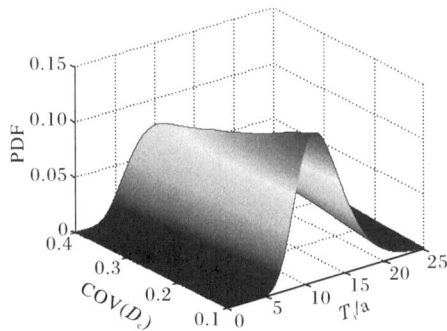

4) 临界氯离子浓度对锈蚀初始时间的影响

临界氯离子浓度对钢筋锈蚀初始时间的影响如图 9-11 和图 9-12 所示。由图可知,临界氯离子浓度从 0.025% 提高 0.8 倍,锈蚀初始时间平均值增加 1.1 倍,标准差增加 2 倍;临界氯离子浓度的变异系数 $COV(C_{cr})$ 由 0.05 增大 2 倍,锈蚀初始时间平均值仅增加 4％,而标准差相应提高 69％。这表明临界氯离子浓度平均值对锈蚀初始时间影响更明显,临界氯离子浓度越大,钢筋表面达到此浓度值所经历的时间越长,而变异系数的提高增强了锈蚀初始时间分布的离散性。

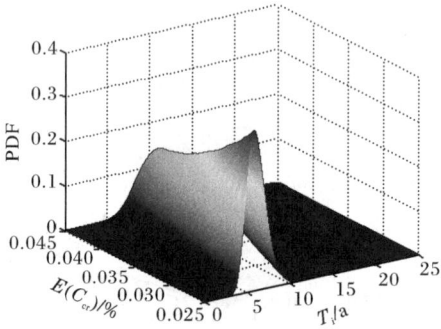

图 9-11 临界氯离子浓度平均值对 T_i 的影响　　图 9-12 临界氯离子浓度变异系数对 T_i 的影响

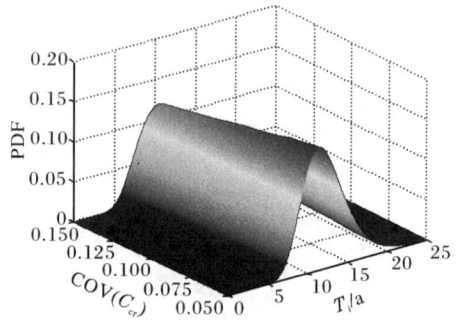

综上所述,锈蚀初始时间对其影响因素的敏感程度依次为混凝土保护层、临界氯离子浓度、扩散系数和混凝土表面氯离子浓度。锈蚀初始时间对影响因素的平均值更为敏感,变异系数仅影响锈蚀初始时间分布的离散性。上述结果可为实际中钢筋混凝土结构设计和相关研究提供参考。

2. 锈胀开裂时间概率特征

采用 Monte Carlo 法对式(9-6)中各参数抽样 500000 次,混凝土锈胀开裂时间的概率密度函数如图 9-13 所示,锈胀开裂时间的平均值为 39.6 年,标准差为 13.7 年,为验证锈胀开裂时间的分布形式,用锈蚀开裂时间对数的正态概率图进行检验,如图9-14所示,从图中可以看出,拟合的线为直线,所以认为其不拒绝服从对数正态分布。

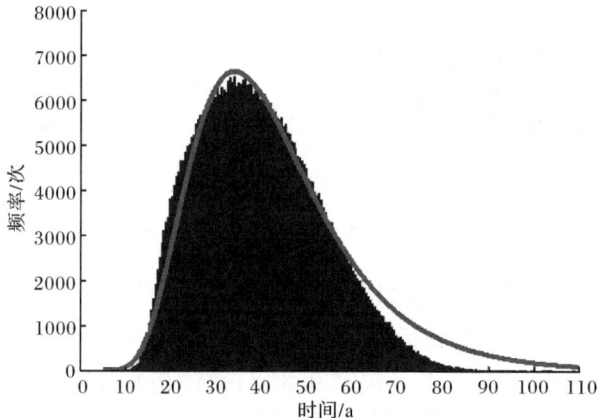

图 9-13 锈胀开裂时间的频率直方图

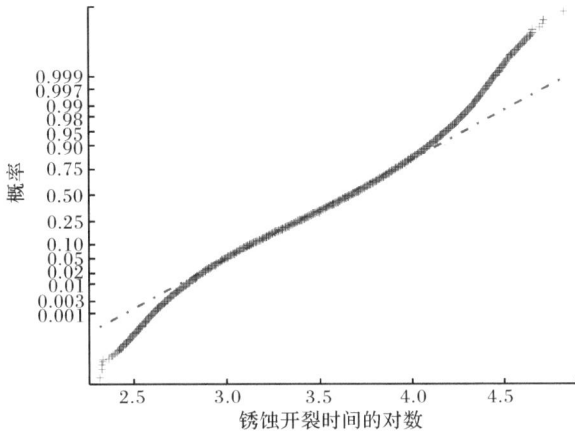

图 9-14　锈蚀开裂时间对数的正态概率图

1）保护层厚度对开裂时间的影响

保护层厚度对锈胀开裂时间的影响如图 9-15 和图 9-16 所示。由图可知,随保护层厚度平均值从 2cm 扩大 1 倍,开裂时间平均值和标准差曲面峰值迅速增长,锈胀开裂时间平均值和标准差分别提高 2 倍和 1.9 倍;保护层厚度变异系数由 0.1 提高 2 倍,开裂时间平均值曲面变化很小,可以忽略,而标准差增大近 1 倍。

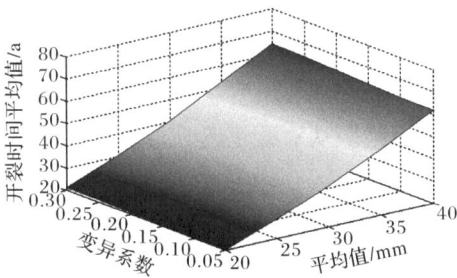

图 9-15　保护层厚度对开裂
时间平均值的影响

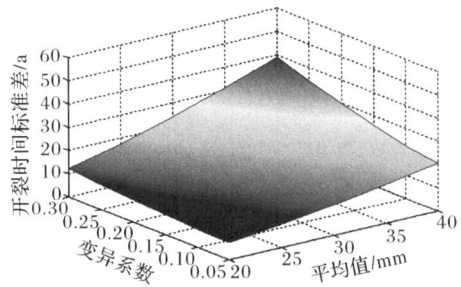

图 9-16　保护层厚度对开裂
时间标准差的影响

2）混凝土强度对开裂时间的影响

混凝土强度对锈胀开裂时间的影响如图 9-17 和图 9-18 所示。从图中可以看出,混凝土强度平均值由 20MPa 提高 50%,开裂时间平均值提高近 1 倍,标准差约增大 60%;混凝土强度变异系数由 0.1 增大 2 倍,开裂时间平均值增长约 10%,而标准差相应增大 1.1 倍。

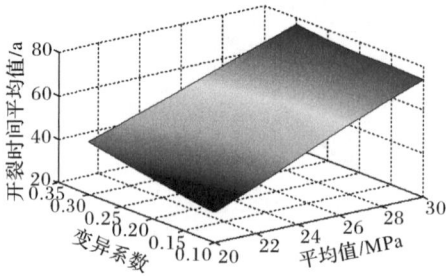

图 9-17　混凝土强度对开裂
时间平均值的影响

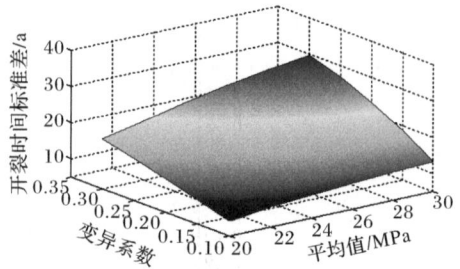

图 9-18　混凝土强度对开裂
时间标准差的影响

综上所述,锈胀开裂时间对保护层厚度和混凝土强度的平均值更为敏感。混凝土强度变异系数对开裂时间平均值的影响大于保护层厚度,但与对开裂时间平均值相比仍较小,甚至可以忽略。保护层厚度和混凝土强度变异系数的提高仅增强了锈胀开裂时间分布形式的离散性。因此,实际中适当提高保护层厚度和混凝土强度均有利于延缓结构开裂。

3. 锈胀开裂损伤风险

钢筋混凝土构件中产生的锈胀裂缝危害性较大,严重影响结构自身的安全和使用寿命。根据已得到的锈蚀初始时间和锈胀开裂时间,结合式(9-8)、式(9-9)和式(9-12),当 $W_{\lim}$ 取 1.0mm 时,可得出混凝土构件锈蚀损伤的时间,本书 Monte Carlo 模拟的结果平均值为 41.15 年,标准差为 14.6 年,如图 9-19 所示。经 Kolmogorov-Smirnov 检验,可知锈蚀损伤时间不拒绝服从对数正态分布。

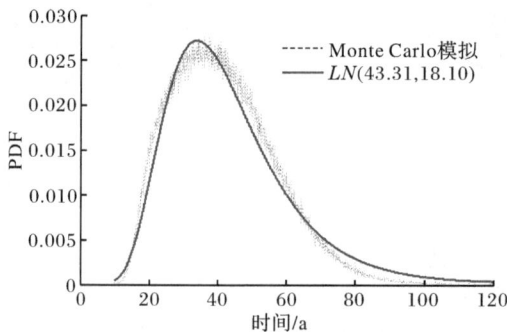

图 9-19　开裂至界限宽度时间模拟

结合式(9-8),利用概率分析方法,界限宽度、水灰比、保护层厚度对钢筋混凝土构件锈胀开裂损伤风险的影响如图 9-20 和图 9-21 所示。

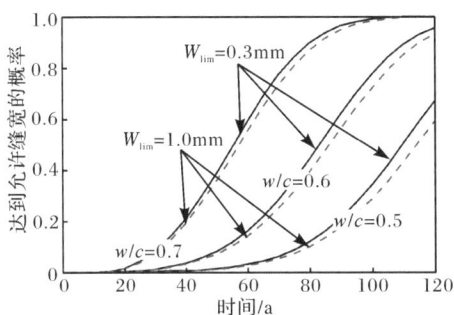

图 9-20　水灰比对锈胀开裂
损伤概率的影响

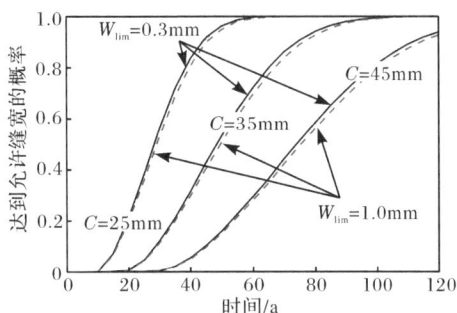

图 9-21　保护层对锈胀开裂
损伤概率的影响

锈胀开裂损伤发生的概率对界限宽度并不敏感,增大界限宽度对降低开裂损伤的概率并不显著。图 9-20 和图 9-21 两种情况下,界限宽度增大 230%,锈蚀损伤概率变化不大。由本书计算结果还可知,从出现锈胀开裂发展到界限宽度的时间为 0.5～2.2 年,这表明从发生锈胀开裂到界限宽度的时间很短,因此,实际工程中出现锈胀开裂要及时处理。

水灰比对锈胀开裂损伤的影响显著,水灰比越小,开裂损伤概率也越小。图 9-20 中,$w/c=0.7$ 在 50 年时开裂损伤发生的概率为 0.385,是 $w/c=0.6$ 时的 4.87 倍;却是 $w/c=0.5$ 时的 29.62 倍,此时基本可忽略发生开裂损伤概率的可能。而图 9-21 中,随着保护层厚度的增大,锈胀开裂损伤概率明显降低;当 $W_{lim}=0.3$mm 时,$C=25$mm 在 50 年时发生开裂损伤的概率为 0.961,此时裂缝宽度基本已达到规定的界限宽度值,这分别是 $C=35$mm 和 $C=45$mm 的 1.75 倍和 6.0 倍。因此,钢筋混凝土结构设计时,在允许的范围内,尽量降低水灰比,确保具有足够的混凝土保护层厚度。

9.4.2　多因素作用下氯盐环境

1. 温室效应影响

图 9-22 为不同氯离子浓度下 RC 桥梁的腐蚀开始概率。利用式(9-2)中建立的考虑温室效应的氯离子腐蚀开始时间模型和式(9-15)根据氯离子浓度建立的腐蚀开始概率计算方法,基于 Monte Carlo 模拟方法,得到了当混凝土抗压强度为 30MPa 和保护层厚度为 30mm 时,在不同氯离子来源状态下的 RC 桥梁腐蚀开始概率。如图 9-22 所示,在浪溅区(Zone1)的腐蚀开始概率最高,在未来 100 年内,达到了 0.937,比海岸线大气区(Zone2)高 127%。而位于距离海岸线 1km 以上的区域(Zone3)的桥梁的腐蚀开始概率下降到 0.02,这是因为距离海岸线越远,氯离子的浓度越低,对结构的危害越小。另外,由于极端天气出现以及我国北方地区

大量使用除冰盐,本书考虑除冰盐的影响,从图9-22可以看出,使用除冰盐时桥梁腐蚀开始概率比海岸线大气区(Zone2)高23.8%。

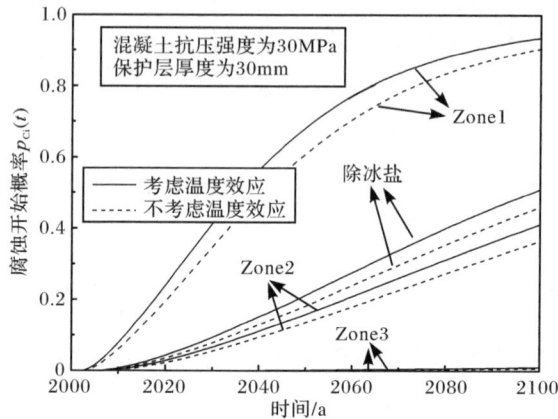

图 9-22　RC桥梁腐蚀开始概率

　　如图9-22所示,实线为利用式(9-2)考虑温室效应的不同环境下的计算结果,虚线为利用式(9-1)不考虑温室效应的结果,可以看出,在未来100年内,当RC桥梁考虑温室效应的腐蚀开始概率是不考虑温室效应的1.1～1.4倍,这说明在预测氯离子腐蚀效应时,大气温升在一定程度上会加速结构的腐蚀,在预测氯离子引起腐蚀效应时应该考虑全球变暖的影响。

　　图9-23为不同氯离子浓度下RC桥梁的正常使用失效概率。利用式(9-6)和式(9-8)计算锈胀开裂开始时间和严重锈胀开裂时间以及式(9-17)根据锈胀开裂时间极限状态方程,使用 Monte Carlo 模拟方法,得到了当混凝土抗压强度为30MPa和保护层厚度为30mm时,在不同氯离子来源状态下的RC桥梁正常使用失效概率。如图9-23所示,在浪溅区(Zone1)的正常使用失效概率最高,在未来100a内,达到了0.893,比海岸线大气区(Zone2)高140%。而位于距离海岸线1km以上的区域(Zone3)的桥梁的正常使用失效概率下降到0.01。临海桥梁结构由于氯离子的存在,必然导致钢筋腐蚀,降低桥梁的正常使用性能,在设计、施工和服役阶段要尽量降低其影响。另外,从图9-23可以看出,使用除冰盐时桥梁正常使用失效概率比海岸线大气区(Zone2)高24.4%,这说明使用除冰盐对结构的影响大于桥梁处于海岸线大气区环境的影响。

　　从图9-23还可以看出,在未来100年内,当RC桥梁考虑温室效应的正常使用概率是不考虑温室效应的1.1～1.5倍,这表明全球变暖、大气温度升高对氯离子腐蚀效应有一定的促进作用,该现象与混凝土碳化效应是一致的,而且在实验室进行氯离子加速腐蚀试验中得到相同结果。

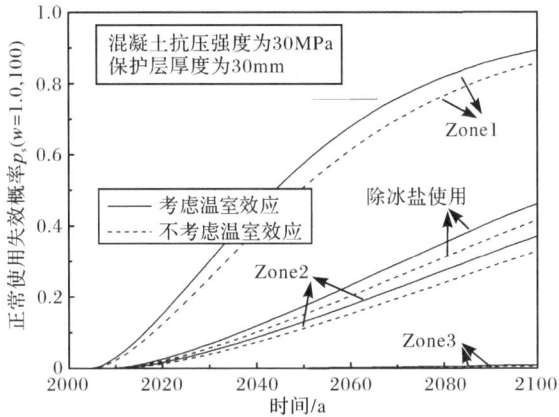

图 9-23　RC 桥梁正常使用失效概率

从图 9-23 可以发现,在未来 100 年内,在浪溅区(Zone1)的正常使用失效概率为 0.893,接近该环境下的腐蚀开始概率 0.937,这表明一旦腐蚀发生,在既定的分析期内,大部分情况下将引起钢筋腐蚀损失,腐蚀产物引起保护层锈胀开裂,导致 RC 桥梁正常使用失效。

图 9-24 为不同氯离子浓度下 RC 桥梁的平均锈胀开裂比例。利用式(9-18)计算 RC 桥梁的平均锈胀开裂比例,假设混凝土保护层各向同性和材料均匀,得到了当混凝土抗压强度为 30MPa 和保护层厚度为 30mm 时,在不同氯离子来源状态下的 RC 桥梁平均锈胀开裂比例。如图 9-24 所示,在浪溅区(Zone1)的 RC 桥梁的开裂比例最高,在未来 100 年内,达到了 89.3%,这表明 RC 桥梁底板保护层存在大面积腐蚀损伤,结构需要维护以保持其正常使用性能。在浪溅区(Zone1)的 RC 桥梁的开裂比例比海岸线大气区(Zone2)高 140%,而位于距离海岸线 1km 以上的区域(Zone3)的桥梁的正常使用失效概率下降到 1%。另外,从图 9-24 可以看出,使用除冰盐时 RC 桥梁的平均锈胀开裂比例为 46.2%,比海岸线大气区(Zone2)高 24.4%,使用除冰盐会导致桥梁结构出现腐蚀损伤。

2. 参数分析

图 9-25 为 RC 桥梁在不同极限裂缝宽度下的平均锈胀开裂比例。在本算例分析中,分析当极限裂缝宽度分别为 0.3mm、0.5mm、0.8mm 和 1.0mm 时 RC 桥梁的平均锈胀开裂比例。如图 9-25 所示,在同一种腐蚀环境下(Zone1 或者使用除冰盐),不同的极限裂缝宽度下 RC 桥梁的平均锈胀开裂差别不大,这与混凝土碳化腐蚀时的结果不一致[12]。主要因为氯离子腐蚀导致损伤比混凝土碳化腐蚀损伤严重,根据计算结果分析,对于氯离子腐蚀,一旦腐蚀发生,大部分情况下导

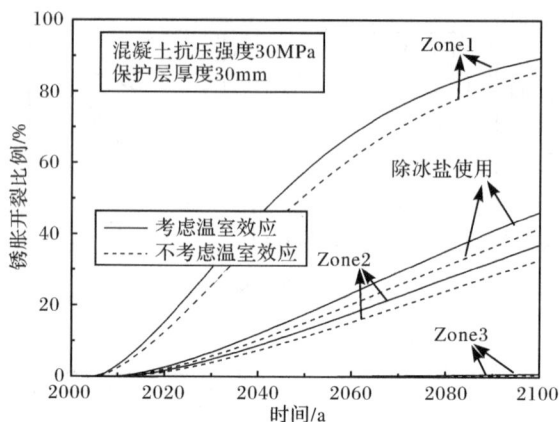

图 9-24　不同环境下 RC 桥梁平均锈胀开裂比例

致锈胀开裂,其腐蚀开始时间的平均值为 22.3 年,所以在 100 年的分析期,其腐蚀损伤与极限裂缝宽度设置关系不大。而对于混凝土碳化腐蚀,在相同的混凝土抗压强度和保护层厚度条件下,其腐蚀开始时间的平均值为 71.2 年[12],所以在 100 年的分析期内,可能有的锈胀开裂宽度达不到 1.0mm,所以混凝土碳化腐蚀损伤与桥梁管理人员所要求极限裂缝宽度有关。

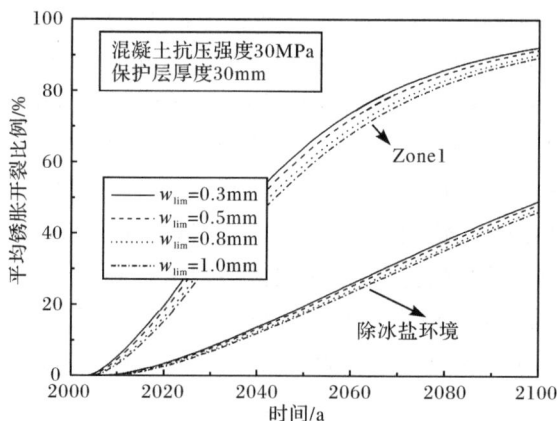

图 9-25　不同裂缝宽度下限值 RC 桥梁平均锈胀开裂比例

图 9-26 为 RC 结构在不同钢筋位置和直径下的平均锈胀开裂比例。本书考虑三种钢筋直径分别为 28mm、16mm 和 10mm 以及两种钢筋位置分别为内部或者中间位置和角部或者边缘。如图 9-26 所示,对于 3 种钢筋直径,边缘或角部钢筋的平均锈胀开裂比例比内部或中部钢筋高 10%～20%。这说明角部或边缘钢筋腐蚀损伤大。对于同一位置的钢筋,直径为 28mm 的钢筋的平均锈胀开裂比例

是直径为 16mm 和 10mm 钢筋的 1.1 倍。这说明直径越大的钢筋有越大的腐蚀损失。

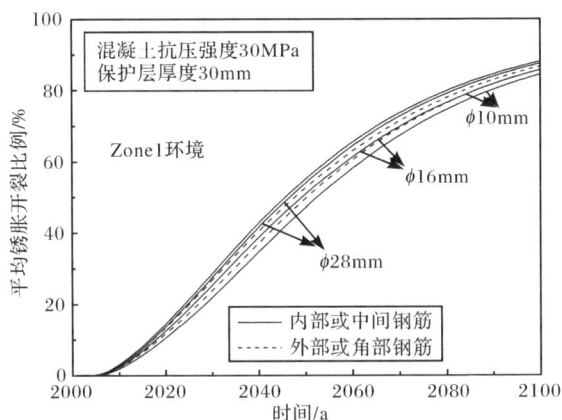

图 9-26　不同钢筋位置下 RC 桥梁平均锈胀开裂比例

3. 耐久性分析及措施

使用式(9-2)改进腐蚀开始模型和图 9-2 的温度数据计算不同混凝土保护层厚度和水灰比对腐蚀损伤的影响。考虑结构位于浪溅区和使用除冰盐两种情况，对于浪溅区，腐蚀电流密度平均值为 $6.035\,\mu A/cm^2$，变异系数为 0.6，为对数正态分布；使用除冰盐时其腐蚀电流密度平均值为 $2.586\,\mu A/cm^2$，变异系数为 0.7，符合对数正态分布[20]。分析三种耐久性设计参数下对混凝土表面锈胀开裂比例的影响。

情况 1：$C=20mm$ 和 $w/c=0.55$。

情况 2：$C=30mm$ 和 $w/c=0.50$。

情况 3：$C=45mm$ 和 $w/c=0.45$。

图 9-27 为当锈胀裂缝宽度限值为 1mm 时和钢筋直径 16mm 时三种耐久性设计状态对平均锈胀开裂比例的影响。计算发现，当结构位于浪溅区时，对于当保护层厚度(C)为 45mm 和水灰比(w/c)为 0.45 的混凝土，锈胀开裂比例为51.4%，然而，对于保护层厚度为 20mm 和水灰比为 0.55 的混凝土，腐蚀开裂比例是相当高的。例如，结构服役 50 年后，有 76.9% 的概率开裂。在服役 100 年后，概率提高到 94.9%。这表明结构需要大量的维护以维持结构正常的服役功能。当混凝土保护层厚度提高到 70mm 时，RC 桥梁的锈胀开裂比例降低为 3.6%。当使用除冰盐时，对于当保护层厚度为 45mm 和水灰比为 0.45 的混凝土，腐蚀开裂比例为 8.7%，是保护层厚度为 20mm 和水灰比为 0.55 的混凝土的 12.7%，这表明当使用除冰盐时提高混凝土保护层厚度和抗压强度能够有效降低结构的锈胀

开裂。

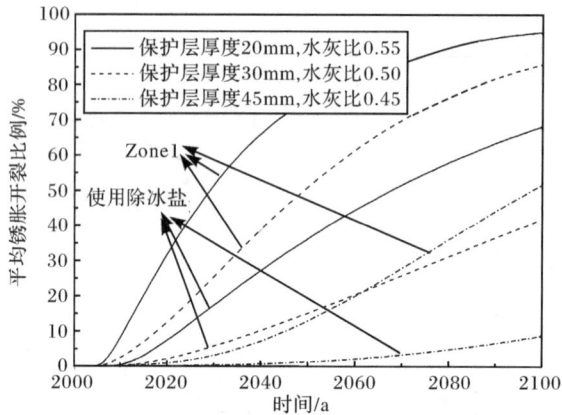

图 9-27　不同耐久性设计下 RC 桥梁平均锈胀开裂比例

9.4.3　碳化腐蚀

1. 背景描述

本书研究图 9-28 所示的钢筋混凝土结构,如图 9-28 所示,纵向钢筋的直径为 16mm 或 27mm,箍筋直径为 10mm。混凝土抗压强度取值为 30MPa,水灰比为 0.5,在本书的分析中,混凝土保护层厚度为 30mm,平均腐蚀电流密度为 $0.25\mu A/cm^2$。

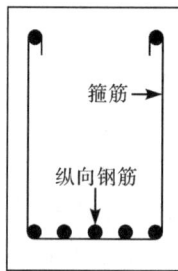

图 9-28　钢筋混凝土结构

2. 计算过程

CO_2 扩散过程、CO_2 浓度和混凝土碳化深度是随时间变化的,计算开始腐蚀概率和混凝土开裂比例是一个非常复杂的过程。含有非正态分布的随机变量和时变的劣化过程,所以本书使用基于事件模拟的 Monte Carlo 方法作为计算工具评估混凝土结构的开始腐蚀概率和混凝土保护层的平均开裂比例。

基于事件模拟的 Monte Carlo 分析方法能够考虑结构材料、保护层厚度、腐蚀电流密度、钢筋布置、结构尺寸和混凝土劣化过程的不确定性和变异性。在一次模拟运行中,可以计算钢筋的碳化深度、开始腐蚀时间、开裂开始时间和严重开裂时间。需要说明的是本研究 CO_2 浓度是随时间完全相关的。在每一个时间增量过程中,混凝土碳化深度和开裂时间都是随机产生的。当碳化深度达到钢筋表面时,我们认为腐蚀开始了。因此,式(9-15)可以计算时变开始腐蚀概率。钢筋的腐蚀是完全相关的。通过式(9-6)计算开裂开始时间和式(9-10)计算严重开裂时间。利用式(9-17)计算累计腐蚀损伤概率和式(9-18)计算混凝土平均开裂比例。桥梁结构服役寿命为 100 年,需要计算将来连续 100 个时间增量在没有维护策略下的开始腐蚀概率和结构腐蚀损伤概率以及混凝土开裂比例。用于计算时变可靠度的模型误差和参数的统计见表 9-3。

表 9-3　参数统计表

参数		平均值	变异系数	分布
f'_{cyl} 混凝土圆柱体强度		$f'^{a}_{c}+7.5\text{MPa}$	$\sigma=6\text{MPa}$	对数正态
$k_w(f'_c=k_w f'_{cyl})$	差	0.53	0.08	正态
	中等	0.86	0.06	正态
	好	1.00	0	正态
CO_2浓度(ME_{CO_2})		1.0	图 9-3	正态[b]
碳化深度(ME_c)		0.98	0.50	对数正态
T_{sp}	$w=0.3\text{mm}$	1.09	0.19	正态
	$w=1.0\text{mm}$	1.05	0.20	正态
保护层厚度		$C^c_{nom}+1.6\text{mm}$	$\sigma=11.1\text{mm}$	正态
混凝土抗拉强度 $f_{ct}(t)$		$0.53(f_c(t))^{0.5}$	0.13	正态
混凝土弹性模量 $E_c(t)$		$4600(f_c(t))^{0.5}$	0.12	正态
腐蚀电流密度 $i_{corr}/(\mu\text{A/cm}^2)$		0.1,0.25,0.50	1.0	对数正态
空隙厚度系数 $\delta_0/\mu\text{m}$		15	0.1	正态

a. f'_c 为混凝土抗压强度;b. 在 380ppm 处截尾;c. C_{nom} 为混凝土保护层名义厚度。

3. 结果分析

1) CO_2 浓度效应

使用图 9-3 的 CO_2 浓度模型,计算得到的在大气环境下平均碳化深度如图 9-29所示。可以看出 100 年后在 3 个 CO_2 排放策略下碳化深度分别为 20.2mm、14.3mm 和 12.1mm。碳化深度的变异系数也是随时间变化的,从 0.2

变化到 0.22。最高 CO_2 排放策略(A1FI)对应的碳化深度比最好 CO_2 排放策略高了 53%。这表明由于经济发展和人口增长导致的 CO_2 排放增加将严重影响混凝土的碳化进而加速钢筋的腐蚀。假如最高 CO_2 排放策略在将来可能发生的话,混凝土保护层设计厚度需要增加大约 8mm 用以疏缓结构的开始腐蚀风险。图 9-29 中,B1 排放策略为欧盟等国家采取节能减排政策后的 CO_2 浓度。

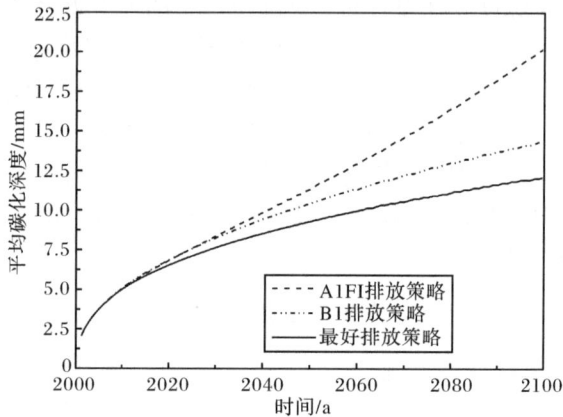

图 9-29　混凝土平均碳化深度($w/c=0.50$)

图 9-30 为所有排放策略的腐蚀开始概率。如图 9-22 所示,腐蚀开始概率随着 CO_2 的浓度升高而升高。对于 A1FI 排放策略,当保护层厚度为 30mm 和水灰比为 0.5 时,其腐蚀开始概率比最好排放策略高 720%。当混凝土的保护层厚度增加到 40mm 时,腐蚀开始概率明显降低到 0.034。

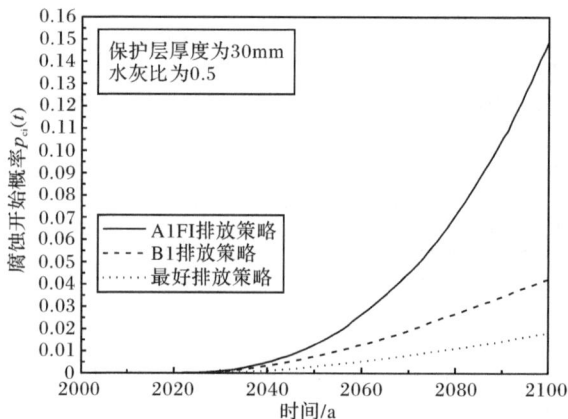

图 9-30　腐蚀开始概率($w/c=0.50$)

图 9-31 为钢筋混凝土结构的平均开裂比例。混凝土结构在服役前 30～40 年内，混凝土碳化腐蚀是可以忽略的。然而，对于 A1FI 排放策略，当钢筋直径为 16mm、裂缝宽度为 1mm、混凝土保护层厚度为 30mm 和水灰比为 0.5 时，其平均开裂比例是最好排放策略的 5.4 倍。这表明高的 CO_2 浓度导致明显的腐蚀损伤，对于大多数混凝土结构来说需要维护。对于直径为 27mm 的钢筋，当排放策略为 A1FI、裂缝宽度为 1mm、混凝土保护层厚度为 30mm 和水灰比为 0.5 时，其平均开裂比例比 16mm 和 10mm 直径的钢筋分别高了 13％和 46％。这表明更大直径的钢筋有更大比例的腐蚀损伤，但这种效应随着 CO_2 浓度的降低而减弱。

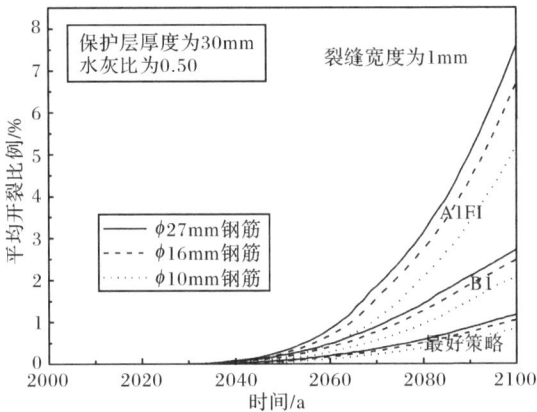

图 9-31　平均开裂比例

2）保护层和水灰比的影响

使用图 9-3 的排放策略评估混凝土保护层厚度和水灰比对腐蚀损伤的影响。结构暴露在大气环境下，腐蚀电流密度为 $0.25\mu A/cm^2$。分析三种耐久性设置对混凝土腐蚀损伤的影响。

（1）保护层厚度为 20mm 和水灰比为 0.55（较差）。

（2）保护层厚度为 30mm 和水灰比为 0.50（一般）。

（3）保护层厚度为 45mm 和水灰比为 0.45（较好）。

图 9-32 为当钢筋直径为 16mm 和裂缝宽度设置为 1mm 时不同耐久性设置对腐蚀开裂比例的影响。研究发现，对于耐久性好的混凝土，腐蚀开裂比例仅为 0.3％，所以碳化腐蚀损伤可以忽略。然而，对于质量差的混凝土，腐蚀开裂比例是相当高的。例如，结构服役 50 年后，有 18％的概率开裂。在 100 年后，概率提高到 37％。这表明结构需要大量的维护以维持结构正常的服役功能。当裂缝宽度设置为 0.3mm 时，腐蚀开裂比例升高 25％～70％。

3）腐蚀电流密度效应

碳化腐蚀电流密度是与野外环境高度相关的，本书使用三种平均腐蚀电流密

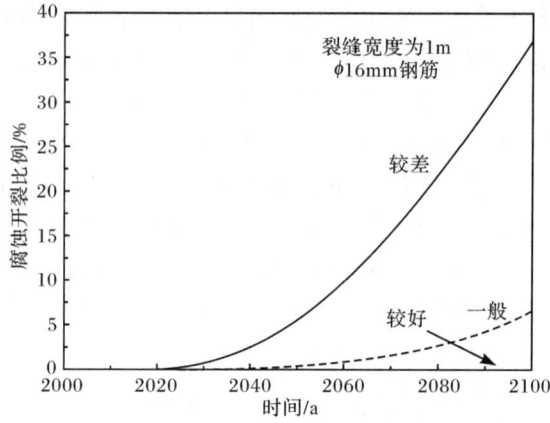

（a）A1FI 排放策略

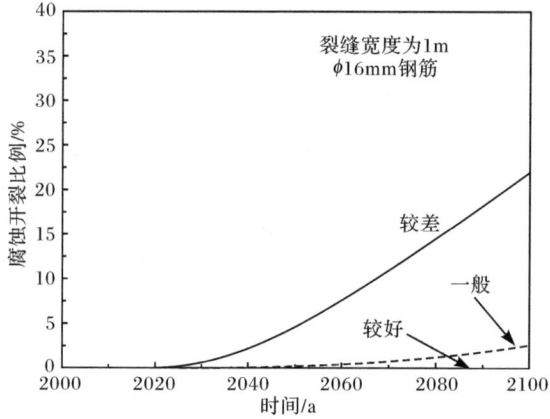

（b）B1 排放策略

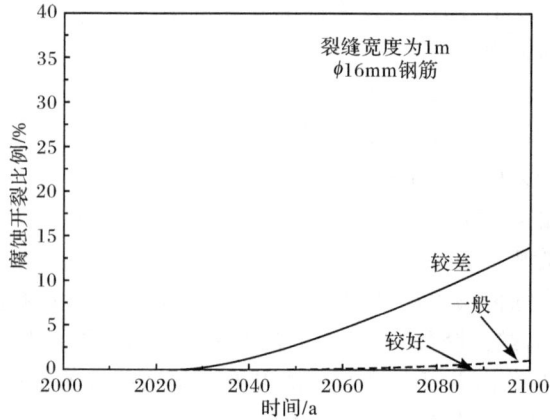

（c）最好排放策略

图 9-32　平均腐蚀开裂比例

度代表三种腐蚀状态。三种腐蚀率分别为 $i_{corr}=0.10\,\mu A/cm^2$; $i_{corr}=0.25$ $\mu A/cm^2$; $i_{corr}=0.50\,\mu A/cm^2$。

图 9-33 为在不同腐蚀电流密度下混凝土的平均腐蚀开裂比例。从图中可以看出,在所有排放策略下腐蚀电流密度($i_{corr}=0.50\,\mu A/cm^2$)的平均开裂比例比低腐蚀电流密度($i_{corr}=0.10\,\mu A/cm^2$)高了 160%～280%。采取有效措施降低抑制结构的腐蚀电流密度是降低混凝土开裂风险的方法之一。当混凝土保护层厚度增至 45mm 时,即使是高腐蚀电流密度($i_{corr}=0.50\,\mu A/cm^2$),混凝土碳化腐蚀对开裂的影响可以忽略。

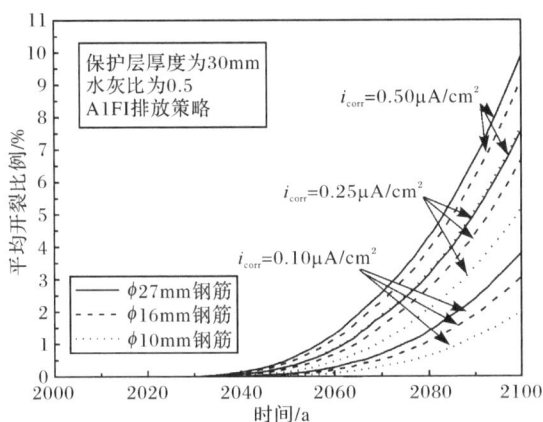

图 9-33　腐蚀电流密度对平均开裂比例的影响

4) 正常使用寿命预测

图 9-34 为三种耐久性设计条件下的平均开裂比例和维护时间。从图 9-34 中可以看出,当可接受的维护标准定为 $X=1\%$ 时,对于保护层厚度为 20mm 和水灰比为 0.55 的混凝土结构,在碳化腐蚀作用下结构的寿命终结在 2032～2036 年,结构大约服役 34 年后需要进行维修;而对于保护层厚度为 30mm 和水灰比为 0.50 的混凝土,结构的寿命终结在 2058～2065 年;对于保护层厚度为 40mm 和水灰比为 0.45 的混凝土在分析时间内不需要维护。当可接受的维护标准设为 $X=5\%$ 时,对于保护层厚度为 20mm 和水灰比为 0.55 的混凝土结构,结构的寿命终结在 2048～2052 年;对于保护层厚度为 30mm 和水灰比为 0.50 混凝土,结构寿命终结在 2089～2092 年[28]。

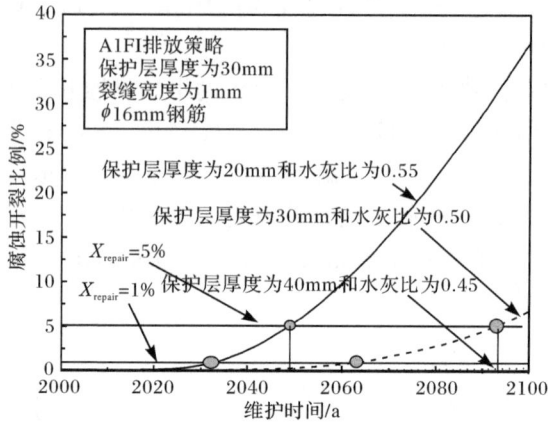

图 9-34　平均开裂比例和维护时间

参 考 文 献

[1] Enright M P,Frangopol D M. Probabilistic analysis of resistance degradation of reinforced concrete bridge beams under corrosion. Engineering Structures,1998,20(11):960~971.

[2] 王磊,张建仁. 钢筋截面面积模糊随机时变概率模型. 工程力学,2011,28(3):94~102.

[3] Johannesson B F. A theoretical model describing diffusion of a mixture of different types of ions on pore solution of concrete coupled to moisture transport. Cement Concrete Research,2003,33(4):481~488.

[4] Alonso C,Andrade C,Castello M,et al. Chloride threshold values to depassivate reinforcing bars embedded in a standardized OPC mortar. Cement and Concrete Research,2000,30(7):1047~1055.

[5] Thoft-Christensen P. Lifetime reliability assessment of concrete slab bridges//Proceeding of Optimal Performance of Civil Infrastructure Systems. Reston:ASCE,1998:181~193.

[6] Val D V,Trapper P A. Probabilistic evaluation of initiation time of chloride-induced corrosion. Reliability Engineering & System Safety,2008,93(3):364~372.

[7] 马亚飞. 基于信息更新的 RC 受弯构件抗力衰减概率模型. 长沙:长沙理工大学硕士学位论文,2011.

[8] Yoon I S,Çopuroglu O,Park K B. Effect of global climatic change on carbonation progress of concrete. Atmospheric Environment,2007,41(34):7274~7285.

[9] 彭建新,邵旭东. CO₂ 排放、气候变化及其对混凝土结构开始腐蚀时间和时变可靠度评估的影响. 公路交通科技,2009,29(10):47~53.

[10] 贡金鑫,水金锋,赵尚传. 基于碳化的既有钢筋混凝土桥梁耐久性的概率分析. 混凝土,2006,195(1):18~22.

[11] 王建秀,秦权. 考虑氯离子侵蚀与混凝土碳化的公路桥梁时变可靠度分析. 工程力学, 2007,24(7):86～93.

[12] 彭建新,邵旭东,张建仁. 气候变化、CO_2 排放及其对碳化腐蚀的钢筋混凝土开裂和时变可靠度的影响. 土木工程学报,2010,43(6):74～81.

[13] Stewart M G,Peng J. Life-cycle cost assessment of climate change adaptation measures to minimise carbonation-induced corrosion risks. International Journal of Engineering Under Uncertainty:Hazards,Assessment and Mitigation,2010,2(1-2):35～46.

[14] 彭利英,卫军,武鹏宇,等. 混凝土锈胀开裂的抑制措施. 自然灾害学报,2011,20(1): 62～67.

[15] 金伟良,赵羽习,鄢飞. 钢筋混凝土构件的均匀钢筋锈胀力的机理研究. 水利学报,2001, (7):57～62.

[16] 吴相豪. 海洋环境中钢筋混凝土构件锈胀开裂时间的解析解. 上海海事大学学报,2006, 27(3):22～26.

[17] Lu C H,Jin W L,Liu R G. Reinforcement corrosion-induced cover cracking and its time prediction for reinforced concrete structures. Corrosion Science,2011,53(4):1337～1347.

[18] Maaddawy T E,Soudki K. A model for prediction of time from corrosion initiation to corrosion cracking. Cement & Concrete Composites,2007,29(3):168～175.

[19] Vu K A T,Stewart M G,Mullard J A. Corrosion-induced cracking:Experimental data and predictive models. Structural Journal,2005,102(5):719～726.

[20] Val D V,Stewart M G. Reliability assessment of ageing reinforced concrete structures-current situation and future challenges. Structural Engineering International,2009,19(2): 211～219.

[21] Vu K A T,Stewart M G. Predicting the likelihood and extent of reinforced concrete corrosion-induced cracking. Journal of Structural Engineering,2005,131(11):1681～1689.

[22] Mullard J A,Stewart M G. Corrosion-induced cover cracking:New test data and predictive models. Structural Journal,2011,108(1):71～79.

[23] AS3600. Concrete Structures. Standards Australia,Sydney,2009:21～105.

[24] Liu Y,Weyers R E. Modeling the time-to-corrosion cracking in chloride contaminated reinforced concrete bridge. Materials Journal,1998,95(6):675～681.

[25] Chernin L,Val D. Predicting of cover cracking in reinforced concrete structures due to corrosion//First International Conference on Construction Heritage in Coastal and Marine Environments,Lisbon,2008.

[26] Mullard J A,Stewart M G. Corrosion-induced cover cracking of RC structures:New experimental data and predictive models. Research report. Australia:The University of Newcastle,2009.

[27] Sudret B,Defaux G,Pendola M. Stochastic evaluation of the damage length in RC beams submitted to corrosion of reinforcing steel. Civil Engineering and Environmental Systems, 2007,24(2):165～178.

[28] 彭建新,邵旭东,张建仁. 基于时变可靠度的钢筋混凝土碳化腐蚀开裂和结构第一次维护时间确定. 中外公路,2010,30(5):120～126.

第 10 章　服役钢筋混凝土桥梁维修加固决策理论与方法

10.1　劣化桥梁维修加固策略优化分析的流程

混凝土结构的耐久性病害首先是混凝土或钢筋材料物理性质、化学性质及几何尺寸的变化，继而引起混凝土构件承载力衰减，最终会影响整个结构的安全。另外，结构的劣化过程涉及材料、结构尺寸等方面的不确定性，对寿命周期性能的评估过程需要定量分析而不是定性分析，所以维修加固管理方法的发展不能依靠主观经验，需要引入可靠度的概念[1]。

近 20 年，基于寿命周期成本的公路桥梁维修加固经济性以及优化策略方面的研究取得了明显的进步，有学者通过对劣化桥梁碳化环境下的劣化机理研究，改进了腐蚀开始时间模型，并提出了基于寿命周期成本的桥梁设计框架以及用户成本的计算公式；通过建立动态可靠度分析模型，结合成本计算公式，对桥梁加固的经济性进行评估，优化了桥梁构件的检测/维护方案；并提出了一种基于折中规划的多目标优化方法对桥面板进行维护方案优化；得出了一个方便使用且行之有效的方法来评估土木结构性能和决策最优维护方案，并指出管理系统中数据的准确性是非常关键的[2~15]。另外，美国 Frangopol 教授及其课题组成员 Kong 等[16]利用寿命周期成本分析方法发展了 Monte Carlo 计算程序 LCADS，这个程序的基本原理为维护活动的叠加，而不是复杂的计算公式，该程序考虑了基于可靠指标的维护策略和维护成本，并进行维护策略的择优。在该程序的基础上，2006 年Petcherdchoo[17]发展了 NLCADS 程序，该程序考虑了维护策略下的状态指标和可靠指标以及相应的年度维护成本和累计维护成本。2004 年 van Noortwijk 又提出了概率劣化模型进行维护策略优化[18]。

劣化桥梁维修加固策略优化的具体过程如下：

（1）桥梁性能描述。桥梁服役过程中，在超载、不利环境等因素作用下，其服役性能不断退化，为了抓住这些影响因素，需要建立状态指标和可靠指标。状态指标主要用于描述基于锈胀开裂的正常使用性能，具体计算参见第 9 章；可靠指标主要用于描述劣化结构的安全承载功能，具体计算参见第 8 章。

（2）桥梁维修加固技术。结合目前典型维修加固技术，确定每一种维修加固方法对桥梁可靠指标和状态指标的影响规律及其概率描述方式和特征。

（3）维护成本模型。劣化桥梁维修成本包括直接维修成本和间接维修成本。直接维修成本主要指进行维修加固活动的材料、劳动力费用等直接发生成本；间接维修成本主要指进行维修加固活动引起的交通堵塞、驾驶员时间耽搁、油耗、乘客时间延误以及发生事故引发的成本。

（4）桥梁性能-维修加固技术-维修成本综和模型。通过定义各种维修加固策略，推导桥梁可靠指标和状态指标，运用维修加固技术以及相应的维护成本关系模型，建立劣化桥梁在单一和组合维修加固策略作用下桥梁可靠指标和状态指标变化曲线。

（5）维修加固优化模型。结合上述的维护成本模型、桥梁性能-维修加固技术-维修成本的综合模型，以寿命过程中维修成本最小化为优化目标，以可靠指标不低于目标可靠指标和状态指标不低于目标状态为约束条件，建立劣化桥梁维修加固策略优化模型。

10.2　钢筋混凝土桥梁性能描述

10.2.1　概述

任何桥梁都经历着建设、服役、功能退化、报废的过程。在不维修加固的情况下，它的功能必然会加速衰退。为了能更好地预测桥梁服役状态和剩余寿命，合理安排经济科学的维护时间和方案，研究预测桥梁将来的性能十分重要。

国外以 Frangopol 教授为主的课题组对桥梁服役过程中的状态进行了深入研究[18~20]，提出了桥梁线性劣化模型，并结合该模型研究了桥梁维护过程中可靠度的变化规律，研究了状态与可靠度的线性劣化模型，并探讨了基于抛物线劣化模型的桥梁预防性维护中可靠指标变化规律。国内学者邵旭东等根据已有的桥面铺装劣化模型，考虑桥梁劣化的不确定性和劣化率参数的随机性，并进行了维护策略的优化分析，得到了单目标最优的维护策略[11]。

在我国现行规范的基础上，如果考虑耐久性，目前的设计标准应作相应的提高。因为若按我国现有标准设计的结构，在到达设计基准期时，其可靠性已低于规范的要求，亦即结构的使用寿命可能达不到设计要求。结构设计水准越高，结构越安全，使用寿命越长，但资金投入也越大，并且人们所建造的结构并不要求它永远不坏，这样做不合理，而且也不可能。因此，设计要求从安全和经济两个方面综合考虑，需要确定一个指标，该指标一方面反映了结构在寿命过程中必须满足的基本工程性能要求；同时又要符合人们对风险的承受能力，满足经济投资等的制约。所以，本节提出桥梁劣化结构安全承载和耐久性终结标准两个指标。

为了能更好地模拟服役桥梁的高次非线性劣化,本节发展了能够反映非线性劣变规律的可靠指标抛物线劣化模型和非线性状态指标劣化模型,结合预防性维护策略和综合维护策略,推导了维护过程中可靠指标和状态指标的计算公式,以便对在役桥梁的维护决策提供支持。

10.2.2　在用钢筋混凝土桥梁性能定义

1. 可靠指标

耐久性是可靠性随时间的变化,可靠性的定量描述是可靠度,因此,耐久性终结标准的定量指标就是允许的结构可靠度下限或允许的结构失效概率上限。可靠指标分类见表 10-1。

表 10-1　桥梁可靠指标分类

优秀	比较好	良好	差	不允许
$\beta \geqslant 9.0$	$8.0 \leqslant \beta < 9.0$	$6.0 \leqslant \beta < 8.0$	$4.7 \leqslant \beta < 6.0$	$\beta < 4.7$

为了能更好模拟服役桥梁的高次非线性劣化,本节发展了能够反映非线性劣变规律的可靠指标抛物线劣化模型,以便对在役桥梁的维护决策提供支持。由于桥梁在劣化过程中,影响因素多,线性劣化模型并不能完全反映其规律,加上劣化后,影响因素的非线性化,因此,需要更合理的劣化模型。对于复杂劣化结构,为了能够更精确地反映其劣化规律,本节发展了非线性劣化的可靠指标抛物线模型[21]:

$$\beta(t) = \begin{cases} \beta_0, & 0 \leqslant t \leqslant t_{\mathrm{I}} \\ \beta_0 - \alpha_1 (t - t_{\mathrm{I}})^2, & t > t_{\mathrm{I}} \end{cases} \tag{10-1}$$

式中,β_0 为结构初始可靠指标;t_{I} 为结构开始劣化时间;α_1 为可靠指标劣化率。

该模型的变化规律如图 10-1 所示。

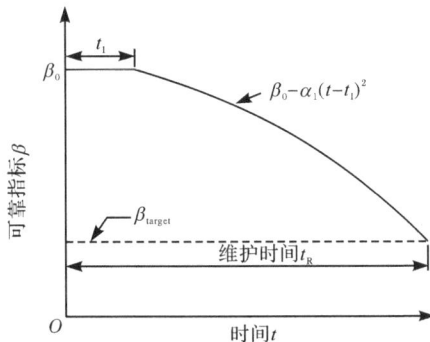

图 10-1　可靠指标劣化模型

图 10-1 中，β_{target} 为结构目标可靠指标，本节 $\beta_{target}=4.7$，即当 $\beta < \beta_{target}$ 时，结构需要更新；t_R 为结构的维护时间。

该非线性抛物线劣化模型包含了常规劣化模型的线性项，也包括了抛物线劣化模型的二次项，因而具有更强的适用性。以上参数均为随机变量，具体的分布规律见表 10-2。需要说明的是本节参数的分布类型来自文献[20]，但是其平均值和方差来自实桥检测和经验判断。

表 10-2　可靠指标随机变量

变量	平均值	变异系数	分布类型	文献
β_0	9.0000	0.20	对数正态分布	文献[20]
β_{target}	4.7000	—		
t_I	5.0000	0.20	对数正态分布	文献[20]
α_1	0.0042	0.08	对数正态分布	文献[20]

2. 状态指标

桥梁在使用过程中，其内在的可靠性不断降低，其外观也在不断发生变化，出现保护层顺筋胀裂、剥落和混凝土开裂裂缝等一些外观表现，当这些外观状态达到一定极限后，即认为此结构达到基于状态指标的耐久性终结标准。这种分析称为基于条件状态的分析。

本节将混凝土保护层按不同程度的表面开裂比例进行分类，定义见表 10-3。

表 10-3　状态指标定义

分类	状态定义	状态描述	合适的维护
6	表面没有损坏	很好状态	—
5	损坏面积小于 2%	良好状态	定期维护
4	损坏面积小于 8%	中等状态	修复
3	损坏面积小于 15%	较差状态	灌浆、局部混凝土修复
2	损坏面积小于 20%	差状态	灌浆、小型混凝土修复
1	损坏面积超过 25%	不可接受状态	翻新活动

状态指标是桥梁在服役过程中表征其外观变化的量。桥梁在使用过程中，其内在的可靠性不断降低，其外观也在相应地发生变化。当保护层削落、钢筋锈蚀胀裂和混凝土开裂等外观状态达到一定的极限后，即认为此结构达到基于状态的耐久性终结标准。为了能够用数学的方法，把外在的变化用数学模型表达，van Noortwijk 用线性模型描述状态过程[18]。为了能反应更复杂的状态变化，本章建立了状态指标的非线性模型如下[21]：

$$C(t)=\begin{cases}C_0, & 0\leqslant t\leqslant t_{CI}\\ C_0-\alpha_2(t-t_{CI})^2, & t>t_{CI}\end{cases} \tag{10-2}$$

式中，C_0 为结构初始状态指标；t_{CI} 为结构状态指标开始劣化时间；α_2 为状态指标劣化率。该状态指标变化规律如图 10-2 所示。

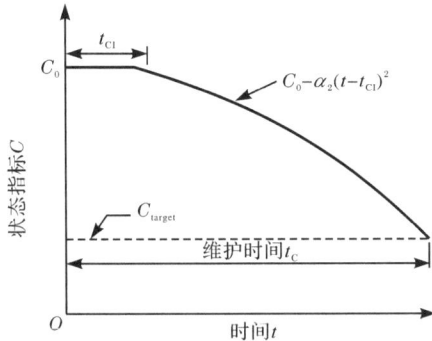

图 10-2　状态指标劣化模型

图 10-2 中，C_{target} 为结构目标状态指标，本节中 $C_{target}=1.0$，即当 $C<C_{target}$ 时，结构进行状态指标控制的维护活动；t_C 为结构的维护时间。参数的分布规律见表 10-4。需要说明的是本章的分布类型来自文献[20]，但是其平均值和方差来自实桥历史维护的数据统计。

表 10-4　状态指标随机变量

变量	平均值	变异系数	分布类型	文献
C_0	6.0000	0.2	对数正态分布	文献[20]
C_{target}	1.0000	—	—	—
t_{CI}	3.0000	0.1	对数正态分布	文献[20]
α_2	0.0102	0.1	均匀分布	文献[20]

3. 可靠指标与状态指标关系

可靠指标的劣化一般以桥梁的性能为基准，主要对应承载能力极限状态，而状态的劣化则更趋于外观，主要对应正常使用极限状态，描述由腐蚀引起的开裂。当没有维护作用时，两个指标相互独立。图 10-1 和图 10-2 描述了两个指标的基本状态。当考虑结构维护时，二者是时变的性能指标，其内在关系如下。

(1) 可靠指标与状态指标可能相互影响，但是有时也可能有很少或基本没有联系，在外观没有异常的情况下，桥梁可能突然失效；在考虑结构腐蚀作用时，腐蚀先影响结构的状态指标，接着影响结构的可靠指标。

（2）考虑对桥梁结构进行维护时,有的维护活动(如灌浆维护)先对状态指标 $C(t)$ 起作用,改善了结构的外观,延迟了结构的劣化,即对可靠指标 $\beta(t)$ 起作用。有的维护活动(如翻新维护)对状态指标和可靠指标同时起作用。

本书中,可靠指标和状态指标的劣化率参数是根据实测数据统计获取的。具体实施步骤如下:①根据实测数据,得到劣化率参数的平均值和方差;②运用 Monte Carlo 数值模拟方法,利用已有的分布函数去逼近;③对所得的分布函数进行检验。满足要求即为所要参数分布规律。

10.3　维　护　模　型

10.3.1　概述

1. 时间控制和性能控制维护策略

对于每一个可能的劣化模型,可以在不同的时间采取多种不同维护。对于一些维护而言,维护的时间常常会提前规定。例如,对一座钢桥的喷漆维护通常每十年或者五年一次。这一类维护通常被称为通过时间控制的维护。相反的,有些其他的维护是结构到达一定条件时而采取。例如,当一个构件到达它的目标可靠度时或者一个桥梁的组成部分的条件等级有所变化时而采取的一系列维护方案。这些维护就称为依靠原始信息以及历史过程的事件控制的维护,也称为性能控制过程。

当时间在寿命周期内达到某一特定时间 t^*,结构的可靠度达到目标可靠度时,就需要对结构采取相应的维护措施,此时的失效概率可以通过 Monte Carlo 模拟计算或者也可以通过近似的估计得出,即当时刻 t^* 时,一旦 $\beta(t^*) < \beta_{target}$,这时就需要对结构采取加固工作,来保证结构的安全,或当其中的外观状态指标达到一定的极限即 $C(t^*) < C_{target}$ 时,也需要立刻做出维护决策。

时间控制的维护以及性能控制的维护都可以在系统的寿命周期中一次使用或者多次使用。可靠度控制维护的多样性也带来了结构寿命周期内维护工作和结构劣化曲线的多变性,所以,本节重点研究根据可靠度来控制结构的维护策略。

2. 预防性维护策略模型

由于桥梁在服役过程中,只有当桥梁出现比较严重的损坏时,才会出现大修,一般情况下,桥梁都处于一种预防性维护状态中,其成本也相当可观,预防性维护与桥梁性能的关系也相当复杂,因此研究预防性维护有很好的理论意义。桥梁结构在不同的预防性维护方案下,其结构的时变劣化过程有很大区别,这里给出两种不同的预防性维护模型。

形成维护模型,模型有以下四个条件:

(1) 连续维护的持续时间间隔是相同的。

(2) 维护效应的时间是相同的。

(3) 每次维护后影响指标增量是一样的。

(4) 每次维护后,其指标的值不会超过刚建初始值。

维护策略模型(图 10-3)为维护活动应用后,其对桥梁的后期可靠性的影响曲线有明显不同。桥梁进行维护后,在维护影响持续时间 t_{PD} 内,以同一劣化率劣化,属修补性维护;在过了维护影响持续时间 t_{PD} 后,以原来起始没有维护时的劣化率劣化,曲线 ac 与 bd 平行。

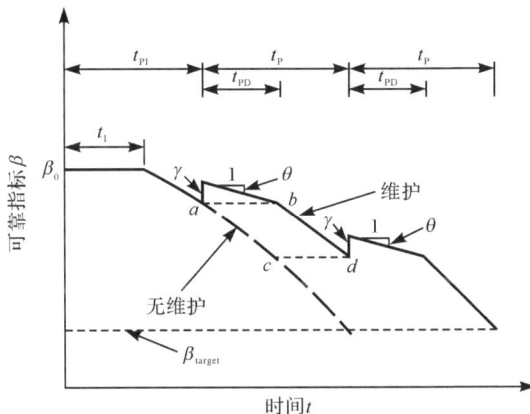

图 10-3　维护策略

维护策略中参数的主要意义与服从的分布如下:

t_I——初始的劣化时间,服从对数正态分布;

t_{PI}——第一次维护的时间,服从三角分布;

t_P——维护的时间间隔,服从三角分布;

t_{PD}——维护效应的持续时间,服从对数正态分布;

γ——维护后可靠指标的影响增量;

θ——维护在时间 t_{PD} 内的劣化率,服从均匀分布。

在上面的预防性维护策略中,t_I 和 t_{PI} 以及 t_P 和 t_{PD} 之间有下面的六种关系,见表 10-5。

表 10-5　可靠指标维护时间约束关系

序号	条件约束	物理意义
条件 1	$t_I \leqslant t_{PI}, t_P > t_{PD}$	维护效应时间小于维护间隔
条件 2	$t_I \leqslant t_{PI}, t_P \leqslant t_{PD}$	维护效应时间不小于维护间隔
条件 3	$t_{PI}+(m-1)t_P < t'_I \leqslant t_{PI}+(m-1)t_P+t_{PD}, t_P > t_{PD}$	维护效应时间小于维护间隔
条件 4	$t_{PI}+(m-1)t_P < t'_I \leqslant t_{PI}+(m-1)t_P+t_{PD}, t_P \leqslant t_{PD}$	维护效应时间不小于维护间隔
条件 5	$t_{PI}+(m-1)t_P+t_{PD} < t'_I \leqslant t_{PI}+mt_P, t_P > t_{PD}$	维护效应时间小于维护间隔
条件 6	$t_{PI}+(m-1)t_P+t_{PD} < t'_I \leqslant t_{PI}+mt_P, t_P \leqslant t_{PD}$	维护效应时间不小于维护间隔

条件 3~条件 6,用 t'_I 代替 t_I,由于当 $t_I > t_{PI}$ 时,即在没有开始劣化时,已经进行了维护,从而延长了结构的初始劣化时间,延长时间大小为 $mt_{PD}\eta$,m 为开始劣化前应用的维护次数,η 称为延长因子,因此 $t'_I = t_I + mt_{PD}\eta$。

本节以抛物线劣化模型为基础,分别结合预防性维护策略,可推导出任意时刻的可靠指标计算公式。

10.3.2　维护策略

1. 预防性维护策略——条件 1

对于预防性维护策略,结合表 10-5 条件 1,可靠指标公式如下,即当 $t_I \leqslant t_{PI}$,$t_P > t_{PD}$ 时,有

$$\beta(t) = \begin{cases} \beta_0, & 0 \leqslant t < t_I \\ \beta_0 - \alpha_1 (t-t_I)^2, & t_I \leqslant t < t_{PI} \\ \beta_1 - \theta(t-t_{PI}), & t_{PI} \leqslant t < t_{PI}+t_{PD} \\ \beta'_1 - \alpha_1 [t-(t_{PI}+t_{PD})][t-(t_{PI}+t_{PD})+2(t_1-t_I)], & t_{PI}+t_{PD} \leqslant t < t_{PI}+t_P \\ \beta_n - \theta\{t-[t_{PI}+(n-1)t_P]\}, & t_{PI}+(n-1)t_P \leqslant t < t_{PI}+(n-1)t_P+t_{PD} \\ \beta'_n - \alpha_1 \{t-[t_{PI}+(n-1)t_P+t_{PD}]\}\{t-[t_{PI}+(n-1)t_P+t_{PD}] \\ \quad +2(t_n-t_I)\}, & t_{PI}+(n-1)t_P+t_{PD} \leqslant t < t_{PI}+nt_P \end{cases}$$

$$(10\text{-}3)$$

式中

$$\beta_1 = \beta_0 - \alpha_1 (t_{PI}-t_I)^2 + r, \quad t = t_{PI}$$

$$\beta'_1 = \beta_1 - \theta t_{PD}, \quad t = t_{PI}+t_{PD}$$

$$\beta_n = \beta'_{n-1} - \alpha_1 (t_P - t_{PD})[(t_P-t_{PD})+2(t_{n-1}-t_I)] + r, \quad t = t_{PI}+(n-1)t_P$$

$$\beta'_n = \beta_n - \theta t_{PD}, \quad t = t_{PI}+(n-1)t_P+t_{PD}$$

$$t_n = \left(\frac{\beta_0 - \beta'_n}{\alpha}\right)^{0.5} + t_I$$

可靠指标变化如图 10-4 所示。

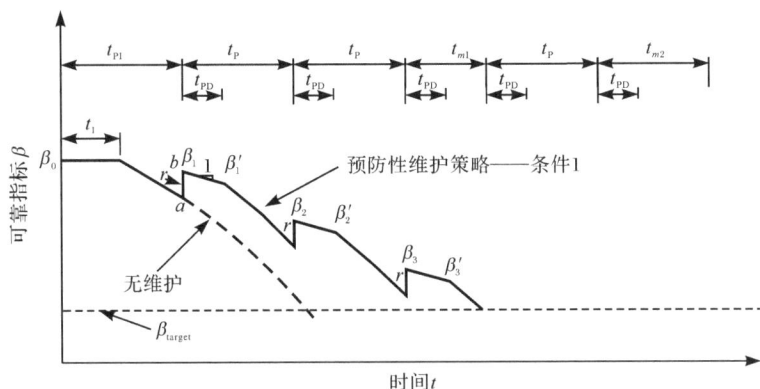

图 10-4　可靠指标变化关系——条件 1

2. 预防性维护策略——条件 2

对于预防性维护策略,结合表 10-5 条件 2,即当 $t_I \leqslant t_{PI}$, $t_P \leqslant t_{PD}$ 时,可靠指标公式如下:

$$\beta(t)=\begin{cases}\beta_0, & 0\leqslant t<t_I \\ \beta_0-\alpha_1\ (t-t_I)^2, & t_I\leqslant t<t_{PI} \\ \beta_1-\theta(t-t_{PI}), & t_{PI}\leqslant t<t_{PI}+t_P \\ \beta_n-\theta\{t-[t_{PI}+(n-1)t_P]\}, & t_{PI}+(n-1)t_P\leqslant t<t_{PI}+nt_P\end{cases} \quad (10\text{-}4)$$

式中

$$\beta_1=\beta_0-\alpha_1\ (t_{PI}-t_I)^2+r, \quad t=t_{PI}$$
$$\beta_n=\beta'_{n-1}+r, \quad t=t_{PI}+(n-1)t_P$$
$$\beta'_n=\beta_n-\theta t_P$$

可靠指标变化如图 10-5 所示。

3. 预防性维护策略——条件 3

对于预防性维护策略,结合表 10-5 条件 3,即当 $t_{PI}+(m-1)t_P<t'_I\leqslant t_{PI}+(m-1)t_P+t_{PD}$, $t_P>t_{PD}$ 时,可靠指标公式如下。

(1) $t<t_{PI}+mt_P$。

$$\beta(t)=\begin{cases}\beta_0, & 0\leqslant t<t'_I \\ \beta_0-\theta(t-t'_I), & t'_I\leqslant t<t_{PI}+(m-1)t_P+t_{PD} \\ \beta'_0-\alpha_1\{t-[t_{PI}+(m-1)t_P+t_{PD}]\} \\ \quad\cdot\{t-[t_{PI}+(m-1)t_P+t_{PD}]+2(t_0-t_1)\}, & t_{PI}+(m-1)t_P+t_{PD}\leqslant t<t_{PI}+mt_P\end{cases}$$

$$(10\text{-}5)$$

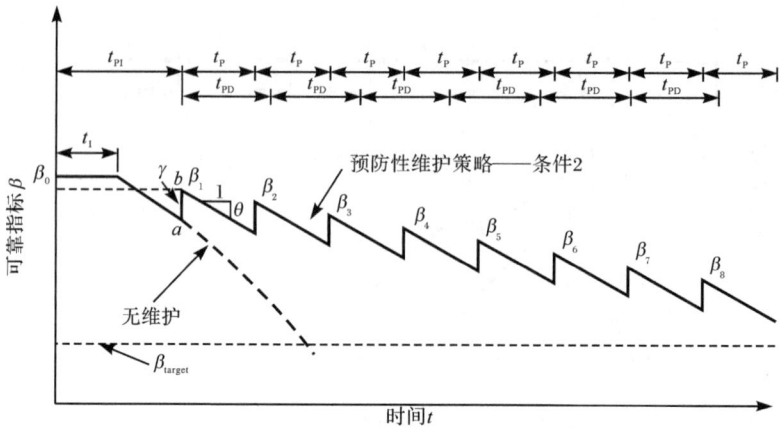

图 10-5　可靠指标变化关系——条件 2

(2) $t \geq t_{PI} + m t_P$。

$$\beta(t) = \begin{cases} \beta_n - \theta\{t - [t_{PI} + (n-1)t_P]\}, & t_{PI} + (n+1)t_P \leq t < t_{PI} + (n+1)t_P + t_{PD} \\ \beta_n' - \alpha_1\{t - [t_{PI} + (n-1)t_P + t_{PD}]\} \\ \{t - [t_{PI} + (n-1)t_P + t_{PD}] \\ + 2(t_n - t_I)\}, & t_{PI} + (n-1)t_P + t_{PD} \leq t < t_{PI} + n t_P \end{cases}$$

(10-6)

式中

$$\beta_m' = \beta_0'$$

$$\beta_0' = \beta_0 - \theta\{[t_{PI} + (m-1)t_P + t_{PD}] - t_I'\}, \quad t = t_{PI} + (m-1)t_P + t_{PD}$$

$$\beta_n = \beta_{n-1}' - \alpha_1(t_P - t_{PD})[(t_P - t_{PD}) + 2(t_n - t_I)] + r, \quad t = t_{PI} + (n-1)t_P$$

$$\beta_n' = \beta_n - \theta t_{PD}, \quad t = t_{PI} + (n-1)t_P + t_{PD}$$

$$t_n = \left(\frac{\beta_0 - \beta_n'}{\alpha}\right)^{0.5} + t_I$$

可靠指标变化如图 10-6 所示。

4. 预防性维护策略——条件 4

对于预防性维护策略,结合表 10-5 条件 4,即当 $t_{PI} + (m-1)t_P < t_I' \leq t_{PI} + (m-1)t_P + t_{PD}$,$t_P \leq t_{PD}$ 时,可靠指标公式如下。

(1) $t < t_{PI} + m t_P$。

$$\beta(t) = \begin{cases} \beta_0, & 0 \leq t < t_I' \\ \beta_0 - \theta(t - t_I'), & t_I' \leq t < t_{PI} + m t_P \end{cases}$$

(10-7)

(2) $t \geq t_{PI} + m t_P$。

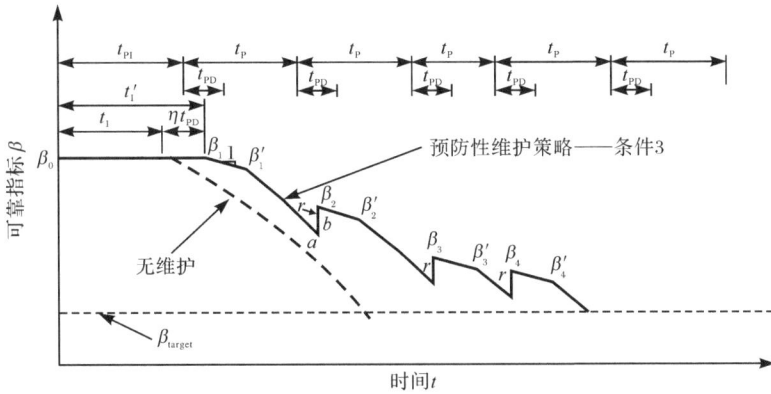

图 10-6　可靠指标变化关系——条件 3

$$\beta(t)=\beta_n-\theta\{t-[t_{PI}+(n-1)t_P]\},\quad t_{PI}+(n-1)t_P\leqslant t<t_{PI}+nt_P \quad (10\text{-}8)$$

式中

$$\beta_{m+1}=\beta_0-\theta(t_{PI}+mt_P-t'_I)+r,\quad t=t_{PI}+mt_P$$

$$\beta_n=\beta_{n-1}-\theta t_P+r,\quad t=t_{PI}+(n-1)t_P$$

可靠指标变化如图 10-7 所示。

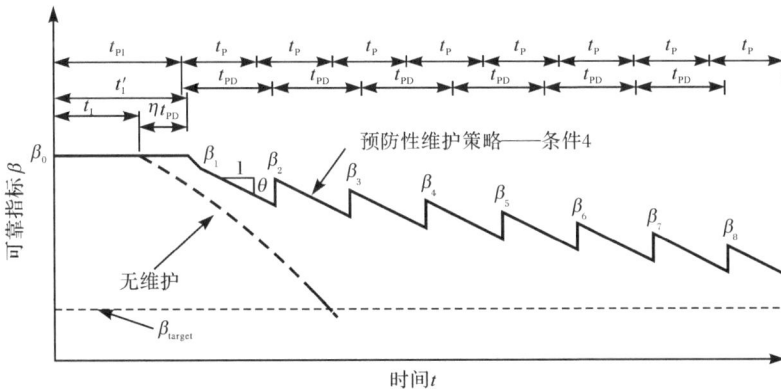

图 10-7　可靠指标变化关系——条件 4

5. 预防性维护策略——条件 5

对于预防性维护策略,结合表 10-5 条件 5,即当 $t_{PI}+(m-1)t_P+t_{PD}<t'_I\leqslant t_{PI}+mt_P$,$t_P>t_{PD}$ 时,可靠指标公式如下。

(1) $t < t_{PI} + m t_P$。

$$\beta(t) = \begin{cases} \beta_0, & 0 \leqslant t < t_I' \\ \beta_0 - \alpha_1 (t - t_I')^2, & t_I' \leqslant t < t_{PI} + m t_P \end{cases} \tag{10-9}$$

(2) $t \geqslant t_{PI} + m t_P$。

$$\beta(t) = \begin{cases} \beta_n - \theta \{ t - [t_{PI} + (n-1)t_P] \}, & t_{PI} + (n-1)t_P \leqslant t < t_{PI} + (n-1)t_P + t_{PD} \\ \beta_n' - \alpha_1 \{ t - [t_{PI} + (n-1)t_P + t_{PD}] \} \\ \{ t - [t_{PI} + (n-1)t_P + t_{PD}] \\ + 2(t_n - t_I) \}, & t_{PI} + (n-1)t_P + t_{PD} \leqslant t < t_{PI} + n t_P \end{cases} \tag{10-10}$$

式中

$$\beta_{m+1} = \beta_0 - \alpha_1 (t_{PI} + m t_P - t_I')^2 + r, \quad t = t_{PI} + m t_P$$

$$\beta_n = \beta_{n-1}' - \alpha_1 (t_P - t_{PD})[(t_P - t_{PD}) + 2(t_{n-1} - t_I)] + r, \quad t = t_{PI} + (n-1)t_P$$

$$\beta_n' = \beta_n - \theta t_{PD}, \quad t = t_{PI} + (n-1)t_P + t_{PD}$$

$$t_n = \left(\frac{\beta_0 - \beta_n'}{\alpha} \right)^{0.5} + t_I$$

可靠指标变化如图 10-8 所示。

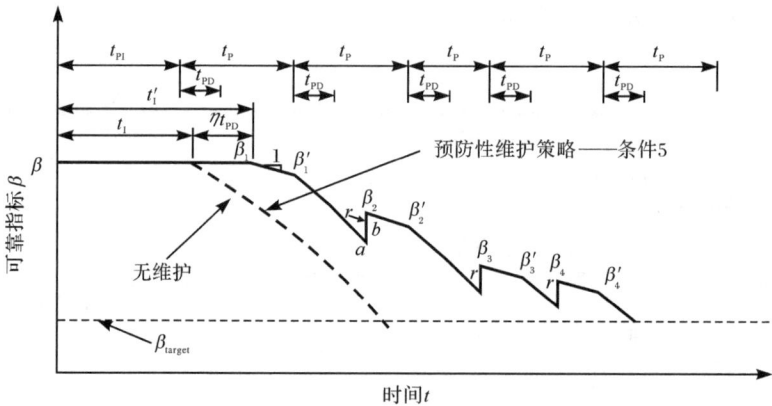

图 10-8　可靠指标变化关系——条件 5

6. 预防性维护策略——条件 6

对于预防性维护策略,如图 10-9 所示,结合表 10-5 条件 6,即当 $t_{PI} + (m-1) t_P + t_{PD} < t_I' \leqslant t_{PI} + m t_P$, $t_P \leqslant t_{PD}$ 时,可靠指标公式如下。

(1) $t < t_{PI} + m t_P$。

$$\beta(t) = \begin{cases} \beta_0, & 0 \leqslant t < t_I' \\ \beta_0 - \theta(t - t_I'), & t_I' \leqslant t < t_{PI} + m t_P \end{cases} \tag{10-11}$$

(2) $t \geqslant t_{\mathrm{PI}} + mt_{\mathrm{P}}$。

$$\beta(t) = \beta_n - \theta\{t - [t_{\mathrm{PI}} + (n-1)t_{\mathrm{P}}]\}, \quad t_{\mathrm{PI}} + (n-1)t_{\mathrm{P}} \leqslant t < t_{\mathrm{PI}} + nt_{\mathrm{P}} \quad (10\text{-}12)$$

式中

$$\beta_{m+1} = \beta_0 - \theta(t_{\mathrm{PI}} + mt_{\mathrm{P}} - t_1') + r, \quad t = t_{\mathrm{PI}} + mt_{\mathrm{P}}$$

$$\beta_n = \beta_{n-1} - \theta t_{\mathrm{P}} + r, \quad t = t_{\mathrm{PI}} + (n-1)t_{\mathrm{P}}$$

可靠指标变化如图 10-9 所示。

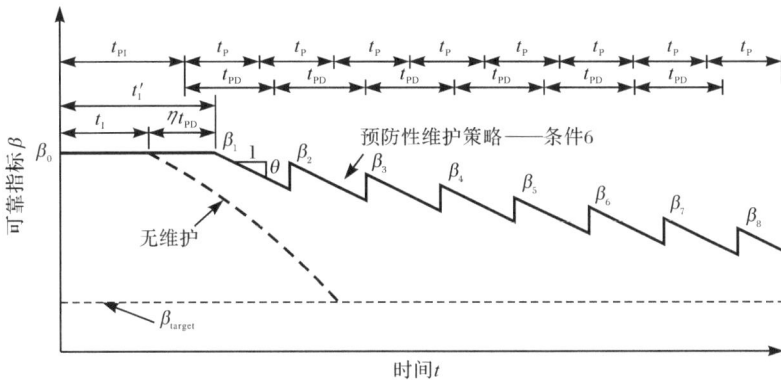

图 10-9　可靠指标变化关系——条件 6

7. 基于性能的维护策略

在没有维护活动发生时,结构按式(10-1)劣化,当可靠指标 $\beta \leqslant \beta_{\mathrm{target}}$($\beta_{\mathrm{target}}$ 为结构目标可靠度,取 $\beta_{\mathrm{target}} = 4.7$)时,应对结构翻新处理。

如图 10-10 所示,劣化结构的可靠指标评估方程为

$$\beta(t) = \begin{cases} \beta_0, & 0 \leqslant t \leqslant t_{\mathrm{I}} \\ \beta_0 - \alpha_1(t - t_{\mathrm{I}})^2, & t_{\mathrm{I}} < t \leqslant t_{\mathrm{I}} + t_1 \\ \beta_0 - \alpha_1[t - (t_{\mathrm{I}} + t_1)^2] + \Delta\beta_1, & t_{\mathrm{I}} + t_1 < t \leqslant t_{\mathrm{I}} + t_1 + t_2 \\ \beta_0 - \alpha_1[t - (t_{\mathrm{I}} + t_1 + \cdots + t_{i-1})^2] + \Delta\beta_{i-1}, & t_{\mathrm{I}} + t_1 + \cdots + t_{i-1} < t \leqslant t_{\mathrm{I}} + t_1 + \cdots + t_i \\ \beta_0 - \alpha_1[t - (t_{\mathrm{I}} + t_1 + \cdots + t_{n-1})^2] + \Delta\beta_{n-1}, & t_{\mathrm{I}} + t_1 + \cdots + t_{n-1} < t \leqslant t_{\mathrm{I}} + t_1 + \cdots + t_n \end{cases}$$

$$(10\text{-}13)$$

相应的结构可靠指标变化如图 10-10 所示。

在图 10-10 和式(10-13)中,$t_1, \cdots, t_m$ 为每次进行桥面翻新的时间;$\Delta\beta_1, \cdots,$ $\Delta\beta_i$ 为进行一次完全维护时结构时变可靠度的提高量,均为随机变量。n 为分析周期内桥面翻新的次数。

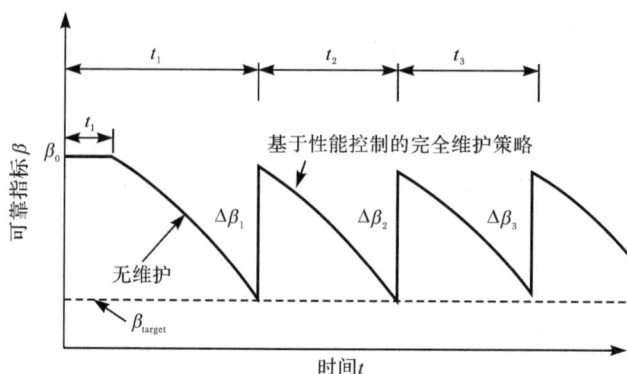

图 10-10　在基于性能的维护策略下的可靠指标变化

10.3.3　状态指标与维护策略的关系

对于前面所述的可靠指标的预防性维护,其参数相对于状态指标来说,在其参数后面各多加一下标 C,表示其对桥梁状态进行预防性维护。例如,t_{PDC} 与 t_{PD} 相对应,表示其对状态指标维护的影响时间,状态指标与维护模型的关系如图 10-11所示。

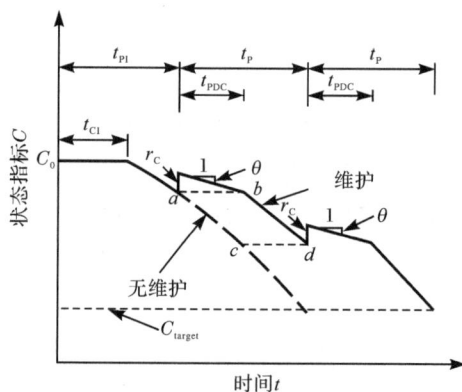

图 10-11　状态指标与预防性维护模型

结合图 10-11 的维护策略,假设维护条件见表 10-6,考虑初始劣化参数 t_{CI} 与周期性维护的时间关系时,同理见表 10-6 的六种约束关系。

表 10-6　状态指标维护时间约束关系

序号	条件约束	物理意义
条件1	$t_{CI} \leqslant t_{PI}, t_P > t_{PDC}$	开始劣化后再进行维护

续表

序号	条件约束	物理意义
条件 2	$t_{CI} \leqslant t_{PI}, t_P \leqslant t_{PDC}$	维护效应时间不小于维护间隔
条件 3	$t_{PI}+(m-1)t_P < t'_{CI} \leqslant t_{PI}+(m-1)t_P+t_{PDC}, t_P > t_{PDC}$	维护效应时间小于维护间隔
条件 4	$t_{PI}+(m-1)t_P < t'_{CI} \leqslant t_{PI}+(m-1)t_P+t_{PDC}, t_P \leqslant t_{PDC}$	维护效应时间不小于维护间隔
条件 5	$t_{PI}+(m-1)t_P+t_{PDC} < t'_{CI} \leqslant t_{PI}+mt_P, t_P > t_{PDC}$	维护效应时间小于维护间隔
条件 6	$t_{PI}+(m-1)t_P+t_{PDC} < t'_{CI} \leqslant t_{PI}+mt_P, t_P \leqslant t_{PDC}$	维护效应时间不小于维护间隔

注：$t'_{CI}=t_{CI}+mt_{PDC}\eta, m$ 表示劣化前维护的次数，η 表示维护延长因子。

结合表 10-6 的时间约束条件下，推导了任意时刻的状态指标计算公式。

1. 预防性维护策略——条件 1

对于预防性维护策略，结合表 10-6 条件 1，即当 $t_{CI} \leqslant t_{PI}, t_P > t_{PDC}$ 时，状态指标公式如下：

$$C(t)=\begin{cases} C_0, & 0 \leqslant t < t_{CI} \\ C_0-\alpha_2(t-t_{CI})^2, & t_{CI} \leqslant t < t_{PI} \\ C_1-\theta_c(t-t_{PI}), & t_{PI} \leqslant t < t_{PI}+t_{PDC} \\ C'_1-\alpha_2[t-(t_{PI}+t_{PDC})][t-(t_{PI}+t_{PDC}) \\ \quad +2(t_1-t_{CI})], & t_{PI}+t_{PDC} \leqslant t < t_{PI}+t_P \\ C_n-\theta\{t-[t_{PI}+(n-1)t_P]\}, & t_{PI}+(n-1)t_P \leqslant t < t_{PI}+(n-1)t_P+t_{PDC} \\ C'_n-\alpha_2\{t-[t_{PI}+(n-1)t_P+t_{PDC}]\}\{t-[t_{PI}+(n-1)t_P+t_{PDC}] \\ \quad +2(t_n-t_{CI})\}, & t_{PI}+(n-1)t_P+t_{PDC} \leqslant t < t_{PI}+nt_P \end{cases}$$

$$(10-14)$$

式中

$$C_1=C_0-\alpha_2(t_{PI}-t_{CI})^2+r_C, \quad t=t_{PI}$$
$$C'_1=C_1-\theta_C t_{PDC}, \quad t=t_{PI}+t_{PDC}$$
$$C_n=C'_{n-1}-\alpha_2(t_P-t_{PDC})[(t_P-t_{PDC})+2(t_{n-1}-t_{CI})]+r_C, \quad t=t_{PI}+(n-1)t_P$$
$$C'_n=C_n-\theta_C t_{PDC}, \quad t=t_{PI}+(n-1)t_P+t_{PDC}$$
$$t_n=\left(\frac{C_0-C'_n}{\alpha}\right)^{0.5}+t_{CI}$$

该维护策略如图 10-12 所示。

2. 预防性维护策略——条件 2

对于预防性维护策略，结合表 10-6 条件 2，状态指标公式如下，即当 $t_{CI} \leqslant t_{PI}$，$t_P \leqslant t_{PDC}$ 时，

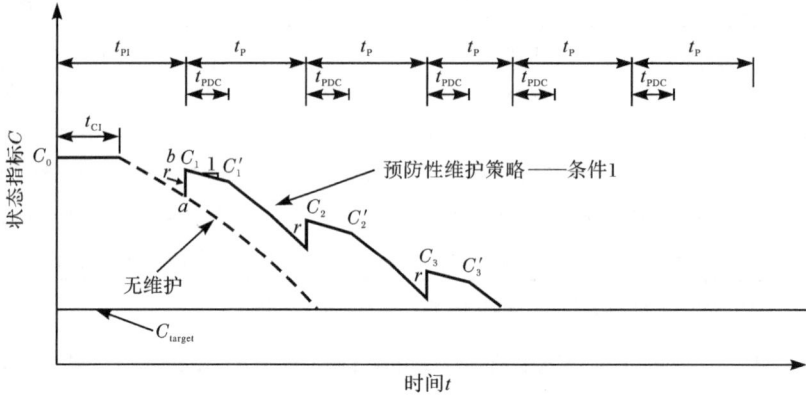

图 10-12 状态指标与预防性维护模型——条件 1

$$C(t)=\begin{cases} C_0, & 0 \leqslant t < t_{CI} \\ C_0-\alpha_2 (t-t_{CI})^2, & t_{CI} \leqslant t < t_{PI} \\ C_1-\theta_C (t-t_{PI}), & t_{PI} \leqslant t < t_{PI}+t_P \\ C_n-\theta_C \{t-[t_{PI}+(n-1)t_P]\}, & t_{PI}+(n-1)t_P \leqslant t < t_{PI}+nt_P \end{cases}$$

$$(10\text{-}15)$$

式中

$$C_1=C_0-\alpha_2 (t_{PI}-t_{CI})^2+r_C, \quad t=t_{PI}$$
$$C_n=C'_{n-1}+r_C, \quad t=t_{PI}+(n-1)t_P$$
$$C'_n=C_n-\theta_C t_P$$

该维护策略如图 10-13 所示。

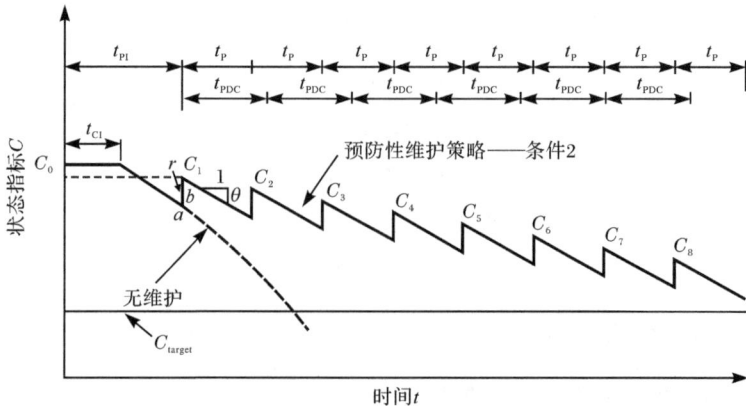

图 10-13 状态指标与预防性维护模型——条件 2

3. 预防性维护策略——条件 3

对于预防性维护策略,结合表 10-6 条件 3。当 $t_{PI}+(m-1)t_P<t'_{CI}\leqslant t_{PI}+(m-1)t_P+t_{PDC}$, $t_P>t_{PDC}$ 时,状态指标公式如下。

(1) $t<t_{PI}+mt_P$。

$$C(t)=\begin{cases} C_0, & 0\leqslant t<t'_{CI} \\ C_0-\theta_C(t-t'_{CI}), & t'_{CI}\leqslant t<t_{PI}+(m-1)t_P+t_{PDC} \\ C'_0-\alpha_2\{t-[t_{PI}+(m-1)t_P+t_{PDC}]\}\{t-[t_{PI}+(m-1)t_P+t_{PDC}] \\ +2(t_0-t_{CI})\}, & t_{PI}+(m-1)t_P+t_{PDC}\leqslant t<t_{PI}+mt_P \end{cases}$$

(10-16)

(2) $t\geqslant t_{PI}+mt_P$。

$$C(t)=\begin{cases} C_n-\theta_C\{t-[t_{PI}+(n-1)t_P]\}, & t_{PI}+(n+1)t_P\leqslant t<t_{PI}+(n+1)t_P+t_{PDC} \\ C'_n-\alpha_2\{t-[t_{PI}+(n-1)t_P+t_{PDC}]\} \\ \cdot\{t-[t_{PI}+(n-1)t_P+t_{PDC}]+2(t_n-t_{CI})\}, & t_{PI}+(n-1)t_P+t_{PDC}\leqslant t<t_{PI}+nt_P \end{cases}$$

(10-17)

式中

$$C'_m=C'_0$$
$$C'_0=C_0-\theta_C\{[t_{PI}+(m-1)t_P+t_{PDC}]-t'_{CI}\}, \quad t=t_{PI}+(m-1)t_P+t_{PDC}$$
$$C_n=C'_{n-1}-\alpha_2(t_P-t_{PDC})[(t_P-t_{PDC})+2(t_{n-1}-t_{CI})]+r_C, \quad t=t_{PI}+(n-1)t_P$$
$$C'_n=C_n-\theta_C t_{PDC}, \quad t=t_{PI}+(n-1)t_P+t_{PDC}$$
$$t_n=\left(\frac{C_0-C'_n}{\alpha_2}\right)^{0.5}+t_{CI}$$

该维护策略如图 10-14 所示。

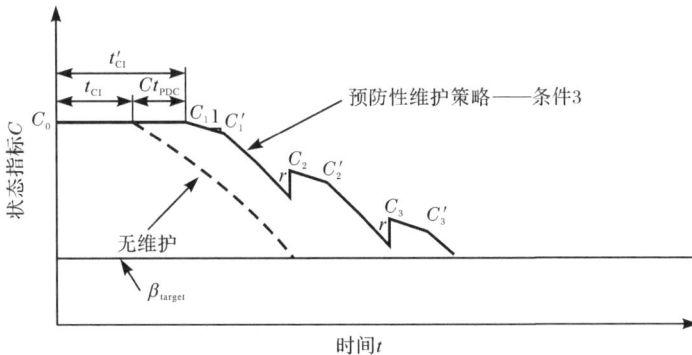

图 10-14　状态指标与预防性维护模型——条件 3

4. 预防性维护策略——条件 4

对于预防性维护策略,结合表 10-6 条件 4,即当 $t_{PI}+(m-1)t_P<t'_{CI}\leqslant t_{PI}+(m-1)t_P+t_{PDC}$,$t_P\leqslant t_{PDC}$ 时,状态指标公式如下。

(1) $t<t_{PI}+mt_P$。

$$C(t)=\begin{cases} C_0, & 0\leqslant t<t'_{CI} \\ C_0-\theta_C(t-t'_{CI}), & t'_I\leqslant t<t_{PI}+mt_P \end{cases} \quad (10\text{-}18)$$

(2) $t\geqslant t_{PI}+mt_P$。

$$C(t)=C_n-\theta_C\{t-[t_{PI}+(n-1)t_P]\}, \quad t_{PI}+(n-1)t_P\leqslant t<t_{PI}+nt_P \quad (10\text{-}19)$$

式中

$$C_{m+1}=C_0-\theta_C(t_{PI}+mt_P-t'_{CI})+r_C, \quad t=t_{PI}+mt_P$$
$$C_n=C_{n-1}-\theta_C t_P+r_C, \quad t=t_{PI}+(n-1)t_P$$

该维护策略如图 10-15 所示。

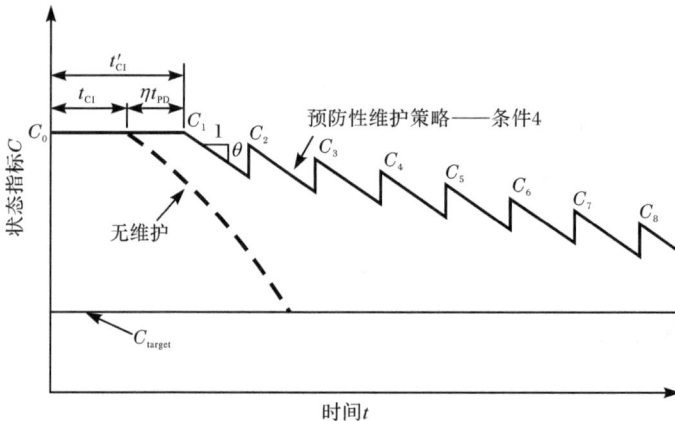

图 10-15 状态指标与预防性维护模型——条件 4

5. 预防性维护策略——条件 5

对于预防性维护策略,结合表 10-6 中的条件 5,即当 $t_{PI}+(m-1)t_P+t_{PDC}<t'_{CI}\leqslant t_{PI}+mt_P$,$t_P>t_{PDC}$ 时,状态指标公式如下。

(1) $t<t_{PI}+mt_P$。

$$C(t)=\begin{cases} C_0, & 0\leqslant t<t'_{CI} \\ C_0-\alpha_2(t-t'_{CI})^2, & t'_{CI}\leqslant t<t_{PI}+mt_P \end{cases} \quad (10\text{-}20)$$

(2) $t\geqslant t_{PI}+mt_P$。

$$C(t) = \begin{cases} C_n - \theta_C \{t - [t_{PI} + (n-1)t_P]\}, & t_{PI} + (n-1)t_P \leqslant t < t_{PI} + (n-1)t_P + t_{PDC} \\ C_n' - \alpha_2 \{t - [t_{PI} + (n-1)t_P + t_{PDC}]\} \\ \quad \cdot \{t - [t_{PI} + (n-1)t_P + t_{PDC}] + 2(t_n - t_{CI})\}, & t_{PI} + (n-1)t_P + t_{PDC} \leqslant t < t_{PI} + nt_P \end{cases}$$

$$(10\text{-}21)$$

式中

$$C_{m+1} = C_0 + \alpha_2 (t_{PI} + mt_P - t_{CI}')^2 + r_C, \quad t = t_{PI} + mt_P$$

$$C_n = C_{n-1}' - \alpha_2 (t_P - t_{PDC})[(t_P - t_{PDC}) + 2(t_{n-1} - t_{CI})] + r_C, \quad t = t_{PI} + (n-1)t_P$$

$$C_n' = C_n - \theta_C t_{PDC}, \quad t = t_{PI} + (n-1)t_P + t_{PDC}$$

$$t_n = \left(\frac{C_0 - C_n'}{\alpha_2}\right)^{0.5} + t_{CI}$$

该维护策略如图 10-16 所示。

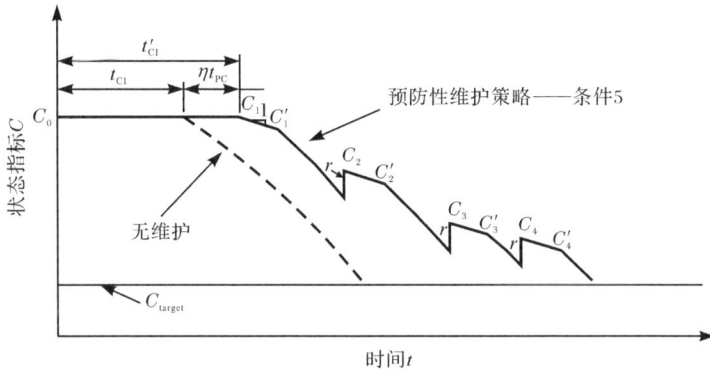

图 10-16　状态指标与预防性维护模型——条件 5

6. 预防性维护策略——条件 6

对于时间控制的预防性维护策略,如图 10-17 所示,结合表 10-6 条件 6,即当 $t_{PI} + (m-1)t_P + t_{PDC} < t_{CI}' \leqslant t_{PI} + mt_P$, $t_P \leqslant t_{PDC}$ 时,状态指标公式如下。

(1) $t < t_{PI} + mt_P$。

$$C(t) = \begin{cases} C_0, & 0 \leqslant t < t_{CI}' \\ C_0 - \theta_C (t - t_{CI}'), & t_{CI}' \leqslant t < t_{PI} + mt_P \end{cases}$$

$$(10\text{-}22)$$

(2) $t \geqslant t_{PI} + mt_P$。

$$C(t) = C_n - \theta_C \{t - [t_{PI} + (n-1)t_P]\}, \quad t_{PI} + (n-1)t_P \leqslant t < t_{PI} + nt_P$$

$$(10\text{-}23)$$

式中

$$C_{m+1}=C_0-\theta_C(t_{PI}+mt_P-t'_{CI})+r_C, \quad t=t_{PI}+mt_P$$
$$C_n=C_{n-1}-\theta_C t_P+r_C, \quad t=t_{PI}+(n-1)t_P$$

该维护策略如图 10-17 所示。

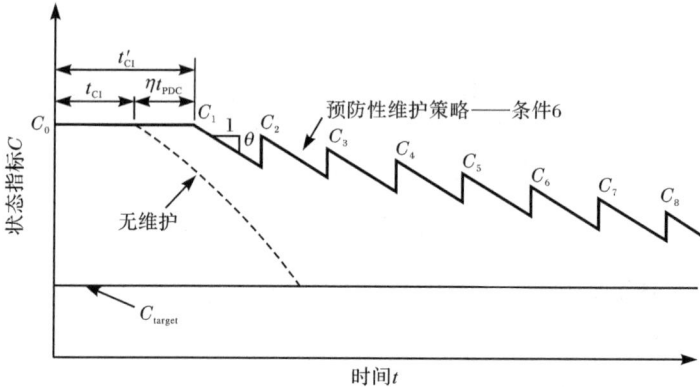

图 10-17　状态指标与预防性维护模型——条件 6

7. 性能控制维护策略

在没有任何维护时,结构按式(10-2)劣化,当状态指标 $C\leqslant C_{target}$(C_{target} 为结构状态指标目标值,取 $C_{target}=1.0$)时,应对结构维护处理。

如图 10-18 所示,劣化结构的状态指标评估方程为

$$C(t)=\begin{cases}C_0, & 0<t\leqslant t_{CI}\\ C_0-\alpha_2(t-t_{CI})^2, & t_{CI}<t\leqslant t_{CI}+t_1\\ C_0-\alpha_2[t-(t_{CI}+t_1)^2]+\Delta C_1, & t_I+t_1<t\leqslant t_{CI}+t_1+t_2\\ C_0-\alpha_2[t-(t_{CI}+t_1+\cdots+t_{i-1})^2]+\Delta C_{i-1}, \\ \quad t_{CI}+t_1+\cdots+t_{i-1}<t\leqslant t_{CI}+t_1+\cdots+t_i\\ C_0-\alpha_2[t-(t_{CI}+t_1+\cdots+t_{n-1})^2]+\Delta C_{n-1}, \\ \quad t_{CI}+t_1+\cdots+t_{n-1}\leqslant t<t_{CI}+t_1+\cdots+t_n\end{cases} \quad (10\text{-}24)$$

相应的结构可靠指标变化如图 10-18 所示。

在图 10-18 和式(10-24)中,$t_1,\cdots,t_m$ 为每次进行维护活动的时间;$\Delta C_1,\cdots,\Delta C_i$ 为进行一次完全维护时结构状态指标的提高量,均为随机变量。分析周期内基于性能的维护活动以提高状态指标。

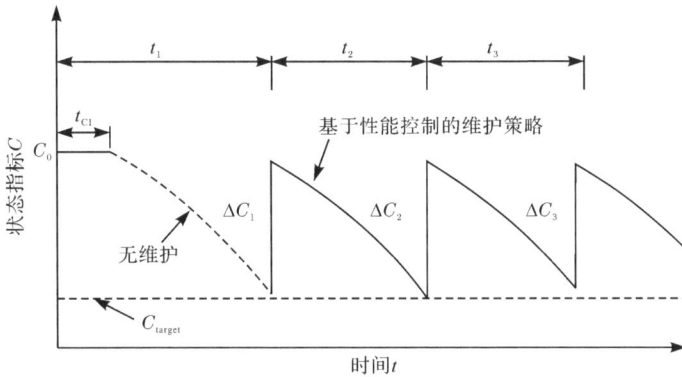

图 10-18　在基于性能的维护策略下的状态指标变化图

10.4　维护技术和桥梁性能的关系

10.4.1　维护技术

　　维修可以保证桥梁在整个服务期内都处于安全状态,可以提高可靠指标水平,或延缓可靠指标的劣化,或降低可靠指标劣化率。维修通常分为两大类:预防维修与重大维修。预防维修是指能够防止由于桥梁的安全状况向更坏方向发展而致使后续维修成本增加的维修工作,换言之,若不进行这种维修,那么在后续阶段欲保持桥梁安全就将支出更多。预防维修还可以细分为积极预防维修与消极预防维修,前者是指在明显劣化迹象出现之前实施的预防维修,后者是指在明显劣化出现之后实施的预防维修。重大维修是指为保持桥梁结构安全所必需的维修工作,倘不进行这种维修,桥梁就会处于不安全状态。要得到最佳桥梁维修决策,桥梁工程师既需要把握国内外现有桥梁维修实践的经验与规律性,又需掌握能够合理安排与科学规划维修活动的优化管理方法。

　　在给定失效标准的情况下,桥梁维修工程师可以对预防性维修水平进行优化。成本最低的预防性维修水平能够在预防性维修成本与纠正性维修(重大维修)成本之间找到最佳平衡点。纠正性维修成本可能包括交通堵塞、绕行、载重量限制和桥梁停用等所造成的损失。预防性维修取决于两个决策变量:一是检测频率和精度;二是预防性维修水平。两者互相影响,高检测率允许低预防性维修水平(最低到接近失效水平),低检测率应该有比失效水平更高的预防性维修水平。下面探讨的定期更新模型能够确定最优的预防性维修水平(近似的成本最优)。

建立结构全寿命劣化曲线,就可以有的放矢地对结构进行维护安排。进行维护决策的第一步就是确定哪些项目有维护需求。一般来说,判断结构是否需要维护主要取决于结构的性能。最初,需求项目的确定主要是在桥梁工程师现场检测后,依靠工程师的工程经验来确定是否需要进行维护处治以及采取什么维护措施。后来,为增加决策的客观性,保证决策结果的合理性,在初步确定需要维护后进行相应的检测,根据检测的结果,依据一定的规范和标准,通过综合分析选择最佳的维护措施。这样,在进行维护决策时,就不会因时间和工程师的经验等不同,而产生太大的差异,在一定程度上保证了优化决策的一致性和一贯性。同时,由于更全面地考虑了结构性能,所以增强了维护决策的可靠性。通过建立桥梁性能预测模型,然后结合运用性能预测模型和最低可接受水平,就可以确定出整个寿命周期内的需求维护项目。

钢筋混凝土桥梁服役一段时间后,由于外界环境的作用而产生裂缝、剥蚀等病害,在结构钢筋没有锈蚀的情况下,这些病害将会降低结构的耐久性,而且若不及时修补,任其发展,将会导致结构内钢筋锈蚀,减少钢筋面积,降低与混凝土的黏结力,进一步降低结构的承载力,危及桥梁承载能力与使用寿命。因此,可以采用一系列的维护方法来改善结构的性能。

(1)灌浆法。采用灌浆法修补结构所出现的裂缝,能恢复结构的整体性和使用功能。灌浆法一方面是靠黏结剂将结构内部组织重新结合为整体,恢复应有的强度;另一方面阻断水分和空气进入梁体,避免腐蚀钢筋和混凝土。由时间控制的灌浆维护可以降低氯离子的侵蚀和混凝土的碳化,有效降低状态指标和可靠指标的劣化率,但由于没有纠正或者更换现有的有缺陷的构件,导致结构的劣化率没有得到有效控制,不能延缓结构劣化。

(2)粘贴钢板加固法。主要作用是提高构件抗弯、抗剪能力,以及减少裂缝扩展。它的优点是施工简便,不减小桥梁净空,并可在不影响交通的情况下施工。一般适用于承受静力的受弯及受拉构件,但环境温度不超过 60℃,相对湿度不大于 70%,适用于高于 C15 的混凝土加固。贴钢板维护技术是基于性能的维护活动,类似于结构翻新维护活动,也是当可靠指标降低到某一预定义的目标可靠指标限值时进行的维护活动,该维护技术对可靠指标和状态指标都有较大影响,提高了结构的可靠指标和状态指标。

桥梁维护策略的特点为:目前的行为只影响将来的维护决策,过去发生的行为都不可能重复;一个维护策略包括目前的维护决策和将来的维护安排,主要根据现有的知识和信息进行判断,尽管人们对桥梁维护管理的知识在不断增长;优化方程是可以重复的,维护策略可以在不同时间阶段使用,每一个阶段维护活动的选取取决于上一阶段末的状态指标和可靠指标,同样和上一阶段开始时的维护活动有关,每一阶段维护策略对应的维护成本是由所用的维护方案和该维护方案的使用时间决定的。

　　本书主要考虑灌浆处理和贴钢板维护技术对桥梁可靠指标和状态指标的影响，对结构维护参数的影响规律见表 10-7、表 10-8。参数分布规律和取值来自文献[22]，部分参数根据广西交通科学研究院提供的数据获取。

表 10-7　维护活动的使用时间分布

维护类型	维护方法	维护类型描述	第一次发生时间 t_{PI}	使用时间间隔 t_P	缩写
S1	灌浆处理	预防性维护	$T(3,7.5,12)$	$T(10,12.5,15)$	SL
S2	贴钢板	基于周期性能的维护	当可靠指标 $\beta=5.5$，状态指标 $C=1.0$		TS

注：t_{PI} 为第一次使用维护的时间，t_P 为每次使用维护的时间。$T(3,7.5,12)$ 为三角分布，最小值为 3，最大值为 12，模数为 7.5。

表 10-8　维护类型

维护类型	维护活动举例
基于时间的维护活动	维护的使用时间用概率分布描述
基于周期时间的维护活动	预防性维护活动
基于性能的维护活动	改造维护
基于周期的性能维护活动	当构件达到严重破坏状态时进行维护

　　桥梁在荷载和外界环境作用下性能下降，状态指标和可靠指标相应降低，为了维持劣化桥梁的服务水平，必须对桥梁实行维护活动，维护活动发生后会相应地提高桥梁的性能，改善桥梁的状态。基于专家经验判断和现有桥梁管理系统数据，各种维护方法对状态指标和可靠指标的作用见表 10-9 和表 10-10。

表 10-9　维护活动对状态指标的影响

维护类型	维护方法	状态指标的提高量 r_C	维护后结构的劣化率 θ_C	维护效果的持续时间 t_{PDC}/a
S1	灌浆处理	$T(0.08,0.2,0.6)$	$T(0.05,0.1,0.3)$	$T(7.5,10,12.5)$
S2	贴钢板	$T(0.6,3.1,4.1)$	$T(0.009,0.0102,0.09)$	$T(10,17,25)$

表 10-10　维护活动对可靠指标的影响

维护类型	维护方法	维护可靠指标提高量 r	维护后结构的劣化率 θ	维护效果的持续时间 t_{PD}
S1	灌浆处理	——	$T(0.03,0.0802,0.1)$	$T(7.5,10,12.5)$
S2	贴钢板	$T(1.0,1.56,2.1)$	$T(0.01,0.04,0.08)$	$T(10,17,25)$

　　每次维护活动发生的成本为随机变量，每平方米的维护成本分布规律见表 10-11。

表 10-11　维护活动的成本分布

维护类型	维护技术	维护成本/元
S1	灌浆处理	$T(145.5, 669.8, 1164.2)$
S2	贴钢板	$T(2800, 4568, 7654)$

注:只考虑每单位面积的钢筋混凝土梁的直接维护成本,不考虑间接维护成本。

10.4.2　基于可靠指标维护时间的确定

通过 Monte Carlo 数值模拟得到了桥梁劣化的可靠指标参数,从而能够从其劣化模型中得出可靠指标的时间变化规律。在桥梁服役时,如果桥梁可靠指标降低到一种预定义的极限状态,就应该采取维护措施。

如果给定一个目标可靠度 β_{target},给定一个服役时间变量 t^*,由于桥梁的可靠度劣化模型是一个随机过程,因此需要用概率的方法来确定其维护的概率。

首先来确定当服役时间到达 t^* 时,其可靠度小于 β_{target} 的概率,即在时间 t^* 桥梁需要维护的概率,其概率分布函数可表示为

$$F_{T*}(t^*/\beta_{\text{target}}) = F_\beta(\beta_{\text{target}}/t^*) = P(\beta(t^*) \leqslant \beta_{\text{target}}) \tag{10-25}$$

式中,F_{T*} 为桥梁维护时间累计概率分布函数;F_β 为桥梁可靠指标累计分布函数。

如果假定 β_{target} 很小,或者说小于 1.0,而初始可靠指标 β_0 很大,或者说大于 7.0,那么 $F_{T*} \approx 0$,即在开始时 $\beta(0) \leqslant \beta_{\text{target}} = 7.0$ 的概率几乎等于 0,需要维护的概率即等于 0。相反,如果 β_{target} 很大,而 $\beta(0)$ 很小,那么 $F_{T*} \approx 0$。

为能够求得任意时刻的 $F_{T*}(t)$,即维护的概率,可以通过下面的方法求得。

$$\begin{aligned} F_{T*}(t^*/\beta_{\text{target}}) &= F_\beta(\beta_{\text{target}}/t^*) = P(\beta(t^*) \leqslant \beta_{\text{target}}) \\ &= \Phi\left\{ \frac{\beta_{\text{target}} - E[\beta(t^*)]}{S[\beta(t^*)]} \right\} \end{aligned} \tag{10-26}$$

式中,$E[\beta(t^*)]$ 为可靠指标在 t^* 时刻的期望;$S[\beta(t^*)]$ 为可靠指标在 t^* 时刻的标准差;$\Phi(\bullet)$ 为标准正态分布函数。

通过这种分析方法,就能很容易依据目标可靠度确定桥梁需要维护的时间分布。利用给出的式(10-26),结合表 10-1 与抛物线劣化模型,通过计算得出桥梁在高、中、低三种劣化条件及给定不同 β_{target} 的情况下,其累积概率分布如图 10-19~图 10-22 所示。

由图 10-20 可以看出,对同样的目标可靠度指标,在高、中、低三种劣化条件下,高劣化条件累积分布函数曲线在最上面,而低劣化累积分布曲线在最下面,说明高劣化条件下,其维护的概率增长快,达到需要维护的时间比中、低劣化条件下都短,维护的可能性高。这个符合实际情况。由图 10-21~图 10-23 可以看出,对于同一种劣化条件下,给出三种不同的目标可靠度指标,可靠度指标越大,其累积

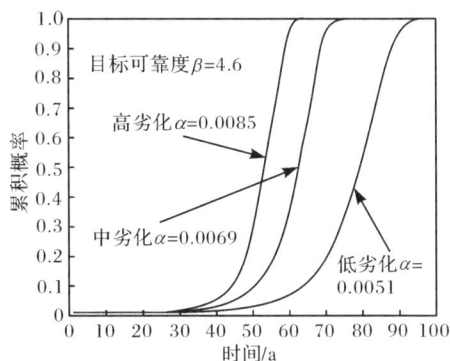

图 10-19　维护时间累积概率分布($\beta_{target} = 4.7$)

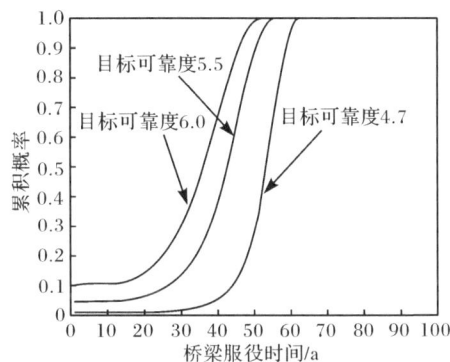

图 10-20　高劣化条件下维护时间累积概率分布

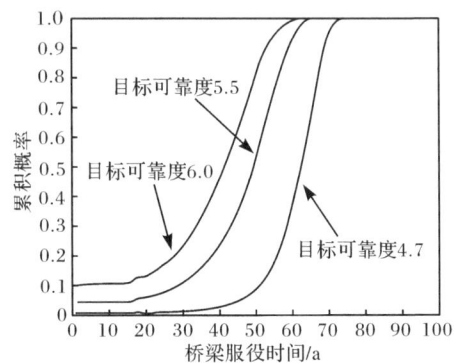

图 10-21　中劣化条件下维护时间累积概率分布

分布函数曲线越往上,说明其需要维护的时间也越早,也很好地符合了目标可靠度指标越高,其到达需要维修的时间也越早这一实际情况。

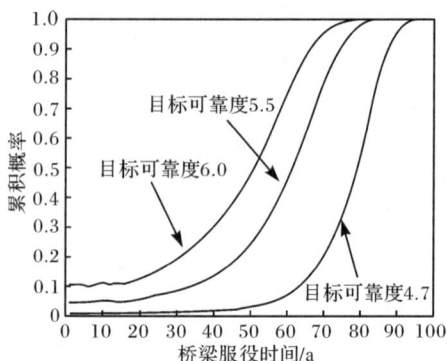

图 10-22　低劣化条件下维护时间累积概率分布

每年的维护概率密度函数也非常重要,对于维护概率密度函数 $f_{T^*}(t^*/\beta_{\text{target}})$,可以通过其分布函数 $F_{T^*}(t^*/\beta_{\text{target}})$ 求得,对其分布函数求导得

$$f_{T^*}(t^*/\beta_{\text{target}}) = \frac{\mathrm{d}F_{T^*}(t^*/\beta_{\text{target}})}{\mathrm{d}t^*}$$

$$= P[\beta(t^*) = \beta_{\text{target}}/\beta_{\text{target}}] \tag{10-27}$$

该方程表示在时间 t^* 桥梁劣化到目标可靠度需要维护的概率。

由式(10-27)可以得到,在给定目标可靠度的条件下桥梁每年需要维护的概率,由此还可以确定出第一次基本维护的时间。

利用给出的式(10-27),结合上述表,对于不同的劣化条件,不同的可靠指标,图 10-23~图 10-26 给出了其每年需要维护的概率。

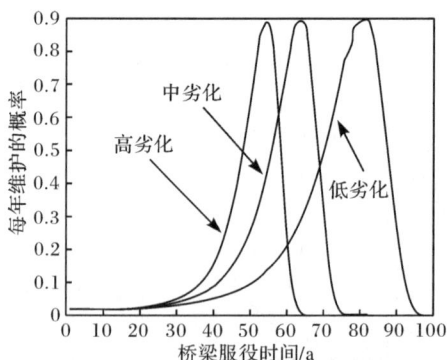

图 10-23　每年维护时间概率分布($\beta_{\text{target}} = 4.7$)

由图 10-23 可以看出,在同一目标可靠指标的条件下,其第一次基本维护的时间依次是高、中、低三种条件分别延后。在图 10-24 和图 10-25 中,对于同一种劣化条件,不同的目标可靠度,同样可以看出目标可靠指标越高,其第一次基于可

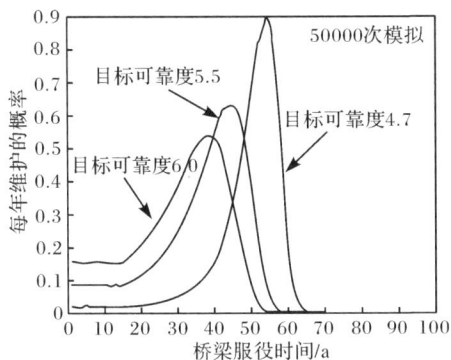

图 10-24　高劣化条件下每年维护时间概率分布

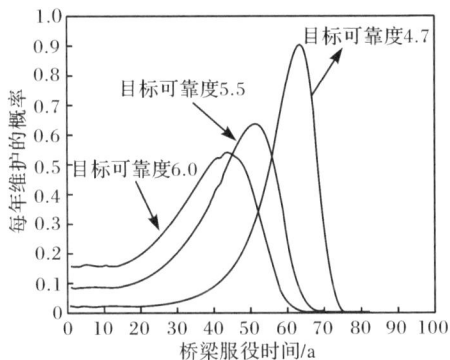

图 10-25　中劣化条件下每年维护时间概率分布

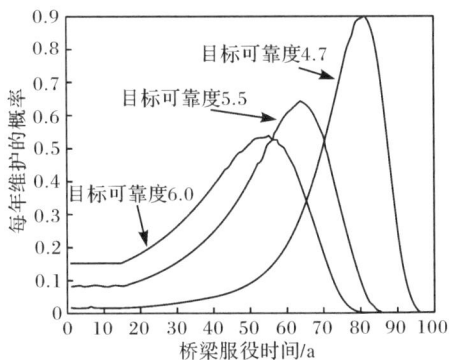

图 10-26　低劣化条件下每年维护时间概率分布

靠度维护的时间越早。而且还可以看出,在 $t=0$ 时刻,目标可靠度越高,其需要维护的概率值会越偏离坐标轴,即需要维护的概率越大。

为了获得每个时间的桥梁状态,可以通过可靠度分布函数 $F_\beta(\beta/t)$ 获得, $F_\beta(\beta/t)$ 和 $F_{T^*}(t/\beta_{\text{target}})$ 的主要不同在于: $F_\beta(\beta/t)$ 是在给定时间 t 的前提下计算的,而 $F_{T^*}(t/\beta_{\text{target}})$ 是在给定目标可靠度情况下计算的。

假如现在计算在时间 t^* 桥梁属于何种状态的概率 $P(\text{RS}/t^*)$,即

$$P(\text{RS}/t^*) = F_\beta(\beta^u/t^*) - F_\beta(\beta^b/t^*) \tag{10-28}$$

式中,RS 表示在时间 t^* 时桥梁的状态;β^u 表示桥梁状态 RS 的可靠度上限;β^b 表示桥梁状态 RS 下限。例如,对于状态 2,RS=2,$\beta^u=6.0$,$\beta^b=4.7$。

对于式(10-28),由于劣化模型的随机过程,可以通过下面的方式计算出任意时刻的桥梁状态概率 $P(\text{RS}/t^*)$,即

$$\begin{aligned} P(\text{RS}/t^*) &= F_\beta(\beta^u/t^*) - F_\beta(\beta^b/t^*) \\ &= \Phi\left(\frac{\beta^u - E[\beta(t^*)]}{S[\beta(t^*)]}\right) - \Phi\left(\frac{\beta^b - E[\beta(t^*)]}{S[\beta(t^*)]}\right) \end{aligned} \tag{10-29}$$

利用 Monte Carlo 模拟方法,便可以得出各种类型桥梁在任意时刻归于某种状态的概率分布图。

同理,可以通过下面的方式计算出任意时刻基于状态指标的桥梁状态维护概率 $P(\text{CS}/t^*)$,即

$$\begin{aligned} P(\text{CS}/t_C^*) &= F_C(C^u/t_C^*) - F_C(C^b/t_C^*) \\ &= \Phi\left(\frac{C^u - E[C(t_C^*)]}{S[C(t_C^*)]}\right) - \Phi\left(\frac{C^b - E[C(t_C^*)]}{S[C(t_C^*)]}\right) \end{aligned} \tag{10-30}$$

通过图 10-27～图 10-30 可以很清楚地看出,对于某一种状态,桥梁在服役年限内每年归于这种状态的概率,这对于评估预测桥梁具有重要意义。

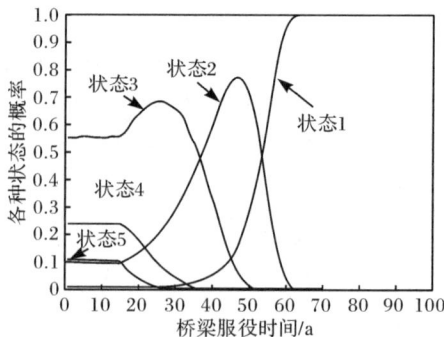

图 10-27　高劣化条件下桥梁随服役年限属于各种状态的概率

还可以编程计算得出对于一个给定的年限,其分别属于上述 6 种状态的概率,如图 10-31～图 10-35 所示。

在图 10-31 和图 10-32 中,对于给定的年限,每条线上圆点处概率值之和为1,即在同一年,其属于每种状态的概率之和为1,与实际情况相符。另外从

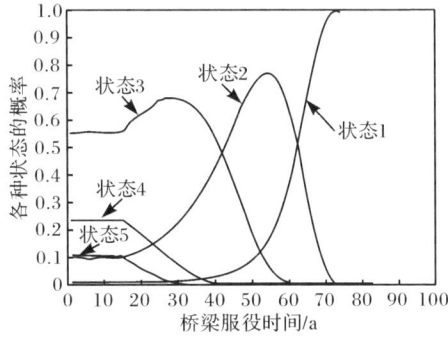

图 10-28　中劣化条件下桥梁随服役年限属于各种状态的概率

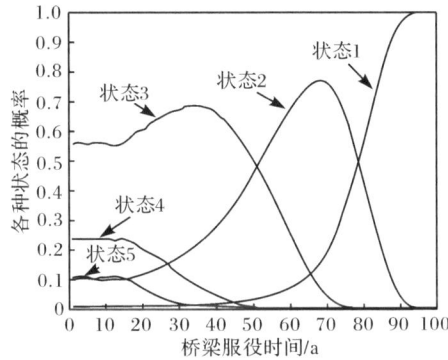

图 10-29　低劣化条件下桥梁随服役年限属于各种状态的概率

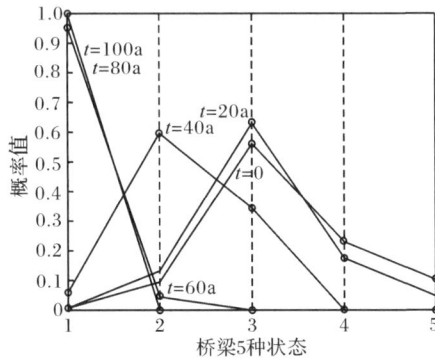

图 10-30　高劣化条件下给定年限桥梁属于各种状态的概率

图 10-31和图 10-32 中可以看到,在服役年限为 80 年与 100 年时,两条线基本重合,这个原因可以从图 10-22、图 10-31 中看出,当过了 75 年后,其属于状态 1 的

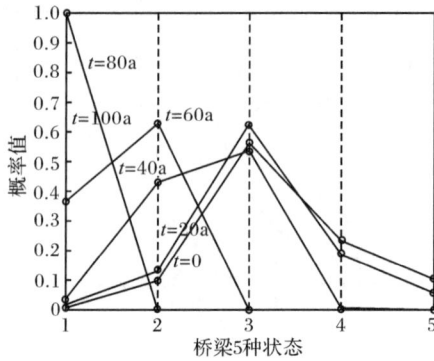

图 10-31　中劣化条件下给定年限桥梁属于各种状态的概率

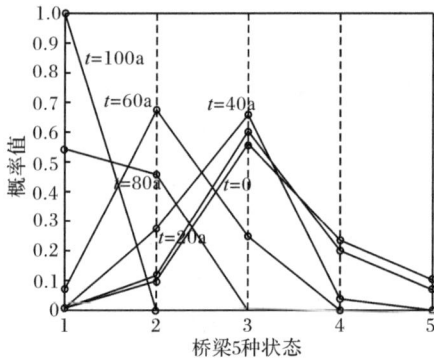

图 10-32　低劣化条件下给定年限桥梁属于各种状态的概率

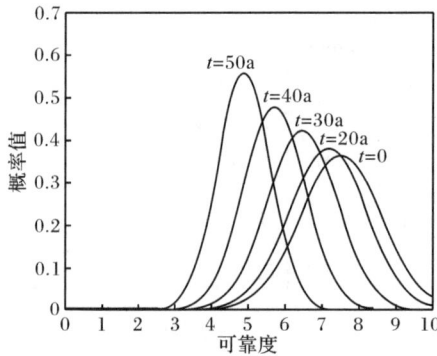

图 10-33　高劣化条件下可靠度在给定年限的概率图

概率接近 1,属于状态 2 的概率接近于 0,属于其他状态的概率亦接近 0。因此在图 10-31 和图 10-32 中,服役 80 年和服役 100 年两条线的概率基本重合。

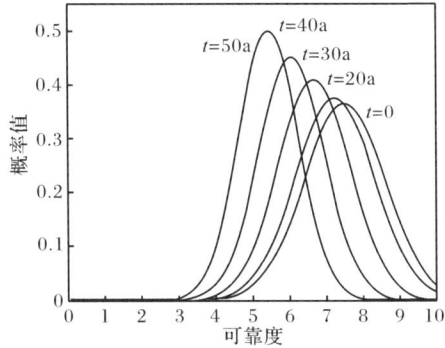

图 10-34　中劣化条件下可靠度在给定年限概率图

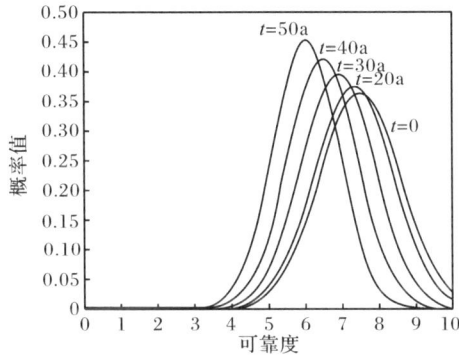

图 10-35　低劣化条件下可靠度在给定年限的概率图

　　通过上面的计算,能够很容易的对桥梁按照可靠度进行分类。得到桥梁在任意时刻的状态概率及给定状态下每年的概率分布。通过图 10-33~图 10-35,还能直观地看出其可靠度在给定年限的概率分布。

　　使用 Monte Carlo 模拟方法计算劣化桥梁在维护策略下的状态指标、可靠指标和寿命周期成本,计算在各种维护策略下结构的状态指标和可靠指标的使用如下假设:

　　(1)当使用维护时,状态指标和可靠指标同时起作用。

　　(2)维护效果根据相同的时间轴分析。

　　(3)维护成本计算要同时考虑新的状态指标和可靠指标。

　　具体的计算过程如图 10-36 所示。

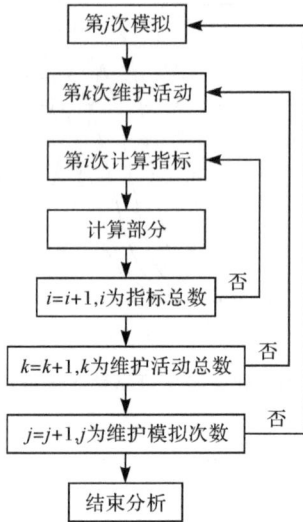

图 10-36 基于 Monte Carlo 模拟方法的计算流程

10.5 维护成本

10.5.1 直接维护成本概率模型

第 i 次修补性维护(小规模混凝土修复、灌浆处理维护)时的维护成本为 $C_{\text{main},i}$,第 i 次完全维护时(桥面翻新)的维护成本为 $C_{\text{repair},i}$,由桥梁管理部门确定,由实际调查可得。

新结构的服役寿命的开始年为折现的基准期,在 t 时刻第 i 个维护成本考虑折现的影响,则第 i 次常规维护成本现值 $C_{\text{main},i}(t)$ 可用式(10-31)表示:

$$C_{\text{main},i}(t) = C_{\text{main},i} P_{\text{main},i}(t) Z_i(t) \tag{10-31}$$

式中,$Z_i(t) = 1/(1+r_d)^t$,为折现系数,r_d 为折现率;$P_{\text{main},i}(t)$ 为第 i 次修补性维护发生的概率,可以计算得到。

第 i 次完全维护成本现值 $C_{\text{repair},i}(t)$ 可用式(10-32)表示:

$$C_{\text{repair},i}(t) = C_{\text{repair},i} P_{\text{repair},i}(t) Z_i(t) \tag{10-32}$$

式中,$P_{\text{repair},i}(t)$ 为第 i 次完全维护发生的概率,可以根据计算得到。

直接维护成本现值 C_{AC} 为

$$C_{\text{AC}}(t) = C_{\text{main},i}(t) + C_{\text{repair},i}(t) \tag{10-33}$$

10.5.2 间接维护成本概率模型

桥梁在维护时造成交通中断或者车辆改道行驶,由此产生间接维护成本为用户成本,包括收费损失成本、燃油消耗成本和驾驶员耽搁成本。文献[23]利用事件树模型建立劣化桥梁间接维护成本计算方法,本书在文献[24]的基础上,通过对交通流的仿真研究,在交通仿真软件 TSIS 的基础上,提出了下列用户成本模型。

用户成本期望值 $E[C_{uc}]$ 为

$$E[C_{uc}]=E[C_{user,toll}]+E[C_{user,oil}]+E[C_{user,driver}] \tag{10-34}$$

式中,$E[C_{user,toll}]$ 为桥梁维护时由于交通堵塞、延迟或路线改道造成收费效益损失成本期望值,可由式(10-35)计算。

$$E[C_{user,toll}]=\mathrm{Pr}(t_i)\sum_{i=1}^{N}\Big[\sum_{h=1}^{H}\frac{L_nm_hk_{hm}t_w(n_h-n_{hi})}{n_h}\Big]\frac{1}{(1+r_d)^{t_i}} \tag{10-35}$$

式中,N 为维护总的次数;H 为车辆类型数,包括货车、公交车和私家车等;L_n 为维护车道的宽度;m_h 为每一种类型车的收费单价;k_{hm} 为某一类型车的交通量;t_w 为维护时交通延误耽搁时间;n_h 为不维护时的正常运行车速;n_{hi} 为维护时某一种车型的车速;$\mathrm{Pr}(t_i)$ 为每一次维护活动发生的概率。

$E[C_{user,toll}]$ 为桥梁维护时由于交通堵塞、延迟或路线改道造成燃油消耗成本期望值,可由式(10-36)计算。

$$E[C_{user,oil}]=\mathrm{Pr}(t_i)\sum_{i=1}^{N}\Big[\sum_{h=1}^{H}L_np_ht_w(L_{yhi}-L_{yh})\Big]\frac{1}{(1+r_d)^{t_i}} \tag{10-36}$$

式中,P_h 为每一种车型所耗油的类型单价;L_{yh} 为某一车型不维护时总的耗油量;L_{yhi} 为某一车型维护时总的耗油量,其他参数见式(10-35)。

$E[C_{user,driver}]$ 为桥梁维护时由于交通堵塞、延迟或路线改道造成驾驶员成本期望值,可由式(10-37)计算。

$$E[C_{user,driver}]=\mathrm{Pr}(t_i)\sum_{i=1}^{N}\Big[\sum_{h=1}^{H}w_hk_{hm}t_wl\Big(\frac{1}{n_{hi}}-\frac{1}{n_h}\Big)\Big]\frac{1}{(1+r_d)^{t_i}} \tag{10-37}$$

式中,w_h 为某一种车型的驾驶员单价;l 为维护施工影响长度,其他参数见式(10-35)。

桥梁在维护时造成交通中断或者车辆改道行驶,由此产生间接维护成本中的另一项成本为社会成本,包括事故成本和环境成本。本节通过对交通流的仿真研究,在交通仿真软件 TSIS 的基础上提出了下列社会成本模型。

社会成本期望值 $E[C_{SC}]$,可用式(10-38)计算。

$$E[C_{SC}]=E[C_{society,acc}]+E[C_{society,env}] \tag{10-38}$$

式中,$E[C_{society,acc}]$ 为桥梁维护时由于交通堵塞、延迟或路线改道造成交通事故,以及由于交通事故引发的生命损失,造成的社会成本损失,事故损失的大小可由式(10-39)计算。

$$E[C_{society,acc}] = \Pr(t_i) \sum_{i=1}^{N} \Big[\sum_{h=1}^{H} C_{ha} t_w (A_{ha} - A_h) \Big] \frac{1}{(1+r)^{t_i}} \qquad (10\text{-}39)$$

式中，C_{ha} 为某一车型发生事故的成本损失；A_{ha} 为某一车型在维护时的事故率；A_h 为正常行驶的事故率。

$E[C_{society,env}]$ 为考虑桥梁维护时由于交通堵塞、延迟或车辆改道造成对环境的影响，包括由于汽车排放造成空气污染，以及净化空气和治理污染所需要的社会成本，排放损失成本的大小可由式（10-40）计算。

$$E[C_{society,env}] = \Pr(t_i) \sum_{i=1}^{N} \sum_{h=1}^{H} \Big[\sum_{j=1}^{E_N} C_{j,ea} t_w (\text{index}_{j,ea} - \text{index}_{j,h}) \Big] \frac{1}{(1+r)^{t_i}}$$

$$(10\text{-}40)$$

式中，$C_{j,ea}$ 为治理某一种排放所花费的成本，该成本较难评估；$\text{index}_{j,ea}$ 为维护时的排放指标；$\text{index}_{j,h}$ 为正常运行时的排放指标；其余参数见式（10-35）。

10.5.3　维护优化模型

在桥梁管理系统中进行维护成本分析，维护方案的优化，就是在有限的财政资金下，得到成本现值最小的维护方案，以寿命周期成本现值最小化为目标函数，财政约束和性能约束为边界条件。用式（10-41）和式（10-42）描述。

$$\min \quad C_T \qquad (10\text{-}41)$$

$$\text{s. t.} \quad \begin{cases} \beta \geqslant \beta_{target} \\ C \geqslant C_{target} \\ C_T \leqslant a \end{cases} \qquad (10\text{-}42)$$

式中，$C_T = C_{AC} + C_{UC} + C_{SC}$；$\alpha$ 为用于单座桥梁维护管理的投资预算总额，万元。

10.6　算　例　分　析

10.6.1　算例描述

算例为位于广西某高速公路上的一座 $1 \times 8m$ 的钢筋混凝土简支梁桥。该桥建成于 1998 年，单幅桥面净宽为 12.65m（行车道）$+2 \times 0.50m$（防撞墙）。下部结构为钢筋混凝土轻型桥台，条形基础。设计荷载等级为：汽车-超 20，挂车-120。利用本书发展的模型对该桥进行维护预测。

10.6.2　计算过程

计算结构的维护时间和维护成本是一个非常复杂的过程。含有非正态分布的随机变量和时变的劣化过程,所以本书使用基于事件模拟的 Monte Carlo 方法作为计算工具评估钢筋混凝土结构的时变性能和维护成本(不考虑折现率的作用)。

基于事件模拟的 Monte Carlo 分析方法能够考虑结构劣化率、可靠指标劣化开始时间、状态指标提高率、维护效果持续时间的不确定性和变异性。在一次模拟运行中,可以计算钢筋的劣化开始时间、劣化率、预防性维护使用时间间隔、维护时间和维护成本。在每一个时间增量过程中,结构劣化率、状态指标和可靠指标都是随机产生的。当可靠指标达到预定义的目标可靠指标,则要进行基于性能的维护。因此,可以计算没有维护时结构的时变性能,并计算时变结构可靠指标和状态指标。结合前表中的维护策略计算结构的维护时间和维护成本。桥梁结构服役寿命为 100 年,需要计算将来连续 100 个时间增量在维护策略下的时变性能和维护成本。用于计算时变性能的统计参数见表 10-6。

10.6.3　结果分析

利用基于事件的 Monte Carlo 模拟方法,结合不同组合维修加固策略作用下劣化桥梁结构可靠指标和状态指标的变化规律以及相应的直接维护成本和间接维护成本模型,可以计算单一维护活动(灌浆或粘贴钢板)以及组合维护活动(灌浆或粘贴钢板)下劣化桥梁的可靠指标、状态指标、年度维护成本和累计维护成本的变化[25]。

1. 单一维护活动下结构性能和成本

从图 10-37 和图 10-38 可以看出,只有预防性的维护策略时,结构在 100 年的性能不能满足服役要求,结构在服役后的第 62 年的可靠指标为 4.54,低于目标可靠指标,但此时状态指标满足要求。

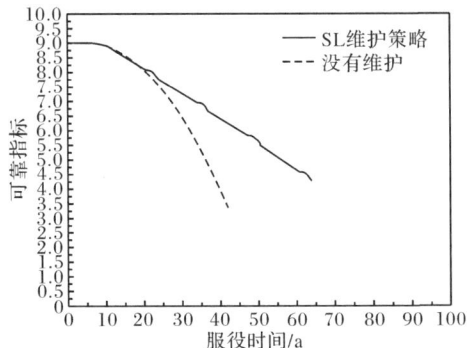

图 10-37　SL 维护活动下桥梁可靠指标

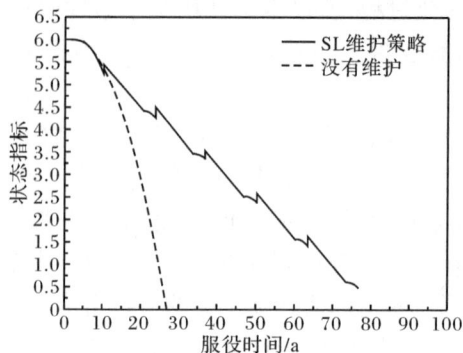

图 10-38   SL 维护活动下桥梁状态指标

从图 10-39 和图 10-40 可以看出,在服役期内进行了 5 次灌浆处理,累计成本为 36.9 万元。成本的变异系数从 0.45 变化到 0.64。

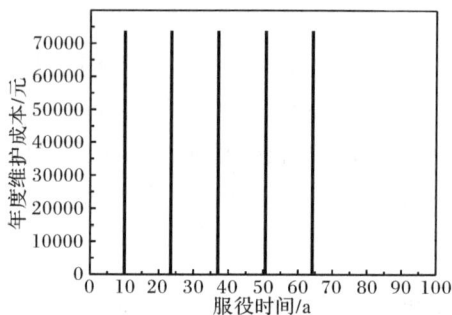

图 10-39   SL 维护活动下桥梁平均年度维护成本

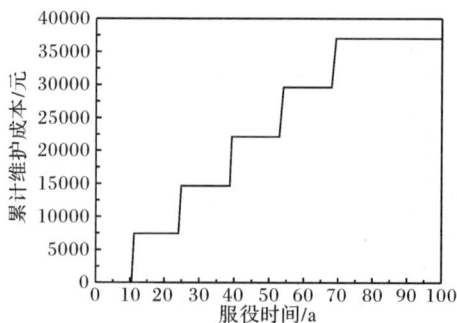

图 10-40   SL 维护活动下桥梁累计维护成本

从图 10-41 和图 10-42 可以看出,只有基于性能的维护策略时,结构在 100 年的性能处于较高的水准,用于结构维护的成本较高。从图 10-43 和图 10-44 可以看出,在服役期内进行了 4 次贴钢板维护活动,累计成本为 146.2 万元。成本的变异系数从 0.38 变化到 0.54。

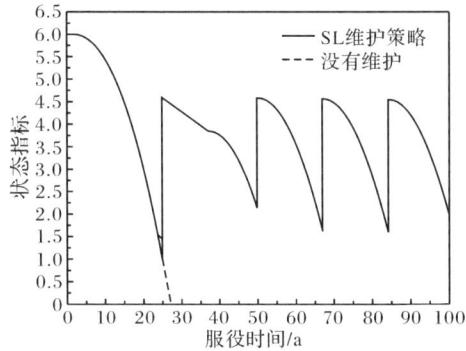

图 10-41 TS 维护活动下桥梁状态指标

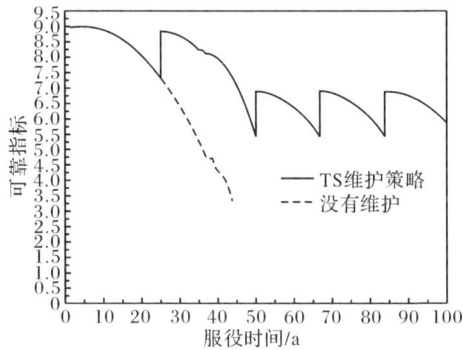

图 10-42 TS 维护活动下桥梁可靠指标

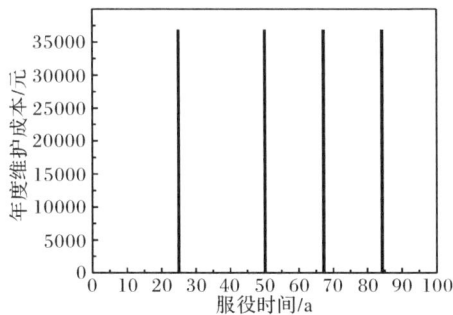

图 10-43 TS 维护活动下桥梁年度维护成本

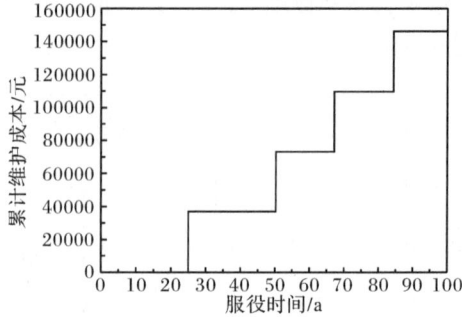

图 10-44　TS 维护活动下桥梁累计维护成本

2. 组合维护活动下的结构性能和成本

从 10.6.3 节分析可以看出,只有单一的维护活动时,会出现结构性能达不到服役要求或用于维护的成本较高的现象,因此要对维护活动进行组合,尽量在性能和经济性之间达到平衡。

从图 10-45 和图 10-46 可以看出,将预防性的定期维护和基于性能的维护进行组合作用时,结构在 100 年的性能能够满足需要,而且维护成本有所降低。从图 10-47 和图 10-48 可以看出,在服役期内进行了 7 次灌浆处理和 2 次贴钢板维护活动,累计成本为 123.8 万元,低于单个的 TS 维护策略。成本的变异系数从 0.33 变化到0.61。

根据本书用户成本计算公式(10-34)~式(10-40),用于间接维护成本的计算参数见表 10-12、表 10-13。

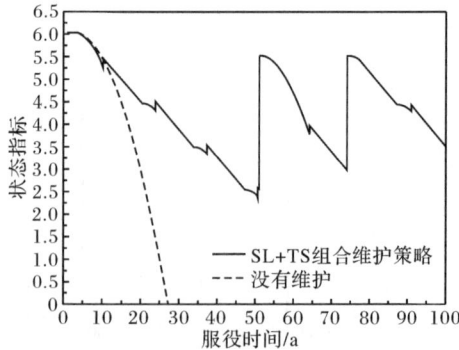

图 10-45　组合维护策略下桥梁状态指标

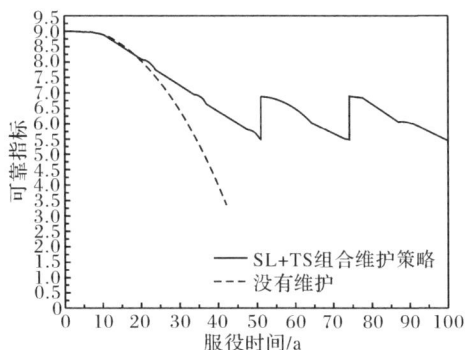

图 10-46　组合维护策略下桥梁可靠指标

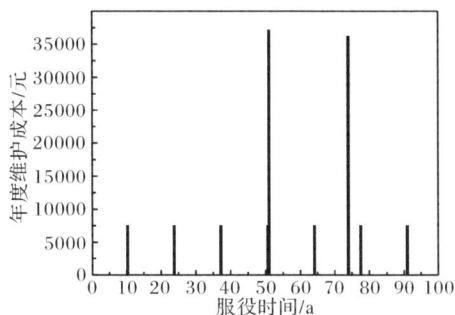

图 10-47　组合维护策略下平均年度维护成本

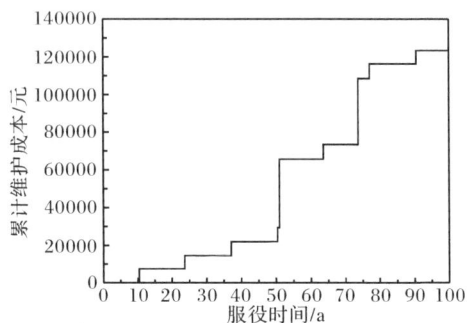

图 10-48　组合维护策略下累计维护成本

表 10 -12　分析参数[24,26]

项目	符号	参数
桥长/m	L	8
维护施工影响的路段长度/m	l	200

续表

项目	符号	参数
分析周期/a	T	100
车辆过桥收费(货车)/(元/辆)	m_h	10
车辆过桥收费(小车)/(元/辆)		6
燃油价格/(元/L)	P_h	4.9
折现率/%	r	4
驾驶员耽搁成本/(元/h)	w_h	5
平均车速(没有维护)/(km/h)	n_h	80
单向交通量/(辆/h)	K_{hm}	1600
大车与小车比例	—	3∶7

表 10-13　维护参数[24]

项目		符号	参数
维护持续时间/d	桥面翻新	t_m	10
	桥面修补		2
事故平均成本/元		C_a	12000
平日事故率/(次/h)		A_a	0.058
维护事故率/(次/h)	桥面翻新	A_n	0.125
	桥面修补		0.079

根据表 10-12、表 10-13 计算参数,以及图 10-49 的交通组织的模拟参数,见表 10-14,计算直接维护成本现值,再根据间接维护成本计算方法,计算收费损失成本、燃油消耗成本和驾驶员损失成本,接着计算事故成本,再进行折现,可以得到进行桥梁维护活动发生时的各种成本现值,最后得到维护活动的维护总成本。

表 10-14　单个车道维护时基于 TSIS 的仿真结果[24]

项目	维护情况	车速/(km/h)	行程时间/s	延误时间/(s/车)	行车油耗/(L/h)
双车道	维护时	39.8	180.9	90.91	1018.92
双车道	不维护	80.0	90.0	1.30	701.88

利用上述结果,得到考虑间接维护成本的计算结果,如图 10-50 和图 10-51 所示。

从图 10-50 和图 10-51 可以看出,用户成本在维护总成本中占很大比例,在维护优化中必须计入间接维护成本,其直接影响维护策略的优化。维护成本的变异

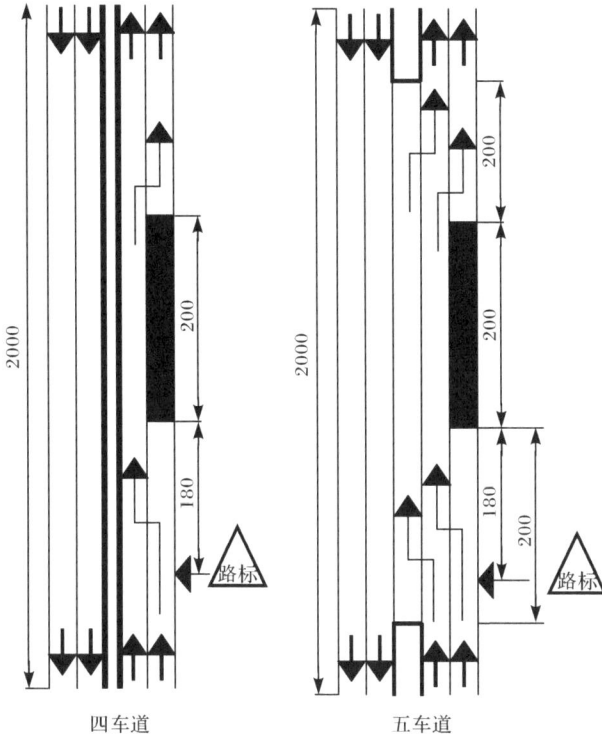

图 10-49　交通组织[24]（单位：m）

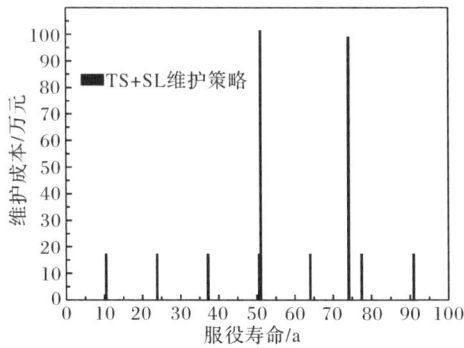

图 10-50　组合维护策略下平均年度维护成本（考虑用户成本）

系数从 0.45 变化到 0.87。

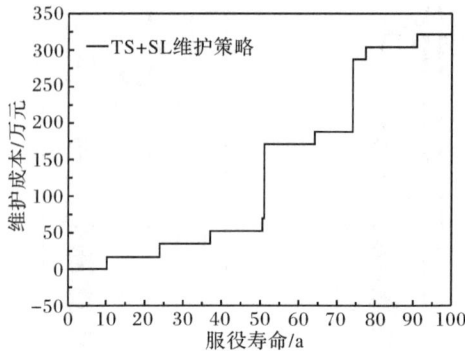

图 10-51   组合维护策略下累计维护成本

3. 参数研究

为了进一步研究各种参数对成本优化和可靠指标评估的影响规律,本章以维护策略三为例,分析了维护活动的持续时间 t_m、折现率 r_d 和修补性维护活动的发生时间间隔 t_P 三个参数的影响规律[11],计算结果如图 10-52 所示。

从图 10-52 可以看出,维护活动的持续时间 t_m、折现率 r_d 和修补性维护活动的发生时间间隔 t_P 对维护成本评估影响较大,需要合理布置修补性维护活动的发生时间以及正确评估维护活动效应的持续时间。

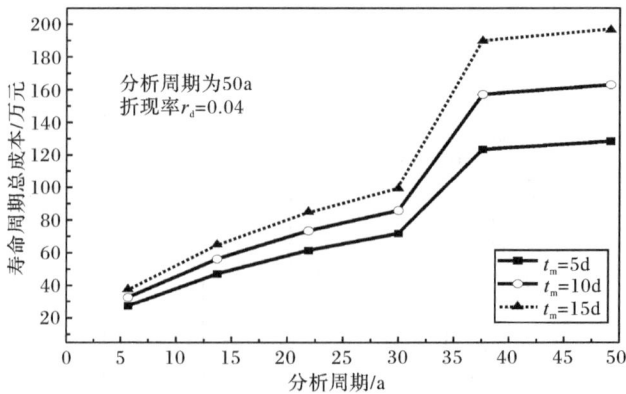

(a) 维护活动的持续时间 t_m

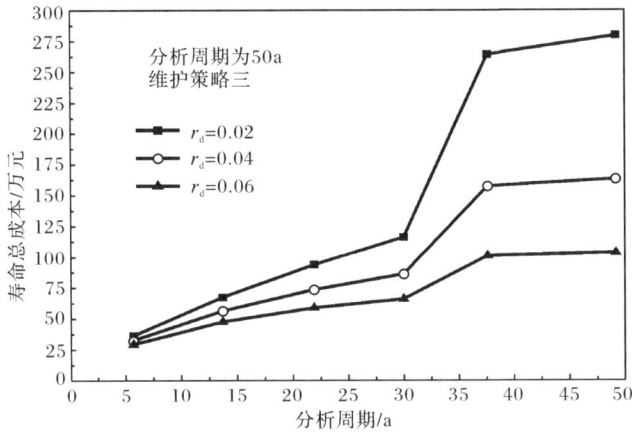

(b) 折现率 r_d

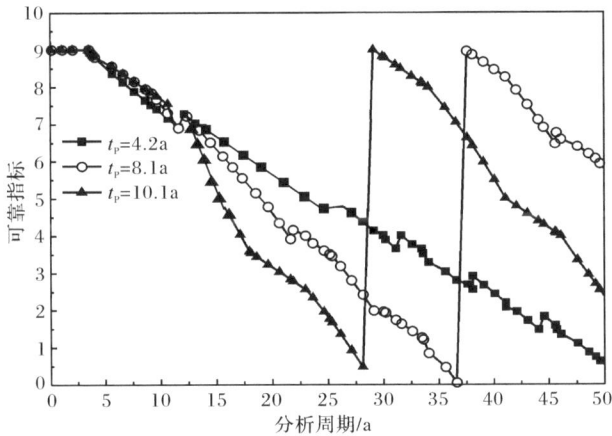

(c) 修补性维护活动的发生时间间隔 t_P

图 10-52　参数分析

参 考 文 献

[1] Aktan A E, Farhey D N, Brown, D L, et al. Condition assessment for bridge management. Journal of Infrastructure Systems, 1996, 2(3): 108~117.

[2] 彭建新, 邵旭东. CO₂ 排放、气候变化及其对混凝土结构开始腐蚀时间和时变可靠度评估的影响. 公路交通科技, 2009, 36(10): 48~53.

[3] 邵旭东, 彭建新, 晏班夫. 桥梁全寿命设计方法框架性研究. 公路, 2006, 26(1): 44~49.

[4] 魏洪昌, 张劲泉. 公路桥梁维修加固技术经济评价方法研究. 公路交通科技, 2005, 22(3):

62~65.

[5] 徐家云,邓志勇. 基于时变可靠度的桥梁加固经济性评估. 自然灾害学报,2005,14(5):162~165.

[6] 孙晓燕,黄承逵,赵国藩,等. 基于动态可靠度和经济优化相结合的服役桥梁维修加固风险决策. 工程力学,2004,21(5):5~10.

[7] 张宇贻,秦权. 基于可靠度的混凝土桥梁构件最优检测/维修规划. 清华大学学报(自然科学版),2001,41(12):68~71.

[8] 熊辉,史其信. 混凝土桥梁面板维修的折衷规划优化. 清华大学学报(自然科学版),2004,44(6):789~792.

[9] 杨伟军,张建仁,梁兴文. 基于动态可靠度的服役桥梁维修加固策略. 中国公路学报,2002,15(3):49~52.

[10] 刘小虎,龚金鑫. 桥梁加固方案选择及资金分配策略. 大连:大连理工大学硕士学位论文,2005.

[11] 邵旭东,彭建新,晏班夫. 基于结构可靠度的桥梁维护策略优化研究. 工程力学,2008,25(9):149~155.

[12] Hassanain M A,Loov R E. Cost optimization of concrete bridge infrastructure. Canadian Journal of Civil Engineering,2003,30(5):841~849.

[13] Liu C,Hammad A,Itoh Y. Multiobjective optimization of bridge deck rehabilitation using a genetic algorithm. Computer-Aided Civil and Infrastructure Engineering,1997,12:431~443.

[14] Miyamoto A,Kawamura K,Nakamura H. Bridge management system and maintenance optimization foe existing bridge. Computer-Aided Civil and Infrastructure Engineering,2000,15(1):45~55.

[15] Lee Y J,Chang L M. Rehabilitation decision analysis and life-cycle costing of the infrastructure system. Construction Research,2003,2:1~6.

[16] Kong J S,Frangopol D M. Cost-reliability interaction in life-cycle cost optimization of deteriorating structures. Journal of Structural Engineering,2004,130(11):1704~1712.

[17] Pecherdchoo A. Maintaining Condition and Safety of Deteriorating Bridges by Probabilistic Models and Optimization. Colorado:PhD Dissertation of University of Colorado,2006:34~109.

[18] van Noortwijk J M. Two probabilistic life-cycle maintenance models for deteriorating civil infrastructures. Probabilistic Engineering Mechanics,2004,19(4):345~359.

[19] Kong J S. Lifetime maintenance strategies for deteriorating structures. Colorado:PhD Dissertation of University of Colorado,2001:54~203.

[20] Kong J S,Frangopol D M. Prediction of reliability and cost profiles of deteriorating bridges under time-and performance-controlled maintenance. Journal of Structural Engineering,2004,130(12):1865~1874.

[21] 彭建新. 基于寿命周期成本的桥梁全寿命设计方法研究. 长沙:湖南大学博士学位论文,2009.

[22] Hawk H, Small E P. The BRIDGIT bridge management system. Structural Engineering International, Zurich, 1998, 8(4):309~314.

[23] 彭建新, 邵旭东, 晏班夫, 等. 使用概率模型的桥梁维护成本计算方法研究. 湖南大学学报, 2009, 36(4):13~18.

[24] 邵旭东, 彭建新, 晏班夫, 等. 基于全寿命成本优化的桥梁车道数决策研究. 土木工程学报, 2008, 41(10):46~52.

[25] 彭建新, 张建仁, 王磊. 劣化桥梁概率维护模型和维护方案成本优化研究. 铁道科学与工程, 2010, 7(6):34~42.

[26] 彭建新, 张建仁. RC 桥梁碳化腐蚀下的开裂风险、耐久性和全寿命成本分析. 公路交通科技, 2011, 2(2):37~44.